高等学校经济管理类核心课程教材

公司治理

原理与案例

赵　晶　编著

CORPORATE GOVERNANCE

中国人民大学出版社

· 北京 ·

图书在版编目（CIP）数据

公司治理：原理与案例 / 赵晶编著. -- 北京：中国人民大学出版社，2021.5

高等学校经济管理类核心课程教材

ISBN 978-7-300-29322-6

Ⅰ.①公… Ⅱ.①赵… Ⅲ.①公司－企业管理－高等学校－教材 Ⅳ.①F276.6

中国版本图书馆 CIP 数据核字（2021）第 074599 号

高等学校经济管理类核心课程教材

公司治理：原理与案例

赵　晶　编著

Gongsi Zhili：Yuanli yu Anli

出版发行	中国人民大学出版社		
社　　址	北京中关村大街 31 号	**邮政编码**	100080
电　　话	010－62511242（总编室）		010－62511770（质管部）
	010－82501766（邮购部）		010－62514148（门市部）
	010－62515195（发行公司）		010－62515275（盗版举报）
网　　址	http://www.crup.com.cn		
经　　销	新华书店		
印　　刷	北京密兴印刷有限公司		
规　　格	185 mm×260 mm　16 开本	**版　　次**	2021 年 5 月第 1 版
印　　张	19 插页 1	**印　　次**	2023 年 7 月第 3 次印刷
字　　数	433 000	**定　　价**	48.00 元

序言 · PREFACE

公司治理既是一个老的话题又是一个新兴学科，在实践上如果以 1600 年东印度公司设立为标志，公司治理问题已有 400 多年的历史。事实上，公司治理问题的实质就是谁从公司决策及高级管理层的行动中受益，以及谁应该从公司决策及高级管理层的行动中受益。如果两者未能统一，就会出现最初的公司治理问题。但公司治理又是一个新兴的学科领域，在叠加的治理实践需求推动下，这一领域的研究克服了经济微观分析理论的缺乏难题，最近正在复兴。我国对公司治理问题的研究是伴随着企业改革特别是国企改革而诞生并不断演进的，公司治理是我国现代企业制度变革的核心。大量事实证明，公司制企业的普及和成长，强劲地推动着我国社会主义市场经济体制改革的深化和国民经济的快速增长。从某种意义上说，公司治理的发展是我国经济发展历程的一个缩影。

回顾这四十余年我国经济和企业的改革发展，公司治理从行政型治理逐渐向经济型治理转型，可以将公司治理实践分为观念导入、结构构建、机制建立和有效性提高四个阶段。其中第四阶段以 2013 年党的十八届三中全会《中共中央关于全面深化改革若干重大问题的决定》为标志，决定指出要推动国有企业完善现代企业制度，包括健全协调运转、有效制衡的公司法人治理结构；建立职业经理人制度，更好发挥企业家作用；建立长效激励约束机制，要合理增加市场化选聘比例等。而这正是在确立了全面深化改革的总目标即推进国家治理体系和治理能力现代化的背景下提出的，因为公司治理特别是国企的治理是我国国家治理体系的基础和治理改革的先行者，所以公司治理不但要实现“形”似，还要“神”似，通过提高治理的有效性才能进而提升我国的治理能力，以实现国家治理体系的现代化。

随着治理实践的发展，我国的公司治理学术发展也逐渐从一个问题研究扩展到一个研究领域，进而上升为一个新兴学科。我作为一名公司治理研究学者有幸经历并推动了这一过程，深感近期公司治理的理论研究、实践应用、人才培养更是得到显著发展。最新标志就是继公司治理被先后列入 EMBA、MBA 的核心课程之后，又被教育部工商管理类专业教学指导委员会列为工商管理类本科专业的核心课程，并成为国家自然科学基金委员会所设一级代码学科工商管理下的二级代码学科。公司治理的研究内容、研究方法和研究对象也不断变化和拓展。如“后疫情时期的商科教育”“绿色治理”正成为一个重要方向。赵晶教授编著的《公司治理：原理与案例》，对公司治理的重要问题进行了完整、系统的梳理和阐释，涉及公司治理理论基础、公司治理模式、新型组织治理模式等方面，在阐述公司治理问题的同时，辅以现实案例，深入分析总结，引发读者思考，并结合最新理论成果，展现了中国特色公司治理理论的发展进程与未来发展方向。这是一部比较全面的教材，也适合学者、企业经营者等阅读。

赵晶教授多年来一直从事公司治理的相关研究，我曾与她多次共同出席学术会议，并就当前公司治理问题进行深入探讨。在书稿付梓之际，我欣然接受她的邀请，为该书作序。希望该书的出版有助于推动我国公司治理理论研究水平的提升，并有效指导我国的公司治理实践。

李维安

于南开大学

前言 · PREFACE

2020 年寒假，中国人民大学出版社石岩编辑邀我写这本书。恰好彼时，我已在中国人民大学给研究生上“企业制度与公司治理”专业课近十个年头。虽然担心自己水平有限，书稿难有创新，但觉得是时候给十年的公司治理教学和科研做一个总结了，也算是对自己的一个交代吧。

理论上，1776 年亚当·斯密在《国富论》中对两权分离下股份公司及其董事行为的分析吹响了公司治理研究的序曲。1932 年伯利和米恩斯的著作《现代公司与私有财产》正式拉开了公司治理研究的大幕。后续研究者们围绕两类公司治理问题并吸纳制度理论、网络理论等多学科知识对公司治理的框架体系和研究内容进行了极大的丰富和拓展。

实践上，最早的公司治理实践可以追溯到 1600 年东印度公司的设立。伴随着商业实践的纵深拓展，世界范围的公司治理实践呈现出模式化特征，其中，日德模式和英美模式是最具代表性的。日本、德国曾经取得的经济成就使得内部控制主导型公司治理模式引起了世界各国企业的关注和借鉴。从治理结构上看，德国企业采用的双层委员会能够在监事会层面容纳更多重要的利益相关者，包括公司的员工代表、银行和合作伙伴方面的人员。从组织结构上看，德国企业高度扁平化，基层员工能够经常性地接触到公司的战略高层。德国企业高度重视员工的福利水平，通过多种手段增强员工的主人翁意识。这些行为被欧洲发达国家的民众视若平常，但在美国企业看来则过于不理性，认为这会消耗大量本属于投资者的资源。远在东亚的新兴强国日本发展出了与德国相似但更为复杂的公司治理体系。但关联交易、内幕交易等侵害公司利益事件的出现将该模式下信息披露不充分、控股股东侵犯中小投资者利益、董事会缺乏诚信和问责机制等的内在缺陷展露于世人眼前。随着英美企业和跨国公司在全球的迅速崛起，英美企业的外部控制主导型公司治理模式在世界范围内得到认可。英国和美国作为工业革命之后曾经先后成为世界霸主的国家，拥有相似的公司治理体系，并且不遗余力地向世界传播它们治理模式的优越性。在全球化的今天，美国式的资本主义冲击全球，现代化的美国成为经济发展的一种符号，势力强大的华尔街携带着它所定义的企业运行和发展过程模式，在世界范围内塑造出一种公司治理系统迷思。英美经济给世人一个错觉，似乎盎格鲁-美利坚式的分散股权加上声称以股东利益为目标的管理者资本主义才构成了这个世界上唯一正确的公司治理体系。但从世界范围来看，它们又是公司治理的少数派。英美投资者通过分散地投资公司债券和持有多个公众公司的股票来配置其储蓄资产。投资者如果是理性的，他们就能够了解自己所投资的公司并避免投给浪费资本的公司。这套体制需要投资者相信公司的运行是有效率和无欺诈的，因为公司的大小事宜都被委托给了职业经理人。为了确保公司治理的质量，资本市场和监管者要求公司巨细无遗地披露财务状况、高管薪酬和内部人持股状况，司法系统也随时待命，用法律来约束不诚实的管理者。2008 年美国次级贷款泡沫破裂像是一次流行性感冒，让整个世界的大小企业都跟着染病，英美的外部治理模式也频频遭遇挑战。

事实上，每一种制度设计的背后都有独特的哲学思考，这种哲学思考体现的就是历史、文化观。公司治理本质上也是一种制度设计，而且是一种特殊权责利的制度安排，其受法律、历史和文化的深刻影响。所以，在借鉴英美公司治理的经验时，我们必须充分考虑适应性，要从中国实际出发，结合中国国情进行公司治理体系建设。

尽管无法做到尽善尽美，这本书稿还算是如约呈现了。这要感谢中国人民大学出版社管理分社一众同人的合作和付出，也要感谢我的一群勤奋好学、聪明上进的研究生的助力，他们是：李林鹏、祝丽敏、孙泽君、朱亮、刘玉洁、迟旭、和雅娴、李然。不仅是这本书稿，我的学术生涯也是同样，要感谢的人太多太多，这里不能枚举。感谢所有帮助过、支持我的学术前辈及同行。

赵　晶

于中国人民大学

目 录 · CONTENTS

04 第 4 章 董事会

05 第 5 章 监事会

06 第 6 章 经理人的激励与约束

07 第 7 章 信息披露、外部监督与公司治理

导 言

公司治理理论发展与中国实践

“十三五”期间，随着全面建成小康社会以及决战决胜脱贫攻坚任务的最终完成，我国经济发展取得了举世瞩目的成就。尤其是自2019年新冠肺炎疫情爆发以来，世界政治经济格局持续发生深刻变化，新兴经济体快速崛起。我国更是以中国特色社会主义思想为指引，在短时间内迎来了从站起来、富起来到强起来的伟大飞跃，创造了令世人瞩目的“中国奇迹”，开辟了具有中国特色的成功道路。这是在奔腾不息的世界历史长河中，在所有其他国家从未出现过的情景。而“中国奇迹”的实现离不开我国公司治理制度的逐步完善，这是推动我国经济发展的重要微观基础。

早在17世纪初，以英国为代表的欧洲各国争相成立负责“海外贸易”的殖民地公司，开启了企业作为独立主体进行商业活动的新时代，公司治理则伴随着这一组织形式的出现应运而生。以公司治理实践为基础形成的公司治理理论，初现于1776年亚当·斯密（Adam Smith）《国富论》对“两权分离”下股份公司及其董事行为的分析，正式形成于1932年伯利（Berle）和米恩斯（Means）在《现代公司与私有财产》中对所有权和控制权分离这一公司治理核心问题的详细论述。事实上，公司治理早期的研究几乎都是围绕上述问题展开的，而此时代理理论贯穿于公司治理问题的始终，构建在所有权和控制权分离的神话之上。自20世纪90年代末，公司治理研究领域开始探寻如何应对股权相对集中情况下大股东与中小股东之间的委托代理问题，进而将持续60多年的“两权分离”下管理层激励与约束、公司兼并与收购等研究焦点向终极控制权、隧道挖掘转移。21世纪初的相关研究依然以利益相关者理论、委托代理理论等为主要依据，部分扬弃以经济学分析为基础的研究视角，对公司治理内在机制、动态过程与情景要件进行更为透彻的剖析。

在“两权分离”的神话之上，在“代理崇拜”的情绪之中，公司治理的代理理论研究随着公司发展而勃兴，并讲述着这样一种情形：公司是虚拟的，股东并不拥有公司，而只是在公司资产中拥有实际的财产权，管理者则凌驾于资产之上行使控制权。正如早期文明通过参照现实世界中的现象与看不见的神之间的关系来解释前者一样，代理理论学者讲述的是股东在下、管理者在上的故事：股东们为保持安宁而有所牺牲（支付监督成本），管理层则做出承诺并据此行事（引发约束成本），但股东们最终还是要处理不受诸神控制的一时冲动（剩余经理自主权）。这一神话是真实存在的吗？我们看到的管理者往往是忠诚可靠的，我们眼中的公司并不是一种简单的“虚构”，商业领域的竞争也远远比大多数代理成本模型中的假设要激烈得多——这容不得管理者有半点松懈。经过近一个世纪的探索，代理问题已经不是公司治理领域的唯一问题，众多学者从经济学、政治学、社会学及心理学角度对公司治理进行了多角度的跨学科理论探索与创新，并围绕企业的性质、企业的运行、企业与环境的关系、企业发展过程进行广泛的讨论。特别是在“管理丛林”之后，制度理论、战略管理、组织社会学的快速发展，为公司治理研究提供了更为广阔的研究视角与理论支持。与此同时，伴随新兴经济体的快速崛起而出现的公司治理新问题（例如，外部制度监管、内部制度安排、权力重新分配、企业价值导向、治理结构变迁），则为理论创新和检验提供了丰富的素材。脱胎于传统产权理论的公司治理研究范式，逐渐认识到简单基于股权、所有权、契约等核心概念无法对公司治理问题得出更为全面、客观的解释。而就中国与东南亚等国家的实际来看，众多学者从情景性研究切入，密切关注与非正式制度体系、正式制度安排相关的社会资本、社会文化所带来的广泛影响，并将之作为关键概念与视角探索公司治理研究的新范式。基于资源依赖理论、交易成本理论、制度理论、社会资本及网络理论等多理论结合的角度进行理论创新，是推动整合性公司治理理论出现的有效途径。

在我国，公司治理问题相关研究起步较晚，直到 20 世纪 90 年代才出现了公司治理结构的相关概念（吴敬琏，1993），公司治理的相关书籍也在 20 世纪末开始普及。已有研究对中国公司治理的现存问题做出了有益总结，其中包括股权结构不合理，“一股独大”现象普遍存在；“内部人控制”现象严重，中小股东利益受损；董事会、监事会制度不科学，内部监督不足；管理者激励、约束机制不完善，存在机会主义风险；外部监督、制度等环境与机制不健全，缺乏有效保障和约束。这些问题的总结与分析对未来健全和完善我国公司治理结构具有十分重要的意义，但并不代表着我国企业制度存在极其严重的弊端，甚至仍然远远落后于其他国家。作为典型的大陆法系国家，我国公司治理结构的基本框架借鉴了德国等大陆法系国家所普遍采用的“二元制”公司治理模式，即在股东（大）会之下设立董事会和监事会，分别行使决策权和监督权。同时，我国又采用了英美的独立董事制度，以完善企业内部制衡机制。从这一角度而言，我国的公司治理结构兼具英美和日德两种治理模式的优点，具备一定的科学性、国际性和时代性。

一、在迷雾中艰难开拓的民营企业

中国企业中有 90%以上是民营企业，代表着我国经济发展最基础的机构单元。中国民营企业的成功是企业家艰难开拓的结果，从零开始是他们身上的标签。他们在不平凡的成长路径上克服了重重阻力和限制；他们从物质的匮乏中走来，成为第一批“吃螃蟹的人”，在法律地位仍不清晰的前提下，跨越了资金和技术上的障碍，打造了一代具有中国特色的企业。这些企业的开拓者披荆斩棘，克服艰难险阻，将业务拓展到世界上的每个角落；这些企业的缔造者积累社会财富，解决民众就业，将善待财富的观念植根于企业运营的每个方面；这些企业的参与者艰苦奋斗，不断创造，积累了宝贵的管理经验，值得在更长的时间内被人们铭记。然而不得不承认的是，由于民营企业 80%是家族企业（中国民营经济研究会家族企业委员会，2019），其治理模式和治理结构与现代公司治理理论有一定距离，导致社会对民营企业存在一些偏见——一方面人们对现代企业的理解被金融化的社会观念所塑造（Davis & Kim，2015），认为高度个人化的民营企业是比较原始和低效率的；另一方面人们比较容易观察到民营企业的某些效率损失，包括裙带关系代替经济思考、不考虑经济因素的利他主义等。但是在管理的世界里，存在即合理。我国民营企业在 40 余年的发展历程中积累了大量的经验和独特优势，例如在中国尚不存在完善经理人市场的条件下，民营企业主要依靠家族成员内部的高度信任来完成企业管控，能够极大降低代理成本，并保证公司战略上的聚焦。

二、在改革中不断前进的国有企业

国有企业作为整个国民经济的主要支柱，其治理制度的不断完善是伴随着国有企业改革的步伐而逐步展开的。20 世纪 90 年代初，我国学者就提出国有企业改革要借鉴和吸收公司治理理论，并在公司治理内涵、有效的制度安排等方面进行了讨论。1993 年 11 月党的十四届三中全会《关于建立社会主义市场经济体制若干问题的决定》提出的现代企业制度建设具有开创性意义，实际突破了放权让利、利改税、承包制等在传统企业制度框架内的“修补”工作，明确指出要建立现代企业制度。此时国有企业改革的重点就是规范公司治理。然而历史的经验表明，忽视中国实际，一味照搬西方国家公司治理模式往往会带来不可估量的后果，例如管理层收购（management buy-out，MBO）作为当时激励企业管理层和提高企业经营效率与绩效的重要途径之一引入，但由于国有资产管理体制改革尚处于探索阶段，制度环境不健全，这一方法的实施引发了一系列关于国有资产流失的争议。因此，我国在不断改革的实践中，积累了大量的公司治理经验，形成了一整套具有中国特色的公司治理模式。例如，混合所有制改革是我国国有企业改革的主要形式，通过混合所有制改革，国有企业不仅能够保障其在市场中原本的主体地位，同时也能够有效应对改革过程中复杂、动态的市场环境。在国企改革中引入混合所有制经济，实现公有制与其他所有制经济的相互交叉、相互融合，能够将国有资本的资本优势与民营资本在市场中更为灵活的优势合二为一，在增强国有经济活力、强化国有经济控制力的基础上，健全和完善国有企业内部治理结构，促进国有企业乃至整个市场经济的良性发展（李维安、徐建，2014）；党组织嵌入公司治理结构则是党的十八大以来，党对国有企业全面领导作用的集中体现，也是中国特色公司治理制度形成的重要标志，通过“双向进入、交叉任职”“前置程序”等主要方式加强党组织对公司治理的参与程度，对完善中国国有企业公司治理制度特别是国有企业的决策机制有着重要意义。

公司治理理论从来都是伴随着公司治理实践而产生和发展的，因此中国的公司治理理论更应当关注中国企业实践，着眼于解决中国企业在经营过程中面临的实际治理问题。公司治理不是刻板的、机械的，而是有机的、灵动的、顺势而为的。一个成功的公司治理体系，并不局限于经典商学院教科书上描述的创立完整的正式规则，将博弈行为纳入确定性轨道，明确权责的异质性，而是更应当关注中国的现实问题，包括民营企业中的非正式制度，以及国有企业中的“党建入章”。为了体现这一特点，在编写过程中，本书结合了大量前沿研究，以把握目前的研究趋势；同时也加入了大量现实案例，以确保理论能够符合当前的现实，这也是本书的特色所在。本书适合经济学、管理学类学生作为专业教材使用，希望培养学生勤于思考、学以致用的能力；也可供企业相关人士参考阅读，希望通过大量的最新商业实践案例分析为其公司治理实践提供相应借鉴。

01 CHAPTER 1

第 1 章

公司治理的起源与演进

| 学习目标 |

1. 了解公司治理的起源与演进。
2. 掌握公司治理的主要内容。
3. 了解公司治理领域的研究方向及主要问题。

| 关键词 |

公司治理（corporate governance）：通过一套包括正式或非正式的、内部或外部的制度或机制，来协调公司与所有利益相关者之间的利益关系，以保证公司决策的科学化，从而最终维护公司各方面利益的一种制度安排。

委托代理理论（principal-agent theory）：所有权和经营权分离，企业所有者保留剩余索取权，而将经营权让渡。

第一类代理问题（the first agency problem）：投资者与公司经理人之间的矛盾，也被学者称为“代理型”公司治理问题。

第二类代理问题（the second agency problem）：投资者之间的矛盾，又被称作“剥夺型”公司治理问题。

利益相关者（stakeholder）：组织存在所必需的参与者，包括股东、员工、顾客、供应商、债权人和社会大众等。

隧道挖掘（tunneling）：大股东为获取私人利益而通过一些隐蔽的渠道侵害上市公司利益的行为。

引导案例

康美药业：陡然蒸发的近 300 亿元资金

1997 年成立的康美药业股份有限公司（以下简称“康美药业”）是集药品、中药饮片、中药材、医疗器械于一体的民营企业，2001 年在上交所成功上市，共发行 1 800 万股普通股。

证监会于 2018 年 12 月立案调查康美药业，2019 年 4 月康美药业发布题为《2018 年前期会计差错更正专项说明的审核报告》的公告（以下简称《公告》）对 2017 年财报数据进行修正，修正后的存货减少 195.5 亿元，修正前的营业收入多记 89 亿元、营业成本多记 76.6 亿元，更让人为之咋舌的是修正后货币资金锐减 299.44 亿元，近 300 亿元货币资金陡然消失，单项金额差错比高达 87%。证监会已初步查明，康美药业披露的 2016—2018 年度财报均存在重大虚假。

证监会坐实康美药业“三宗罪”，分别为虚增银行存款、虚增收入、资金转入关联方买卖本公司股票。

1. 使用虚假银行单据虚增银行存款

虚增银行存款对应的是康美药业以“会计差错”为由调整的近 300 亿元货币资金，康美药业在发布的《公告》中，将该调整解释为采购付款、工程款支付以及确认业务款项时的会计处理存在错误而导致这近 300 亿元货币资金记账错误。康美药业对近 300 亿元巨额资金的解释一直都是“财务错误”，一直辩称“点错小数点”，这实在难以令人信服。

2. 伪造收入凭证虚增收入

根据《公告》，康美药业“使用不实单据及业务凭证”导致 2017 年营业收入由原来的 265 亿元调整为 108 亿元。其造假实际数额及造假来龙去脉还需等待证监会进一步调查。康美药业 2016—2018 年的收入规模分别是 216.4 亿元、175.8 亿元和 193.6 亿元，那其中又有多少是康美药业虚增的收入？受收入影响的利润是否也有水分？

3. 将资金转入关联方买卖本公司股票

此番“爆雷”使得曾经市值达千亿的康美药业缩水至 330 亿元，但是截至 2018 年 5 月 17 日，康美药业已连续上涨四天。而后经证监会调查，其上涨原因是康美药业将 88.8 亿元资金转给两家关联公司，用于买卖自家股票，涉嫌操纵股票。

康美药业作为上市公司，其年报必须经过注册会计师签字后对外公布且其财报明显标注：“本公司董事会、监事会及董事、监事、高级管理人员保证年度报告内容的真实、准确、完整，不存在虚假记载、误导性陈述或重大遗漏，并承担个别和连带的法律责任。”那么康美药业的财务造假是如何完成的呢？作为制度安排的公司内外部治理机制为何未能发挥作用？这一系列问题值得人们深思。

作为预防和控制企业财务造假等问题的重要手段，公司治理自 20 世纪初提出以来就备受人们关注。1999 年 OECD（经合组织）成立公司治理专门筹划小组，同年出台了《OECD 公司治理原则》。按照定义，公司治理是现代企业制度中最重要的组织结构，是与公司相关的各方面安排和处置，为实现公司目标和监督业绩提供了一种结构化方法。

资料来源：冯若文，姚远．公司治理视角下的康美财务造假案例剖析［J］．江西科技师范大学学报，2019(4)：70－77.

自 20 世纪 90 年代末，公司治理研究领域开始探寻如何应对股权相对集中情况下大股东与中小股东之间的委托代理问题，进而将持续 60 多年的两权分离下管理层激励与约束、公司兼并与收购等研究焦点向终极控制权、隧道挖掘转移。21 世纪的公司治理研究以利益相关者理论、委托代理理论等为主要依据，部分扬弃以经济学分析为基础的研究

视角，对公司治理内在机制、动态过程与情景要件进行更为透彻的剖析。经过近一个世纪的探索，众多学者从经济学、政治学、社会学及心理学多角度对公司治理进行了跨学科理论探索与创新，并围绕企业的性质、企业的运行、企业与环境的关系、企业发展过程进行广泛的讨论。特别是经历了“管理丛林”，制度理论、战略管理、组织社会学的快速发展，为公司治理研究提供了更为广阔的研究视角与理论支持。与此同时，伴随新兴经济体的快速崛起而出现的公司治理新问题（例如，外部制度监管、内部制度安排、权力重新分配、企业价值导向、治理结构变迁），则为理论创新和检验提供了丰富的素材。技术革新与市场环境动态变迁模糊了行业间的明确界限、动摇了企业的竞争地位，企业在特定时期根据以往经验或特殊资源建立起来的核心竞争优势不再具有绝对持久性。在社会分化背景下，制度环境要素对企业内部制度与治理结构重塑产生的显性影响，要求公司治理研究者进行理论与研究视角的创新。企业经营网络化、企业管理柔性化、企业战略工艺化使以往追求最优公司治理结构的研究逻辑难以对当前企业运行的一般状态进行更为充分的解释，建立综合的公司治理理论框架成为分析动态环境下企业内外制度环境、经济与非经济作用过程、企业组织行动过程的关键。不同学科的研究者以往用“放大镜”寻找研究问题的难度降低了，而他们看到的则是以往理论视角下难以解释的“异物”。

世界格局的变动及新兴经济体的快速崛起便利了大批研究开展跨国、跨地域、跨文化种群的横向与纵向分析，然而却为聚焦特定组织单元的研究带来了巨大挑战。中国作为世界经济的重要参与者，通过 40 多年的飞速发展取得了举世瞩目的成就，完成了一个又一个的“中国奇迹”。中国企业也在不断变革和发展中积累了大量经营管理经验，形成了具有中国特色的公司治理模式，同时也产生了新的公司治理问题。本章在梳理公司治理起源与演进的基础上，总结了公司治理研究的相关主题，同时结合中国企业经营实践整理了与中国特色公司治理模式相关的公司治理问题。

第 1 节　公司治理的发展历程

公司治理是企业的一个重要话题，公司治理的效率在很大程度上决定了企业决策的成败，关乎企业的生存和发展。因此，建立良好的公司治理机制以及公司治理能力的提高成了学术界和企业家关注的焦点。

一、公司治理的起源

公司治理问题的提出最早可以追溯到伯利和米恩斯 1932 年的著作——《现代公司与私有财产》。两位学者在该书中主要探讨了“所有权与控制权分离导致股东与经理人之间的利益不一致”的问题，从而拉开了公司治理研究的序幕。他们对当时美国公司的股权结构日益分散所引发的公司所有权和经营权分离的现象进行了研究，发现公司股东从两权分离中获得了更多的利益，但也面临着风险更大的问题。控制权从所有者手中转移到管理者手中，而管理者的利益常常和股东的利益相左，因此股东必须激励、约束和监督公司管理层，使他们能够为实现股东利益最大化努力工作。

伯利和米恩斯的研究主要关注的是公司投资者和经理人之间的矛盾，在他们研究的基础上，很多学者都对股东及经理人之间的问题展开了进一步的研究，并从不同角度证明了拥有控制权的经理人和拥有所有权的股东之间存在利益差异。钱德勒（Chandler，1977）在《看得见的手》一书中也进一步阐述了现代公司两权分离的特征以及演进的过程。这些学者的研究证明了委托代理问题的存在。股东是委托人，经理层是股东的代理人，而公司是股东委托经理人进行营利活动的途径。股东把相关资产委托给经理人，并希望经理人可以实现股东利益最大化。詹森和梅克林（Jensen & Meckling，1976）把企业看作生产要素各方之间“一系列合同关系的组合”，在这些合同关系中，企业所有者是所有合同的缔约方（Fama，1980）。J/M 模型认为，作为所有者的企业管理者会制定财富最大化战略，其相应的手段是和其他当事人缔约并将资源分配给后者。詹森和梅克林分析了企业所有者雇用其他经理人来负责企业资源分配决策的情形。外部控股导致了一种事实上的委托，使决策责任从部分企业委托人（外部控股人）那里转移到代理人（可能拥有也可能没有股权的经理人）身上。所有者可以通过分散投资来降低非系统性风险，而经营者则无法分散非系统性风险。所有者（股东）不会在意企业的具体（非系统性）风险，因为他们可以投资多个收益不相干的企业，从而将收入来源分散。相反，经理人则非常关心企业面临的具体风险，因为这些风险使他们在企业中的个人（人力）投资与企业生存发展的不确定状态联系起来。这种不确定性既不受劳动合同保护，也不能通过与多个企业订立劳动合同加以分散。在不同风险偏好的作用下，激励的错位就会出现。代理制度及其产生的不能得到补偿的风险会促使经理人通过其他非金钱方式寻求补偿，如偷懒、假公济私和获取额外津贴（Jensen & Meckling，1976）。代理还导致企业所有者与经理人之间的信息不对称，这种信息不对称又使得代理人有机会进行上述活动。这种信息不对称以及促使经理人采取投机行为和利己行为的因素结合起来，构成了经理人所要面对的道德风险。这就需要委托人——股东建立一套治理机制，去保护自己的利益不受侵害，而为此又需要付出成本。因此，公司治理的根源在于现代公司的本质——两权分离，而公司治理就是致力于降低代理成本（Hart，1995）。

詹森和梅克林（Jensen & Meckling，1976）的委托代理理论有三个核心假定：第一，代理人具有投机的天性。第二，股权分散的企业具有信息不对称的重要特征，而这种不对称又会导致投机行为。第三，有关机会主义和强制服从的行为观点没有国界的限制，而是普遍真理。然而，自 20 世纪 80 年代以来，人们逐渐发现美国公司的股权并不总是分散的，也存在一定程度的股权集中。施莱弗和维什尼（Shleifer & Vishny，1986）以 1980 年美国《财富》500 强公司为样本，发现前五大股东持股总额平均占比为 28.8%。随后，拉·波塔等（Porta et al.，1999）首次对公司所有权结构进行了更大范围的国家间比较研究，发现多数的样本公司具有最终控制性股东，其中约 30%为家族控制。克莱森斯等（Claessens et al.，2000）采用类似的方法对 9 个东亚国家或地区的近 3 000 家上市公司进行了分析，以投票权是否超过 20%为标准，发现 57%的公司具有控制性股东。

此外，还有学者进一步对欧洲等地区的公司进行了研究，也发现了控制性股东的存在（Faccio & Lang，2002）。上述研究引发了人们对公司治理问题的进一步思考，开始讨论公司投资者之间的矛盾。这也被认为是剥夺型公司治理问题。这种剥夺型公司治理问题的直接原因就是普遍存在的控制性股东及其相应的隧道挖掘行为。他们认为公司治理问题是要保护中小股东的利益。

因此，我们可以认为，代理制度革命带来的两权分离和有限责任制度革命引发的股东权责不对称，促成了现代公司制度的确立，也诱发了公司治理问题。现有主流观点认为公司治理的核心问题就是解决股东和经理人的代理问题以及大股东和中小股东之间的冲突。

二、公司治理的演进

所谓公司治理，是指通过一套包括正式或非正式的、内部或外部的制度或机制，来协调公司与所有利益相关者之间的利益关系，以保证公司决策的科学化，从而最终维护公司各方面利益的一种制度安排。40 年前，管理主义主导了公司治理。在理论和实践中，一个由高级管理人员组成的团队管理公司，几乎没有其他利益相关者的干涉。股东基本上是无能为力的，而且通常是沉默的，董事会也不过是橡皮图章而已。然而，2003 年安然、世界通信等产业巨头的公司丑闻以及 2008—2009 年的全球金融危机都暴露出公司治理有效性的严重不足。因此，这些治理失败促使研究者从伦理的角度重新审视和评价公司治理理论。

公司治理从出现伊始就是为了管理公司各利益相关者之间的关系。罗（Roe，1994）指出，美国公司治理体系的出现既是经济发展的结果，也是民主理念的结果。实际上，政府通过故意削弱商业银行，赋予了企业管理者过多的权力。例如美国的银行无法成为公司股东，更不用说成为大股东了。美国法律进一步限制了大股东的活动。就这样，美国公司持股的情况变得尽可能分散。正如契约理论所表达的那样，这种想法的实质是，管理层需要得到众多分散股东的同意，从而为所有股东的最大利益行事。关于公司治理的政治观点是基于这样一种信念：银行作为公司的贷款人，不应该影响普通股股东的收益。诺思（North，1994）提出的现代公司治理观描述了公司利益相关者之间的正式和非正式合同协议。这些协议可能涉及股东和贷款人等资本提供者的报酬结构、公司经理人的激励结构以及保持公司雇员讨价还价能力有效平衡的组织结构。这种人为设计的组织结构将涉及维护和执行协议的交易成本。而新古典主义观点认为制度并不重要。例如，莫迪利安尼和米勒（Modigliani & Miller，1958）提出，假设公司的投资政策为市场所知，其总市场价值将独立于用于为公司资产融资的债务和股权组合。特别是，公司的资本-债权结构不会影响其整体资本成本。因此，公司的投资和融资决策将保持相互独立。这样一来，公司的治理结构就不会为股东创造价值。与新古典主义观点相反，威廉姆森（Williamson，1988）指出，债务和股权主要不是替代性融资工具，而是一种替代性治理结构。此外，一个项目是由债务还是股权融资，主要取决于资产的特性。可重新部署的资产可以通过债务融资，而不可重新部署的项目则应通过股权融资。此外，詹森和梅克林（Jensen & Meckling，1976）以及梅耶斯（Myers，1977）指出，资本结构会影响资本供应商之间分配的收入性质。由于债权人和股东共同分担公司的风险，股东财富最大化可能与公司总价值最大化不一致。此外，公司决策者的激励结构对公司资产融资的债务和股权组合以及资本投资都有重要影响。历史表明，管理者可以通过正确的投融资决策为企业创造和增加价值，也可以在利益相关者之间转移和再分配企业财富，同时也会破坏股东的财富。实际上，投融资和企业利润分配是相互结合而不是相互独立的。

正是由于以往的公司治理理论过分强调管理者的作用，放大了公司治理结构中普遍存在的委托代理问题，安然等丑闻的爆发和《萨班斯-奥克斯利法案》（Sarbanes-Oxley Act）的实施，导致了股东积极主义变得更加广泛，而许多观察人士呼吁更大的授权。认为董事会仅仅是高级管理人员的棋子的观点越来越无效，因此，现代董事会通常比以前的董事会更小，召开会议更频繁，更独立于管理层，拥有更多的股票，有更好的信息获取渠道。此后的公司治理理论也更加强调其他利益相关者以及董事会在公司治理实践中权力和利益的表达以及在整个过程中的参与。在这一背景下，普通股股东有权选举他们在公司董事会中的代表。董事会成员承担监督、指导和任命公司经理人的责任。通过这种方式，分散的股东有可能在制定公司的发展战略、监督业绩和控制利润分配方面获得授权。特别是，这种内部控制机制旨在针对良好的公司业绩进行奖励来整合普通股股东和公司高管的利益。董事会有权也有责任撤换表现不佳的经理人。从历史上看，不满的股东通过低价出售股票从而导致亏损而“离开”公司。另外，大股东要么通过敌对行动、“投资者行动主义”，要么通过友好的方式“关系投资”，来实现对公司经理人的监控目标。此外，在美国公司法允许的范围内，竞争性管理者将撤换不称职的管理者，接管业绩不佳的公司。上述行为的共同目的是为现有股东增加价值。美国法院遵循的商业判决规则，将法院排除在公司决策之外。美国商法基于这样一种信念：公司经理人的行为是由公司董事会成员评估和批准的。特别是，对股东财富有直接影响的公司行为被认为是及时告知股东的。因此，除了欺诈活动外，美国法院不会干预公司事务。如果董事会成员没有能力或动机去控制经理人，那么为了达到控制经理人这个目的可以考虑关系投资，关系投资是体现企业所有权的一个例子。大投资者往往充当公司经理人的导师，并以支持和友好的方式行事。投资者追求用不同的方法来维持公司内部控制，以创建一个运作良好的企业。公司治理制度形成的根本原因是利益相关者对企业利润份额的追求。

总的来说，企业的公司治理结构涉及企业利益相关者之间的正式和非正式契约或协议。这些协议可能涉及资本提供者（包括公司所有者和债权人）的报酬结构、公司决策者的激励结构以及保持参与者讨价还价能力有效平衡的组织结构。这种人为设计的组织结构将涉及维护和执行协议的交易成本。如果董事会成员似乎对控制经理人不感兴趣，那么大股东可能会采取友好的关系投资方式。当长期投资者具备作为企业决策者指导者的知识和经验时，关系投资的效果会很好。另外，激进投资者要求改变公司政策，以增加股东财富，或最终寻求撤换现任管理团队。莫迪利安尼和米勒所倡导的新古典主义理论对公司治理问题没有给予或只给予有限的关注，因为人们认为公司的价值与公司资产融资所使用的债务和股权的组合无关。因此，公司治理并不重要。然而，后新古典主义的观点表明，利益相关者的激励措施可以在公司资产融资中使用的债务和股权组合以及资本投资决策上发挥重要作用。因此，公司高管可以增加公司价值，影响普通股股东和债权人之间的财富分配。然而，除了市场力量之外，投资者似乎需要而且应该通过政府实体提供法律保护，以规范公司的行为。在这方面，拉·波塔等（Porta et al.，2002）研究表明，债权人和普通股股东福祉的共同因素是它们在多大程度上受到法律保护，利益不被管理者和控股股东没收。公司资本所有者可获得的回报结构因执行经理的存在而不同。这是因为，充其量，执行经理的目标是为公司资本所有者提供满意的回报。但更重要的是，高管们往往会将各自的收益最大化。公司内部控制机制是由股东建立起来的，目的是使股东的收益与管理者的利益接近一致。美国投资者通过“关系投资”、“投资者积极主义”和“法律保护”来寻求这一点。美国公司的分散股东选举公司董事会成员来指导和监督公司的行为。这些执行经理应该谨慎对待股东，忠于所有公司利益相关者。在许多情况下，董事会成员忽略了他们的信托责任，这导致公司的彻底破产，损害了其他利益相关者的利益。多年来，投资者通过亏本出售股票的方式“走出”了公司。然而，旨在保护股东的法律和监管领域的发展、交易机制的改进以及金融市场的放松管制，都有助于建立新的公司治理制度。

三、公司治理的重要性

有学者认为，公司治理涉及的核心问题存在于任何企业以及所有的日常经济管理实践中（席酉民，2006），公司治理的演变推动了企业制度和外部制度的建立和演变。因此，公司治理问题一直被人们所关注和探索。

公司治理被人们高度重视主要是因为在公司发展中出现了各式各样的问题，引起了股东、经理人、员工等的不满。高闯（2009）总结了公司治理重要的五个主要原因：（1）公司高管的高薪酬引起了股东及其他利益相关者的不满。在西方发达国家，公司高管的薪酬一直居高不下，甚至在公司经营业绩下降时，其薪酬依旧上升。高管薪酬和底层员工薪酬两极分化，激发了更多员工的机会主义行为，损害了公司及其股东的利益。高管巨额薪酬是对股东利益的一种侵害，引起了股东的不满。股东需要一种机制来保障自己的权利。（2）机构投资者的监管意识在不断提高。随着机构投资者规模的增大，持股比例的提高，机构投资者相比于其他小股东更加具有对公司进行监管的动力和能力。（3）更多的利益相关者介入公司治理。在快速变化的新环境中，中小股东之外的其他利益相关者也受到公司业绩等方面的巨大影响，参与公司治理的需求也变得迫切。（4）随着公司的市场化，“内部控制人”现象更加明显。在一些从计划经济向市场经济转型的国家中，由于监管制度不完善，董事长和总经理两职合一，“内部人控制”现象更加显著，损害了更多利益相关者的利益。（5）中小股东和大股东的冲突加剧。现代公司大股东股权相对集中，大股东侵害中小股东利益的动机也更强，两者之间的冲突加剧。

面对这些问题，公司治理的直接功能是在现代公司的制度安排基础上，建立一种保障机制，来减小公司权力结构安排的负面影响。公司治理问题根源是和公司相关的制度本身，因此公司治理是针对公司制度的治理。然而企业制度本身在不断演进，所以公司治理并不是一劳永逸的。因此公司治理的最大特点就是动态性。不同类型的公司具有不同的特点，其股东权责分配也不同，所以需要不同的公司治理机制。此外，不同国家的制度环境也不同，因此公司治理模式又有国家制度的特点，是特定国家的政治、法律、经济、历史和文化等环境因素的产物（贾生华、陈宏辉，2003）。受到多种因素的影响，公司治理一直保持动态发展的特征，需要学者和企业家不断关注。

延伸阅读

格力电器中小股东的“用手投票”

近年来随着机构投资者资金规模的不断壮大和持股份额的持续上升，机构投资者在资本市场尤其是在上市公司中较为显著地提高了地位以及话语权。但在我国，上市公司普遍存在“一股独大”的情况，机构投资者“用手投票”受到了一定的限制，机构投资者参与治理是否能带来积极作用也很难得到实践的证明。

2012 年 5 月，格力通过“家电下乡”的政策支持，各类产品的销量均有较好的表现。但家电行业股票整体上涨之际，格力股票市价却无增长，有业内人士猜测其中一个重要影响因素应该是周少强被珠海市国资委提名为格力集团总裁，投资者由于对国资委提名的候选人存在质疑，于是选择“用脚投票”。

5 月 25 日，格力举行董事会换届选举，作为机构投资者的耶鲁大学基金会联手鹏华基金，推选出了冯继勇为候选人并且以仅次于董明珠的第二高票数当选格力电器新一届董事。该里程碑式的事件体现了机构投资者实现公司治理的既有路径：通过提名董事、提议罢免董事等方式影响董事会治理。

资料来源：陈思彤．格力电器中小股东“用手投票”案例研究［J］．广西质量监督导报，2019(9)：118－119.

第 2 节　公司治理的主要内容

学者们普遍认为公司治理的主要目标是使投资者能够获得相应的投资回报，然而伴随着现代股份公司的两权（所有权和控制权）分离，公司治理的两类代理问题一直制约着这一目标的实现（彭小平，2011）。公司治理主要解决两类问题：一是投资者与公司经理人之间的矛盾，也被学者称为“代理型”公司治理问题；二是要处理投资者之间的矛盾，又被称作“剥夺型”公司治理问题（宁向东，2006）。现有学者对这两类代理问题已经进行了较为充分的研究，下面将具体展开介绍。

一、第一类代理问题的研究

现代公司的一个最基本特征就是公司所有权和控制权分离，从而使得公司的各利益相关者之间存在着利益冲突，也即存在代理问题。一般而言，股东是委托人，经理层是股东的代理人，而信息不对称以及人的机会主义、有限理性特征使得这些代理问题并不能通过签订完备契约有效解决（Hart，1995）。代理问题的存在，也使相关研究得以进行，并形成了委托代理理论。

（一）委托代理理论

伯利和米恩斯在1932年最早开始研究第一类代理问题，主要的研究对象是股权分散的美国公司。股权分散的上市公司有一个共同的特征，即所有权和控制权分离，高管成为决策者和价值创造者。然而在公司内部治理存在缺陷、公司外部约束机制不健全的情况下，高管在企业决策权、监督权和执行权方面的能力会随着其任期的增长逐渐增强（谢获宝、惠丽丽，2014）。这会使高管在决策过程中的个人意愿增强，影响企业的资源配置效率，即高管在决策中会不顾股东的利益追求个人利益的最大化。伯利和米恩斯对该问题的描述和披露，引起了人们的关注。学术界真正对该问题进行大范围的探讨是在20世纪70年代，以詹森和梅克林（Jensen & Meckling，1976）的文章为标志。此时，人们开始探索代理问题产生的具体原因、解决或者减少该类代理问题的方法以及效果，并从理论和实证方面进行了大量的研究。

结合现有研究（Jensen & Meckling，1976）可以发现，委托代理问题的产生主要有以下三个方面的原因：（1）委托人和代理人的利益之间存在不一致。现实生活中的两权分离使得公司的经营者掌握了对企业经营的控制权，却不享有对企业的剩余索取权。换言之，企业经营成果的提高增大了可索取剩余，却没有给经理人带来更多的利益。在这种情况下，企业所有者和经营者的利益就出现了偏离。具体而言，企业所有者希望公司价值最大化，而企业经营者的目标是实现个人收益最大化，从而经理人就会出现谋取私利、偷懒等机会主义行为。（2）委托人和代理人之间存在信息不对称。一般而言，企业经营者拥有大量和企业有关的详细信息，而委托人得到的信息相对较少。无论是事前对经理人的选聘，还是事后对企业经营信息的获取，委托人都难以客观准确地获取相应信息。这种信息不对称以及促使经理人采取投机行为和利己行为的因素结合起来，构成了经理人所要面对的道德风险。（3）代理成本的存在。经理人的道德问题会导致公司价值低于两权合一时的价值。此外，委托人监督代理人需要支付监督成本，代理人为了向委托人做出保证也需要支付保证支出。企业的剩余损失、委托人的监督成本、代理人的保证支出构成了企业的代理成本。

解决委托代理问题的主要措施包括事前和事后两类。事前措施为采用信号显示机制，即经理人采用某些信号传递给委托人有关其能力的信息，从而降低了事前代理问题产生的可能。事后措施有三种，主要包括契约的完善、委托人的监督、对经理人的激励。具体来说：（1）契约的完善，即通过完善契约条款，要求经理人为实现股东利益最大化的目标而努力。（2）委托人的监督，即委托人通过采用一些监督经理人的方法使其行动不偏离股东利益最大化的目标。（3）对经理人的激励，即通过利益共享的方式激励经理人采取符合股东利益最大化目标的行动。国内外很多学者从理论和实证方面都证明了，通过有效的激励机制，可以有效减少委托代理问题（Aseff，2001；张维迎，1996；杨瑞龙，1997）。

现实生活中，为了减少经理人和股东之间的代理问题对股东利益造成的损害，存在着许多的公司治理机制安排，其中包括内部公司治理机制和外部公司治理机制。内部公司治理机制包括董事会、经理人薪酬制度、公司的资本结构等；而外部公司治理机制则包括限制经理人道德风险的法律法规、公司并购和接管市场安排以及公司产品市场竞争程度等。公司治理研究主要围绕这些机制安排在减少股东和经理人之间的利益冲突、增加股东利益即公司价值等方面的作用和效果而展开。

（二）对委托代理理论的评价

委托代理理论主要是由科斯（Coase，1993）、詹森和梅克林（Jensen & Meckling，1976）、法马和詹森（Fama & Jensen，1983a）等提出来的，是用来解决公司治理委托代理问题的分析框架。该分析框架主要针对股权分散的欧美上市公司提出，这类公司的主要问题就是股东和经营者之间的利益冲突。因此，西方传统委托代理理论的核心，就是委托人应该怎样设计一个最优的治理结构或保障机制，以保证代理人按照委托人的利益行事（冯根福，2004）。委托代理理论推动了公司治理的发展。

然而，自 20 世纪 80 年代以来，人们逐渐发现美国公司的股权并不总是分散的，也存在一定程度的股权集中。上市公司股权的分散与集中程度，决定了公司治理所要解决的突出问题。不同国家的上市公司具有不同的股权集中程度，从而面临的公司治理问题也不同。很多国家的上市公司要同时解决股东和经营者之间的利益冲突，以及不同股东之间的利益冲突（冯根福，2004）。此时，针对股权分散的公司构建的西方传统委托代理理论，并不能有效解决这些问题。

二、第二类代理问题的发展

正如上文所说，人们发现公司的股权结构并不像伯利和米恩斯（Berle & Means，1932）所描述的那样分散，而是在许多国家的公司中都存在着持股数量较多的大股东。

（一）控制性股东普遍存在

学者们分别以不同国家或地区的上市公司为样本进行了实证研究，提供了上市公司中大股东存在的证据。施莱弗和维什尼（Shleifer & Vishny，1986）以 1980 年美国《财富》500 强公司为样本，发现最大股东的平均持股比例为 15.4%，前五大股东持股总额平均占比为 28.8%，公司的股权并不完全分散。随后，霍尔德内斯和希恩（Holderness & Sheehan，1988）研究表明在纽约和美国其他股票交易所上市的公司中接近 5%的公司有持股比例超过 50%的大股东。拉·波塔等（Porta et al.，1999）首次对公司所有权结构进行了更大范围的国家间比较研究。在研究了 27 个国家的上市公司后，他们发现多数的样本公司具有最终控制性股东，其中约 30%为家族控制。克莱森斯等（Claessens et al.，2000）采用类似的方法对 9 个东亚国家或地区的近 3 000 家上市公司进行了分析，以投票权是否超过 20%为标准，发现 57%的公司具有控制性股东。弗兰克斯和梅耶（Franks & Mayer，1997）通过对德国和法国的上市公司研究发现，至少存在一个持有股权超过 25%的大股东，甚至有些大股东的持股比例超过了 50%。

在研究大股东存在的基础上，学者们还研究了这些控制性股东控制公司的方式。通过一些复杂的控制机制，大股东在持有较少公司现金流权的情况下也能掌握对公司的控制权，从而成为公司的控制性股东。一般而言，大股东通常采用以下三种基本的增强控制权方式，来获得超过现金流权的公司控制权：（1）构建“金字塔”结构（Porta et al.，1999；Claessens et al.，1999）；（2）发行类别股票（Bebchuk，Kraakman，& Triantis，2000）；（3）交叉持股（Gilson & Roe，1993；Morck & Nakamura，1999）。

“金字塔”结构是指公司股权组织结构，它是控制性股东控制上市公司的有效链式结构。在“金字塔”结构中，终极控制性股东一般处于控制链的顶端，而上市公司常常处于底端，有一个或多个并非被终极控制性股东完全控制的企业位于两者之间。许多学者在研究中都举了这样的例子：如果位于“金字塔”结构顶端的终极控制性股东持有公司A 50%的股份，而公司A又持有公司B 50%的股份，并且公司A和公司B的其他股份由分散的小股东持有，那么终极控制性股东在仅拥有25%的现金流权的情况下就控制了公司B（彭小平，2011）。通过“金字塔”控制链，控制性股东可以轻易地控制上市公司，并且这种情况下控制性股东的控制权和现金流权存在较大的偏离。这也是更为普遍的一种方式。此外，大股东还常常通过发行具有不同投票权的股票来获得对上市公司的控制权，这是控制性股东控制公司最直接的方式。一般而言，这种机制一方面可以保护公司创始人的利益不被机构投资者剥夺，另一方面提高了公司的投票权和现金流权的偏离程度。建立交叉持股的公司股权结构，是一种和其他公司股东联合的控制机制。这种控制方式在亚洲较为普遍（Gilson & Roe，1993；Morck & Nakamura，1999）。

（二）隧道挖掘与控制权私利

上述控制权增强机制导致了大股东的投票权和现金流权的较高程度偏离，给予了这些大股东剥夺中小股东利益的空间。这种行为又被学者们称为“隧道挖掘”。

“隧道挖掘”最早是由约翰逊等（Johnson et al.，2000）提出的，被定义为是大股东为获取私人利益而通过一些隐蔽的渠道侵害上市公司利益的行为。也有学者把这种行为称为“大股东的掏空”行为。大股东能够侵害上市公司，是因为控制权私利的存在。

控制权私利最早由格罗斯曼和哈特（Grossman & Hart，1980）两位学者提出，他们在研究小股东的“搭便车”行为时认为大股东拥有一定的控制权私利可以有效解决“搭便车”问题。之后，很多学者把“控制权私利”引入公司治理的研究领域，认为控制权私利是处于控制地位的股东或者经理人获得的“超自然”价值（Harris & Raviv，1988；Aghion & Bolton，1992），或利用公司资源谋取的个人好处（Grossman & Hart，1988）。

公司大股东获取控制权私利的表现形式主要有：关联交易转移利润，非法占用上市公司资金，融资分红，高管的高薪酬和特殊津贴等（许文彬，2009）。控制权私利的表现除了货币收益外，还有自身权力地位的巩固、巨大的成就感、声誉等非货币收益（Hart，2001）。戴克和津加莱斯（Dyck & Zingales，2004）在其研究中给控制权私利下了定义，提出控制权私利可以有多种形式但其本质是相同的，即控股股东因处于控制地位获得的其他中小股东无法获得的，且不是所有股东按持股比例分享的私有收益。控制权私利是大股东在掌握控制权之后的一种对“控制权成本”的补偿（Grossman & Hart，1988）。

适当范围的控制权私利可以激励大股东并且使其控制权成本得到补偿，对公司价值有正向效应，而超额的控制权私利会损害企业价值和投资者利益（冉戎、刘星、陈其安，2009）。

高度的控制权私利与欠发达的资本市场、集中的所有权以及更多的私下谈判等有关（Dyck & Zingales，2004）。股份公司的“金字塔”结构降低了公司的透明度，放大了控股股东的财富效应，也为控制权私利的攫取提供了便利（刘启亮、李增泉、姚易伟，2008）。控制权私利还取决于法律环境（陈炜、孔翔、许年行，2008）、公司控制权的掌控方式和配置机制（林朝南、刘星、郝颖，2007）。在缺少投资者法律保护、相关司法体系不完善的国家，控股股东也更容易为满足其私利而去侵占中小股东的利益（Lins & Servaes，2002；豆中强、刘星、刘理，2010）；大股东通过集团形式攫取控制权私利的现象也比较普遍（林朝南、刘星、郝颖，2007）。更为特别的是，民营上市公司因产权界定更为清晰、运营体系相对独立、利益动机更为单纯，其控股股东获取控制权收益的过程更少受到来自政治和公共的规制（郝颖、刘星，2009），所以控股股东在拥有和维系控制权稳定的基础上，可以更好实现可持续的控制权私利（刘少波，2007）。

控制权不仅仅会带来利益，攫取控制权私利也有相应的风险和成本（Porta et al.，2002）——主要包括声誉损失风险、法律诉讼风险、利益相关者的抛弃等（冉戎、刘星、陈其安，2009），而这些风险和成本也会破坏股东攫取控制权私利的持续性（Dyck & Zingales，2004）。

控制权私利具有隐蔽性，不易观测，因而难以直接度量（Dyck & Zingales，2004；郝颖，刘星，2009）。尽管如此，很多学者经过实证研究提出了测量控制权私利量级的方法。巴克利和霍尔德内斯（Barclay & Holderness，1989）首次提出利用大宗股权每股转让价格与每股净资产的差额来衡量大股东的控制权私利；津加莱斯（Zingales，1994，1995）则认为可利用投票权的价格，即利用类别股票（具有相似分红但不同投票权的股票）的价格差来衡量控制权私利。

随着越来越多的控制权私利证据被发现，很多学者提出了约束超额控制权私利的作用机制。完备的法律环境、审计披露的标准化、法律法规的执行力等法律制度因素和产品市场的竞争、公众舆论的压力、道德规范、工作监督等非法律因素对约束控制权私利起到了重要的作用（Dyck & Zingales，2004；Dyck et al.，2008）。也有学者认为，企业控制权的转移有利于形成权力制衡，从而可以抑制控制权私利，保护投资者利益（Aghion & Bolton，1992）。徐细雄和刘星（2012）在研究家族企业治理时，认为企业的核心控制权和一般控制权主体合二为一可以完全避免控制权私利，维护家族利益。

（三）公司治理机制的构建

为了保护中小股东的利益，学者们展开了对相关公司治理机制的研究，并分别探讨了不同公司治理机制的作用。学者们发现，要保护中小股东的利益，要同时调整外部的法律环境和上市公司的内部治理结构。

从外部法律环境来看，国家或地区实施的投资者权益保护法律以及相关法律的执行力度，决定了该国家或地区的投资者受保护程度（Porta et al.，1999）。传统关于契约等的观点认为，如果契约履行良好，那么金融市场的法律法规就没有必要存在（Stigler，1964）。然而，拉·波塔、洛配兹·西拉内斯（Lopez-de-Silanes）、施莱弗和维什尼等（Porta et al.，2002）指出，契约的履行是需要成本的并且会随着契约条款的增多更快速增大，因此通过法律制度对投资者进行保护是非常必要，也是非常有效的手段。拉·波塔、洛配兹·西拉内斯、施莱弗和维什尼在他们2002年的文章中（Porta et al.，2002）证明了高度的投资者法律保护能够限制控制性股东的掏空行为，提升公司价值，促进资本市场的发展。简科夫（Djankov）、拉·波塔、洛配兹·西拉内斯和施莱弗等（Djankov et al.，2008）也进一步发现了一国股票市场的发展程度和该国对中小股东利益的法律保护程度存在正相关关系。

从内部治理机制来看，上市公司的股权制衡和董事会独立是有效保护中小股东的方式。股权制衡是指公司中其他股东对控制性股东的制约能力。在现有研究中，学者们一般用前几大股东的持股比例和第一大股东的股权之比来衡量（李维安、徐建，2014）。学者们分别从理论和实证分析的角度证实了上市公司的股权制衡可以有效抑制大股东的掏空行为，提高公司的价值（Bloch & Hege，2003；Maury & Pajuste，2005）。当这些大股东和控制性股东来自不同利益团体，如家族股东和机构投资者时，股权制衡对大股东的监督和制约作用就更加明显（彭小平，2011）。另一种保护中小股东的内部公司治理机制就是保持董事会的独立性。现有的研究表明，公司的控制性股东在董事会成员选择、管理层选择方面会有较为严重的干预倾向，削弱了董事会的独立性，增加了谋取控制权私利的可能（Yeh & Woidtke，2005；Kim et al.，2007）。现在的公司实践一般会设立独立董事来保持公司董事会的独立性（Denis & McConnell，2003）。但是出于不同国家制度环境及公司治理结构的原因，独立董事的独立性受到很多学者的质疑，其监督职能也被证明未能很好地履行（胡勤勤、沈艺峰，2002），因此，如何保持上市公司董事会的独立性还需要进一步研究和探讨。

第3节　公司治理的研究主题

一、内部公司治理

（一）职业经理人

事实上，公司治理的相关研究从一开始就是围绕着管理者展开的，而代理型公司治理问题也一直是公司治理主要问题之一。在管理学的早期历史中，现代管理学之父彼得·德鲁克将“经理人”定义为“对其他人的工作负有责任的人”。20世纪50年代初，美国通用电气公司将“经理人”定义为“一个以个人方式做出贡献的专业人员”。随着社会的发展变迁，“经理人”这一概念有了许多不同的解读。从狭义上看，经理人是某一公司中直接被董事会所聘任的高管层，包括总经理、副总经理、总经济师、总会计师、财务总监等。从广义上看，除了公司的高管层，经理人还应包括分公司经理层和部门经理层。而经理人市场则涵盖了现有的经理人和潜在的经理人。一般认为，经理人是公司日常经营管理和行政事务的负责人，由公司董事会聘任、对董事会负责，在法律、法规及公司章程规定和董事会授权范围内，代表公司从事业务活动的高级管理人员。经理人的权利可以划分为两种：经营权和收益权。前者偏向于“权力”的概念，与其在组织中的管理职位有关；后者偏重于“利益”的概念，与其为公司做出的贡献相对应。

一般认为，经理人对股东负有忠诚、勤勉的义务，但是由于委托代理和监督惩罚力度不足等问题的存在，经理人在实际的管理经营中通常会违背忠诚和勤勉义务，进而引发经理人对股东的“内部人控制”问题。这一问题的主要表现包括信息披露不完整、不及时；敷衍偷懒不作为；财务杠杆过度保守；经营过于稳健、缺乏创新。而在我国目前国有企业改革进程中，“内部人控制”问题的主要表现为国有资产流失、会计信息失真等。

由于经理人违背勤勉义务所产生的机会主义行为，其经营目标往往与股东利益最大化的企业目标相冲突，从而产生严重的代理型公司问题。为避免这一问题的产生，以往的学者进行了大量的研究，这些措施主要包括两个方面，即激励与约束。经理人激励（manager incentive）是公司根据经理人评价和绩效考核结果设计的一套科学的薪酬管理系统，以此来规范、激发或惩罚经理人的行为，达到提升公司绩效的目的。从激励内容来看，管理层激励方式可以分为两类：物质激励和精神激励。物质激励的主要方式为奖金、分红、年薪制、股份等。精神激励的主要方式为在职消费、荣誉称号、资格、职称和证书、度假、进修等。已有文献也大多从管理者激励方式、激励合约设计以及效果检验等方面进行研究。而约束方面主要包括公司章程约束机制、合同约束机制、市场约束机制、道德约束机制等。

（二）董事会

在公司治理领域，有很大一部分学者关注上市公司董事会的特质及其对公司绩效、公司战略的影响。随着所有权和经营权的分离，董事会作为公司治理的制度安排开始出现（Hermalin & Weisbach，2001），来最小化公司治理中的第一类委托代理冲突。董事会作为联结股东和经理人的纽带，其治理效率关系到公司绩效和股东利益。对公司董事会特质的研究，许多学者围绕着董事会规模、董事会内部构成展开。一些学者认为董事会规模会影响上市公司的价值，并发现当董事会规模过大时，因协调和沟通所带来的损失会超过董事会人数增加所带来的收益，董事会就变得低效率甚至无效率，从而上市公司也容易被经理人控制（Lipton & Lorsch，1992）。国内学者通过对A股上市公司的研究，证实了公司董事会规模与绩效之间显著的负相关关系（孙永祥、章融，2000）。

也有学者从董事会内部构成展开研究。董事会结构反映了企业权力的分配以及企业的股权制衡度，对公司绩效和战略都会产生一定的影响。董事会结构是指董事会中内部董事、外部董事、独立董事的比例和构成。董事会中的内部董事和外部董事在公司治理中发挥不同的作用。学者们通过研究发现，相比于外部董事，内部董事和管理层之间可能存在勾结以剥夺中小股东的利益。徐二明和张晗（2006）在对董事长和总经理两职合一的公司研究中发现，董事长会削弱董事会对经理层的监督机制，其他学者也证明两职合一和公司绩效有负向的关系（蒲自立、刘芍佳，2004）。

正因为内部董事并不能保证董事会的独立性，独立董事被引入董事会，以提高董事会的独立、公正和透明度（陈运森、谢德仁，2011），从而减少第二类委托代理冲突（Fama，1980；Fama & Jensen，1983b）。独立董事制度是保证董事会实现最优的关键（Denis & McConnel，2003），履行监督的职能（Fama & Jensen，1983b；Schonlau & Singh，2009）。然而和普通董事不同，独立董事并不拥有企业的股权，是独立于公司的董事会成员（Mak & Li，2001）。独立董事拥有的监督权利和义务是法律赋予的，其监督意愿来自以现任职为抵押的声誉的影响（Fama & Jensen，1983b），监督能力主要在于其能否获得监督所需的信息。而特有信息的获取能力和独立董事的独立性在一定程度上又存在矛盾，影响着其监督职能的履行（刘浩、唐松、楼俊，2012）。

然而在2001年我国引入独立董事制度后，很多学者通过研究发现我国的独立董事是“花瓶董事”（胡勤勤、沈艺峰，2002），或者独立董事并不独立，属于“灰色董事”（刘诚、杨继东，2013）或友好的董事（Adams & Ferreira，2007）。他们在董事会中更多依靠其专业知识履行咨询的职能（Schonlau & Singh，2009；陈运森、谢德仁，2011）。而独立董事的咨询职能会影响监督职能的履行。有学者通过研究发现，独立董事在现实生活中的作用往往因制度环境、独立董事的类型等的不同而表现出矛盾（Agrawal & Knoeber，1996；Rosenstein & Wyatt，1990）。

目前对独立董事的研究，大多以独立董事的个人特质、行为或独立董事的比例等为解释变量，直接研究独立董事和企业绩效（Agrawal & Knoeber，1996；胡勤勤、沈艺峰，2002）、公司市场价值（Rosenstein & Wyatt，1990）、股东价值、投资效率（陈运森、谢德仁，2011）等之间的关系，对此类关系中独立董事的职能履行鲜有探讨。独立董事的职能履行和公司独立董事的构成有直接的相关关系，这又进一步影响企业的经营效果。独立董事的构成和选择受到诸多因素的影响：企业绩效（宁向东、崔弼洙、张颖，2012）、公司董事会结构、CEO的权力（Zajac & Westphal，1996）、独立董事的个人特质或专业特长（胡奕明、唐松莲，2008）、独立董事的社会关系（刘诚、杨继东、周斯洁，2012）。独立董事的构成对其在公司治理中职能履行的影响，还受到其他调节变量的作用。例如，独立董事和公司之间的地理距离、公司所在地的市场化程度以及公司的产权性质会影响独立董事更多发挥监督或咨询的职能（孙亮、刘春，2014）；独立董事和CEO等的社会关系会进一步影响董事会的建议功能（刘诚、杨继东、周斯洁，2012）。此外，也有很多学者从社会网络视角出发，研究了独立董事的网络关系对公司治理和企业行为的影响（陈运森、谢德仁，2011；Schonlau & Singh，2009）。

综上，董事会在企业中兼具监督和管理职能，董事会成员包括内部董事和外部董事都履行着监督职能和资源提供职能，会对公司治理和公司经营产生重要的影响。

（三）股权结构和公司治理

学者们还从公司的股权结构特征角度切入来考察公司治理问题。公司的股权结构特征一般包括股权集中度、股权多元化和大股东的持股比例等具体内容。现有学者根据上市公司股权结构的特征分析了其与企业绩效、公司治理效率等的相互关系。

股权集中度会影响企业的决策效率，和企业的第一类代理问题存在显著的正相关关系。从公司治理效率来看，在股权集中情况下，大股东的监督效果会更显著，即股权集中有助于提高公司治理效率（邵东亚，2003；李增泉，2002）。国外学者通过研究发现，股权集中度高的公司在进行并购投资等活动时，较少从事相关性低的多元化活动（Amihud & Lev，1981）。换言之，股权集中度高的公司风险倾向较低。国内还有学者分析了股权集中和上市公司技术效率和技术水平之间的关系，发现股权集中会显著提升公司的技术效率（冯根福，2004）。然而股权集中度越高并不代表企业的绩效越好，因为高度集中的股权可能会增加公司的第二类代理成本。杜莹和刘立国（2002）发现股权集中度和公司绩效之间存在显著的倒 U 形关系。

股权多元化程度反映了上市公司利益主体的多元化，换言之，股权多元化可以说明持股主体的利益目标多元化。一般而言，股权越多元化，则利益冲突发生的可能也变大。上市公司的“一股独大”现象反映了多元化程度低的股权结构，此时加大了上市公司大股东和中小股东之间的信息不对称，降低了公司治理效率。在对比国有企业和民营企业的公司治理时，有学者通过研究发现民营企业的公司治理效率要优于国有企业（孙永祥，2001）。因为民营股份持有者有着相对更明确的产权主体，从而对公司高管团队的监督和激励更积极，该类公司有较高的盈利能力（徐晓东、陈小悦，2003）。在我国，国企的股份制改革使得更多的民营股份有机会进入国有企业，国企的股权多元化程度提高，由此也进一步提高了国有企业的治理效率。然而，也有学者分析，在我国特殊的制度环境下，一定比例的国有股份有助于提高公司治理效率。在讨论股权多元化时，还有一类投资者——机构投资者，我们不能忽略。机构投资者在公司治理中的作用一直处于讨论之中，学者们的研究结果不一。不同类型的机构投资者追求的利益目标不同，它们所持有的公司股权比例、监督成本等也存在差异，因此需要具体分析。现在对机构投资者在公司治理中的作用，更多的是从上市公司是否存在机构投资者、机构投资者的持股比例、机构投资者是否为前几名大股东等角度进行研究。有研究表明当上市公司存在机构投资者时，独立董事的治理效率明显提高，这说明机构投资者有助于实现独立董事机制的有效性（吴晓晖、姜彦福，2006）。也有研究证明，机构投资者的持股比例越高，上市公司越不可能发生“恶意派现”（翁洪波、吴世农，2007）。然而，也有一些研究表明机构投资者并不能改善上市公司的公司治理，甚至会侵犯创始股东的利益（唐松莲、袁春生，2010）。

因为公司治理的复杂性，股权结构对公司治理效率的影响还会受到多种因素的调节作用影响，也会随着时间的变化而变化，所以并不能从单一角度去研究，需要从多角度考虑。

二、外部公司治理

（一）公司治理与制度环境

公司治理也是一种制度安排，因此和所处的制度环境相关。一般而言，公司所处的制度环境会影响公司治理结构。国外关于公司治理模式的研究就考虑了国家制度环境的影响。莫兰德（Moerland）最先把公司治理模式划分为两种类型：市场导向模式（英美模式）和网络导向模式（日德模式）。根据法律体系的不同，拉·波塔、洛配兹·西拉内斯、施莱弗和维什尼四位学者又将全球公司治理模式分为盎格鲁-撒克逊模式（英美模式）、法国模式、日德模式和斯堪的纳维亚模式。该分类主要以发达资本主义国家为背景，并没有考虑转型经济体的公司治理状况，因此有较大的局限性。我国学者结合转型经济体的特点，提出了不同的公司治理模式划分方法。李维安等学者发现中国、新加坡、韩国等家族企业占有较大的比例，因此在传统的英美模式和日德模式划分基础上，提出了东南亚家族公司治理模式（李维安，2001）。在此基础上，杨胜刚又划分了转轨经济模式。

公司治理模式的划分只考虑了制度环境最普遍的特点，没有考虑公司所处国家或地区的政治环境、经济环境、法律环境和社会文化环境的具体特点。国内学者通过实证分析，发现了公司所处的治理环境与董事会效率有互补的作用，有助于提升公司治理的效率。外部治理环境越好，公司面临的融资约束越少（李科、徐龙炳，2011）。因此，很多学者在具体的制度环境背景下分析了上市公司的公司治理问题。学者们多从地区的市场化程度、政府干预程度、投资者保护程度等多个角度具体探讨。

由于我国处于经济转型期，各地区的市场化程度不一，政府控制对企业的公司治理有非常大的影响。例如，罗党论和唐清泉（2007）通过实证分析发现，地方政府干预越少，公司所处的资本市场就越发达，该地上市公司的控股股东就更少出现掏空行为。高雷和宋顺林（2007）通过研究发现，政府干预会显著增加上市公司的代理成本，而随着地区的市场化程度和对投资者的法律保护程度提高，代理成本逐渐减少。在制度环境不完善、正式制度缺失的背景下，政治关联成了对企业的一种保护性措施，对企业的公司治理也产生了不同的影响。已有学者验证了政治关联是民营上市公司在制度环境不完善的情况下寻求的一种替代性保护机制（罗党论、唐清泉，2007）。而在对投资者保护和公司治理之间关系进行研究时，学者们发现弱投资者保护不利于公司治理的优化（陈小悦、徐晓东，2001）。对投资者的法律保护和大股东的监督形成了互补的治理效应，当公司所处地区的投资者保护增强时，大股东对管理者的监督力度减小，反之则提高（王克敏、陈井勇，2004）。此外，产品市场的竞争和公司治理机制也存在着互补关系（施东晖，2003）。当产品市场的竞争加剧时，大股东对高管的激励作用就下降。

由于公司治理是嵌入制度环境中的，又受到公司本身特点的影响，所以公司治理和制度环境之间呈现出动态、复杂的关系。因此，制度环境对公司治理的影响还值得进一步探讨。

（二）外部利益相关者

利益相关者这一概念最初源于20世纪60年代，SRI（Stanford Research Institute，1963）认为利益相关者是这样一个群体，“没有它们的支持，组织将不能存在”。它们包括股东、员工、顾客、供应商、债权人和社会大众（Freeman & Reed，1983）。除了股东、员工等内部利益相关者会参与公司治理，外部利益相关者也是影响公司治理的重要因素。

科昌和鲁宾斯坦（Kochan & Rubinstein，2000）在研究利益相关者治理公司怎么产生和成功时，认为应该根据潜在利益相关者对公司稀缺资源的贡献度、利益相关者因公司破产或关系终结而承担的风险或损失的大小、利益相关者在组织里的权力大小来安排公司治理。也有一些学者从资源依赖理论角度探讨利益相关者治理，认为谁提供或掌控了对企业生存发展至关重要的关键资源，在企业中就拥有更强的话语权，从而谁就应该掌握对企业的控制权（费显政，2005）。这一观点得到了更多学者和实践者的认可，认为企业应该对“优先利益相关者的利益诉求给予更多重视”（陈宏辉、贾生华，2005）。从公司治理角度探讨利益相关者问题成为学术界的一个前沿研究领域。研究的焦点主题包括利益相关者与企业战略的关系（Bridoux & Stoelhorst，2014；Walls，Berrone，& Phan，2012）、利益相关者与董事会决策的关系（Hillman & Dalziel，2003；Williamson，1985）、利益相关者与经理层业绩评价的关系（Barnett，2007；Hillman & Keim，2001）等。

外部利益相关者如何参与公司治理也是重要的研究主题。如，政府部门可以通过罚款等监管措施参与公司治理（李维安、唐跃军，2005）。企业高管的个人外部社会资本也是影响公司治理的重要因素。赵晶和郭海（2014）将组织所面临的制度环境作为结合两种控制链的分析基础。其认为社会资本控制链是非正式制度环境施加影响的侧面反映。而社会资本控制链的效力取决于正式制度环境的完善程度。由于内外制度环境正式化存在差异，进而社会资本控制链与制度环境的正式化程度存在随机分配的情况，所以，这就最终限制了最终控制人社会资本控制链效力的发挥。此外，赵晶和王明（2016）的研究表明，利益相关者可以通过非正式方式参与公司治理。研究表明：利益相关者可以通过游说策略、隐形代理人策略、动员集体行动策略、路径策略四种非正式方式参与公司治理。

三、不同类型企业的公司治理问题

（一）国有企业

自中国开始实行市场经济以来，越来越多的国内外学者开始关注中国背景下的公司治理问题。鉴于我国上市公司的发展历史以及经济转型时期制度环境的特殊性，我国大部分上市公司同时存在第一类代理问题和第二类代理问题（冯根福，2004）。

我国的一部分上市公司属于国有企业，上市公司中股权高度集中和国有股“一股独大”是普遍的现象（冯根福，2001；冯根福、韩冰、闫冰，2002）。而国有股实际上缺乏明确的所有权主体，导致上市公司对管理层的监管不足。特别是国有企业公司治理转型前，上市公司的董事会和总经理两职合一的现象明显。而且，由于上市公司股权高度集中，公司的股权制衡度就非常低，国有上市公司经理人的权力大于非国有上市公司经理人。在这种背景下，第一类代理问题较为严重（郑红亮、王凤彬，2000）。此外，我国的职业经理人市场不完善，信号显示机制和声誉模型在我国资本市场环境中并不能起到很好的作用，从而使得第一类代理问题较国外的上市公司严重。

而国有企业除了公司价值最大化的目标外，还负担着许多政治目标、社会责任目标，大股东和公司的其他分散性股东存在较多的利益冲突。另外，一些政府部门的官员，特别是地方政府的官员在企业中担任职务，使得资金占用、关联交易的现象更加突出（何浚，1998）。国内学者对国内上市公司的第二类代理问题进行了较为深入的研究，通过对现实案例的分析发现我国上市公司中普遍存在控股股东的掏空行为，这些手段有资金占用、贷款担保、关联交易和操纵盈余管理（刘峰、贺建刚、魏明海，2004；黎来芳，2005；吕长江、肖成民，2006）。大股东的掏空行为又会影响我国上市公司的资本结构（陆正飞、张会丽，2010）、投资行为以及公司经理人的报酬（陆正飞、张会丽，2010）。现在有很多学者基于中国的这一现象，积极探讨了有效抑制大股东掏空行为的措施，并发现了独立董事和政府干预等对抑制大股东谋取私利的作用（叶康涛、陆正飞、张志华，2007；罗党论、唐清泉，2007）。

在上述背景下，我国国有企业自1978年以来进行了一系列改革，迄今已有40余年，建立和完善现代企业制度这一大方向也愈发清晰。依据党的十九届四中全会精神，国有企业治理体系是国家治理体系的重要组成部分，国资国企制度体系是中国特色社会主义制度的重要组成部分。要建立可实现有效制衡的治理结构，需要明确各个治理主体的职责边界，坚持党的政治建设与引领，处理好国有企业的所有权、经营权和收益权问题。后文将选取国有企业改革和治理体系完善过程中三个重要的问题，即党组织参与治理、混合所有制改革以及高管薪酬问题，对相关前沿文献进行总结。

（二）家族企业

家族企业泛指由个人或家族成员拥有并控制的企业。虽然家族企业所有权与控制权融合度更高，但家族企业也存在公司治理问题：第一，家族企业的所有者和高层管理者不一定全部是家族成员，他们和家族成员之间有利益冲突；第二，家族系统的动力和企业系统的动力常常不平衡，因此家族成员的利益和企业的利益可能不一致；第三，家族成员之间也存在利益冲突（郑红亮、刘汉民、唐牡丹等，2011）。因此，家族企业公司治理也成为重要的研究主题。

1. 世界范围内的家族企业

在世界范围内，家族企业是极为常见的企业形态。根据哈佛大学的调查数据，全球约2/3的企业是家族企业。家族企业贡献了超过70%的GDP，解决了超过一半的劳动力就业问题，是当代经济最为重要的稳定器之一。家族企业的发展在全球范围内各具特色，都适应了所在国的商业和政治环境。英美经济给世人一个错觉，似乎盎格鲁-美利坚式的分散性股权加上声称以股东利益为目标的放任的资本主义才构成了这个世界上唯一正确的公司治理体系。实际上，以金字塔式控制为主要形式的家族企业控制了世界上大量国家的基本经济，既包括英美德等老牌资本主义国家，也包括东南亚、拉丁美洲等地的发展中国家。世界范围内的家族企业治理模式为我国企业发展提供了有益借鉴，但应当注意以下几个问题：

第一，采用英美公司治理经验时，必须反复考虑适应性。虽然英美在经济上长期领导过整个世界，但它们确实是这个世界的少数（Weber，1978）。它们是最早推动经济全球化的国家，其普通法系统为中小投资者提供了较大程度的保护，拥有高度发育的金融市场，因此若局部乃至断章取义地学习英美企业，很有可能陷入水土不服的境地（Rumelt，2012）。第二，公司治理受到法律和政治环境的深刻影响。法律和政治环境塑造了企业可选择策略的集合，法国的法律规定那里的家族企业只有向下传承这一种选择。意大利和日本的财政政策环境实际上扶植了家族企业的金字塔结构，而美国的法律和政策实践则摧毁了这一结构，家族财富只能通过高度市场化的手段间接实现保留。对中国家族企业而言，它们需要随时关注法律和政治的潜在走向。第三，家族企业的所有者应当以更加宽广的眼光看待自己创造的财富和价值。家族企业的遗产并不仅仅表现在子孙后代可以通过控制公司或者借助信托基金实现一种经济上的优越性，还表现在文化上的优越性。重新反思财富的意义并在更宽广的范围内保留精神和物质财富，是中国家族企业所有者应该重视的问题。第四，历史和观念力量的突出影响。在世界公司治理史上，金融危机、大规模自然灾害、突然爆发的战争、民主浪潮和革命经常打乱原有的家族治理和发展安排，从而使得家族企业走上历史的岔路。相较于历史的突然转向，观念力量作用的发挥则显得缓和许多。但是观念力量一旦形成社会性共识，也会从根本上塑造家族企业。对历史和观念力量的敬畏是家族企业持续发展的必要条件。

2. 家族企业代理冲突

研究表明，在我国家族上市公司中主要有以下几种家族控制方式（贺小刚、李新春、连燕玲等，2010）：（1）家族直接控制，即家族成员以股东的身份直接控制上市公司，这种控制方式相对较少；（2）家族间接控制，即家族成员通过某一个家族成员所控制的公司间接地控制该上市公司，这是我国家族企业所采取的最主要的控制方式；（3）复合型控制，即家族成员除了以股东的身份直接控制上市公司外，还通过其他关联公司实现对该公司的间接控制，这种控制方式较少但数量在不断上升。由于我国家族上市公司比较普遍地采取金字塔式控股模式，因此，大部分研究在分析家族企业代理问题时，关注了家族和经理人、家族和其他中小股东之间的两类代理问题。研究表明，家族企业公司治理在股权集中度、债务融资比重、金字塔式控股、控制权与现金流权偏离、流通股与非流通股价偏离等五个方向上存在着代理冲突（苏启林、朱文，2003）；民营上市公司也存在隧道挖掘行为，且资本家家族企业的隧道挖掘行为动机和强度远远高于企业家家族企业（申明浩，2008）。

家族企业公司治理的经典研究都假定所有家族成员是利他主义者，为了整个家族考虑。随着家族经营过程中家族成员来源的多元化，家族企业各种潜在的冲突及代理问题也趋于复杂化（贺小刚、李新春、连燕玲等，2010）。家族企业的权力集团主要是由家族成员组成，然而他们并不是利益完全一致的共同体，家族成员之间也存在着利益冲突和权力偏离。家族成员之间的权力配置也成为影响家族企业治理效率的重要因素。现实中，诸如“夫妻反目”“兄弟分家”“合伙人分道扬镳”等频繁出现，直接影响企业控制权的分配和公司经营，甚至导致企业失败。一个家族不可能是所有成员有着相同利益和目标的同质体，家族成员的目标和偏好存在差异（贺小刚、连燕玲、余冬兰，2010）。成员之间的利益和目标差异直接影响家族内部的权力配置。家族权力配置方式千差万别，有的家族成员仅仅配置到了相对较高的所有权而拥有较低的管理权，而有些家族成员则反之，这样就出现了家族成员所拥有的权力并不对称的现象，即权力的偏离现象（贺小刚、李新春、余冬兰，2010）。贺小刚等学者的研究表明，家族成员各自所持有的投票权、现金流权和管理权并不是完全对称的、互补的；家族成员内部的权力偏离将导致不可忽视的家族冲突与代理问题，并最终对家族上市公司的治理效率产生显著的消极影响；家族成员内部的权力偏离的消极作用还受到家族财富的影响，在家族财富增长的情况下，权力的偏离将进一步恶化家族代理问题。

3. 家族企业传承与公司治理

传承也是家族企业公司治理的重要问题。控制权能否顺利传递是保证家族企业稳定传承的前提，也是打破“富不过三代”魔咒的关键。一代创业者年龄增长的现实，注定了当前家族企业迎来了传承高峰期。2012 年发布的《中国家族企业发展报告》显示：在被调查的 3 286 位家族企业主中（包括上市和非上市），56.2%的家族企业已经开始考虑传承问题，而在已开始交接班的家族企业中，传承现状不尽如人意。中国职业经理人市场不健全，大多数家族企业难以实现真正的管理职业化，“子承父业”仍然是家族企业的主要传承模式（陈凌、应丽芬，2003；何轩、宋丽红、朱沆等，2014）。代际传承过程往往涉及家族成员之间、家族和非家族成员之间多方面的复杂关系，常常让家族企业面临“生死之劫”（Longenecker & Schoen，1978；陈凌、应丽芬，2003）。关于企业创始人离任前后的权力结构变化的模式及其对企业成长所产生的影响，埃德尔斯顿等（Eddleston et al.，2008）通过研究发现，家族代际所有权安排将直接或间接地影响家族内部的冲突，进而影响家族企业的竞争绩效。

首先，家族企业权力交接模式会影响公司治理。有学者分析总结了家族企业创始人离任和继任者上任的权力交接模式，发现主要有以下三种形式（贺小刚、李新春、连燕玲，2011）：(1) 创始人采取分权的方式完成离任与继任过程，即聘请更多的继任者参与企业的生产经营活动；(2) 继任者维持原有的权力结构，即仅有一位继任者承接创始人的所有经营决策权与控制权；(3) 继任者在继任后更加强调权力的集中，即继任者将更多的权力控制在自己手中，而不仅仅是创始人的那些经营决策权和控制权。而这三种模式直接影响了公司的权力配置，对公司治理的影响不同。如第一种“分权”模式，将由多个继任者分享创始人的经营决策权与控制权，而这可能会导致权力斗争，增加代理冲突，降低公司治理效率。

其次，继任者类型也会影响家族企业公司治理。继任者的来源包括多种情况：(1) 来自家族内部还是职业经理人，前者指继任者和创始人直接有血缘关系，而职业经理人则是企业的代理人；(2) 来自企业内部还是外部聘任，前者是指在创始人离任事件发生前继任者已经在该公司担任了一定的职位，而后者则表明继任者完全来自企业外部。此外，继任者的合法性问题也会直接影响传承后的公司治理。二代继任者的权威构建依赖利益相关者的认同。大量研究表明，二代继任者常面临“少主难服众”的合法性劣势。而继任者的合法性劣势在很大程度上不利于家族权威持续和企业经营。

延伸阅读

内部反目的“真功夫”

尽管家族企业具有信任度高、代理成本低、家族文化与企业文化易于融合等优点，但过高的股权集中度使得企业资本结构单一，过度依赖家族内部融资渠道，缺乏外部融资渠道，这也会限制公司的经营发展。

真功夫餐饮管理有限公司（简称“真功夫”）发源地在东莞。1990 年潘宇海经营的一家中式快餐店是真功夫的原型，1997 年更名为东莞市双种子饮食有限公司，2004 年更名为真功夫。真功夫从一家快餐店发展为有限责任公司，一路走来是典型的家族企业，从刚开始潘宇海一人经营到后来其姐姐（潘敏峰）、姐夫（蔡达标）加入其中，在实施“去家族化”之前，企业的所有权一直被三人牢牢掌控。三人持股比例稳定在潘宇海：潘敏峰：蔡达标＝50％：25％：25％。

公司成立以来，潘宇海一直是公司总裁，蔡达标不满于此，提出总裁轮换制。潘宇海同意后，2003 年蔡达标作为总裁时，在企业内部开始安排自己的弟弟、妹妹进入企业，在企业外部弱化潘宇海与公司的关联，以企业代言人自居。潘宇海对此表示不满，家族内部离心。2006 年，蔡达标夫妇协议离婚，根据双方财产分割结果，潘敏峰将自己持有的 25％的股份转让给蔡达标。这一事件的发生使得真功夫的股权结构十分尴尬，前姐夫和前小舅子各持股 50％。

真功夫谋求上市后，为了符合上市要求，真功夫开始了“去家族化”。一方面，蔡达标和潘宇海各贡献 3％的股份，引入风险投资商；另一方面，真功夫开始引入职业经理人。表面看，真功夫“去家族化”开了个好头，然而在这背后，蔡达标和潘宇海的争斗拉开了帷幕。两人股权表面上是各自 47％，双方持平，但是风险投资商向蔡达标倾斜；引入的高管替换了企业的元老，潘宇海几乎被架空。对此，潘宇海当然表示抗议，为了安抚潘宇海，也为了“去家族化”的进一步实施，其他股东表示打造由潘宇海管理的新品牌，承诺保障分期提供资金投入。当潘宇海收到第一笔投入后兴致勃勃地准备打造新品牌时，后期的资金投入被拒绝，一出调虎离山之计显现。

2009 年，真功夫得到一笔无抵押贷款，潘宇海自曝企业内部矛盾纷争不断，风险高，试图破坏这笔贷款。蔡达标试图让真功夫借壳上市，彻底摆脱潘宇海。潘宇海与姐姐潘敏峰先后曝光蔡达标丑闻，潘氏姐弟要求查账和正常办公被拒绝，一气之下将真功夫告上法庭。2011 年，蔡达标因涉嫌经济犯罪等被捕，后来被判刑 14 年。

在真功夫内斗的案例中，家族企业从初创期到成长期产生了种种问题，“去家族化”也变成斗争的一种手段。本来核心成员相互信任的家族治理结构在内斗中分崩离析，内斗手段可谓无所不用其极。内斗导致的结果也十分严重，影响了企业的发展，真功夫在快餐行业的地位一落千丈。

资料来源：朱玉．家族企业内部反目引发的思考：以“真功夫”为例［J］．企业科技与发展，2020（1）：242－243＋246.

混改背景下的中国联通

中国联通是中国三大电信运营商之一，向市场提供包括移动宽带、固定通信业务等基础电信服务以及其他电信增值业务。在进行混合所有制改革（“混改”）前，中国联通集团拥有中国联通 62.7％的股份，而国务院国资委持有中国联通集团 98.45％的股权，是中国联通集团的实际大股东。由此可见，国资委是中国联通的实际控制人。中国联通是电信行业首家进行混改的企业，也是我国进行混改的试点企业，其改革过程如下：

首先，中国联通以非公开发行和转让老股的方式引入大量的投资者进行混改。投资者先后认购了中国联通 90.4 亿股的 A 股新股和 19 亿股的 A 股股票，这两种股票的价格都在 6.83 元左右，在已发行股本中占比达到 34.9％。中国联通还以 779 亿元的交易对价，授予核心员工（主要是公司的中层管理者以及对公司业绩有重要影响的核心管理人员）不超过8.5亿股的限售股票，限售期为两年，解锁条件是对公司业绩有一定的要求。另外，中国联通的几个重要的战略投资者为百度、京东、腾讯等。它们都是各自领域的佼佼者，而且与中国联通的业务重合度也较高，能够对中国联通的数据网络和客户营销产生极大的影响，这些战略投资者和中国联通之间也是互补共赢的关系，表现在可以将混改的自身优势和投资者的业务优势结合起来，实现优势互补、互利共赢。再从混改之后的公司治理结构上看，混改之后引入代表不同性质利益的股东代表，董事会和管理层较以前更为多元化。此外，原有的管理层任期制也做了相应改变，改革后采用契约化的管理制度，以求更好地约束管理层的行为。

混改后的中国联通经营业绩明显上升，2017 年中国联通主营业务收入同比增长4.6%，净利润同比增长 176.4%。获得如此成绩的原因就是混改后公司治理机制的改变。

(1) 股东构成多元化帮助监督大股东行为。过去的大股东一股独大容易造成其他股东“搭便车”的心理，因此也就不会对大股东的行为进行监督和规范。股东若是能够代表不同的利益，则更有可能会相互监督和制约。与国有股东来源不同的非国有股东更关注投资的回报，所以会更加倾向于对大股东行为进行监督。

(2) 国有股权比例降低有助于提高公司治理效率。国有企业在混改过程中，一方面降低国有股权的比例，另一方面引入非国有股东，非国有股东与国有股东间形成相互平等又制衡的关系。这样一来，非国有股东就会积极地参与公司的治理活动。

(3) 股权激励计划提高了员工积极性。企业的管理层在获得公司股权后，将会以主人翁的意识来进行日常的工作，带有极高的积极性关注企业的经营管理，管理层作为企业决策执行的先行军，执行的速度更快、质量更高，将会有助于提高工作效率和公司整体的运营效率。

目前我国的国有企业普遍存在政企不分、所有者不明、企业内部权责划分不清等问题，这些问题严重阻碍了国有企业的前进步伐，经过多年的探索，发现出现这些问题的原因正是改革方向出了问题。经过多年的试点，我们总结出，国有企业实行混合所有制改革是改革的正确方向，能够帮助国有企业完善公司治理。

资料来源：曹思萌．混合所有制改革下公司的治理问题：以中国联通为例［J］．西部皮革，2020，42(14)：91.

第 4 节　公司治理前沿研究

一、党组织参与、国企混改和高管薪酬

（一）党组织参与与公司治理

2015 年 9 月，中共中央办公厅印发《关于在深化国有企业改革中坚持党的领导加强

党的建设的若干意见》，强调要把加强党的领导和完善公司治理统一起来，明确国有企业党组织在公司法人治理结构中的法定地位。2016 年 10 月，习近平总书记在全国国有企业党的建设工作会议上的讲话上提出国有企业的两个“一以贯之”，进一步强调坚持党对国有企业的领导：一是坚持党对国有企业的领导是重大政治原则，必须一以贯之；二是建立现代企业制度是国有企业改革的方向，也必须一以贯之。2017 年 4 月，《国务院办公厅关于进一步完善国有企业法人治理结构的指导意见》要求将党建工作总体要求纳入国有企业章程，明确了党组织在国有企业中的领导核心和政治核心地位。2017 年 10 月修订的《中国共产党章程》确立了党组织在国有企业中“把方向、管大局、保落实”的重要职能。近年来，越来越多的国有企业把党组织引入公司治理。《2018 年中国共产党党内统计公报》显示，90.9%的公有制企业已建立党组织。党的十九届五中全会指出，实现“十四五”规划和二〇三五年远景目标，必须坚持党的全面领导，贯彻党把方向、谋大局、定政策、促改革的要求。对于国有企业而言，党组织具有政治核心地位，加强党建是国企“十四五”时期的重要议题。因此，国有企业中党组织参与公司治理也成了重要的公司治理研究主题。

学者对党组织在公司治理中的嵌入形式和影响进行了检验。在嵌入形式方面，雷海民等（2012）对党组织的嵌入形式进行非参数检验，发现党委书记、总经理、董事长三职合一不利于提高企业运营效率，而党委书记不兼任董事长或总经理，同时总经理兼任董事长，最有利于提高企业运营效率。马连福等（2012）研究发现党委会“双向进入”与公司治理水平呈倒 U 形关系，与董事会效率正相关；“交叉任职”可以显著影响公司治理水平，但董事长担任党委书记不利于公司治理水平的提高。在嵌入影响方面，以往研究关注了党组织对国有资产或股权转让溢价、雇员数量、高管薪酬、董事会决议的影响。陈仕华和卢昌崇（2014）发现在并购过程中，国有企业党组织参与治理能够防止国有资产的低价转让，抑制国有资产流失问题；但也有可能因为索价高于市场水平而不利于并购交易的正常进行。因此，作者建议政策制定者及学者均需更多关注党组织参与治理的“度”，研究如何做到参与而不干预。马连福等（2013）的研究表明，国有上市公司党委会通过“双向进入、交叉任职”的方式参与治理一方面会增加雇员数量、形成冗员，另一方面会降低高管的绝对薪酬，抑制高管攫取超额薪酬的行为，缩小高管与普通员工间的薪酬差距。柳学信等（2020）认为党组织治理通过“双向进入、交叉任职”和“讨论前置”的方式影响董事会决策，通过行使否决权阻止了一部分政治上存在问题的议案进入董事会决策流程，提高了决策效率，因而在董事会决策过程中异议意见减少。

纪委作为党组织的重要组成部分，其参与董事会治理是国企治理领域的典型特征之一，以往研究发现纪委参与在国企治理过程中起到了积极作用。陈仕华、姜广省、李维安等（2014）研究发现纪委参与公司治理能够显著抑制高管的非货币私有收益，进一步发现当纪委参与监事会治理，并且在中央企业和总经理拥有党员身份的企业，纪委参与对高管私有收益的抑制作用更强。周泽将和汪帅（2019）认为纪委参与董事会治理可以对管理层形成威慑，提高董事会权威性，通过对 2011—2016 年 A 股国有上市公司的实证研究，发现纪委参与董事会治理通过提升权威性，显著提高了审计质量，在内部控制较低的国有企业中这一效果更加明显。总而言之，确保党组织有效嵌入公司治理结构，需要处理好三重关系，即处理好党对国有企业的领导和建立现代企业制度的关系、处理好党委会与董事会的关系、处理好党组织与外部环境影响的关系（马连福、张燕、高塬，2017）。

国有企业党组织治理是指党组织通过与董事会、监事会和经理层的“双向进入、交叉任职”的方式和“讨论前置”制度，参与公司重大决策，从而形成一种有中国特色的国有企业治理制度安排（柳学信、孔晓旭、王凯，2020）。我国国有企业党组织治理是伴随经济体制改革和国有企业改革不断发展至今的，具有深厚的历史渊源（黄群慧、崔建民，2018）。在国有企业改革和公司治理实践中，曾经实行过“党委领导下的厂长负责制”和“联合委员会领导下的厂长负责制”。

（二）国企混改与公司治理

混合所有制经济作为市场经济的重要组成部分，历来受到政府和学术界的广泛关注，国有企业的混合所有制改革一方面能够保证国有企业在市场中的主体地位，另一方面能够有效应对改革过程中复杂、动态的市场环境。在国企改革中引入混合所有制经济，实现公有制与其他所有制经济的相互交叉、相互融合，能够将国有资本的资本优势与民营资本在市场中更为灵活的优势合二为一，在增强国有经济活力、强化国有经济控制力的基础上，健全和完善国有企业内部治理结构，促进国有企业乃至整个市场经济的良性发展（李维安，2014）。站在经济学的角度进行分析可得，国有企业属于全国人民，而且国有企业的股东较多，并且股权高度分散，很容易导致股权所有者主体缺位。通过多重委托以及授权代理的方式对整个企业进行管理的企业，由于公司在治理过程中的费用高昂，内部控制人员在道德以及作风方面极易出现问题，所以是各类企业在治理过程中所存在风险最大的企业类型。国有企业在具体的实践过程中，在委托关系层次上出现了多重委托关系，并且有一些委托代理关系出现在了相关政府机构。这些委托代理人直接或者间接地管理与控制着国有企业，在一定程度上对企业的实际经营以及绩效造成了严重影响，导致过去的国有企业在内部人员管控以及在公司治理方面出现了较为严重的问题（唐可欣，2019）。

完善股权结构是解决国企改革过程中出现的公司治理问题的必要途径。在新体制下，国有企业要完善企业内部的股权结构，并且改变企业股权高度集中的现状。所以实际实施时，要有效降低国有企业中国有股权的占比，从而提升国有企业中非国有法人股权的比例，进一步解决企业对内部人员管控的问题。另外，国有企业要通过多样化的方式使国有企业形成多元化的控股形式，国有资本要退出所控制企业，所以需要增大民间资本的持股比例，还要引进企业员工持股的制度，以此来实现对企业内部人员的管控，也能改变国有股权性质，并且使国有股权成为优先股。

在完善股权结构的基础上，应当加快国有资产的监督管理体制改革，对混合所有制改革进程涉及的中小股东和中小型公司进行适当的鼓励，使它们积极参与公司治理，进一步完善和加强公司董事会的建设和监事会的建设。除此之外，还要科学合理地构建市场体系和市场机制、完善证券市场制度、构建标准统一的退市制度。

积极发展国有资本、集体资本、非公有资本等交叉持股、相互融合的混合所有制是提升国企治理有效性的重要手段，混合所有制改革是建立现代企业制度和现代国有企业制度的主要形式（黄速建，2014）。以往研究通过案例或大样本数据，讨论了混合所有制改革过程中的制度安排以及改革后对公司治理、企业创新等的影响。沈昊和杨梅英（2019）选择央企混改中的典型代表招商局集团进行案例分析，发现在混改过程中引入非公股东的类型与时机对公司业绩和公司治理有较大影响；员工持股对公司治理的改善作用有限；国有控股和国有参股在绩效上没有绝对的差别，国有控股不一定带来低效率，关键是要真正让市场在资源配置中起决定性作用。沈红波等（2019）基于云南白药混改进行案例分析，探究了混改主体、控制权、绩效、定价等问题，研究发现云南白药在混改后建立起了更市场化的决策和治理机制，公司的管理效率得到了较大的提高，最终实现政府、社会资本和管理层三方利益统一。郝云宏和汪茜（2015）基于"鄂武商控制权之争"，从股权制衡角度出发，认为第二大股东通过引入关系股东、争取董事会席位、运用法律制度等方式，与国有控股股东形成良性的制衡，发挥了治理价值。关于混改的大样本研究发现，混合所有的股权设计显著提高了公司绩效，民营参股显著增强国企管理层薪酬和离职的绩效敏感度，国有参股显著降低了民企的税负和融资约束（郝阳、龚六堂，2017）；进一步地，实证结果表明国有股权占比与公司治理指数呈 U 形关系（王曙光等，2019），私营化或国有化程度较深的企业均可达到较高的公司治理水平。

（三）高管薪酬与公司治理

国有企业治理仍面临着"内部治理外部化、外部治理内部化"的困境，本来应由内部承担的决策职能，如高管任免、薪酬、股权激励等仍由外部治理主体决定；本来应由外部承担的企业办社会等职能，仍由内部承担（李维安，2014）。以往学者实证研究表明，薪酬问题是治理困境的集中表现之一，对于广受关注的薪酬绩效敏感性问题，目前学界仍存在争议。刘星和徐光伟（2012）认为高管利用手中权力不仅影响了自身薪酬水平，也导致薪酬与业绩之间的敏感性存在不对称现象。当公司业绩上升时，权力越大的高管增强了薪酬与业绩之间的敏感性，进一步提高了薪酬水平；而当公司业绩下降时，却降低了薪酬与业绩之间的敏感性，减小了自身薪酬下降的空间。因此，作者建议应实施市场化的国企高管选拔机制。也有学者认为国企高管薪酬绩效敏感性较低的结论并不可靠，刘绍娓和万大艳（2013）发现，国有上市公司的高管薪酬增加对公司绩效的激励效应略高于非国有上市公司的高管薪酬增加对公司绩效的激励效应，但在高管持股的情况下，非国有上市公司的高管薪酬增加带来的绩效提升度更大。姜付秀等（2014）对 1999—2011 年 A 股上市公司数据进行实证研究，发现国有企业对经理人的显性业绩要求、受到更强的社会监督、更弱的掏空动机，加之诸多非国有企业经理人身份的特殊性，使得国有企业经理人激励契约较非国有企业更为看重公司的绩效表现。研究结论突破了固有的认知，为国有企业激励契约有效性高于非国有企业提供了有力的证据。

除了薪酬的业绩敏感性外，学者还关注了国企内外部薪酬差距等问题。黎文靖等（2014）研究发现国有企业高管所面临的经理人市场受到管制，任命掌握在政府手中，流动受到限制，从而外部薪酬差距无法对国有企业高管形成正向激励效应。黎文靖和胡玉明（2012）对国企内部薪酬差距问题展开研究，结果表明国企内部薪酬差距与企业业绩正相关，并且与企业的日常经营业绩正相关。但内部薪酬差距越大，企业投资越无效率；

同时管理层权力与薪酬差距正相关。当薪酬差距较小时激励了员工，而薪酬差距较大时是管理层权力的表现，对高管激励不明显。

二、家族企业的治理结构和代际传承

中国的民营企业大多以家族企业形态存在，改革开放以来，家族企业在企业数量、吸纳就业人数、企业规模、占国民经济总量比重和税收等关键指标上的贡献愈发重要，家族企业的顺利传承有利于民营经济的持续稳定发展，“家族企业精神”是当代中国经济改革发展奇迹的重要驱动力之一。李新春等（2020）对 2002—2019 年 1 661 篇中文社会科学引文索引（CSSCI）文献进行分析，发现目前国内对家族企业的研究关键词主要集中在代际传承、企业业绩、公司治理、社会资本、家族控制、治理结构、家族涉入、职业经理人、信任问题、社会情感财富等。其中，最为重要的四个研究主题为：公司治理（17.20%）、家族控制权（11.30%）、企业成长与绩效（10.58%）、代际传承（10.47%）。以下围绕公司治理和代际传承问题展开，对中国家族企业研究的前沿文献予以总结。

（一）家族企业的治理结构

在最受关注的家族企业治理结构与模式问题层面，学者们围绕两权合一以及两权分离各自的影响展开争论，探讨为什么西方成熟家族企业存在较为成熟的两权分离，而中国家族企业的两权分离往往不稳定。顾露露等（2017）利用 2004—2015 年中国非金融类家族企业的面板数据得出的研究结论支持了两权合一观点，认为两权合一的公司治理模式有效减轻了委托代理问题，有利于技术创新。李新春和檀宏斌（2010）基于香港利丰的案例研究发现，其内部发生的两次两权分离是不稳定和短暂的，由于缺乏相应的家族治理机制而对公司长远发展产生较大威胁，两权分离会导致严重的代理问题；但同时也指出两权分离是保证家族跨代成长和持续创业的关键性制度安排。支持两权分离的学者提出“去家族化”有利于缓解第二类代理问题，并提升了家族企业的经营业绩（李欢、郑杲娉、徐永新，2014）；创始大股东向职业经理人让渡控制权能够促进决策科学化，但也面临巨大的控制权风险，因此需要内部权力的优化配置（徐细雄、刘星，2012）。姜付秀等（2017）提出在两权分离的过程中，家族涉入的不同方式和涉入程度会产生不同的影响。引入职业经理人可以提高管理层的经营能力，改善绩效，但引入非家族董事长可能会造成控股股东的转移资源动机更强，恶化公司经营情况。

（二）家族企业的代际传承

代际传承关乎家族企业存续，是学界和业界共同关注的焦点问题，以往研究讨论了代际传承的“前因后果”，即内外部环境对代际传承的影响，以及代际传承过程中的合法性、二代自身人力特征等因素对企业绩效的影响。在传承原因方面，胡旭阳和吴一平（2017）利用 2003—2015 年上市家族企业的混合截面数据，发现创始人的政治身份显著增加了继承人担任总经理或者董事长的可能性，促进了控制权的代际锁定。何轩等（2014）关注外部制度环境的影响，其研究表明企业家感知到的一些不利的外部制度因素会削弱企业家的传承意愿，而企业家的政治地位可以削弱外部环境所带来的不利影响。

吴炯（2016）通过对海鑫、谢瑞麟及方太的多案例研究，提出代际人力资本与社会资本差异和动态消长过程会对剩余控制权的传承产生影响。余向前等（2013）采用问卷分析的方法，通过一手数据证明了企业家的诚信好学（“有诚信，讲信用”和“不断学习，拓宽自己的知识面”）、个体社会网络（“注意公司的利益分配，财散人聚，财聚人散”和“对家庭、企业、社会的责任心”）等因素对家族企业的成功传承有积极影响，有利于企业传承过程中的平稳过渡。

在传承结果层面，传承人所拥有的合法性是一个重要的研究命题，赵晶等（2015）研究发现，传承人合法性与战略变革成功可能性之间呈倒 U 形关系，过高会阻碍战略变革，过低会导致企业冒进变革。李新春等（2015）认为当二代面临自身权威合法性不足、外部期望过高时，可能会选择“另创领地”进入其他行业，摆脱原有束缚，在新领地获得个人和能力权威的合法性。除合法性外，以往研究还关注了二代的人力、社会资本对创新及公司战略转型的影响。发现在二代具有海归背景以及外部监督较差的情况下，二代介入能够减少关联交易、提高会计信息质量，从而降低代理成本，促进企业的创新活动（黄海杰、吕长江、朱晓文，2018）。赵晶和孟维烜（2016）对继承人的社会资本进行量化，实证研究表明相比于“父弱子强”，“父强子弱”显著降低了代际传承中的企业创新水平。郭超（2013）发现家族接班者与父辈的价值观差异有利于家族企业的转型，包括产业转型、产品市场及地域市场的转型，价值差异有助于接班者充分发挥新一代企业家的创业精神。

三、中国企业的股权设计创新

随着中国新兴经济的发展和互联网时代的到来，人力资本在创新创业中发挥的作用越来越重要，控制权问题对“以人为本”的高新技术公司尤为重要。对于中国企业而言，创新股权设计风险与机遇并存，例如，如何利用股权设计使得“资本雇用劳动”转向“劳动雇用资本”，中国企业独特的股权设计又会如何对公司绩效产生影响。近年来，双重股权制度、合伙人制度、期权激励计划、员工持股等根植于中国企业创新治理实践的问题引起了学者们的研究兴趣。

双重股权结构（dual class structure）通过给不同层级股票赋予不同比例的表决权，保证了公司创始人团队和大股东在公司上市后的控制力。以往研究主要通过案例研究的方式，对国内互联网企业实施双重股权制度的动因和影响进行分析。宋建波等（2016）基于京东和阿里巴巴这两家实施双重股权制度并成功在美国资本市场上市的科技企业的案例，发现科技型企业的成长周期、融资特征、上市前创始人团队与投资者之间的力量博弈是影响企业选择双重股权制度的重要原因。在实施效果层面，研究发现双重股权设计让京东和阿里巴巴创始人团队维系的企业文化得以延续，有效抵制了恶意收购，并在一定程度上解决了公司战略制定和领导层选聘等治理问题。他们认为，中国监管机构应该积极推动完善配套政策，推动特殊股权类企业在境内上市。郑志刚等（2016）通过对阿里巴巴合伙人制度的案例研究，认为以不平等投票权为特征的控制权安排模式实现了长期合作伙伴之间的信息共享、风险分担，节约了交易成本。同时，合伙人制度面临缺乏明确退出机制，制度中的“软标准”无法在法律上证实，以及制度实施需要良好的声誉等挑战。

最优薪酬契约理论认为，经理人股票期权（ESO）能够把高管薪酬与业绩巧妙结合，形成有效的治理机制，减轻道德风险或逆向选择等“代理问题”。赵青华和黄登仕（2011）研究发现，公告 ESO 激励的大多为盈利能力较强的公司，ESO 激励有利于公司业绩的提高。但由于中国资本市场的一些制度和文化特性，ESO 激励同样存在一些不可避免的问题。丁保利等（2012）指出，首先，对于央企经理人而言，期权激励未必重要；其次，上市公司经理人可能在行权年度进行盈余管理；最后，股权期权的终止与再授予极易受到公司内外其他因素的影响。因此，丁保利等认为还需以制度创新继续推动股票期权激励机制的探索和完善。

员工持股计划（ESOP）是指公司授予员工一定比例的股份，让员工参与公司剩余价值的分配，形成对员工的长期激励。中国企业的员工持股计划一直在“摸着石头过河”，直至 2014 年 6 月，中国证监会发布《关于上市公司实施员工持股计划试点的指导意见》，这标志着中国企业员工持股计划开始进入程序化、规范化、体系化的新阶段。以往研究主要集中于三个领域：（1）利用大样本数据研究上市公司实施员工持股计划所带来的市场反应或对公司业绩影响。如：沈红波等（2018）利用 A 股市场 2014—2017 年公告实施员工持股计划的 560 家上市公司样本进行研究，发现与民营企业相比，国有企业的员工持股计划管理层激励不足而导致公司治理无法有效改善，经营业绩无法显著提升。他们建议国有企业员工持股计划应提高管理层的参与比例，增强绩效考核与监督机制。（2）定性研究国有或民营企业实施员工持股计划的可行性、积极与消极影响和目前存在的问题，并提出政策建议。如：朱振鑫和栾稀（2018）分析了员工持股的双面性，表明员工持股能够释放融资压力、扩大股权以及防止恶意收购，但交易费用、制度问题、内部管理问题等也日益突出。张衔和胡茂（2015）提出，为了推进中国企业的员工持股，需要坚持平等持股、员工持股与员工参与相结合，科学设计激励机制，健全内部管理机制与外部环境建设，以及加强员工持股的法律法规建设。（3）采用案例研究的方式，对个别公司实施员工持股计划的不同阶段进行详细分析。如：马才华和何云佳（2016）基于华为和中兴股权激励模式的对比，提出华为既将控制权集中在任正非手中，又将收益权与员工广泛分享，在控制力与激励之间取得了微妙的平衡。中兴抓住市场机遇适时推出股权激励计划，股权激励覆盖面广且着重于对业务骨干和研发人员的激励，实现了技术的升级和企业规模的扩大。

四、未来研究展望

本节选择了国有企业治理、家族企业的治理结构及代际传承和中国企业的股权设计创新这三个有代表性的公司治理中国问题进行回顾。最后，我们结合姜和金（Jiang & Kim，2020）和李维安等（2019）这两篇最新的综述类文章，对中国公司治理问题的未来研究方向进行展望：

第一，需要更加强调政治制度的重要性，如：政治领导层的目标会对中国的公司治理产生什么影响？这些效应背后的机制和西方国家存在哪些不同？

第二，重视法律法规及外部政策冲击在公司治理中的作用。如：近年来中国的法律法规明显完善，违规成本大大增加，这些法律法规及政策的改变是否对公司治理发挥了有效的作用？

第三，通过更多的研究理解银行在公司治理中的作用。如：分析国有、外资、民营银行以及影子银行在公司治理过程中发挥着怎样的作用。

第四，研究非上市公司的治理问题。非上市公司面临怎样的代理问题，其董事会具有何种特征，风险投资和私募股权在公司治理中扮演主动还是被动的角色，这一系列问题还需更多关注。

第五，讨论网络治理面临的风险。互联网经济的发展促进了企业的平台化、扁平化，传统的治理理论是否适用于网络组织、虚拟组织，以及网络组织的治理结构、机制和风险等问题都有待研究。

第六，关注公司治理的完善对中国企业的发展和中国经济的繁荣产生了怎样的作用。随着中国企业治理实践以及中国新兴经济的发展，对于公司治理的中国问题，仍有很多有趣和重要的命题等待挖掘。

本章小结

公司治理起源于所有权与控制权的分离，伴随着企业经营活动产生和发展，其效率在很大程度上决定了企业决策的成败，关乎企业的生死存亡。公司治理从出现伊始就是为了管理公司各利益相关者之间的关系，其演变过程推动了企业制度和外部制度的建立和演变。初始的公司治理建立在“代理崇拜”的神话之上，关注委托代理问题，而随着公司发展中出现了各种各样的问题，股东、经理人、员工以及其他各方利益相关者出现了不满，公司治理理论也得到发展和延伸。我国的公司治理问题更具特殊性，我国在改革开放 40 多年来形成了一系列具有中国特色的公司治理模式，产生了独特的公司治理问题，其中家族企业治理以及国有企业治理是最为突出的两个方面，值得进行广泛深入的思考。尽管英美等发达国家的公司治理实践积累了大量的经验，为我国解决公司治理问题、完善公司治理制度提供了有益借鉴，但片面断章取义、一味照搬照抄并不利于改善我国公司治理现状，具有中国特色的公司治理理论应当植根于具体现实的中国实践和中国问题。

复习思考题

1. 简要说明公司治理的出现及最初想要解决的问题。
2. 简要说明委托代理问题的种类及表现。
3. 简要分析内部治理与外部治理的区别与联系。
4. 如何看待混合所有制改革背景下的公司治理新问题？
5. 简要分析家族企业公司治理问题具有哪些鲜明特征。

案例分析与讨论

万科的控制权之争

股权分布决定了企业各种制度，是企业治理的最为关键的内容，也是控制权的载体。

所以如果想更清楚地分析万科的主导权之争，最直观最简单的方式就是分析万科的股权分布。截至1997年，万科大股东所持有的股份始终不足总股本的8%；经统计，万科1998年之前10大股东所持股份总共不足总股本的24%。自2000年华润成为万科股东后到2015年上半年，华润虽然是万科第一大股东，但持股比例也只有15%左右，因此可以说万科是一家股权比较分散的、典型的大众持股公司。而仅仅持有4%股份的万科管理层通过和一致行动人华润的联合而控制万科。万科的执行董事全来自管理层，这也再次说明万科是一家由管理层控制的企业。股权分散的公司的控制权一般掌握在公司管理层手中。

然而在我国，由于法律制度不完善，对投资者保护较弱，股东倾向于通过集中股权来控制管理层进而控制整个公司，这无疑会引发控制权之争。不完善的法律制度还会给恶意收购者、并购者带来机会。像万科这样股权分散的企业很有可能因为宝能系的进入而丧失控制权。尽管万科有着良好的公司治理机制，但还是有丧失控制权的可能，这是因为法律制度在公司控制权之争中只起到一定的调节作用。

在这一前提之下，股权集中就变得十分必要。自2015年7月开始宝能通过资本市场不断增持万科A股票并最终超过华润成为万科第一大股东。根据万科的公司章程，股东持股超过30%将成为控股股东。万科章程第五十七条对控股股东的条件做出如下规定：单独或联合其他人可以选出半数以上的董事；单独或联合其他人可以行使或控制该公司30%以上（含30%）的表决权；单独或联合其他人持有30%以上（含30%）的股份；单独或联合其他人以其他方式实际控制公司。在宝能系入股万科之后，如果宝能和华润是一致行动人，它们近38%的表决权足以对万科董事会、股东大会产生诸多影响，进而影响企业经营决策的方方面面。随着万科股权结构发生变动，万科管理团队的主导权也发生了改变。在万科管理层提出公司重组预案时，宝能系和华润两方指责万科董事会未能代表股东的权益，外部董事不独立，未能认真履行自己的职能；同时万科监事会对企业治理过程中出现的种种问题未能尽到监督及纠正的职责。万科已实质成为内部人控制的企业，宝能甚至在临时股东大会上提议罢免以王石为首的管理层。资本市场下一定的股权集中虽然可以有效防止管理层在职消费、维护中小股东权益等，但是也会引发一些新的问题，比如控制权之争。大股东倾向于通过控制管理层来控制整个公司，而管理层则希望引入外部力量来制衡大股东。

通过这次的宝万之争，我们不难发现：股权过于分散，即使是万科这种治理良好的企业，也很容易被潜在投资者盯上。万科事件告诉我们要有优化股权结构的意识，要有一定的反收购意识，要制定规章制度来维护控制权的稳定，这对完善企业治理机制有积极的参考意义。

资料来源：王修锋．股权结构与公司治理分析：基于万科案例［J］．当代经济，2017(12)：108－109.

思考与讨论：

1. 探讨以上案例中股权分散带来的公司治理问题。
2. 根据以上案例，总结股权结构与公司治理的关系。
3. 探讨如何通过立法等途径帮助企业完善治理机制。

02 CHAPTER 2

第2章 公司治理的理论基础

| 学习目标 |

1. 了解现代公司演变的历史，掌握公司制的法律特征。
2. 掌握从交易成本角度如何理解企业的本质。
3. 从委托代理理论的角度，理解传统公司治理的主要议题和表现。
4. 了解韦伯阐述的官僚制的特点。
5. 掌握企业行为理论对企业决策过程的观点。
6. 掌握社会学中制度的中心含义以及斯科特划分的制度三要素。
7. 掌握从合法性机制的角度解释组织的结构和行为。
8. 了解组织是如何嵌入在社会网络之中的，掌握从社会网络这一中层视角分析问题。

| 关键词 |

法人（juridical person）：法律创设的人格。具有民事权利能力和民事行为能力，依法独立享有民事权利和承担民事义务的组织，公司具有独立法人地位。

有限责任制（limited liability）：股东以出资额为限对公司债务承担责任，债权人有权对公司的资产而不是股东的私人财产主张权利。

企业理论（theory of the firm）：解释公司本质、行为、结构及其与市场关系的一系列经济理论。

委托代理关系（principal-agent relationship）：根据显性或者隐性的契约，委托人雇用代理人从事一定的行为，并根据契约履行的情况给代理人提供相应的报酬。

机会主义（opportunism）：只要一有机会就会不惜以他人的利益为代价追求自身的利益，即损人利己。

信息不对称（information asymmetry）：经济交易中的一方比另一方拥有更多或更好的信息。

有限理性（bounded rationality）：在面对决策时，人的认知能力和信息处理能力是有限的。

制度（institution）：为社会行为提供稳定性和意义的规制性、规范性和认知性结构与行动。

合法性（legitimacy）：一种普遍的认知和假设，即一个实体的行为在社会构建的规范、价值观、信念和定义的系统中是可取的和恰当的。

社会网络（social network）：由多个行动者和他们之间的关系组成的网络。

嵌入性（embeddedness）：人的经济交易行为受到社会关系的影响。

对于以解释社会现象为任务的社会科学来说，没有理论就没有一切，在认识现象和分析问题的过程中，理论起着“透镜”的作用。首先，理论意味着特定的观察视角，对于同一个问题，不同的理论可能有不同的假定和分析层次，得到迥异的结论和建议也不足为奇；同时，理论提供的概念和因果关系论，能够有效地帮助我们在复杂的社会现象中抽丝剥茧，清晰界定分析对象，阐述现象背后的发生机制。

从一般意义上来说，对理论的学习将改变我们的信念和思维方式，进而影响实践活动。在此，我们援引 2018 年发表在 *Administrative Science Quarterly* 上的一项关于美国上市公司多元化战略的研究来进一步说明该研究发现，CEO 接受 MBA 教育的时间与公司是否进行多元化战略密切相关。具体而言，美国商学院 MBA 教育的课程内容在 20 世纪 70 年代发生了重大变化，增加了代理理论和金融经济学。这些理论对之前风靡一时的多元化战略提出了深刻的批评。文章认为对代理理论和金融经济学的学习，重新塑造了学员对多元化战略的思考，并且这种影响是长期的，其导致的现象是：与 20 世纪 60 年代以及之前接受 MBA 教育的学员相比，70 年代之后接受 MBA 教育的学员在成为 CEO 以后，其掌管的公司更不可能实施多元化战略（Jung & Shin，2019）。

本章中，在简要介绍公司起源和特征之后，我们将介绍新制度经济学和组织社会学中的一些重要理论：委托代理理论、交易成本理论、制度理论和社会网络理论等。或许其中有些理论看起来与公司治理问题并不直接相关，但与利益相关者一样，公司治理本身是一个定义宽泛、边界模糊的概念，该领域的研究也是跨学科的，我们相信这些理论有助于我们从不同角度更全面地理解公司治理现象。

第 1 节　什么是公司

和经济领域的许多词汇一样，现代汉语中所说的“企业”是舶来品，近代中国的仁人志士为寻求变法图强之道，从明治维新后的日本引进西方的制度与文化，企业一词就是日语翻译而来。从生产功能的角度，我们把企业定义为从事生产、流通和服务的以盈利为目标的经济组织。企业通过向社会提供有价值的产品、满足人们的需要得以生存发展。自家庭手工业和手工作坊等早期雏形以来，企业的形态多次演进，可以粗略地分为古典企业和现代企业两个阶段。古典企业是指个人业主制企业和合伙制企业，现代企业则是主要指公司制企业。公司已经成为经济活动最主要的组织形式，其影响也渗透到社会生活的各个方面，大部分社会成员都在公司中工作，主要收入来自公司，公司与社会平等、可持续发展和政府质量等议题密切相关。

个人业主制是企业最早的组织形式，它是由企业主自己出资设立并直接管理，资金来源于个人积蓄、家庭成员或熟人借贷，当然企业主也可以雇用其他劳动力和委托专业人士代为经营，但企业主可以直接决定生产经营活动的各项决策。个人业主制企业的基本治理特征在于，企业的所有权和控制权是统一的，企业与企业主个人高度混同；企业主能够获得企业全部的剩余利润，但同时也要以个人的所有财产对企业经营风险进行兜底。一方面，企业主受到利润的激励和债务责任的约束，往往会想方设法把企业经营好，提高产品工艺、降低生产成本、拓展新的销售市场等；另一方面，无限的债务责任也使得企业主面临过高的风险，企业主的经营决策颇为保守，再加上企业主自身资源、专业能力有限，个人业主制企业往往呈现出规模小、技术水平低、产品或服务种类单一的特点。同时个人业主制企业在设立与退出、内部决策程序、组织管理上有灵活、便捷的优势。

随着生产经营的发展，企业主需要拓展新的资金来源和降低经营风险，多个自然人合伙办企业是可行的选择。合伙制是指两个或者两个以上合伙人共同出资、共同经营、共享收益和共担风险的组织形式，所有合伙人对企业债务承担无限连带责任，具有资合和人合的双重特征。合伙制能够为企业带来更多的可用资本，分散债务风险，同时多个合伙人中的人力资本有助于提高企业的经营管理水平，甚至我们现在允许合伙人以无形资产，例如知识、技能入伙。但是我们也注意到，正是多个合伙人共同决策，而合伙人在资产配置、工艺革新和利润分配等重大问题上可能产生分歧，导致了决策难产和决策质量低的问题；此外，合伙人之间可能难以真正做到同心协力，谋取私利的合伙人会导致企业散伙；最后，合伙制虽然分散了企业风险，但合伙人对企业债务承担无限连带责任，合伙人面临的风险依然较大，尤其当其他合伙人不惜以企业利益为代价谋取私利的时候。因此，合伙制企业的资本和规模仍然处于较低的水平。合伙制的人合性特点突出，如果合伙人的收益与自身付出密切相关，就能够极大地遏制合伙人的私利谋取行为，所以合伙制比较适合合伙人以人力资本提供服务的行业，例如律师事务所和会计师事务所依然采取合伙制的形式。

总体来说，古典企业是早期简单的市场经济的产物，其组织形式面临着资本规模和经营管理效率的制约，在产生以后直到今天并没有多大变化，现在许多小微企业都是采取这样的组织形式。经济社会的进一步发展，需要一种新的企业组织形式，既能够吸纳大规模的投资，又能够实现经营管理的专业化。

一、公司的产生与发展

《公司的历史》把公司描述成最伟大的发明，这并非夸大其词，作为至关重要的一种制度和组织创新，现代公司为人类社会创造了惊人的财富，提高了社会生产力，是经济活动最主要的组织形式。公司的影响还渗透到社会生活的各个方面，大部分社会成员都在公司中工作，在其中获得主要的收入来源，建立自己的社会关系网络，受到公司价值观的影响；几乎所有重要的社会议题都与公司相关，例如社会平等、环境保护和政府质量。公司的产生与发展经历了一个漫长的历史过程，与当时的生产技术、市场环境和政府行为等条件密切相关。

公司最早的雏形是合伙，脱胎于中世纪的海上贸易。11—15 世纪地中海地区威尼斯、热那亚、佛罗伦萨等城市之间，以及这些城市与东方国家之间的海上商业贸易往来繁荣发展，商人将东方的香料、茶叶、丝绸等奢侈品运到欧洲能够赚取可观的利润。但是以当时的技术条件，海上航行会面临风浪袭击、海盗打劫等巨大经营风险，且造船需要巨额投资，这种高投入、高风险、高回报的海上生意催生了“船舶共有制”，多个商人共同入股、共同参与经营、共享收益和共同承担风险（郝臣、李维安、王旭，2015）。

伴随着新航路的开辟，东方与西方之间的商贸往来大量增加，欧洲资本主义通过殖民侵略的方式把全球大部分地区纳入原料产地和商品市场。正是在这个阶段出现了特许贸易公司，其中最为著名的当属英国东印度公司。英国东印度公司由英国王室于 1600 年授予的对东印度（亚洲南部的印度和马来群岛）的贸易特许权而组建成立，是一家股份公司，设立时有 125 名股东，出资达到 7.2 万英镑。由于股东人数众多，英国东印度公司不能以合伙的方式来经营，而是由全体股东委任的总督和 24 名董事负责，他们要向全体股东负责，这被认为是世界上第一个董事会。而后公司的股东人数和资本规模不断扩大，其职能也超出了商业性质的贸易活动，英国议会通过法案确立议会对英国东印度公司的控制权，赋予英国东印度公司代表英国王室行使统治印度等殖民地的职能。当英国东印度公司最终在印度人民起义运动的冲击下被迫解散时，《泰晤士日报》曾评论说：在人类历史上它完成了任何一个公司从未肩负过，在今后的历史中可能也不会肩负的任务。可以看到，除了海外贸易的巨大风险需要稀释，早期股份公司的成立往往以政府特许经营为前提条件，它们充当政府的代理人，履行类似政府的职能。

公司真正意义上得到快速发展是在工业革命以后。在 19 世纪的美国，公司最早在基础设施行业发展起来，这与其行业特点有关，基础设施对资金投入的需求大，回报周期长，技术含量高，需要公司的筹资能力和专业化管理。19 世纪中叶之前，美国公司大多数都集中在以铁路、收费道路和运河为代表的交通运输业，其次是银行业和供水等公共服务业；19 世纪中叶以后股份制的公司形式在其他行业传播开来，公司规模不断扩大，掌握资金、技术、原料的现代工业大企业出现。美国公司发展的另一个重要现象就是大规模的并购，一开始是规模大的公司收购众多中小企业，而后则是大公司之间的并购，以美国公司的并购历史最为典型。20 世纪美国经历了三次并购浪潮，第一次发生在 19 世纪末到 20 世纪初，以同行业间的横向并购为主，资本主义由自由竞争阶段过渡到垄断资本主义阶段，许多行业出现了卡特尔、辛迪加、托拉斯等垄断集团，它们控制了重要的、基础性的工业部门，对美国的政治有巨大的影响力。20 世纪 20 年代的第二次并购浪潮开始出现产业上下游之间的纵向并购，主要集中在石油开采、汽车制造、冶炼加工等行业。20 世纪 50—60 年代的第三次并购浪潮以跨行业、跨部门并购为特点，大型企业开始多元化经营，在组织结构上普遍采用事业部制的 M 型架构。

值得指出的是，公司广泛筹资，吸纳大量就业，规模大的公司在社会上实际拥有很大的影响力，这使得公司与公共利益密切相关，所以公司在 19 世纪初期受到政府的严格管制，尤其是在基础设施领域组建公司需要得到政府的批准。

二、公司制

鉴于公司在现代社会扮演着极其重要的角色，主要国家都制定了专门的公司法对公司的设立、运行、治理结构、财务会计、涉及各方的权利和义务等事项进行规定。当然在强制性规定以外，公司享有自治的自由，公司法兼具公法和私法的特点。各国的公司法主要都反映了公司制两项最基本的内容：有限责任制度和独立法人地位。早在英国 1855 年颁布的《有限责任法》中，有限责任制度和独立法人地位就已经得到确认。

有限责任制度是指公司股东以自己的出资额为限对公司债务承担有限责任。如果公司经营有方，股东不但能够从公司经营中获得可观的利润分红，而且注入公司的资产也能够实现保值增值。即便公司经营不善或者遭受意外，出现资不抵债的情况，公司股东也至多损失已经投入公司的资金，债务人不能向股东的其他个人财产追偿债务。但在有限责任制之前，各国的律法侧重于保护债权人的利益，负债是债务人沉重的负担，例如中世纪的法国就有大量的债务人因为无法还债被投入监狱。有限责任制度在价值取向上关注为债务人减轻负担，有限责任让股东把投资公司的风险控制在一定限度内，这样一来公司就能够吸引更多的人投资，扩大企业规模，进行研发创新，满足现代化生产的需要。

公司制的另一个重要内容是公司享有独立法人地位。所谓法人，是依法成立、拥有独立财产的具有民事权利能力和民事行为能力，依法独立享受民事权利和承担民事义务的组织（王利明，2010）；简单而言，法人是法律创设的独立人格，在法律上享有一些与自然人相似的权利并承担义务。投资者的资金一旦投入公司置换成相应的股份，这笔资金就不再是股东的个人财产，而是公司法人的独立财产，投资者不能直接撤回投资，只能通过转让手中的股份来实现退出，或者在公司解散后取回公司剩余的资产。公司的独立法人地位是股东承担有限责任的法理基础，正是因为公司能够以独立的财产承担民事责任，公司经营产生的债务就仅仅是公司法人的债务，公司背后的自然人股东并不承担偿还责任，同样地，公司也不对股东个人的债务负责。公司的独立法人地位还意味着公司可能会永久地延续下去，个人业主制企业在自然人企业主退出以后就自然消亡了，但是对于公司来说，股东的变化、股东的死亡都无法决定公司的存续，公司作为独立法人有一整套有关设立和破产清算的法律程序。

法律是一门平衡的艺术。有限责任制度和独立法人地位侧重于保护股东的利益，却也将债权人置于不利的地位，当公司存在控股股东的时候更是如此。控股股东对公司的经营决策有重大的影响力，但外部的债权人难以参与公司的经营管理，控股股东可能为了私利而损害债权人的利益，例如占用公司资金、掏空公司优质资产和不公允的关联交易等；当公司出现经营问题时，躲在公司背后的控股股东的损失有限，并且还能从掏空行为中获取更大利益，而债权人则要蒙受巨大的损失。所以为了平衡对债权人的保护，当股东滥用有限责任制度和公司独立法人地位，违反诚实信用原则，对债权人或者其他股东造成严重损害时，我们就需要穿透公司这层面纱，要求在面纱后面的股东承担赔偿责任（刘俊海，2011）。揭开公司面纱的理念在中国和欧美主要国家的立法或司法实践中得到了确立。我们既需要有限责任制度和独立法人地位来鼓励投资兴业，也需要以揭开公司面纱作为例外机制来遏制不正当的行为。

在更具体的形式上，公司制可以细分为有限责任公司和股份有限公司。有限责任公司的股东人数较少，我国公司法规定有限责任公司的股东法定人数为 50 人以下，公司规模相对较小，资本不用划分为等额股份。有限责任公司兼具资合与人合的特征，股东之间相互比较了解，存在一定的信任关系，公司股份如果向非股东的他人转让需要得到其他股东半数以上的同意。有限责任公司不能公开上市。股份有限公司则规模较大，我国公司法规定股份有限公司由 2 人以上 200 人以下担任发起人，并不限制股东数量。股份有限公司是完全的资合公司，所有资本必须划分为等额股份，股份可以在社会上自由流通，上市公司的股份还能在资本市场交易。

延伸阅读

1.《中华人民共和国公司法》第三条规定了公司的法人财产权和股东的有限责任。

2. 任学安等执导的纪录片《公司的力量》，按照时间顺序对公司制的起源和发展进行了翔实的梳理，探讨了公司与技术进步、经济发展和文化变迁等社会过程的关系。

第 2 节　公司治理的经济学基础

企业是当代社会最重要的微观主体之一，是社会科学重点关注的研究对象。经济学、社会学、管理学和心理学等学科都在企业组织的研究上取得了丰硕的成果，其中，影响甚广的新制度经济学从交易和合同的角度，为我们理解企业本质和公司治理问题提供了重要见解。在本节，我们回顾新制度经济学中几个重要理论：科斯的企业理论、委托代理理论、交易成本理论和产权理论，我们将主要介绍这些理论的视角、假设和解释逻辑。在此之前，鉴于新古典经济学在经济学教科书中的显著地位，我们有必要了解新古典经济学如何看待企业。这有利于进行不同理论的比较分析，事实上我们会看到新制度经济学依然保有新古典的解释逻辑。

经济学的鼻祖亚当·斯密在《国富论》中写道："在竞争中，个人的野心往往促进公共利益。"（Smith，1776）自亚当·斯密提出"看不见的手"论断以来，西方经济学家便致力于研究市场机制下资源最优化配置的问题。新古典的经济分析建立在人是完全理性的、信息是完全且对称的、市场充分竞争等一组严苛的假设上，研究消费者的需求、厂商的供给以及二者的均衡，其基本思想是：只要所有人都理性地追求私利最大化，在完全竞争的市场中，价格机制就能够协调所有人的行为，实现资源的最优配置。市场能够有效治理交易与它的三个属性相关：为生产者提供了有力的激励和竞争，分散的信息通过价格实现聚合，买卖双方有效的匹配和排序（Zenger，Felin & Bigelow，2011）。企业是抽象且同质的，被视作投入-产出的转换函数，企业需要思考的是各种资源的有效组合，如何确定最佳产量等技术问题，以实现自身利润的最大化；企业是原子化的，在经济交易本身之外，企业与交易对象之间不存在其他社会联系；交易是短期的、一次性的，对于每一次交易，企业按照效率原则重新在市场上搜寻交易对象。显然，新古典经济学力求论证的是市场机制的有效性，企业本身并不是分析的对象，企业为什么会出现、企业的本质是什么、企业内的关系、谁拥有和管理企业等问题都尚待解决。第一个打开企业“黑箱”的视角是将企业视作交易的集合，起源于科斯（Coase，1937）提出的交易成本概念。

一、科斯的企业理论

在高度抽象化的假设和边际分析的帮助下，新古典经济学论证了市场是治理交易的最有效的机制，但在 1931 年还是本科生的科斯却提出了以下容易让人忽视但又十分关键的问题：为什么企业会存在？为什么某些交易活动不直接通过市场来完成，而要在企业这种有规则、等级和结构的组织中来进行？的确如此，如果企业组织仅是资本与劳动的组合，为何不直接从市场上完成资本与劳动要素的组合？从理论上来说，我们每一天都可以在劳动力市场、原料市场、资本市场通过市场交易来组织生产活动，那为什么要将生产活动置于具有结构的企业组织中来完成呢？

对于这个问题，哈佛大学商学院的钱德勒给出了一个回答，在他的两本著作《看得见的手》和《规模与范围》中，他把企业定义为一个投入与生产的中间环节，企业内的组织与管理之所以是重要的，是因为组织与管理这只“看得见的手”能够带来两个效益：规模效应和范围经济（Chandler，1977，1994）。所谓规模效应，是指通过企业内部有效率的管理，能够实现经济学意义上的规模报酬递增，将要素投入翻倍，得到的产出会比两倍还多；而范围经济是指厂商把多种产品联合起来一起生产会比单独生产各产品的成本更低。一方面，虽然钱德勒关注了组织和管理在资本主义大生产中的重要作用，能够说明一些问题，但是说服力依然不足，原因在于钱德勒对组织内部的探查依然是从生产效率的角度出发，在理想的有效率的市场机制下，钱德勒所说的组织和管理带来规模效应和范围经济同样可以由市场来实现，组织和管理带来的效率这时并不足以为企业的存在提供坚实的理由。另一方面，依据钱德勒的逻辑，在同样的市场条件、技术条件下，所有追逐效率的企业都应该会采取同样的行动，但我们在现实中看到，即便是同一行业中的企业，采取的组织架构和战略行为也迥异。同样是生产汽车，通用汽车公司选择自己生产所有的零部件，而丰田汽车公司则选择把部件生产外包给其他企业；还有的大企业把处理公共关系、法务等职能外包给专门的公司，而有的大企业却在内部拥有庞大的对外部门。

如果不跳出新古典经济学对市场的前提假设，我们似乎很难对企业本身的结构和行为有进一步的理解。

（一）企业的本质

科斯被认为是新制度经济学的鼻祖。在 1937 年发表的《企业的性质》一文中，科斯突破了新古典经济学中对市场过于理想化的假设，提出交易成本的概念，独辟蹊径地对企业存在的原因及其规模扩张的边界提供了一个解释。科斯指出市场运行并不是无摩擦、无成本的，而是存在大量的交易成本，即利用价格机制所需要的成本，例如价格发现的成本、讨价还价的谈判成本、签订契约以后的监督成本等。从更宽泛的尺度上看，我们也可以把交易成本理解为达成交易所需要的一切有形和无形的成本。交易成本的概念修正了新古典经济学对市场的假设，也导致了后续现代企业理论的出现，科斯本人也因其对经济体制结构的突破性研究和成果于 1991 年获得诺贝尔经济学奖。

根据科斯的论述，市场和企业都是交易的治理机制，二者的不同在于，在市场体系中，价格引导交易，而在企业中，这一过程是通过内部的权威和命令来实现的。正是因为市场存在交易成本，企业才作为节约交易成本的替代机制而出现，这是科斯认为的企业的本质。如果没有企业，有时候我们所面临的交易成本是如此之大以至于交易无法进行。想象一下，在市场中，如果我们要生产一部手机，所需要的数以百计的零部件要通过市场交易获得，那么我们要寻找数百个合适的供应商订立数量繁多的一次性合同，后续合同执行、雇用员工进行生产依然要付出很多劳动，如果出现纠纷还要经过冗长的司法程序。而在企业中，一份稳定的、长期的合约代替了一系列不确定性高的短期合约，众多零部件的生产、装配可以在生产线上通过一个权威且有计划的组织、领导和控制来完成，而不需要一次次地谈判和交易，所以就实现了节约交易成本的目的。

需要注意的是，科斯只是从交易成本导致市场失败的角度解释企业为什么会存在，指出企业是市场无法有效发挥作用的替代性选择，但他并没有直接讨论企业本身的优势。除了经济学家已经强调的权威和控制，企业还能够实现更好的知识交流与协调，具有更强的适应能力，在企业中培育社会身份、共同的规范与非正式组织还有助于减少机会主义动机（Zenger et al.，2011）。

（二）企业的边界

既然企业内部的组织协调可以替代市场交易，那么接下来的问题便是：企业是否会无限扩张下去呢？为什么依然存在市场交易，而不是把所有的生产活动都纳入超大型企业中通过计划系统来进行？对此，科斯指出企业内部的指挥和协调也存在成本——组织成本。虽然企业倾向于扩张，但是当企业规模达到一定程度以后，内部日益增加的各项活动会催生更加复杂的组织结构，信息在传递过程中会发生损失或者扭曲，决策者面临复杂的条件也难以实现各项资源的最优配置。

把企业边界问题置于成本-收益的分析框架下，企业扩大规模替代市场的收益是市场交易成本的节约，而成本则是内部组织成本的上升，交易成本与组织成本的相对大小决定了企业是扩张还是收缩。当市场交易成本大于企业组织成本时，企业会继续扩张；当情况相反的时候，企业则会收缩；二者相等时就决定了企业边界之所在。交易成本的范式在解释企业并购方面产生了很大的影响力。简单来说，当两家企业在市场中进行交易的成本过高时，其中一家企业就可能选择兼并另外一家企业，将其纳入内部层级控制之下。在下面的交易成本理论中，我们会进一步讨论交易成本对治理机制选择的影响，以及影响交易成本大小的关键因素。

二、委托代理理论

除了交易成本的概念，科斯（Coase，1937）把企业本身视为交易的集合的思想也催生了契约理论。值得注意的是，经济学中契约含义的范围，比我们日常生活中看到的明确规定权利、义务的合同要更广，涵盖一切具有实际利益的关系（杨瑞龙，2005）。实际上契约理论是新制度经济学中发展迅速的重要分支，已经成为解释企业的主流框架。学者们一般认为，契约理论主要包括委托代理理论、交易成本理论和现代产权理论三个学派。

委托代理理论主要研究委托人如何通过机制设计来对代理人实现有效的激励和监督，代表人物有斯蒂格利茨（Stiglitz）、罗斯（Ross）、莫里斯（Mirrlees）、格罗斯曼（Grossman）和哈特（Hart）等。委托代理理论延续了新古典框架中对人的完全理性的假设，假设双方能将未来所有可能的情况写入契约，契约是“完全的”，我们总是能够通过合同设计来处理各种与组织相关的问题，所以该理论也被称为完全契约理论。与之相对应的则是建立在有限理性上的不完全契约理论，以交易成本理论和现代产权理论为代表。

我们一般把主动发出邀请的一方称作委托人，被动接受邀请的人称作代理人。委托人授予代理人一定的权力，代理人则负有完成委托人所托付事项的责任，以及享有获得合适的报酬的权利。

（一）逆向选择与道德风险

委托代理理论的发展建立在信息经济学提出的非对称信息环境的基础上，信息不对称是指某一方拥有其他方所没有的信息，而信息不对称会导致契约双方面临严重的问题。根据阿罗（Arrow，1985）提出的在合同中讨论信息不对称问题的框架，可以划分出两类由信息不对称带来的问题：逆向选择和道德风险，二者的划分依据在于信息不对称产生于契约签订之前还是之后。

在契约订立前，信息不对称可能会导致逆向选择问题。达成合同的第一步是在市场上搜寻合适的对象，但该对象可能会拥有某些私有信息，并把这些信息隐藏起来谋取自己的私利，而损害契约另一方的利益。逆向选择问题会导致市场失灵，阿克洛夫（Akerlof）于 1970 年发表了《柠檬市场：质量不确定性和市场机制》，这篇论文开创了信息经济学的先河，他本人也因此获得 2001 年的诺贝尔经济学奖。在这篇论文中，阿克洛夫举了旧车市场的例子来阐述信息不对称引起的逆向选择会导致市场失去效率。简单来说，旧车市场是一个信息不充分的、不对称的市场，只有卖主拥有二手车质量的私有信息，买主不知道每辆车真实的质量情况，但知道优劣车的概率分布。劣车卖主可以宣称自己的车是高质量的车，这会导致买主利益受损，理性的买主预期到这一点，那么他对所有车的期望价格就会低于实际的平均水平。若卖主出价高于买主的期望价格，买主担心上当受骗则不会购买；只有卖主的价格低于期望价格，买主才愿意购买。而真正的优质车不愿以低价出售，所以只有劣质车才能完成交易，优质车被挤出了市场，最终的结果是，市场上高质量产品的供给低于需求（Akerlof，1970）。

此外，保险公司也面临逆向选择的难题，以商业医疗保险为例，即便在投保前设置详尽的健康告知条款，保险公司对投保人是否尽到健康告知义务的判断也只能依赖医院体检报告、就诊记录等书面信息，投保人有可能刻意隐藏自己才知道的有关自身身体状况的非书面的私有信息，对自己身体状况有所担忧的人更有可能去购买医疗保险，如此一来，保险公司面临的出险概率比根据概率模型推测出来的要更高。如果保险公司要继续留在市场上而不是破产，就要事先对保费进行调整，但这偏离了市场最优的价格水平。

在契约订立后，信息不对称可能会导致道德风险。道德风险是指在契约订立以后，某一方利用无法被探测到的私有信息实施机会主义行为，损害另一方的利益。在央地关系中，地方政府往往拥有中央政府所没有的地方信息，这些信息优势很可能被地方政府加以利用，例如在环境保护、安全稽查等问题上出现的政企合谋现象（聂辉华，2011），中央政策在地方存在流于形式的风险。在日常生活中也广泛存在道德风险，当我们为车辆购置了保险以后，发生事故会有保险公司来赔偿，那么司机开车可能就不会像原来那样谨慎了，但保险公司却无法评估司机驾驶车辆的心态。在选定好代理人之后，委托代理理论则更多地与道德风险相关，之所以激励和监督代理人是一个值得研究的重要问题，是因为双方存在信息不对称，自利的代理人可能会不惜损害委托人的利益。与逆向选择问题不同，道德风险因为发生在契约签订后，所以双方会受到契约内容所规定的机制的制约。在公司治理问题中，如何通过合适的机制设计来遏制代理人的机会主义行为、降低代理成本便是重要议题。

（二）公司治理中的代理问题

现在我们把目光聚焦到公司。公司治理中存在两类典型的委托代理问题，第一类是纵向的股东与管理层的委托代理问题，第二类是横向的大股东与中小股东之间的委托代理问题。

对第一类委托代理问题的关注来自所有权和控制权的分离现象，其实两百多年前亚当·斯密就已经注意到了这个现象，他在《国富论》中写道，“经营者是在使用别人而不是自己的钱财时，也就不可能盼望着他们能有私人公司那样的警觉性去管理企业”（Smith，1776）。两权分离问题再次得到人们的关注则是因为 20 世纪 30 年代股份公司的快速发展。伯利和米恩斯在 1932 年出版的著作《现代公司与私有财产》中描述了他们对公司的观察。在美国，公司广泛向社会筹资，股东人数众多且股权分散，他们一则没有经验和能力，二则因为“搭便车”和理性冷漠的心理无法真正参与公司的经营管理，所以实际上公司的重大决策由管理层做出。因此，现代公司的所有权和控制权出现了分离，这便是著名的伯利-米恩斯命题，学者们一般认为这一命题正式地提出了公司治理问题。

如果我们假设经理人和股东的目标函数不一致，股东无法全面获得公司的信息，那么这就存在严重的委托代理问题。在各自的目标上，股东以利润最大化为目的，而经理人的利益却似乎与企业规模和增长速度更相关，大公司的经理人能够获得更高的报酬，有更高的社会地位，享有更大的权力，构建商业帝国。经理人可能为了追求自己的利益而损害股东的利益。现有的学术研究也已经发现，经理人可能有过度投资的行为，尤其是对并购有着很高的热情，即便这些投资不一定能够给股东带来利润；经理人可能会有高额的在职消费，例如为满足个人欲望动用公司的财产购买私人飞机；追求安稳生活的经理人有可能选择低负债，因为虽然负债的杠杆效应可以为股东创造价值，却让自身承担更大的风险；经理人还可能操纵信息，提供虚假的财务报告，损害公司的价值。

学术上一般认为缓解第一类委托代理问题有监督和激励两个思路。在监督方面，通过加强对管理层的考核，安排勤勉的董事，获取公司内部的更多信息，股东更有可能发现经理人的机会主义行为，必要时可以替换经理人，或者对经理人提起诉讼；此外，政府监管作为重要的外部治理机制，对经理人的违法违规行为应施以具有震慑力的处罚，例如我国 2020 年 3 月 1 日实施的新《证券法》将对虚假信息披露的处罚上限由原来的 60 万元提高到 1 000 万元。在激励方面，提高代理人与委托人目标和利益的一致性，即实现激励相容，已经得到实务界和学术界的广泛认同；可以看到，现在大部分上市公司都将经理人的薪酬与公司经营状况挂钩，经理人收入中有一部分就是来自股票期权等，经理人只有勤勉尽职，完成一定的经营目标（例如利润增长率），才能获得更高的薪酬。

公司治理的第二类委托代理问题表现为大股东掏空。与股权分散的资本市场不同，在股权集中度比较高的新兴市场，大股东能够对经理人实施有效的监督和激励，第一类委托代理问题可以得到缓解，但大股东损害中小股东利益的治理问题却十分严重。股东大会一般按照资本多数决原则进行决策，大股东在很大程度上能够决定董事会和管理层的选聘，影响公司重大事项的决策，手握大权的大股东可能会为了私利而损害公司价值，我们可以把这种行为称为掏空。实践中常见的掏空手段有：控股股东直接占用公司资金，公司账上有大量以大股东或者大股东关联公司为债务人的应收账款，这些账款最后可能通过坏账损失冲销；大股东与公司之间频频出现关联交易，交易价格有违市场公允水平，大股东从不公平的交易中获得私利；大股东指示公司为特定企业提供银行借款担保，一旦还款出现问题，就有可能成为公司的负债等。

要保护中小股东的利益，就要寻找有效的能够制衡控股股东的机制。独立董事在董事会决策时应该注意维护中小投资者的利益，起到制衡大股东的作用。网络股东大会和电子投票技术的应用，为分散的投资者参加股东大会提供了便利，中小股东更有可能一起抱团取暖对抗大股东。再就是完善法律制度，尤其是投资者诉讼制度，提高违法行为的成本，例如我国新《证券法》专设投资者保护专章，建立起“默认加入”“明示退出”的代表诉讼机制：投资者保护机构受 50 名以上投资者委托，就可以作为代表人参加诉讼，默认情况下代表人可以将全部投资者（股东）都登记为诉讼主体，所有投资者都享受损害赔偿，除非投资人明示不参与诉讼。专业的投资者保护机构提高了中小投资者的司法诉讼能力，更重要的是，默认被列为诉讼主体的投资者数量众多，很有可能会出现高额赔偿，从而有望大幅度提高大股东掏空行为的违法成本。

使问题更加复杂的是隧道挖掘。如果我们逐级梳理公司的股权控制链条，往往能够找到最终控制公司的终极股东，拉·波塔、洛配兹·西拉内斯、施莱弗、维什尼（LLSV 组合）、费（Fan）、克莱森斯、法乔（Faccio）、郎咸平等学者一系列的研究成果以翔实的数据证明了终极股东在全世界范围内普遍存在。下面以常见的金字塔结构来举例说明终极股东对公司的控制。例如 A 公司持有 B 公司 50%的股份，B 公司持有某家上市公司 C 的 50%的股份，A 公司可以通过控制 B 公司的决策来控制 C 公司，按照资本多数决原则，A 公司实质上拥有 C 公司 100%的决策权，但 A 公司对 C 公司的股权比例实际上只有 50%×50%=25%，现金流权与控制权的分离导致终极实际控制人有动机掏空上市公司，因为掏空公司的成本小于其所获取的利益。假设此时有 A 公司 100%控股一家公司 D，A 公司通过运作使 C 公司将资产贱卖给 D 公司，A 公司在 C 公司上的损失只有 25%，而这笔交易使得 A 公司通过 D 公司获得 100%的收益，由此获得 75%的私利。我们把终极股东通过隐蔽手段掏空公司的行为称为隧道挖掘。

实践中由于股权控制结构十分复杂，终极股东本身具有一定隐蔽性，并且现代经济中交易结构日益复杂，难以辨别哪些交易是正常的经济活动，哪些是隧道挖掘，再加上法律制度不完善，此类行为的监管难度较大。

（三）代理成本

顾名思义，所谓代理成本，就是由委托代理问题导致的成本，或者说效率损失，它是交易成本的一个体现。根据詹森和梅克林（Jensen & Meckling，1976）的定义，代理成本包含监督成本、担保成本和剩余损失三个部分。监督成本是指委托人监督代理人所需的成本，例如在公司内部，管理者需要对员工制定绩效考评细则，如果发现员工存在磨洋工行为或者违反规章制度，员工则要受到相应的惩罚。担保成本则是代理人为了让委托人相信自己会按照委托人利益行事所花费的成本，理性的委托人自然能够预期到可能的代理成本，这些担忧必然会在契约条款中有所反映，例如银行在借款合同中要求公司不发放股利和举借新债。剩余损失是指代理人与委托人目标利益冲突而导致的委托人利益受损，在上文中我们已经讨论过一些例子。

需要特别指出的是，代理成本也包括代理人行为受到约束而导致的效率损失。以股东利益最大化为目的设计的公司治理机制的确有助于促使经理人维护股东利益，但一个关键的问题是，资本市场上的股东可能是短视的，他们追求短期的财务利益而不知道自己的长期利益是什么，或者说对公司的长远发展漠不关心，当短期利益得不到满足的时候，股东可能会选择抛售股票套现离场。既然股东对经理人的考核以短期投资回报为依据，那么经理人就会把注意力集中在短期经营上，而忽视对公司的长远投入，例如在短期需要承担较大风险的研发创新。林志帆和龙晓旋（2019）以我国股票市场引入融资融券制度为研究情景，发现卖空威胁恶化了企业授权专利的类型结构，价值低的实用新型和外观设计专利增长快，价值高的发明专利增长慢，发明申请质量也有所下降。

（四）拓展讨论

以委托代理框架讨论公司治理问题重在维护股东的资本利益。从时代背景来看，这在一定程度上是资本稀缺时代的产物。虽然资本依然很重要，但是我们现在身处一个人力资本相对稀缺的时代，优秀的企业家对公司来说越来越重要。万物互联和大数据的到来颠覆了传统的商业模式，是否能够捕捉到独特的机会，提供意想不到的价值，甚至比资本更为重要，而这也有赖于优秀的创业团队。如果企业家完全按照资本的利益行事，许多创新性产品可能就不会出现。我们已经看到，现代的公司治理实践和社会观念已经在挑战传统的股东至上主义和一股一票决策方式，例如美国互联网行业的大部分上市公司都采用类似于双层股权架构的治理模式，即不同类别的股票有不同的投票权，以确保企业家团队即使只拥有少量股份，也能掌握大部分的投票权。京东 2019 年财报显示，刘强东持有京东集团 15.4%的股权，为第二大股东，投票权为 79%，腾讯旗下的黄河投资为第一大股东，但投票权仅有 4.5%；在纽交所上市的阿里巴巴通过一套合伙人制度确保马云的核心团队能够任命董事会成员中的大部分。先前因同股同权制度约束而错失内地优秀科技互联网企业的香港联交所也于 2018 年修订了《主板上市规则》，不再坚持一股一票，允许具有不同投票权安排的企业上市。

对股东至上主义的另一个挑战来自利益相关者理论，利益相关者的概念在学术上最早由斯坦福研究所（SRI）提出，后来经过安索夫（Ansoff）、弗里曼（Freeman）和布莱尔（Blair）等学者的发展形成较为完整的理论框架。弗里曼等（Freeman & Reed，1983；Hitt et al.，2005）将利益相关者定义为那些能够影响企业目标的实现或者被企业所影响的个人和群体，包括股东、债权人、管理层、员工、消费者、供应商、社区、政府等，利益相关者对企业的生存和发展有着重要的影响。从开放系统的理论视角来看（Scott & Davis，2006），企业生存于一定的环境中，与环境中的其他主体发生交换关系，环境中的要素不可避免地渗透到松散耦合的组织系统中，我们对组织系统本身的认知也表明利益相关者视角的重要性。

主流学者对公司治理的讨论主要集中在代理问题上，显示出强烈的股东至上主义倾向，这是因为传统上公司治理的学术研究起源于美国，以美国特定的公司治理实践为主要情境。一方面发达的金融市场造就了股权分散化，另一方面股东至上主义也是美国金融资本主义的必然要求，金融资本主义也是美国制造业对外转移“空心化”造成社会撕裂的重要原因。作为世界上的超级大国，美国强大的影响力不仅体现在金融经济、国际政治、军事和科学技术，还表现在对社会科学话语权的掌握。随着全球化的浪潮，特定于美国情境的观念、价值观和思考框架向全世界渗透。但事实上公司治理与一个国家的政治经济制度、历史传统和文化思想观念密切相关。除了美国模式，公司治理还存在德国模式和日本模式等其他模式。在欧洲大陆，公司治理历来都不信奉股东至上主义，而是特别重视员工的利益；银行与企业有着紧密的合作关系，银行通过参与公司治理追求公司的长期发展；与美国和英国相比，欧洲大陆的金融市场并不发达，许多重要的大型公司并不选择在资本市场公开发行股份，制造业等实体经济对金融资本的依赖程度较低。

此外，委托代理理论对人性自私、机会主义盛行的假定过于片面。人是复杂的社会动物，其行为不仅受到物质利益的驱使，还受到道德规范和文化认同等社会因素的驱使和约束，这在心理学和社会学的研究中得到证实。唐纳森和戴维斯（Donaldson & Davis，1991）提出的管家理论就认为，经理人的效用函数里不但包括低层次的物质利益，还包括更高层次的社会需要，例如他人信任、自我成就和社会声誉等，所以经理人可以是忠诚的、值得信任的管家，股东将管理公司的责任托付给经理人，经理人受到承诺的激励和追求自我成就感，就会努力工作实现组织利益的最大化，这时候个人利益与组织利益可以是一致的。相比于普通的公众公司，家族企业的实际控制人稳定，控股家族与企业绑定在一起，所以受托责任、信任等要素在公司治理中作用更加明显。

委托代理理论在契约设计上取得了丰富的成果，尤其是突出了激励机制的重要作用，但是委托代理理论所基于的完全理性假设与现实相去甚远。人的理性是有限的，经济生活充满着巨大的不确定性，我们不可能预见未来可能出现的所有情况；即便能够预见，在契约中厘清这些情况也面临着高昂的成本。接下来要介绍的交易成本理论和现代产权理论建立在有限理性和不完全契约的假设上，在它们的框架中，交易成本、产权、权威等这些要素对理解企业十分关键。

三、交易成本理论

（一）基本思想

虽然科斯最早提出了交易成本的思想，但这一思想随即陷入沉寂，直到 20 世纪 70 年代，代表人物奥利弗·威廉姆森（Oliver Williamson）阐述了交易成本存在的前提条件，即个体有限理性和机会主义盛行，交易成本的价值才被重新发现，并推动了交易成本经济学的发展和成熟。以下我们介绍的就是威廉姆森的一些理论主张。威廉姆森是一位视野开阔的经济学家，他早年的博士论文在卡内基梅隆大学完成，深受西蒙（Simon）等人的影响，威廉姆森的理论还广泛从经济学、组织理论和法学等研究中汲取了营养，他本人同时担任加利福尼亚大学伯克利分校商学院、经济系和法学院的聘任教授，并于 2009 年获得诺贝尔经济学奖。他在 1985 年发表的《资本主义经济制度》被视为交易成本理论的经典之作，在文中他讨论了有限理性（bounded rationality）、机会主义（opportunism）和资产专用性（asset specificity）三个核心假设以及它们对治理结构选择的影响。

有限理性的含义十分简明，是指人们意图理性地行事，但只能在有限程度上做到，有限理性的直接后果就是个体面临的市场充满不确定性。我们无法预测未来可能会发生的情况，合同执行中可能充满了变数，所以虽然交易双方希望尽可能把可能的情况纳入契约，但实际上契约总是不完全的。机会主义行为是威廉姆森对人性的基本假定，即人为了自利而不惜损害他人的利益。交易成本理论认为机会主义行为是抬高交易成本的根本原因之一。当机会主义盛行，市场上交易双方要时刻注意预防机会主义行为，原本可以简单完成的交易变得复杂，需要付出更多的成本去收集信息、设计契约等。机会主义行为甚至会摧毁交易双方的信任，导致交易无法完成。虽然机会主义行为的假设招致很多批评，尤其是社会学家的批评——他们指出人并非个人欲望的囚徒，还受到社会关系、道德规范和声誉的教化与约束——但从经济交易的角度看，机会主义行为的确存在。

威廉姆森提出的第三个核心概念是资产专用性。资产专用性是决定交易成本的重要因素，它指的是资产在不牺牲价值的情况下，能够被用于不同用途的程度，如果某项资产挪作他用或者原来的用途无法实现，资产的价值便会大打折扣甚至毫无作用，那么我们就称这项资产具有很强的专用性，这里所说的资产不单单指实物资产，还包括知识、地点选择等非实物资产。对于资产专用性高的交易，契约关系的稳定是至关重要的，进行专用性投资的一方依赖于另一方，双方的地位是不对等的，这就会导致“敲竹杠”（要挟）等机会主义行为的发生，从而推高交易成本。假设某家公司应一位重要客户的要求制造了一款特别的汽车，为此公司投入了大量的研发成本，如果将来有一天客户以撕毁合约为要挟要求大幅度降价，这家公司就可能被迫接受，因为市场上没有别的买家可供选择，它前期已经投入了大量成本，一旦交易无法达成损失将会更大。现实中企业的投资实践也证明，企业往往会对专用性投资慎之又慎，即便达成了交易，各种交易成本也一定会在复杂的合同中体现。

根据威廉姆森的理论，在有限理性、机会主义行为和资产专用性三个条件都满足的情况下，市场上的交易成本高昂，交易更有可能在组织内进行，进一步地刺激更加精细的治理结构的产生，即最优的治理结构是最小化交易成本的结果。如果没有有限理性的假设，也就意味着不存在不确定性，人们是可以预料到未来所有情况并知道如何应对的，可以通过合约设计将所有情况都考虑进去，合约能够被第三方（例如法院）强制执行，那么我们不用受机会主义行为和资产专用性的困扰。同样地，如果没有机会主义行为，即便有限理性、资产专用性导致未来存在不确定性的威胁，但因为交易双方可以信任彼此，交易也可以达成。如果没有资产专用性，面对不完全契约和机会主义行为，因为不存在要挟的情况，我们就可以在市场上随意更换交易对象和契约内容，通过市场竞争机制来解决问题。

（二）对企业的理解

交易成本理论认为，具有不同成本特征的交易需要不同的治理结构。所谓治理结构，就是能够有效降低交易成本的制度安排。简单概括来说，没有资产专用性的交易可以通过市场来进行，而资产专用性很高、不确定性大和交易频繁的交易则需要置于企业组织内，所以在威廉姆森看来，企业和市场是两种不同的治理结构。科层式的企业组织拥有一种权威，一方面能够通过协调和指挥替代许多契约，另一方面有助于高效地处理矛盾和冲突，从而节省交易成本。

在企业边界问题上，威廉姆森等人从交易成本的角度解释了企业一体化现象，其中资产专用性是理解企业一体化的关键。由于资产专用性的存在，敲竹杠的机会主义行为就可能会发生，那么一方可能会选择收购另一方，把双方关系由市场交易关系变成企业内部的科层关系，敲竹杠自然就不会发生了。这方面有一个经典案例，1919 年通用汽车公司与费舍公司签订了一份长达十年的合同，协议规定通用汽车公司将购买费舍公司生产的全部车身外壳，在合同执行的过程中，双方对彼此的依赖日益加深，费舍公司趁机多次索要高价，最终导致通用汽车公司在 1926 年兼并了费舍公司。我们再来看铁矿石公司和钢铁公司之间的关系，铁矿石资源因为受到地理条件的限制，由少数几家铁矿石公司垄断，钢铁公司对铁矿石公司有很强的依赖性，一旦铁矿石公司不提供原料，钢铁公司的资产投入就会打水漂，为了规避敲竹杠的风险，钢铁公司可能选择兼并铁矿石公司，或者购买一部分铁矿石公司的股份。

四、产权理论

经济学中的产权理论可以划分为以科斯为代表的产权经济学和以哈特为代表的现代产权理论，二者对产权的理解是不一样的，要讨论的问题也不同。虽然科斯没有直接对“产权”概念下过精确的定义，但是从一般意义上，我们可以认为产权经济学中的产权是以财产权为代表的法定权利，科斯关心的是产权对市场资源配置的影响。而现代产权理论是因为对交易成本理论不满而产生的，在不完全契约的框架下，哈特直接将产权定义为剩余控制权，以此对企业的一体化问题做出了进一步的解释。

（一）科斯的产权理论

科斯于 1960 年发表的《社会成本问题》集中阐述了外部性、交易成本和产权如何影响市场资源的配置。外部性是我们理解科斯产权理论的起点，是指经济主体的成本和收益没有内化，或者说是不对称的，例如上游的化工厂把污染物排入河中，下游的居民承担着污染的成本，但并不获得化工厂的利润，这就是所谓的负外部性；相对应的是，如果能够使他人获得收益而不用承担成本则是正外部性，例如养蜂人和种花者之间的关系，他们都是正外部性的受益者。在微观经济学中，经济主体是在收益-成本框架下进行决策的，外部性的存在导致成本和收益无法内化，进而导致市场资源的配置无法达到最优。对此，庇古（Pigou）提出通过政府征税或补贴的方式来解决这一问题，例如对污染环境的工厂征税，产生正外部性的教育行业可以由政府补贴等。

但是科斯对这一问题有另一套解决方案：产权明晰和谈判。科斯等人提出只要产权得到清晰的界定，市场主体通过谈判能够解决外部性问题。例如，如果界定下游居民享有拥有健康水源的权利，那么化工厂一旦排污就要对下游居民进行补偿，比如异地搬迁等，这样相关的成本就被化工厂内化了，这说明产权具有将外部性内在化的功能。此外，产权还有激励和约束功能，在产权界定不清晰的情况下，付出的努力无法得到相应的回报就会挫伤积极性，大锅饭必然导致磨洋工；清晰的产权意味着清晰的权责，可以减少公地悲剧。科斯还指出，在没有交易成本的情况下，产权初始的配置状态并不会影响到社会总福利的最大化，这就是所谓的科斯第一定理。在上面化工厂和下游居民的例子中，不论是让化工厂拥有污染权还是让居民拥有健康权，在没有交易成本的情况下，双方都能够通过谈判和交易实现社会总福利的最大化。但现实世界中充满了交易成本，此时产权的初始安排会对资源配置和社会总福利产生影响，市场机制可能就不再是最优的资源配置方式了，这就是所谓的科斯第二定理。政府的一个重要作用就是界定和分配产权，在此基础上，各方会寻求构建相应的制度安排（例如市场、企业、政府管制等）来实现交易成本的最小化，促进资源的优化配置。

（二）现代产权理论

交易成本理论从资产专用性角度对企业一体化进行了解释，但是依然有一些问题并没有厘清，诸如企业中所谓的权威从何而来，企业合并以后究竟哪一方应该获得对整个企业的控制权，以及这样的安排对双方有什么影响。在不完全契约的框架下，人是有限理性的，我们无法将所有事项一一在合约中进行约定，已经约定好写入合约的事项可以按照合约执行，但当双方在未来遇到在合同中没有规定的事项，谁拥有做主的权力呢？现代产权理论提出了剩余控制权的概念，即在合约约定范围之外决定资产用途的权力，并把剩余控制权定义为产权。

剩余控制权揭示了契约双方在谈判中权力大小的不同，在涉及资产专用性的不完全契约中，专用性投资如果依赖其他资产，那么被依赖的一方就拥有剩余控制权。周其仁把企业形容为一个物质资产与人力资本的不完全合约（张维迎，1996），在传统企业中谁拥有了物质资产（厂房、设备、技术、品牌等），谁就能拥有指挥人力资本的权力，这是因为人力资本对物质资产有较强的依赖性，员工与资方在谈判地位上不平等。所以，在现代产权理论中，企业的本质是物质资产的集合，物质资产的所有者拥有权威。当然这里针对的是传统的制造企业，对于像律师事务所这种提供人力服务的企业，谁拥有物质资产并不是那么重要，有名的律师享有随时跳槽的权力。

最后我们再来考虑企业一体化的问题。在哈特看来，因为人力资本天然地由个人拥有，收购一家企业的本质就是购买其物质资产。如果说甲企业收购了乙企业的资产，那么甲企业将拥有对乙企业资产的剩余控制权，甲企业的所有者就会拥有更大的谈判力，在合并以后能够获得更大的利益。预期到这一点，事后拥有剩余控制权的一方（收购方）在事前就会进行更多的专用性投资（这是收购的收益），而失去剩余控制权的一方（被收购方）则会减少事前的专用性投资（这是收购的成本）。这样一来我们就将企业一体化的现象纳入了成本-收益的框架来分析。对于拥有互补性资产的两家公司，合并以后的产权应该配置给对投资重要的一方，这样可以避免敲竹杠的风险；如果双方资产同等重要，应该实行联合产权；而如果双方资产没有互补性，则双方应该保持独立。简而言之，现代产权理论的核心内容就是，通过产权的合理配置来激励交易双方事前的专用性投资，实现联合产出的最大化。

延伸阅读

2010 年国美控制权之争和 2015 年万科控制权之争，都是中国资本市场发生的关注度高、影响力大和启发意义深刻的公司治理事件，前者的核心矛盾是大股东黄光裕试图撤换现有管理层，重新控制董事会，而后者则是以王石为代表的管理层对抗宝能系的敌意收购。

2020 年 4 月 2 日，在纳斯达克上市的瑞幸咖啡发布公告称，公司的特别独立调查委员会调查发现首席运营官及其部分下属员工从 2019 年二季度起从事了某些不正当行为，伪造交易价值约 22 亿元人民币，盘前瑞幸咖啡股价下跌一度超过 80%。

资料来源：赵晶，郭海．公司实际控制权、社会资本控制链与制度环境［J]．管理世界，2014(9)：160－171；张华，胡海川，卢颖．公司治理模式重构与控制权争夺：基于万科“控制权之争”的案例研究［J]．管理评论，2018，30(8)：276－290；张新民，陈德球．移动互联网时代企业商业模式、价值共创与治理风险：基于瑞幸咖啡财务造假的案例分析［J]．管理世界，2020，36(5)：74－86＋11.

玛丽·奥沙利文（Mary A. O’Sullivan）所著的《公司治理百年：美国和德国公司治理演变》（人民邮电出版社，2007）综合历史和比较的研究方法，使用大量经验数据，描述了美国和德国不同公司治理模式的演进。与传统公司治理将企业视作契约的集合不同，这本书采用的理论视角独树一帜，作者的讨论并不涉及董事会的构成、CEO 监督与激励、股东至上主义和利益相关者治理等议题——它们出现在管理学或金融学文献中。作为经济学家，作者试图回答的核心问题是公司治理与组织内部资源的开发和利用、企业创新以及整个经济体的增长之间的关系。传统公司治理的关注点在于剩余收益的分配，谁有权获得剩余收益，而作者研究的是剩余收益如何通过资源的开发和利用而产生。

聂辉华于 2004 年发表在《管理世界》的《交易费用经济学：过去、现在和未来——

兼评威廉姆森〈资本主义经济制度〉》一文对交易成本经济学的脉络进行了详细梳理。

排污权交易制度是科斯定理的一个应用，值得一提的是，科斯对我国经济学家产生了较大的影响，明晰产权是我国国有企业改革的重要内容。科斯本人对中国的改革事业十分关注，于2013年出版了《变革中国》（中信出版社，2013）一书。

第3节　公司治理的组织社会学基础

如果我们查看几十年来商学院教授们的学术研究，可以发现管理学似乎没有经济学那样一个统一的、广为接受的理论框架，很多研究是建立在经济学、社会学和心理学等其他学科的理论上，学者们创造性地应用和发展其他学科的理论以解释企业现象。不同于自然科学追求放之四海而皆准的自然规律，社会学科的理论是对现实的简化，不同的理论有着不同的假设、视角和解释逻辑，即便是那些写在教科书上的经典理论也有其适用边界，只能解释真实世界的一个侧面。组织现象的复杂性和多样性意味着我们需要更多学科的理论视角。

诚然，相较于新古典经济学，以交易成本理论为代表的新制度经济学放宽了新古典经济学严格的假设，转向一些更为现实的假定：有限理性、机会主义行为和信息不对称等，以交易和契约作为分析单位对企业的本质和边界、企业治理结构、企业之间的关系等问题做出了回答，极大地拓展了经济学的研究范围。但我们注意到，从原来的生产成本最小化转为交易成本最小化，新制度经济学遵循和新古典经济学同样理性的效率逻辑，研究层次依然是微观个体，而不关心组织周围的环境和更大的社会背景。

其实，现实中我们会遇到许多经济学无法解释的组织现象，如为什么越来越多的企业投入大量资源去做一些看起来对自己没有好处的事情，例如公益活动，或许敏锐的读者会指出因为做社会公益能够帮助企业树立良好的形象，最终有助于提高企业的效率，所以企业从事公益活动可以被认为是效率机制下企业主动的选择。但当我们进一步追问下去，或许事情没有这么简单，如果完全由效率机制决定的话，企业在任何时候都应该对公益活动有足够的重视，而不是我们观察到的那样，直到21世纪企业才越来越重视承担社会责任，反观20世纪的美国，自由主义倡导的股东至上主义成为主导逻辑，社会公众并不关心企业是否承担社会责任。如今企业积极投入社会责任事业，媒体关注企业的社会责任行为，一个不容忽视的原因是企业社会责任的理念已经深入人心，例如我国把企业应当承担社会责任写入了公司法。这说明法律法规、行为规范、文化信念等制度环境对组织行为有深刻的影响。我们还可能在组织中看到能力不足以胜任岗位的关系户，从效率的角度看，组织应该把这些关系户清除出去，但实际上关系户往往是难以清理的，组织嵌在社会关系网络之中，不得不接受一些重要人物介绍过来的关系户，否则可能失去社会关系网络的支持。

哪些理论有助于我们解释上述组织现象呢？在此，我们增加组织学和社会学中相关理论的简要介绍，理由至少有两点。一方面，不同理论的比较是十分必要的，每个理论都有前提条件和适用边界，通过对比我们可以更好地把握不同理论的定位，即它们回答什么问题，忽视了什么问题，多理论的视角有助于我们对现象进行全面分析。另一方面，这些内容有助于我们分析真实世界的公司治理现象。公司在社会环境中生存发展，也嵌在社会关系网络之中，公司作为一个开放系统，其内部的公司治理必然与更广泛的社会过程是共振的，因此我们认为仅在经济学模型里思考公司治理问题是不够的。前沿的学术研究已经表明关系网络对公司治理有不容忽视的影响，这也符合我们对公司治理实践的观察，比如在一些公司中背景硬、关系多的总经理对公司至关重要，在董事会重大决策中，董事长甚至完全听从总经理的意见，无法发挥决策和监督职能。

在本节，我们将简要介绍组织社会学提供的两个重要解释机制：合法性机制和社会网络机制。它们提供了理解组织现象的不同于效率机制的视角。按照时间的脉络，先介绍早期的组织研究，这些研究已经开始打破所谓理性组织的神话；然后介绍新制度主义学派的重要主张，在技术、市场和资源要素之外，组织的结构和行为还与制度环境互动；最后关注组织的社会网络关系和社会资本。

一、早期的组织研究

我们在此所指的早期的组织研究，是在 20 世纪初期至 60 年代之间提出的关于组织的重要见解，包括古典组织理论、行为科学组织理论和早期制度主义。虽然组织可能与人类社会的历史一样悠久，但组织很晚才成为社会科学研究关注的对象，这与近现代社会以来组织的广泛性和重要性凸显密切相关。我们一般可以把组织研究的源头追溯到 20 世纪初期，这一阶段出现的思想以泰勒（Taylor，1911）的科学管理、法约尔（Fayol，1919）的一般管理和韦伯（Weber，1924）的行政组织理论为代表。

20 世纪初期，美国工业化进程如火如荼，泰勒观察到工厂的生产方式越来越机器化和自动化，但当时许多工厂依然延续着家庭手工作坊式的管理方式，企业主根据自身经验形成自己的一套管理方式，人治色彩浓厚，劳资对立的紧张关系影响了生产效率。如何通过管理来实现高效生产是一个亟待解决的问题。工程师出身的泰勒提出了所谓的科学管理，主张把生产过程中的所有动作标准化、规范化，最大限度减少主观的成分，准确计量员工的工作份额和报酬，挑选最合适的工人承担工作，等等，最终实现提高生产效率的目的。泰勒的思想一开始引起了争议，但还是很快得到了广泛的应用，直到今天我们还能看到科学管理的应用，例如计件工资制。与泰勒自下而上重塑生产作业管理不同，法约尔从功能的角度将管理划分为计划、组织、指挥、协调和控制五大职能，自上而下地提出一套宽泛的管理原则：劳动分工、权力与责任、纪律、统一指挥、统一领导、个人利益服从整体利益、人员报酬、集中、等级制度、秩序、公平、人员稳定、首创精神、团队精神。应该注意的是，这些原则只能为管理者提供一般性指导，而实际的管理要依赖具体的情境才有可能成功。但需要指出的是，泰勒和法约尔的思想是规范性的，即提出一些具体做法或者原则用以指导组织的管理工作，其更多地来自对实践经验的总结和归纳，而非对组织进行理论剖析。

同时期的韦伯是一位思想巨人，在经济、社会、政治和宗教等领域都提供了许多深刻的见解，其行政组织理论成为许多组织研究的起点，因此有相当多的学者把韦伯视作组织理论之父。韦伯提出了一种所谓理想的有效率的理性组织，也称为科层制组织或官僚组织。

科层制有以下几个基本特点（Weber，1947）：一是职位的权力和责任由规章制度明确规定，权威来自规章制度而非个人，职位之间的关系并不因占据这个职位的人的变动而不同；二是严格的等级制度，命令自上而下逐级传递，下级受到上级的监管；三是组织中官员职业生涯的唯一目标就是晋升。韦伯认为科层制组织大量出现的一个重要原因是资本主义的市场化竞争，企业在这种情况下需要科层制保证经营活动的准确、快速和持续（Weber，1947）。虽然随着时代的变化，尤其是在互联网条件下，我们观察到组织呈现出扁平化的趋势，更强调合作和共享，松散的非正式组织结构涌现，但不可否认的是，科层制依然广泛存在，已经成为现代社会一个必要的组成要件或者组织模板。不论是在私营企业还是公共组织，都能够看到科层制的特征。

行为科学组织理论以组织中的人作为研究对象。哈佛大学心理学教授梅奥（Mayo）于1924—1932年在霍桑工厂进行了一系列试验，一次偶然的停电让观察人员注意到，参与试验的员工虽然缺乏良好的照明条件，反而体现出更高的工作效率，这是因为这些参与试验的员工感觉到自己得到了关注，所以才更努力地工作。梅奥的试验揭示了一个直白的道理：人不仅有经济人的属性，还有社会人的属性。具体而言，员工感受到的关怀、荣誉、与他人的关系等心理因素也会影响生产效率；不仅存在有正式的显性结构的组织，还存在看不见的非正式的组织。这一系列发现促生了人际关系学派，该学派凸显人在组织和生产过程中的独特作用，反对将人物化，主张要关心人，领导者在关心员工、鼓舞士气方面有重要作用。

行为科学组织理论的另一重要内容是西蒙（Simon）、马奇（March）和西尔特（Cyert）等人发展的企业行为理论。他们致力于解释企业内部的过程和特征，如决策过程、信息处理限制、权力和联盟以及层级结构。韦伯的著作战后被翻译到美国，韦伯所描述的理性组织引起了美国社会学家的研究兴趣，20世纪五六十年代的组织研究可以分为哥伦比亚学派和卡内基学派。西蒙、马奇和西尔特就是卡内基学派的代表人物，西蒙不满于经济学中的理性人假设，他提出了有限理性的概念，即人的认知能力、信息处理能力是有限的，并且行动者所处的环境是高度复杂的，行动者在实际决策中不是在所有的选项中寻找最优解，而是寻求满意解，如果当前搜寻到的选项令人满意，就会做出决策（Simon，1956）。有限理性还催生了20世纪90年代兴起的行为经济学。虽然有限理性是符合直觉和常识的，但是在此之前的很多学术研究都是以完全理性为假设，尤其是以经济学为盛，所以有限理性的概念具有开创性意义，后续的组织研究基本上都潜在地暗含了这个假设，西蒙也因此摘得1978年的诺贝尔经济学奖。

西蒙还确认了组织能够实现理性化的过程。组织中有限理性的个人之所以能够协调一致，是因为组织结构提供了支持，加入组织的个人认同组织中的规则、程序和惯例等，个人的行为则受到规则、程序和惯例等的指引（Simon，1947）。马奇和西蒙（March & Simon，1958）认为组织中的执行程序和搜寻程序会影响成员的行为，执行程序给成员提供了常规工作的惯例的指导，所以大大减小了个人需要决策的范围，其实大多数时候，个人仅是按照既定程序完成任务而已；而面对非常规程序，组织提供了搜寻程序以供遵循。

西尔特和马奇在《企业行为理论》中提出了注意力分配影响组织决策的观点，因为人是有限理性的，我们不可能眼观六路耳听八方，人的注意力就成为组织决策过程中一个不容忽视的重要因素。组织结构如何影响注意力分配，注意力的分配如何影响组织决策，这都是重要的研究命题，在此不做展开。

在以上的分析中，泰勒、法约尔、韦伯和卡内基学派的理论都把组织默认为一个理性系统，组织是为了实现特定目的而设计的工具，组织及其成员的行为是有目的的协调行动。如何解释目标具体化和结构正式化的组织理性，是该视角下各个理论流派共同的主题（Scott & Davis，2006）。

以默顿（Merton）和塞尔兹尼克（Selznick）为代表的哥伦比亚学派代表了组织研究的另一方向，他们关注组织的动态演变和环境。默顿早期提出的“目的性行动会产生意外的后果”思想对塞尔兹尼克产生了深刻的影响（Scott，2013）。塞尔兹尼克是早期制度主义的代表人物，他的研究试图说明组织并不是一个为了实现特定目的而精心设计的工具，而是适应环境要求、受到参与各方影响、不断变化的自然发展的有机体。《TVA与基层结构》是塞尔兹尼克的代表作。他对田纳西河流域管理局（TVA）开展了经验研究。TVA 是在经济大萧条期间罗斯福总统为了振兴经济而进行的一项政府投资，在建造之初有着明确的目的，即实现水土保持、粮食生产、帮助穷人、水库发电、交通运输等公共福利功能。但是塞尔兹尼克调查发现，这项工程在实际运行过程中偏离了原来的目的。政府部门和商业企业等利益集团卷入其中，这些参与者的价值观和取向发生变化，它们把持重要机构，对相关决策施加影响，最终这项工程在实施过程中原有的功能没能很好地实现，而是为利益集团谋取了大量好处。这个例子就说明组织是一个开放的、不断演化的系统，而不是一旦设计完成就按部就班运行的理性组织。塞尔兹尼克进一步在《行政管理的领导角色》中阐述了他所认为的制度化过程，即价值观和信念渗透进组织的过程，组织本身会受到外界价值观和信念的影响，这时组织不再仅仅作为一套技术工具而存在，也是以一整套价值观而存在，获得了人格结构，而领导的重要功能就是界定、确立和维护这些价值观。

二、组织分析的新制度主义

新制度主义兴起于 20 世纪六七十年代，经济学和社会学都有各自的新制度主义版本。当我们谈及新制度主义这个说法时，应当注意区分是在经济学意义上还是社会学意义上使用。二者虽然有一些共通之处，诸如反对新古典经济学的完全理性假设，但是它们提出的问题和解释逻辑完全不同。正如上文介绍的那样，经济学的新制度主义流派研究的着眼点是制度与经济交易的关系。在社会学里，新制度主义主张合法性机制，“组织如果想要在它们的社会环境中生存下来并兴旺发达，除了需要物质资源和技术信息外，还需要得到社会的认可、接受和信任”（Scott et al.，2000），它关注的是制度环境对组织结构和行为的影响，尤其是行动的脚本和模板。企业采取的结构和行为不一定符合理性，也可能是追求合法性的结果，或者因为某些结构和行为被视作理所当然。

下面先介绍社会学中组织分析新制度主义的奠基性主张，然后进一步分析合法性机制，最后是斯科特（Scott，2013）给出的制度三要素。

（一）奠基性主张

组织分析的新制度主义开端于1977年，迈耶（Meyer）、罗恩（Rowan）和朱克尔（Zucker）各自的开创性研究提供了制度分析一系列的理论概念、命题和分析框架，成为新制度主义学派的基石。在此之前，很多组织学研究关注组织中非理性、非设计的现象，试图解释组织在结构和行为上的多样和分化。在20世纪60年代有很大影响力的权变理论认为，组织最佳的组织方式取决于所处环境的特点，不同组织面临的环境条件不同，它们的结构和行为就是多样的（Galbraith，1973）。

但迈耶提出的新问题是：为什么不同的组织在形式和行为上如此相似？他观察到美国各地的教育制度、各学区的组织和行为呈现出趋同性，这些组织依赖于联邦政府的财政支持，而联邦政府会因此而要求它们符合相应的条件，例如建立相应的规章制度和部门等（Meyer & Rowan，1977）。在论文《制度化的组织：作为神话和仪式的正式结构》中，迈耶和罗恩进一步分析了制度环境，即法律规定、社会规范和价值观念等，对组织结构和行为的作用。其基本思想是，组织不仅是技术性生产活动的系统，也是高度制度化的产物，组织倾向于采取那些已经被社会广泛接受的关于组织运作的策略和程序，以此来提高合法性和生存的概率，而不论这些做法和程序是否有助于提高效率（Meyer & Rowan，1977）。

面对合法性要求和效率标准之间的矛盾，组织可能采用脱耦策略，组织采纳某些正式结构仅是仪式性的，而不影响实际运行（Meyer & Rowan，1977）。例如有的上市公司成立专门负责企业社会责任的部门，响应监管机构的号召和社会的期待发布企业社会责任报告，但我们可能会发现有些企业社会责任报告其实篇幅很短、内容敷衍，这些企业可能并不是真的想要承担社会责任，这样的结构和行动对企业只具有符号性意义，实际生产经营活动中不负责任的行为依然照旧。一些民营企业虽然建立了一整套现代企业的制度和结构，但是规章制度设立以后被束之高阁，实际运作中实际控制人一人独断专行、蔑视规则的现象屡见不鲜；但这些具有象征性意义的门面是至关重要的，如果没有这些正式结构和制度，企业就不符合法律监管的要求，也会因为缺乏合法性而找不到交易伙伴。

迈耶和罗恩给出的是偏向宏观的解释，制度环境被当作一个已经确立存在的社会事实，研究制度环境带来的影响其实是在研究制度化的内容。而朱克尔（Zucker，1977）从微观层次的视角关注制度化的过程，她强调“社会知识一旦被制度化，就会作为一种事实而存在，成为客观实在的一部分，并在此基础上能够直接地传播开来”。她进行的实证研究验证了制度化程度与文化理解的传播、文化的维持和对变革意图的抵制呈正相关的关系：制度化程度越高，行动者对文化理解的遵守程度也越大，对文化的维持也越强，并且对进行文化变革的意图的抵制就越强。托博尔特（Tolbert）和朱克尔于1983年发表的一项实证研究（Tolbert & Zucker，1983）解释了美国公务员制度的扩散过程，对合法性机制和效率机制进行了比较，发现：早期采取公务员制度与研究目标城市的特点有关，这些特点包括城市结构特征、政治冲突和市政府的角色定位，早期采取公务员制度是理性的选择；而当公务员制度逐渐扩散，越来越多的市采取公务员制度，到后期是否采取公务员制度就与本市实际情况无关了，而是因为公务员制度已经被广泛接受，起作用的是合法性机制。

迪马吉奥和鲍威尔（DiMaggio & Powell，1983）在组织场域层次给出了组织趋同的三个具体机制：强制机制、模仿机制和规范机制。第一个机制是强制机制，组织必须遵守法律法规和政策，例如证券法要求上市公司做信息披露，所有上市公司都会设立相关的职能部门以应对监管的要求，如果不按规定披露信息或者披露虚假信息，组织和相关责任人就会遭受处罚；当新的环保法要求更高的环境保护标准，政府部门加强环保执法力度，重污染行业的企业就不得不引进新的生产技术和治污设备，否则就可能被勒令停产。第二个机制是模仿机制，当组织面临不确定性，诸如一个组织的目标模糊不清、其行为没有很好得到人们的理解时，组织就可能模仿其他组织的成功经验和做法。第三个机制是规范机制，其主要源自专业化过程，每一个职业有一套特定的知识结构、工作方式和准则，专业化过程也会诱导组织趋同。大学、培训机构和行业协会都是推动专业化过程的重要力量，经过专业化训练的人才就掌握了这一领域的知识和行为规范，当他们走向工作岗位时就与其他组织的同行有很高的相似性。例如美国主流商学院培养的博士可以前往其他国家谋求教职，可以与全球的同行顺畅沟通，因为全世界商学院的组织结构和知识结构都是类似的，尤其是它们都受到美国主导的商科学术期刊的影响。此外，前往商学院接受 MBA 等职业教育已经成为企业高级管理人才的标配，而商学院教授的知识有很大一部分是相似的，当日本制造成为高质量的代名词，一时间所有的商学院都讲授全面质量管理，使得这一思想和相关工具在全球的企业中扩散开来。

（二）合法性机制

合法性机制是新制度主义学派的核心逻辑。制度环境通过合法性机制对组织结构和行为发挥作用，我们在此专门对合法性机制进行讨论。韦伯在讨论权威来源的时候较早提出合法性概念。他认为权威不仅来自统治者的武力威胁和强迫，具有合法性的权力才是权威。韦伯区分了合法性的三种要素：一种是基于规章制度的法理型权威；一种是基于传统、惯例或一贯信念的传统型权威；一种是基于领袖个人独特魅力或品质的魅力型权威。萨奇曼（Suchman，1995）对合法性总结了一个宽泛的定义：合法性是一种普遍的认知和假设，即一个实体的行为在社会构建的规范、价值观、信念和定义的系统中是可取的和恰当的。

虽然合法性的定义比较明确，但是不同学者强调的合法性机制还是有一定的差别。周雪光（2003）把合法性分为强意义的合法性和弱意义的合法性。强意义的合法性忽视个人的主观能动性，认为人的行为都是制度环境塑造的结果，制度直接塑造了人的思维和认知，由此影响了人们的行动。例如个人对一些行为会觉得理所当然，当我们打算成立一家公司，大部分人会不假思索地想到科层制，很少考虑其他组织形式的可能性，因为科层制在社会中广泛存在，我们已经接受了公司应该有科层的观念。周雪光（2003）认为迈耶更多的是在强意义上讨论合法性。此外，正如道格拉斯（Douglas）在《制度如何思考》一书中描述的那样，如果我们不知道个人脑海中的观念，就无法判断个人会做什么决策，是制度通过人在思考。

与这种过度社会化的观点不同，弱意义上的合法性容许个人的能动性，制度通过激励的方式来引导个人做出符合制度环境要求的行为。例如人们之所以遵守法律，有很大一部分原因是违反法律会受到惩罚，而当法律不完善的时候，就会有人钻法律的空子。在弱意义上，组织意识到具有合法性能够给自己带来好处，所以愿意采取具有合法性的行动，例如那些直接面向消费者的位于产业链下游的企业可能更有积极性承担社会责任，因为良好的口碑有助于企业获得更多的利润，而位于产业链上游的企业或许就不那么注重社会责任，因为它们得不到足够的好处。

传统上新制度主义是从制度的观点来理解合法性，即合法性是独立于主体的被感知到的客观存在，但也有学者从战略的角度来看待合法性（Suchman，1995）。战略合法性视角认为组织有绝对的主体能动性，将合法性视为一种主体可以从外部环境抽取的资源，强调合法性给组织带来的好处，例如帮助企业更好地获得资源、取得信任和形成竞争优势，所以组织采取行动有意识地构建和运用合法性，例如企业构建政治关联以获得合法性，以便从银行获得更优惠的贷款、促进并购交易顺利进行等。虽然合法性的视角可能不为传统的社会学者所认同，但是管理学研究中经常使用战略合法性的视角分析问题。

最后值得一提的是，印象管理理论与合法性机制有些类似，虽然合法性和印象管理都强调组织要有一个好的形象，但是二者有本质上的差异。印象管理理论解释的是人们试图通过操纵他人所获得的信息，管理他人对自己形成看法的过程；而组织的合法性是客观上组织与整个制度环境的相合程度，即便我们或许可以战略性地将合法性当作资源加以使用，但合法性本身作为一种客观状态无法被操纵，除非我们能改变社会观念、文化规范和社会期待等制度环境，当然这是个人或者组织无法实现的。

（三）制度三要素

虽然上文已经多次使用制度一词，但我们还没有给出制度的具体含义和特征，一是因为凭直觉粗糙地理解制度并不影响上文介绍的内容，二是因为对制度下一个合适的定义其实是一项充满挑战的任务。作为社会思想中最古老的、使用频率最高的概念之一，学者们对制度提出的概念和主张是纷乱的，有着不同的假定，强调各自不同的因果过程（Scott，2013）。且不论制度主义在不同学科中有着完全不同的理解，即使是组织理论内部的制度主义者，对制度也存在不同的看法：有的强调制度的微观特征，有的强调制度的宏观层面；有的强调制度的认知层面，有的强调制度的规范层面；有的把制度的创立和扩散归结于利益原因，而有的则将其归结于关系网原因（Powell & DiMaggio，1991）。

根据日常生活经验，我们很容易不严谨地把制度等同为环境、文化或者历史的影响，这一理解的确反映了制度产生作用的表现，但并不是制度本身。杰普森（Jepperson，1991）把制度的中心含义概括为社会建构的、习惯性地再生产的程序或规则系统，其核心特征在于它表示着特定的社会再生产过程，并且这一过程是习惯性的，不需要额外的行动（例如重新动员或重新设计）也可以保证相应的制度继续存在，而制度化就意味着获得这一特征。我们认为，上文中提到的利益相关者参与公司治理和企业承担社会责任正在经历制度化的过程，与之相关的各种支持性实践，例如国家的监管要求、媒体的报道、商学院的职业教育和行业协会的自律规范等，正在不断涌现。还需要特别指出的是，制度不仅是一种约束结构，也是一种授权或“使能”。

斯科特（Scott，2013）则根据要素特征的分类对制度提供了一个极具包容性的描述：制度包括为社会生活提供稳定性和意义的规制性、规范性和文化认知性要素，以及相关的活动和资源。从规制性要素到文化认知性要素，“其一端是有意识的要素，另一端是无意识的要素；其一端是合法地实施的要素，另一端则被视作理所当然的要素”（Hoffman，1997）。需要注意的是，制度的定义还包括与这些要素相关的活动和资源，制度要素只有在人们的实践活动中不断重复、得到资源的支持才能保持生命力，否则就会被人们遗忘（Scott，2013）。

规制性要素指的是那些对人们有强大约束力的条条框框。规制性要素最容易被人们感知到，因为它们以外在显性的、强制的、正式的方式存在，国家法律就是其典型表现。规制性制度之所以能够发挥作用，是因为伴随着明确的奖励和惩罚机制，法律的实施就以国家强制力为基础。经济学家主要关注制度的规制性要素，经济史学家诺思研究宏观制度的变迁，新制度经济学关心交易合同的设计，这样的取向与经济学对人功利主义的假定密切相关。在经济学中，个人在市场交易中追求利益最大化，其行为由收益一成本的计算来决定。在这种情境下，那些能够影响人的效用函数的规制性要素就尤为重要。市场交易有赖于产权清晰、信息公开透明、合同能够得到执行等制度条件，而这些制度性基础设施只能由政府提供。

还有很多学者强调制度的规范性要素。规范性要素包含了价值观和规范。价值观代表了说明性、评价性和义务性的维度，是指行动者的观念以及用来比较评价现存结构或行为的各种标准，而规范则规定事情应该如何完成（Scott，2013）。虽然规范性要素对人没有强制性，但是同样具有约束性，因为人的行为还面临着道德评价和社会期待。例如每个职业都有一定的道德操守和工作流程，医生以救死扶伤为天职，教师应该教书育人，律师以维护当事人的利益为出发点，即使违背这些期待可能并不违反正式的规则，也会招致道德上的批评。再比如传统节日寄托着中国人共同的信念，我们在春节、中秋节、清明节这样的日子里要进行许多仪式性活动，即便现在很多年轻人对这些仪式不感兴趣，但还是不得不在家人的敦促下参与到这些活动中去。大多数早期的社会学家都持有规范性制度的观念，这可能是因为社会学家关注的研究对象是亲属群体、社会阶层和宗教等存在共同信念和价值观的系统（Scott，2013）。

对文化认知性要素的关注是社会学和组织研究新制度主义最显著的特征，文化认知性要素构成了关于社会实在的共同理解，以及建构意义的认知框架（Scott，2013）。文化不仅是主观的信念，也是被感知为客观的、外在于个体行动者的符号系统（Scott，2013）。从生物学意义上来说，人类具有认知能力，接受和处理外部的信息，好比是电脑的硬件；文化则是电脑的软件，它塑造了人类的认知过程。我们常说人是社会化的人，就是指社会文化塑造了我们的认知，赋予行动以意义。如果一个人出生以后就脱离人类社会，独自在森林中长大，他就不受这些文化系统的影响，也就不是社会意义上的人。其实我们能够观察到，很多行为是不需要经过思考斟酌就能做出的，因为在文化系统的塑造下我们已经将其视作理所当然。正如迈耶和罗恩（Meyer & Rowan，1977）指出的，正式结构的出现和完善源自弥散在社会中的理性神话，对理性的追求已然成为社会的共同理解。不同群体之间思维模式、行为方式的差异可能从文化系统的差异中找到解释。例如面对新冠肺炎疫情，在东亚国家，人们快速响应政府安排，长时间进行居家隔离，有助于在较短的时间内遏制病毒扩散，一个重要原因就是这些民族同受儒家文化的浸润，它教化人们以天下为己任，舍利取义，强调等级、尊卑和服从，这些符号即便是在现代化、全球化的今天也潜移默化地塑造着东亚人的认知和行为。与之相反，两百多年前成立的美国发端于一场反抗英国政府统治的独立运动，美国宪法在制度安排上着力限制政府的权力，例如以司法权和立法权制衡行政权，划分中央和地方各州的权力范围，允许个人持枪等，反映出美国人历来有不相信政府和权威的思想文化传统，并且个人自由主义已然成为美国社会结构的一部分。

需要强调的是，制度三要素的区分只是理论性的，实际上某一制度设施或者现象同时与规制性、规范性和文化认知性要素相关，三要素之间是相互关联的。相较而言，文化认知性要素处于基础性位置，支撑着相应的规制性和规范性制度规则，文化认知性要素的变迁速度也会慢得多（Ruef & Scott，1998）。

三、社会网络理论

生活经验告诉我们，人与人之间的社会关系扮演着相当重要的角色，例如在求职的过程中，我们从朋友那里获得招聘信息；在医疗资源紧张的大医院，我们可能需要联系熟人才能更快地得到住院床位。对于组织来说，社会关系的作用同样普遍，例如那些经济效益并不突出，但长期与银行有合作关系的企业更容易获得贷款；在经营危机中，在供应链中处于中心地位的企业可能会伸出援手，帮助其他企业渡过难关。上述现象难以从效率或合法性机制角度得到解释。效率机制研究的是原子化的、孤立的个体；合法性机制则着眼于组织场域或者社会层面的制度环境，虽然其他组织也是制度环境的一部分，但没有在微观个体层面考虑组织之间的社会关系。

社会网络理论的出发点在于，个体嵌在社会关系之中，如果不关注个体的社会关系，就无法理解个体的行为。以下我们介绍格兰诺维特（Granovetter）的嵌入理论和伯特（Burt）的结构洞理论。二者是社会网络理论中两个不同的研究取向，前者强调社会关系对人的行为的影响，后者关注的是社会关系网络的结构性特征，强调个体行动者在网络结构中的位置。

（一）嵌入理论

怀特（White）是社会网络理论重要的奠基人之一，他在论文《市场从哪里来》中将市场看作由生产者构成的网络，生产者的生产行为不是像经济学所解释的那样由均衡价格来决定，也不是个体自我决策的，而是生产者在相互观望和模仿中确定的，比如确定自己的产量和定价（White，1981）。虽然怀特提出了非常有价值的研究视角，但是怀特的语言晦涩难懂，当时并没有多少人理解他的思想，使得他在学术上影响力有限。反而是他的学生格兰诺维特的研究引起了广泛注意，其第一篇成名之作是于 1973 年发表在《美国社会学杂志》上的《弱连带的优势》。在此之前的社会网络研究关注强关系，格兰诺维特却指出弱关系具有独特优势，在他所举的求职例子里，他发现大部分人的工作并不是通过强关系的朋友找到的，而是通过那些弱关系的朋友找到的。一个可能的解释是，强关系的朋友与求职者自己同处一个关系网络，得到的信息同质性高，而那些偶然认识的、来自别的圈子的弱关系的朋友能够提供更多的异质性信息。

格兰诺维特（Granovetter，1985）在《经济行动与社会结构：镶嵌问题》中重申了社会嵌入的主张。他批评了低度社会化和过度社会化两种研究取向，认为个体所嵌入的网络才是合适的分析层次。对低度社会化的批评实际是在批评经济学，在传统经济学的逻辑里，被假定为功利主义的个人只是理性的收益与成本的计算器，个体根据效率最大化原则行事，不受社会关系和社会制度环境塑造的影响，即使是以威廉姆森为代表的新制度经济学对制度和治理结构的讨论也依然没能逃离原子化的理性框架。他认为，过度社会化的观点走向了另一个极端，“人被视为完全敏感于他人的意见，并完全屈从于共有的价值与规范系统；这些价值和规范经由社会化过程成功地内化，所以这种屈从十分自然，人们毫无反抗”（Granovetter，1985），也就是说，人的行为机械地由制度环境决定，个人没有选择的空间。

格兰诺维特强调每个人是嵌在不同社会网络之中的，不同的社会网络关系会导致个人的行为之间存在差异，所以格兰诺维特关心的是微观个体的差异。格兰诺维特（Granovetter，1985）用一个剧院火灾的例子来说明具体的社会关系对行为的影响。如果公共剧院里起火，观众会拼命往外跑产生拥堵；而如果是家里发生火灾，家庭成员就会有顺序地逃离，而不会发生拥堵的现象。如果人是按照效率机制行事，或者人的行为由社会塑造，那么无论在公共剧院还是家里，在失火的情况下都应该有同样的表现，之所以采取不同的行动是因为两种情形下人们所处的社会网络不同。

乌泽（Uzzi，1997）对纽约服装厂商之间的经济交易行为进行了深入研究，剖析了嵌入关系的三个要素：信任、细致的信息和联合解决问题，以及这些要素影响经济交易的具体机制。虽然社会关系能够为交易双方带来诸多好处，但过度嵌入也使得组织难以应对网络发生重大变化的冲击，无法获得网络之外的新信息，所以兼具正常经济交易关系和社会关系的综合性网络是最合适的（Uzzi，1997）。

（二）结构洞理论

科尔曼（Coleman）、林南和伯特等学者从更为功利的角度研究社会网络。林南（Lin，2001）提出的社会资本理论强调人们可以通过社会网络获得好处。伯特（Burt，1992）在《结构洞》一书中提出了网络作为工具的三个功能：一是信息内容的优势，处于网络中的人可以从网络其他成员处得到外人不知道的信息；二是信息传递速度的优势，网络中的人可以比别人更快地获得信息；三是推荐功能，网络中的其他成员可以起到背书的作用。既然网络的重要功能是信息传递，伯特进一步讨论的问题就是什么样的网络结构有助于更有效率地获取信息。

伯特提出结构洞的概念。结构洞是指社会网络中直接连接的缺失，是多个密集子网络之间的空隙。处于结构洞位置的个体充当桥梁的角色，将原本不直接联系的子网络联系在一起。占据结构洞位置有两方面的优势：一是获得异质信息，从密集网络中获得的信息可能是重复而低效的，例如工作经历丰富、横跨多种职业的人往往消息灵通，因为他所认识的朋友都是不同圈子的；二是处于结构洞位置的人拥有更高的自主性，因为他并不特别依赖某一个子网络，并且会拥有更高的地位，因为多个子网络依靠结构洞来相互连接。最后，我们想要指出，虽然社会网络可以视作一种资本，能够带来资源和地位，但是社会网络也有一系列的成本：建立和维护关系网络需要投入，过分依赖网络会降低灵活性，等等。

延伸阅读

巴纳德（Barnard）是组织科学形成过程中的关键人物，其著作《经理人的职能》系统地阐述了他的组织理论，深刻影响了后来的学者。

Marquis 等 2014 年发表在 *Organization Science* 上的“Corporate Social Responsibility Reporting in China：Symbol or Substance?”探讨了中国上市公司发布企业社会责任报告的不同动机，即象征性动机和实质性动机，以及政府在其中的重要角色。

Fisman 等 2018 年在 *Journal of Political Economy* 上发表的“Social Ties and Favoritism in Chinese Science”发现老乡关系能够提升候选人当选院士的概率，同时也发现，在所有当选的院士中，完全没有老乡关系的当选院士有着更好的学术表现。

第 4 节　前沿研究

企业本质的再思考：交易成本经济学对企业本质、企业与市场边界和治理结构选择等问题的解释有很大的影响力，后续许多实证研究也提供了不同程度的支持。经济学家以交易成本概念为起点，从市场失败的角度解释企业为什么会存在，企业被视作市场失灵的替代性选择，但交易成本理论并没有过多讨论企业本身的优势。经济学家强调了雇佣关系是一个不完全的合同，使得管理者能够更灵活地指导员工的活动，而不会陷入繁复的协商。除此之外，现有的组织研究指出，企业还能够实现更好的知识交流与创造，具有更强的适应能力，有助于培育非正式组织（Zenger et al.，2011）。价值创造的重要来源是知识的交流和重组，根据知识基础观，企业是存储、生产和运用知识的实体（Foss，1996）。一方面管理者能够精心设计知识流动的体系，甄别必要的知识流动，降低知识转移的成本；另一方面企业内的学习过程能够更好地创造知识。企业的另一个重要优势在于非正式组织，正式组织和非正式组织不可分割地交织在一起，非正式组织对人的行为具有重要的塑造作用（Blau & Scott，1962），企业提供了市场上难以产生的社会性模式，学者们强调企业内的社会交往塑造了个人身份对组织的认同，培育了共同的价值观和规范，促进了内部成员之间的合作和创新，制约了个人的机会主义动机和行为（Pratt，1998；Kogut & Zander，1996）。

前景理论调整了代理理论对风险偏好的假设。前景理论的研究对象是个人的决策行为，前景理论认为个人决策依赖于其主观设定的参照点。如果预期结果高于参照点，则处于“收益区域”，此时个人会表现出风险厌恶倾向，以尽可能保证收益；而如果预期结果低于参照点，则处于“损失区域”，此时个人会表现出风险追求倾向，以尽可能避免损失；个人是损失厌恶型，同等数量的损失和收益的主观价值是不对称的（Kahneman & Tversky，1979；Tversky & Kahneman，1981，1992）。传统上代理理论认为管理者是风险规避型，而结合前景理论和代理理论提出的管理者风险承担的行为代理模型（BAM）指出管理者既可能是风险规避型，也可能是风险追求型，这取决于历史业绩、薪酬组合和行为评估标准等具体条件，例如对未来基本工资的预期与代理人的风险承担密切相关，把基本工资转换为绩效工资能够给代理人带来明显的损失感，从而提高风险承担水平，因为基本工资的损失与其当前的生活消费水平更直接相关（Wiseman & Gomez-Mejia，1998）。在股东偏好方面，有研究通过“对薪酬说了算”投票实验表明，股东的参照系将决定他们如何看待 CEO 的薪酬，股东在处于损失区域（股东报酬率低于同行其他公司）时会更加关注 CEO 的高薪酬，高薪酬提案难以通过，股东在收益或者中性状态下的反应却远没有那么强烈（Krause，Whitler & Semadeni，2014）。

公司治理文献的一个最新进展是关注媒体的作用。信息不对称是探讨公司治理问题的起点，媒体能够向不特定对象传递重要信息，减少管理层和外部成员之间的信息不对称，揭露管理层的败德行为、大股东的掏空行为，关注公司行为对其他利益相关者的影响，等等，尤其是负面行为可以激活法律监管、资本市场反应和内部控制等机制以提高治理质量。例如有研究发现媒体对 CEO 的负面报道与 CEO 被解雇的可能性正相关，媒体对公司治理和领导能力的负面报道会提高董事会的独立性，但这可能是形式上的。为了应对媒体压力，公司可能采取一些象征性治理措施以获得媒体的正面报道，从而提高管理者的薪酬，操纵董事会的组成，结果媒体治理的有效性受到质疑（Bednar，2012）。薛健和汝毅（2020）针对中国资本市场的指定信息披露媒体制度，探讨了媒体与上市公司之间的信息披露业务关系对新闻报道质量的影响，与上市公司相关联的媒体对该公司的新闻报道在内容上更加详尽、在情感上更加正面、信息含量更低；当公司承受负增长业绩压力时，关联媒体更倾向于保持沉默，并在报道中持有更高的乐观程度。此外，媒体在动员利益相关者参与治理方面发挥重要作用。公司是否回应利益相关者的诉求取决于利益相关者的权力（Pfeffer & Salancik，1978），单个的外部利益相关者难以切实参与公司治理，媒体能够动员利益相关者采取集体行动，并成为利益相关者影响舆论、对公司施加压力的重要手段。最后在移动互联时代，在报纸和电视等传统媒体之外，个人社交媒体的作用也愈发显著，是当前关于媒体与公司治理的前沿话题。

公司治理与价值创造：受到新古典经济学强调资源交换的理论框架的影响，传统上公司治理理论，无论是代理理论还是利益相关者的观点，都把企业视作契约的集合，关注点是剩余价值的分配，谁有权获得剩余收益，从而忽视了资源的开发和利用。玛丽·奥沙利文（Mary A. O'Sullivan）从经济分析的角度来考察公司治理问题，其所关心的问题是公司治理如何作用于企业内部资源的开发和利用过程，如何增进创新和经济产出。作者提出的组织控制理论认为，因为创新过程具有累积性、集体性和不确定性的特征，创新型资源配置应当是开发性、组织性和战略性的，而这意味着支持创新型公司治理体制必须满足财务承诺、组织整合和内部人控制要求。财务承诺保证了将资源投入到收益不确定且中途无法退出的投资项目中，组织整合则将人力资源和物质资源整合到开发和利用技术的组织过程，内部人控制则将公司的战略控制权赋予有动力和能力将资源配置到创新投资的内部人（玛丽·奥沙利文，2007）。

国际商务领域的公司治理：前沿研究在国际商务领域检验了许多与公司治理相关的话题。例如在产权结构与海外并购上，有研究指出，跨国收购可能会引起东道国利益相关者对合法性的关注，影响对外国公司的收购结果；相比于非国有企业，国有企业进行海外并购面临更大的合法性困扰，收购完成的可能性更低、交易时间更长（Li，Xia & Lin，2017），后续研究进一步指出国有企业的不透明性是导致上述结果的重要机制（Li，Li & Wang，2019）。在海外撤资方面，有文献考察了跨国公司从缅甸撤资的情况，发现除了企业层面的因素外，公司的撤资决定还受到母国利益相关者的影响，当一家公司的母国有更多的反对缅甸的抗议，公司撤离缅甸的概率越高（Soule，Swaminathan & Tihanyi，2014）。在合法性方面，周楠和王鹤立（Zhou & Wang，2020）发现母公司的声誉危机会强烈地溢出到子公司，子公司在东道国诉诸企业社会责任行为来减少溢出效应的影响。虽然上述论题均与公司治理相关，但鲜有研究明确关注跨国公司内部的公司治理问题，例如母公司和子公司之间的代理问题，治理实践如何从母公司转移到子公司，多个子公司之间的竞争或合作关系如何影响母公司的治理和决策（Aguilera & Jackson，2010）。

本章小结

本章介绍了公司的起源和公司制的法律特征，回顾了新制度经济学对公司治理问题的见解，也拓展了组织社会学领域的一些相关内容。理解公司治理，首先要理解公司。本章提及了公司制两个重要的法律特征：有限责任制度和独立法人地位。股东以出资额为限对公司债务承担有限责任是促成现代公司出现的重要制度基础；独立法人地位使公司获得了与自然人类似的民事权利并承担民事义务，是促进经济交往的重要安排。

在经济学基础部分我们看到，传统上经济学以原子化的市场主体为分析对象，个体追求最大利益在数学上被证明能够实现资源的最优配置。在新制度经济学之前，经济学家很少关注制度问题，制度在经济分析中被当作给定的外生条件。以威廉姆森为代表的交易成本经济学则以制度为研究对象，将治理结构视作降低交易成本的产物。委托代理理论更是直接提供了理解公司治理主体之间关系的理论工具，股东与管理人员之间的代理问题和大小股东之间的代理问题是公司治理中的核心议题。不同国家的经济、制度环境不同，在上述两个代理问题上的表现也不尽相同。在中国，控股股东的存在使得大股东侵占小股东利益的代理问题更为严重。

经济学理论追求简洁和普适性。经济分析范式的起点是设定一组假设条件，而后在这组假设条件下进行推导得出理论解释。虽然经济学的发展放宽了诸如完全理性、完全信息等假设，但其设定假设条件的逻辑推演式分析范式决定了经济学无法考察现实生活中纷繁复杂的社会现象。事实上，我们在社会生活中观察到的所有现象，包括市场交易和公司治理，在一定程度上都可以认为是社会建构的产物。例如：为什么企业愿意牺牲自己的利益来帮助供应商渡过难关，而不是更换新的供应商？为什么说家族企业的公司治理有其特殊性？维护社会情感财富被认为是影响家族企业公司治理的重要动机。虽然经济学较早讨论公司治理问题，但公司治理实践是嵌在社会中的，现有的前沿文献也越来越多地使用社会学理论来解释公司治理现象，所以我们在本章介绍了组织社会学的相关内容，例如新制度主义和社会网络理论，希望为读者提供有别于传统公司治理教科书的新的有益视角。

复习思考题

1. 公司出现的历史背景是什么？

2. 与个人业主制企业和合伙制企业相比，公司制企业的突出的法律特征是什么？其现实意义是什么？

3. 新古典经济学与新制度经济学的基本假设有何不同？

4. 根据科斯的观点，企业的本质和边界是什么？

5. 根据委托代理理论，公司治理中存在哪两类典型的代理问题？

6. 交易成本理论如何看待公司治理问题？如何理解组织结构？

7. 有人认为，公司唯一的责任就是在法律框架范围内赚取利润，以最大化股东价值；同时也有人认为，除了对股东的经济责任外，公司还应当对员工、供应商、媒体、社区和环境等其他利益相关者承担责任。除了股东、债权人和公司高管外，你认为其他利益相关者在公司治理中发挥了什么作用？

8. 虽然越来越多的上市公司披露社会责任报告，但其质量堪忧，为什么上市公司会发布页数少、内容无关紧要的所谓的社会责任报告？

9. 斯科特的制度三要素是什么？你认为哪一类制度要素是最难改变的？

10. 想象一个购物场景，根据新古典经济学，首先你应该全面检索有哪些商家提供这款产品，然后获取各个商家的报价、售后服务和既往评价等信息，最后在充分比较的基础上挑选一个商家进行购买，当你下次还想购买这款产品的时候，你将重复上述步骤。这是否与你现实生活中的购物经历一样？如果不一样，这体现了经济交易与社会关系有什么联系？

03 CHAPTER 3

第3章 股东大会

| 学习目标 |

1. 确认股东及股东大会在公司治理结构中的地位。
2. 了解股东应有的权利和义务。
3. 掌握股东大会的类型、性质；了解股东大会在企业中所行使的主要职权。

| 关键词 |

股东（shareholder）：公司的出资人或投资人，股份公司中持有股份的人，有权出席股东大会并享有表决权，享受法定的经济利益，并承担相应的义务。

股东权利（shareholders right）：又称股东权，是指在按公司法注册的企业中，股东基于出资认购股份，而在法律上享有的各种权利。

股东大会（shareholders meeting）：公司的权力机构，由股东或股东代表组成。股东作为公司的出资者，享有收益权、表决权和选举权，但由于股东数量众多，不可能都直接参与公司事务，所以通过召开股东大会的形式来参与公司事务。

累积投票制（cumulative voting）：股东大会选举两名以上的董事或监事时，股东所持的每一股份拥有与当选董事或监事总人数相等的投票权，股东既可以用所有的投票权集中投票选举一人，也可以分散投票选举数人，按得票多少依次决定董事或监事人选的表决权制度。

隧道挖掘（tunneling）：也称利益输送或掏空效应，指终极股东通过不为人见的隐蔽渠道侵吞上市公司资源的行为。

控制权（control）：股权控制链条的最终控制人通过直接和间接持有公司股份而对公司拥有的实际控制权，也称为最终控制权或者终极控制权。

代理问题（agency problem）：所有权和经营权分离后，委托人（外部股东）和代理人（经营管理者）双方潜在的利益冲突。

引导案例

瑞幸咖啡：蹊跷的股东大会

2020年4月2日，瑞幸咖啡管理层自曝伪造金额约22亿元人民币的交易，在资本市场掀起轩然大波；6月29日瑞幸咖啡在纳斯达克交易所停牌，这家公司的“连续剧”重点正在向公司内部的权力斗争上转移。据消息人士透露，审计机构安永发现瑞幸咖啡财务造假后，黎辉、刘二海二人支持将瑞幸咖啡的造假情况公之于众，并一直在积极推动瑞幸咖啡对财务造假进行内部自查。邵孝恒则是独立委员会的主席，负责主持调查工作。

7月5日下午，瑞幸咖啡召开临时股东大会，讨论对董事长陆正耀、主要投资人黎辉、刘二海，以及独立董事邵孝恒的董事罢免提案，以及增加曾英和杨杰两名独立董事的提案。这些提案都是由陆正耀控制的瑞幸咖啡股东 Haode Investments Inc. 提出的。股东大会的地点设在北京中关村东路的神州优车集团总部。大楼入口处有多位保安把守，不允许记者进入，两名持有瑞幸咖啡股票的个人投资者也被拒绝进入会场。一位陪同股东参加此次股东大会的代理律师表示，此次股东大会要求很多，他作为股东律师也被拒绝入内，这不同寻常。从一份流传的股东名单来看，大概有30家机构股东，其中有四家机构未到场。陆正耀本人参与并主持了这次会议，黎辉、刘二海两人均未出席，但都派出了代理人参会。此前已经被解除CEO和董事职位但仍握有一部分投票权的钱治亚也未到场。

会议一直到晚七点左右才结束。几小时后，陆续有媒体报道称所有提案在会上均获通过。然而，蹊跷的是，无论是瑞幸咖啡的官方网站，还是美国证券交易委员会（SEC）的公告系统，都迟迟没有发布会议的结果。有媒体猜测，会议结果之所以没有发布，是因为部分与会股东与陆正耀一方产生分歧，并对会议结果的合法性提出了质疑。首先，部分股东认为陆正耀是利益相关方，不应主持会议，但陆正耀称自己作为董事长有权力主持。之后，陆正耀和部分股东又对陆正耀所持的一部分已被清算的股票的投票权发生了争议。瑞幸咖啡上市之后，陆正耀通过注册在开曼群岛的 Primus Investments Fund LP 和英属维尔京群岛的 Haode Investments Inc. 两家机构向瑞士信贷等银行质押了大量股票。瑞幸咖啡自曝造假后，瑞士信贷等借款人通过出售质押的股票收回了一部分借款，但由于瑞幸咖啡股价暴跌，这笔收入无法弥补借款人的损失。瑞士信贷等借款人于是在英属维尔京群岛和开曼群岛分别提起诉讼，要求清算陆正耀家族控制的上述机构。6月16日，开曼群岛大法院做出判决，允许以瑞士信贷为首的几家银行清算陆正耀控制的 Primus Investments Fund LP 所持有的瑞幸咖啡股票，并在两个工作日内将这些股票转交给清算机构——毕马威（KPMG）会计师事务所。

SEC 资料显示，Primus Investments Fund LP 此前持有1.87亿股B类股，陆正耀质押了其中的5 600万股。开曼群岛大法院的判决意味着，Primus Investments Fund LP 要将未质押的1.31亿股B类股交出以供清算。B类股的投票权为A类股的10倍，但是其所有权一旦被出售，就会自动转为A类股。《华尔街日报》的报道称，这1.31亿股对应的投票权约占陆正耀所有投票权的25%。7月5日的股东大会上，陆正耀和其他股东正是对这部分股票的投票权产生了争议。陆正耀一方认为，这部分股票在转给毕马威会计师事务所后，就已经自动转为A类股，失去了B类股的“超级投票权”。其他一部分股东则认为，这些股票还没有履行B类股转为A类股的手续，因此仍具有“超级投票权”。这部分股东的意见未被陆正耀采纳。在对董事人选的任免议题进行投票时，争议又出现了。投票方式是每个人发一张表，表上有本次股东大会所有议案，股东在上面一次性打钩，而不是逐项表决。而且，在计票过程中，也没有律师在场监督。计票结束后，陆正耀宣布所有提案均获得通过。但是，由于会议过程中出现了上述争议问题，部分股东在会议结束后对投票结果的合法性提出了质疑。

陆正耀对瑞幸咖啡的控制权已经因开曼群岛大法院对其另一部分股份的清算而被削弱。之后陆正耀和钱治亚联手，仍握有瑞幸咖啡约45%的投票权，但如果英属维尔京群岛法院的判决结果对他们不利，他们的投票权就会丧失殆尽。SEC数据显示，如果陆正耀和钱治亚的股份遭到清算，那么黎辉的大钲资本将成为投票权最高的股东，投票权约为26%。届时，新的控制方有权力再次召开股东大会，重新商定董事会的人选。

资料来源：瑞幸咖啡股东大会，陆正耀遭罢免［OL］. http://finance.sina.com.cn/roll/2020-07-05/doc-iirczymm0682061.shtml.

股东治理是公司内部治理的重要内容，股东是公司存在的基础，是公司的核心要素，而股东大会是公司的权力机构，由股东或股东代表组成。伴随公司组织形式的出现，公司股东限于能力和时间等原因，将资本交给了更有经营能力的董事会和经理层来运作管理，于是便形成了公司法人财产，股东拥有财产最终所有权，但是经营权转移给了董事会和管理层。在股权分散背景下，公司的管理层控制了公司，出现了管理层损害股东利益的潜在可能。为了更好地保护股东利益而进行的相关制度安排设计便是经典的股东治理。例如，关于公司股东大会法律地位的规定，关于股东大会或者股东会职权的规定，关于股东大会或者股东会召集程序和议事规则的有关规定。更广义的股东治理还涉及中小股东权益保护有关问题，累积投票制的引入，控股股东关联交易的控制，最终控制人链条的披露等内容。

第1节　股东权利与义务

一、股东定义

股东是股份公司的出资人或投资人，股份公司中持有股份的人，有权出席股东大会并享有表决权，享受法定的经济利益，并承担相应的义务。股东可以是自然人，也可以是各种类型的法人实体。此外，股东也可指其他合资经营的工商企业的投资者。

股东是公司存在的基础，是公司的核心要素。根据《中华人民共和国公司法》（简称《公司法》）的规定，有限责任公司成立后，应当向股东签发出资证明书，并置备股东名册，记载股东的姓名或者名称及住所、股东的出资额、出资证明书编号等事项。有限责任公司股东依法转让其出资后，应由公司将受让人的姓名或者名称、住所以及受让的出资额记载于股东名册。对于股份有限公司，我国《公司法》既允许发行记名股票，也允许发行无记名股票。公司发行记名股票的，应当置备股东名册。股份有限公司的记名股票的登记持有人即为公司股东，而无记名股票的持有人则无须将其姓名或名称及住所记载于股东名册，即能成为公司股东。另外，股东作为公司的出资人，也具有其相应法律地位，主要表现如下：

（1）股东有限责任原则。股东作为出资者按其出资数额（股东另有约定的除外）享有所有者的分享收益、重大决策和选择管理者等权利，同时承担相应的义务。

（2）股东平等原则。股东基于其股东资格，按所持股份的性质、数额享受平等待遇，原则上同股同权、同股同利，但公司章程可做其他约定。

对于公司股东的分类，一般有法律上的分类、经济上的分类、股东有无表决权的分类和股东因其投资主体不同的分类等。从法律上分，可分为普通股股东、优先股股东或记名股东、无记名股东；从经济上分，可分为按出资的多少及对公司所施加影响力的大小分为大股东、小股东；从股东有无表决权分，可分为有表决权股东和无表决权股东；从股东因其投资主体不同分，可分为自然人股东、法人股东、国家授权投资的部门股东或机构股东。

二、股东权利与义务类型

（一）股东权利

股东权利又称股东权，是指在按《公司法》注册的企业中，股东基于出资认购股份，而在法律上享有的各种权利。具体如下：

（1）收益权。股东有权依照法律、行政法规、公司章程规定获取红利，分取公司终止后的剩余资产。收益是股东对公司投资的主要预期利益，是股东向公司投资的基本动机所在。收益权属于自益权，可由股东个人依章程或股东大会的决议而行使。

（2）表决权。股东有权参加（或委托代表参加）股东（大）会并根据出资比例或其他约定行使表决权、议事权。在现代公司中，由于经营管理权力的集中，股东一般不直接参与企业的经营行为，股东行使经营管理权的主要途径就是通过股东（大）会对公司行使表决权。

（3）知情质询权。有限责任公司股东有权查阅公司章程、股东会会议记录、董事会会议决议、监事会会议决议和财务会计报告；股份有限公司股东有权查阅公司章程、股东名册、公司债券存根、股东大会会议记录、董事会会议决议、监事会会议决议、财务会计报告等，对公司的经营提出建议或者质询。董事、高级管理人员应当如实向监事会或者不设监事会的有限责任公司的监事提供有关情况和资料，不得妨碍监事会或者监事行使职权；股东有权知悉董事、监事、高级管理人员从公司获得报酬的情况；股东大会有权要求董事、监事、高级管理人员列席股东会议并接受股东的质询。

（4）诉讼权。当股东利益受到直接侵害时，股东可向侵害人提起直接诉讼；当股东利益受到间接侵害时，股东可向侵害人提起间接诉讼。间接诉讼又称股东代表诉讼、派生诉讼，是指公司的董事、监事和高级管理人员在执行职务时违反法律、行政法规或者公司章程的规定，给公司造成损失，而公司又怠于行使起诉权时，符合条件的股东可以以自己的名义向法院提起损害赔偿的诉讼。

（5）转让权。股东有权将在公司中的权益让渡给他人，主要是出资和股份的转让权。在公司资本维持原则下，股东不得从公司中抽回自己的投资份额，因而转让权分化了股东的投资风险，有利于社会资本市场的形成与发展。

（6）优先权。股东基于其资格有权优先于非股东获得公司某种利益。股东在公司新增资本或发行新股时在同等条件下有认缴优先权，有限责任公司股东还享有对其他股东所转让股权的优先受让权。

（7）选举权和被选举权。股东有权选举和被选举为董事会成员、监事会成员。

（8）公司章程规定的其他权利。

上述股东权利可大体分为两类：财产权和管理参与权。前者如收益权、转让权、优先权；后者如表决权、知情质询权、诉讼权、选举权和被选举权。其中，财产权是核心，是股东出资的目的所在；管理参与权则是手段，是保障股东实现其财产权的必要途径。

（二）股东义务

权利和义务总是相对的，股东享有权利，也要承担义务。根据我国有关法律、行政法规的规定，公司股东应承担以下义务：

（1）遵守法律、行政法规和公司章程。

（2）按时足额缴纳出资，不得抽逃出资。

（3）不得滥用股东权利损害公司或者其他股东的利益；如有侵害，应当依法承担赔偿责任。

（4）不得滥用公司法人独立地位和股东有限责任损害公司债权人的利益。公司股东滥用公司法人独立地位和股东有限责任，逃避债务，严重损害公司债权人利益的，应当对公司债务承担连带责任。

延伸阅读

《上市公司治理准则》：2018 年 9 月 30 日，中国证监会发布证监发〔2018〕29 号文《上市公司治理准则》，自发布之日起实施。节选如下：

第二章　股东与股东大会

第一节　股东权利

第七条　股东依照法律法规和公司章程享有权利并承担义务。

上市公司章程、股东大会决议或者董事会决议等应当依法合规，不得剥夺或者限制股东的法定权利。

第八条　在上市公司治理中，应当依法保障股东权利，注重保护中小股东合法权益。

第九条　上市公司应当建立与股东畅通有效的沟通渠道，保障股东对公司重大事项的知情、参与决策和监督等权利。

第十条　上市公司应当积极回报股东，在公司章程中明确利润分配办法尤其是现金分红政策。上市公司应当披露现金分红政策制定及执行情况，具备条件而不进行现金分红的，应当充分披露原因。

第十一条　股东有权依照法律、行政法规的规定，通过民事诉讼或者其他法律手段维护其合法权利。

资料来源：http://www.csrc.gov.cn/pub/zjhpublic/zjh/201809/t20180930_344906.htm.

第 2 节　股东大会的地位、权力与类型

一、股东大会的定义与地位

股东大会是公司的权力机构，由股东或股东代表组成。股东作为公司的出资者，享有收益权、表决权和选举权，但由于股东数量众多，不可能都直接参与公司事务，所以通过召开股东大会的形式来参与公司事务。

股东大会是由全体股东所组成的公司制企业的权力机构。它是股东作为企业财产的所有者，对企业行使财产管理权的组织。企业一切重大的人事任免和重大的经营决策一般都要得到股东大会认可和批准方可有效。股东大会会定期或临时举行会议。

《公司法》第四章第二节提及股东大会的议事方式和表决程序，除法律另有规定的以外，由公司章程规定。同时对一些特定问题也做出了一些特殊规定，主要包括：

第一百零一条　股东大会会议由董事会召集，董事长主持；董事长不能履行职务或者不履行职务的，由副董事长主持；副董事长不能履行职务或者不履行职务的，由半数以上董事共同推举一名董事主持。

董事会不能履行或者不履行召集股东大会会议职责的，监事会应当及时召集和主持；监事会不召集和主持的，连续九十日以上单独或者合计持有公司百分之十以上股份的股东可以自行召集和主持。

第一百零二条　召开股东大会会议，应当将会议召开的时间、地点和审议的事项于会议召开二十日前通知各股东；临时股东大会应当于会议召开十五日前通知各股东；发行无记名股票的，应当于会议召开三十日前公告会议召开的时间、地点和审议事项。

单独或者合计持有公司百分之三以上股份的股东，可以在股东大会召开十日前提出临时提案并书面提交董事会；董事会应当在收到提案后二日内通知其他股东，并将该临时提案提交股东大会审议。临时提案的内容应当属于股东大会职权范围，并有明确议题和具体决议事项。

股东大会不得对前两款通知中未列明的事项作出决议。

无记名股票持有人出席股东大会会议的，应当于会议召开五日前至股东大会闭会时将股票交存于公司。

第一百零三条　股东出席股东大会会议，所持每一股份有一表决权。但是，公司持有的本公司股份没有表决权。

股东大会作出决议，必须经出席会议的股东所持表决权过半数通过。但是，股东大会作出修改公司章程、增加或者减少注册资本的决议，以及公司合并、分立、解散或者变更公司形式的决议，必须经出席会议的股东所持表决权的三分之二以上通过。

第一百零四条　本法和公司章程规定公司转让、受让重大资产或者对外提供担保等事项必须经股东大会作出决议的，董事会应当及时召集股东大会会议，由股东大会就上

述事项进行表决。

第一百零五条 股东大会选举董事、监事，可以依照公司章程的规定或者股东大会的决议，实行累积投票制。

本法所称累积投票制，是指股东大会选举董事或者监事时，每一股份拥有与应选董事或者监事人数相同的表决权，股东拥有的表决权可以集中使用。

第一百零六条 股东可以委托代理人出席股东大会会议，代理人应当向公司提交股东授权委托书，并在授权范围内行使表决权。

第一百零七条 股东大会应当对所议事项的决定作成会议记录，主持人、出席会议的董事应当在会议记录上签名。会议记录应当与出席股东的签名册及代理出席的委托书一并保存。

无论公司章程有无规定，股东大会会议的有关问题涉及上述方面的，都必须按规定的程序执行。程序未做规定而章程有规定的，则可依章程规定的程序执行。

二、股东大会的性质与权力

股东大会的性质与权力，体现在以下两方面：

1. 体现股东意志

股东大会是由全体股东组成的权力机构，是全体股东参加的全会。现代企业股权分散，股东人数上万甚至几十万，不可能全部出席股东大会。因此，股东不能亲自到会的，可以委托他人代为出席投票，以体现全体股东的意志。

2. 企业权力机构

股东大会是企业经营管理和股东利益的决策机构，不仅要选举或任免董事会和监事会成员，而且企业的重大经营决策和股东的利益分配等都要得到股东大会的批准。虽然股东大会具有重要的法律地位，但由于其性质和形式的限制，股东大会并不具体和直接介入企业内部生产经营管理，对外也不能代表公司。

三、股东大会的类型

股东大会主要有以下三种类型：

1. 法定大会

凡是公开招股的股份公司，从开始营业之日算起，一般规定在最短不少于一个月，最长不超过三个月的时间内举行一次公司全体股东大会。会议主要任务是审查公司董事在开会之前规定期限内向公司各股东提出的法定报告。会议目的是让所有股东了解和掌握公司的全部概况以及公司业务是否具有牢固的基础。

2. 年度大会

股东大会定期会议又称为股东大会年会，一般每年召开一次，通常是在每一会计年度终结后的 6 个月内召开。由于股东大会定期会议的召开多为法律所强制，所以世界各国一般不对该会议的召集条件做出具体规定。召开股东大会年会，应当将会议召开的时间、地点和审议的事项于会议召开 20 日前通知各个股东。年度大会内容一般包括：选举董事、变更公司章程、宣布股息、讨论增加或者减少公司资本、审查董事会提出的营业报告等。

3. 临时大会

临时大会讨论临时的紧迫问题，股东大会临时会议通常是由于发生了涉及公司及股东利益的重大事项，无法等到股东大会年会召开而临时召集的股东会议。临时股东大会一般应当于会议召开 15 日前通知各股东；发行无记名股票的，应当于会议召开 30 日前公告会议召开的时间、地点和审议事项。

关于临时股东大会的召集条件，世界主要国家大致有三种立法体例：列举式、抽象式和结合式。我国采取的是列举式，《公司法》第一百条中规定：

有以下情形之一的，应当在两个月内召开临时股东大会：

（一）董事人数不足本法规定人数或者公司章程所定人数的三分之二时；

（二）公司未弥补的亏损达实收股本总额三分之一时；

（三）单独或者合计持有公司百分之十以上股份的股东请求时；

（四）董事会认为必要时；

（五）监事会提议召开时；

（六）公司章程规定的其他情形。

德国、日本等国家的法律则采取的是抽象式的立法体例，即不具体列举召集条件，而将决定权交由召集权人根据需要确定。

第 3 节　股东大会的运行机制

股东的权利主要是通过参与股东大会的方式来行使。股东大会会议的决议需要通过一定的表决制度实现，股东一般采用投票表决的方式来表达自己的意见。投票表决制度，即股东大会的运行机制。

一、“一股一票” 原则

股东的投票方式有很多种，最简单也是最古老的投票方式是一人一票，多数通过的方式。在这种制度下，有权投票的股东不论其持股数量，或所代表的表决权的数量有多少，只能按人头投票。一人一票的优点是简单，一般可以采用举手表决的方式，获多数票的议案得以通过。但是，一人一票的投票制度忽略了各股东持股比例，有悖于现代股份公司和证券市场“公平、公正、公开”的投资原则，所以现代公司采用的多是“一股一票”的投票制度。“一股一票”原则，也称为股票平等原则，即股东原则上以持有的股份享有与其股份数同等的投票权。“一股一票”的投票规则，是绝大多数国家公司立法的通例。我国《公司法》第一百零三条就明确地规定了股东出席股东大会会议，所持每一股份有一表决权。而对于要表决的事项，一般决议获得通过的条件是赞成票超过到会股东所持表决权数的半数，而特别决议获得通过的条件是赞成票超过到会股东所持表决权数的 2/3。

虽然理论上“一股一票”原则可以保证大多数股东的利益，但是“一股一票”投票制度也存在一些缺陷。现实生活中，许多因素特别是股权结构的影响，使得股东大会流于形式，没有履行应有的职责。其一，在股权分散的公司，如英美等资本市场较发达的上市公司，小股东普遍存在“搭便车”现象，几乎没有参与股东大会的积极性。这种情况下股东大会所决议的事项已事先由管理层定好。其二，在股权集中的公司，股东大会所决议的事项一般被大股东事先定好，股东大会沦为走过场，也被称为大股东会。对于我国上市公司来说，存在更多严重的问题。比如有的公司不按时召开股东大会，有的公司股东大会参与人数不够，甚至有的公司通过票数不足的决议。造成这些问题的根本原因是很多上市公司的股权结构仍存在一股独大的现象。

为了解决简单“一股一票”投票制度的固有缺陷，很多国家在公司立法和投资实践中不断创新，投票表决制度逐渐演化并成熟，主要包括：代理投票制、累积投票制、网络投票制和机构投资者。

二、代理投票制

代理投票制是指不能出席股东大会进行投票的股东，可以委托代理人出席股东大会，由代理人向公司提交股东授权委托书，并在授权范围内行使表决权的制度。代理投票制目前在西方比较普遍，并且制度设计比较合理，操作可行，成本低廉。

早期的代理投票大多是股东间相互委托，而且许多公司的章程中都规定，代理人和委托人必须都是本公司的股东。股东间的相互委托有两个局限性：一是早期的公司股本比较集中，股东人数少，股本的分布带有明显的地域色彩，基本不存在相互间的委托障碍。但是随着生产集中程度的不断提高，公司的规模越来越大，股本越来越分散，股东也越来越多，股东间的相互委托越来越困难。二是当大多数股东赞同会议议案时，少数持反对意见的股东很难找到合适的代理人。所以，股东间的相互委托不再符合时代要求，而董事会逐渐成为不愿出席的股东行使表决权的委托代理人。股东委托董事会或者其他人行使表决权的凭证是股东委托书。

股东委托书又称委托投票书，是指股东大会召开时，股东本人不能参加而委托他人代为参加并行使表决权的书面证明。股东委托书由公司印发，一个股东以出具一份委托书，并委托一人为限，应于股东大会召开规定日期前送达公司。股东委托书通常载明授权范围、委托代理人、出席股东大会行使表决权是否合法等。采取股东委托书形式，是为了保护股东的利益。代理投票的委托权，仅限于本次股东大会。

伴随着委托投票，就出现了委托书收购，即指收购者以大量征集股东委托书的方式，取得表决权，在代理股东出席股东大会时，集中行使这些表决权，以便于通过改变经营策略、改选公司董事会等股东大会决议，从而实际控制上市公司经营权的公司收购的特殊方式。

三、累积投票制

累积投票制，是指股东大会选举两名以上的董事或监事时，股东所持的每一股份拥有与当选董事或监事总人数相等的投票权，股东既可以用所有的投票权集中投票选举一人，也可以分散投票选举数人，按得票多少依次决定董事或监事人选的表决权制度。

累积投票制的目的就在于防止大股东利用表决权优势操纵董事的选举，矫正“一股一票”制度存在的弊端。按这种投票制度，选举董事时每一股份代表的表决权数不是一项，而是与待选董事的人数相同。股东在选举董事时拥有的表决权总数，等于其所持有的股份数与待选董事人数的乘积。投票时，股东可以将其表决权集中投给一个或几个董事候选人，通过这种局部集中的投票方法，能够使小股东选出代表自己利益的董事，避免大股东垄断全部董事的选任。股东累积投票制有利于维护小股东的正当利益，扩大小股东的话语权，弱化控股股东的话语霸权，增强小股东表决权的含金量，扭转小股东在财产利益上受压榨、在控制利益上受摆布的局面。在小股东与大股东争夺控制权的博弈过程中，大小股东之间的表决权此消彼长。累积投票制有助于在一定程度上平衡小股东与大股东之间的利益关系。

例如，某公司要选 5 名董事，公司股份共 1 000 股，股东共 10 人，其中 1 名大股东持有 510 股，即拥有公司 51%的股份；其他 9 名股东共计持有 490 股，合计拥有公司 49%的股份。若按直接投票制度，每一股有一项表决权，则控股 51%的大股东就能够使自己推选的 5 名董事全部当选，其他股东毫无话语权。但若采取累积投票制，表决权的总数就成为 1 000×5=5 000 票，控股股东总计拥有的票数为 2 550 票，其他 9 名股东合计拥有 2 450 票。根据累积投票制，股东可以集中投票给一个或几个董事候选人，并按所得同意票数多少的排序确定当选董事。因此，从理论上来说，其他股东至少可以使自己的 2 名董事当选，而控股比例超过半数的股东也最多只能选上 3 名自己的董事。

我国《公司法》第一百零五条规定了累积投票制度，采用的是许可式立法模式，即允许公司自主选择适用累积投票制度；同时扩大了此制度的一般适用范围，不仅适用选举董事的情形，也适用选举监事的情形。《公司法》第一百零五条规定：“股东大会选举董事、监事时，可以依照公司章程的规定或者股东大会的决议，实行累积投票制。本法所称累积投票制，是指股东大会选举董事或者监事时，每一股份拥有与应选董事或者监事人数相同的表决权，股东拥有的表决权可以集中使用。”

四、网络投票制

网络投票制是指上市公司借助互联网媒介召开股东大会，股东可以通过网络远程参加股东大会并行使表决权的投票制度。网络投票突破了时间与空间限制，为不方便参加股东大会的中小股东提供了有效的表决途径，有利于改善上市公司中小股东缺位、控股股东霸权的局面，更好地保护中小股东的合法权益。网络投票这种新型表决方式自 20 世纪 70 年代以来伴随着互联网技术的发展而出现，美国是世界上最早允许采用网络方式行使股东表决权的国家。1996 年，美国贝灵巧（Bell & Howell）公司允许经纪商为客户代理进行股东大会的网络投票表决，成为美国第一家直接在互联网上进行股东大会表决的上市公司。股东大会网络投票制由于具有突出的优点，一经出现就受到各个国家和地区的证券监管部门的重视，并迅速得到推广。

投资者对上市公司股东大会的议案进行网络投票，其操作类似于新股申购。上市公司召开股东大会，其董事会应在会议召开 30 日前以公告方式通知各股东。根据中国证监会发布的《关于加强社会公众股股东权益保护的若干规定》，涉及增发新股、重大资产重组、以股抵债、分拆上市等重大事项，上市公司还应在股权登记日后三日内再次公告股东大会通知。上市公司应当在股东大会通知中注明是否要进行网络投票、投票代码、表决议案、股权登记日、网络投票日等信息，提醒股权登记日在册的股东投票。近年来，随着股东大会网络投票制度的实施和不断完善，广大中小股东利用网络投票渠道参与上市公司股东大会的意识不断增强。网络投票为中小投资者提供了低廉、便捷、有效的参会途径和具有公信力的表决平台，大大提高了中小投资者的话语权，是现阶段完善我国上市公司治理不可或缺的制度安排，对于有争议的事项，要求上市公司股东大会提供网络投票，也成为投资者维权的重要手段。

五、机构投资者

机构投资者是把单个投资者的资金聚集起来，并代表这些分散的投资者进行投资的一种组织机构。近些年来，持有公开发行股票的股东已经从上百万个散户转变为聚集大量资金的机构投资者。这些机构投资者通过聘请精通专业知识、投资经验丰富的专家经营管理基金，更有能力深入分析上市公司的状况。机构投资者比分散的小股东能更广泛收集全面的信息资料，并运用更先进的手段分析上市公司，可以通过多种方式参与公司治理。机构投资者往往在公司中持有较大比例的股权，可以直接向公司管理层施加压力。同时，机构投资者也可以通过媒体等公开途径迫使公司管理层接受它们的提案。当公司准备到市场上增资募股，尤其是针对当前股东的定向增发时，机构投资者会为它们所提供的资金附加一些条件，如改选董事等来参与公司治理。如果管理层不同意这些条件，机构投资者可以拒绝参与增发活动，这有可能导致公司增发活动的失败。机构投资者在股东大会上作为股东行使投票权。由于机构投资者持股较多，可以有效地制衡公司的大股东，保护中小股东的利益。机构投资者还可以通过股东大会间接免除经理人职务。一般来说，当投资者对经理人的工作表示不满意，机构投资者可以在股东大会上利用充足的投票权来改选董事，进而免除经理人的职务。

延伸阅读

《上市公司治理准则》：2018 年 9 月 30 日，中国证监会发布证监发〔2018〕29 号文《上市公司治理准则》，自发布之日起实施。节选如下：

第二章　股东与股东大会

第二节　股东大会的规范

第十二条　上市公司应当在公司章程中规定股东大会的召集、召开和表决等程序。

上市公司应当制定股东大会议事规则，并列入公司章程或者作为章程附件。

第十三条　股东大会提案的内容应当符合法律法规和公司章程的有关规定，属于股东大会职权范围，有明确议题和具体决议事项。

第十四条　上市公司应当在公司章程中规定股东大会对董事会的授权原则，授权内容应当明确具体。股东大会不得将法定由股东大会行使的职权授予董事会行使。

第十五条　股东大会会议应当设置会场，以现场会议与网络投票相结合的方式召开。现场会议时间、地点的选择应当便于股东参加。上市公司应当保证股东大会会议合法、有效，为股东参加会议提供便利。股东大会应当给予每个提案合理的讨论时间。

股东可以本人投票或者依法委托他人投票，两者具有同等法律效力。

第十六条　上市公司董事会、独立董事和符合有关条件的股东可以向公司股东征集其在股东大会上的投票权。上市公司及股东大会召集人不得对股东征集投票权设定最低持股比例限制。

投票权征集应当采取无偿的方式进行，并向被征集人充分披露具体投票意向等信息。不得以有偿或者变相有偿的方式征集股东投票权。

第十七条　董事、监事的选举，应当充分反映中小股东意见。股东大会在董事、监事选举中应当积极推行累积投票制。单一股东及其一致行动人拥有权益的股份比例在30％及以上的上市公司，应当采用累积投票制。采用累积投票制的上市公司应当在公司章程中规定实施细则。

资料来源：http://www.csrc.gov.cn/pub/zjhpublic/zjh/201809/t20180930_344906.htm.

第4节　股东治理问题

一、终极股东隧道挖掘

隧道挖掘，也称利益输送或掏空效应，指终极股东通过不为人见的隐蔽渠道侵吞上市公司资源的行为，如自利性交易、过高的薪酬、转移公司资源、以主观性价格转移资产、低息贷款及抵押、股权稀释行为、内部人交易、渐进性并购、排挤或歧视小股东和低价发行新股等。

从命名含义来看，隧道挖掘是一种隐蔽的掠夺行为，其主要是由以下三方面原因造成的：一是终极股东本身具有隐蔽性。由于终极股东对上市公司的控制结构比较复杂，可能存在多种控制结构（如金字塔结构和交叉持股），并且在不同的控制结构下，终极股东会采用多条控制链实现对上市公司的控制。二是终极股东进行隧道挖掘的路径非常隐蔽，这也是隧道挖掘行为产生的土壤。例如，终极股东指使其直接或间接控制的非上市公司与上市公司进行关联交易，并从中攫取利益。三是隧道挖掘行为本身就具有一定的隐蔽性。例如前文所列举的隧道挖掘行为，如果不进行一番深入细致的分析，很难判断其是正常的经济活动还是终极股东的不正当行为。以上三方面原因揭示出，由于经济法律制度的不完善以及监督成本过高，相关部门很难对终极股东的隧道挖掘行为进行严密监控与合理规范，从而导致隧道挖掘的产生。

关于终极股东隧道挖掘的方式，约翰逊等（Johnson et al.，2000）通过对欧美等发达国家上市公司实践的总结，将隧道挖掘行为划分为经营方式和财务方式两类。经营方式指终极股东为追求自身利益而通过自我交易从公司转移资源，既包括世界各国法律明确禁止的行为，如直接的偷窃和舞弊，也包括资产购销与一些合同订立，如制定有利于终极股东的转移价格、过高的管理层薪酬、债务担保、侵占上市公司的投资机会等；财务方式是指终极股东无须通过从上市公司转移任何资源就能够实现其持股份额的增加，如通过在二级市场上发行新股来摊薄或稀释其他股东的权益、冻结少数股权、以低于市场水平的价格认购股份和渐进的收购行为，以及其他不利于中小股东的各种财务交易行为。

刘峰等（2004）借鉴该分类方式，充分结合我国资本市场的现状，指出当前我国上市公司终极股东的隧道挖掘行为存在着以下四种主要形式：

（1）直接或间接占用。直接占用是指终极股东直接从上市公司拿走各种财产物资，会计上的表现是上市公司账面上存在以终极股东或终极股东控制的其他企业为债务人的大量其他应收款。这种其他应收款最后可能通过“坏账损失”冲销，往往成为上市公司当年亏损的主要原因。间接占用是指终极股东通过间接的方式转移或占用上市公司财产物资，如上市公司为终极股东提供巨额债务担保，而这种担保责任最后往往会变成上市公司的真实负债。

（2）关联交易。关联交易是大股东进行隧道挖掘的重要手段。我国大部分上市公司都是由原国有企业部分改制而成，往往将原企业的一个或几个生产车间或核心部分包装成一个公司，并注册成为独立法人，这就从根源上造成了终极股东和上市公司之间的关联交易频繁。一旦关联交易的公允价格难以被客观地评价，终极股东便会借机进行隧道挖掘。这是我国上市公司关联交易频繁的重要原因。在关联交易中，终极股东通常以低于市场公允水平的价格购入上市公司的优良资产或产品，或以高于市场公允水平的价格向上市公司售出资产或产品。例如，五粮液与其终极股东五粮液集团有限公司之间的资产购销关联交易。五粮液在1998年上市时，就收购了五粮液集团有限公司麾下的宜宾塑胶瓶盖厂，收购成本为4.12亿元。2000年，五粮液又将宜宾塑胶瓶盖厂与五粮液集团有限公司的酿酒生产车间进行资产置换。在确定置换价格时，宜宾塑胶瓶盖厂按重置成本计价，为3.61亿元，而酿酒生产车间按收益现值法计价，账面价值约为9.02亿元，但评估却升值至20.18亿元，这样导致置换差价为16.57亿元，一并由五粮液以现金方式支付。通过这两笔资产购销的关联交易，五粮液的终极股东共获得现金约21亿元私利。

（3）担保。担保是指上市公司为控股股东向银行等金融机构借款提供巨额担保，其实质上是对上市公司资金的间接占用。这是因为，上市公司这种担保责任最后往往变成上市公司的真实负债，给上市公司的财务业绩带来严重影响。例如，1993年上市的猴王股份，作为全国最早的上市公司之一，曾经创造了焊材年产销量达7万吨、综合经济效益连续几年居全国同行业首位的业绩。但是，猴王股份的母公司猴王集团对其直接占款达到8.9亿元，并让猴王股份以上市公司的名义为自己贷款担保3亿元。2001年2月27

日，猴王集团突然宣布破产，不仅使猴王集团欠猴王股份的近 11 亿元债务付诸东流，而且猴王股份还因替集团承担逾 2 亿元的担保及自身上亿元债务而被三大债权人起诉，以破产告终。

（4）高派现。在我国，一些上市公司在 IPO 和配股后就立即派现，终极股东所取得的高额现金股利实际上来自广大中小股东，相当于一种变相的融资分红。例如，1997 年上市的新兴铸管，当年 IPO 筹集资金 7.68 亿元，而当年派现额竟高达 1.28 亿元，约占筹资总额的 17%。公司在 1998 年又进行了配股和转增，共筹集资金 2.43 亿元，当年又派现 1.56 亿元，约占筹资总额的 64%，其中，终极股东分得现金 1.09 亿元。在 2001 年度，公司通过配股筹集资金 4.79 亿元，而中期和年末两度派现共流出现金 5 亿元，其中，终极股东分得现金 3.37 亿元，占筹资总额的 70%。由此可见，配股作为上市公司重要的再融资手段，却常常被终极股东利用，最终沦为其巨额“提款机”。

终极股东的隧道挖掘行为对上市公司其他利益相关者造成不同程度的损害，其中最重要的一大危害就是直接损害了广大中小股东的利益。终极股东直接或间接占用上市公司资金、要求上市公司提供担保以及转移上市公司资产的行为，造成上市公司债台高筑、资金外流、错过投资时机，进而导致上市公司业绩大幅下滑，中小股东蒙受巨大损失。终极股东长期掏空上市公司的行径，还会间接地造成债权人和公司员工利益受损。通过对 31 个国家和地区的上市公司在盈余管理方面差异的比较，勒兹等（Leuz et al.，2004）发现，终极股东为了获得私利，通常通过盈余管理向小股东和债权人隐瞒公司真实绩效。长期的掏空，再加上虚假信息的披露，都会造成上市公司资不抵债，不断加大债权人的资金回笼风险，也会误导中小投资者的投资方向，还会使上市公司内部员工的职业发展和社会声誉受到巨大冲击。此外，从长远看，隧道挖掘还会严重阻碍股票市场的发展。约翰逊等（Johnson et al.，2000）证明，控股股东猖狂的隧道挖掘行为是导致 1997 年亚洲金融危机的主要原因。伯特兰德等（Bertrand et al.，2002）进一步指出，终极股东的隧道挖掘行为可能降低整个经济的透明度并歪曲会计收益数字，提高信息不对称的程度，从而外部投资者更难对企业财务状况进行评价。

二、控制权问题

控制权是指股权控制链条的最终控制人通过直接和间接持有公司股份而对公司拥有的实际控制权，也称为最终控制权或者终极控制权。完全意义上的控制权既包括终极控制人由于拥有股份而获得的法定控制权，也包括超过法定控制权的事实控制权。控制权有两个重要的特征：一是控制权的控制是多级的；二是终极控制人的控制权与其所有权是不相等的，即存在着偏离。第二个特征是由第一个特征引起的，可以说没有终极控制人的多级控制，就不会存在控制权与所有权的偏离。在计算上，控制权等于控制链上最弱的投票权相加之和。

控制权收益，是指公司控制权所能带来的经济价值，其收益人主要是控股股东或者公司具有实际控制权的高管，因此也称为控制权私有收益或者控制权私人收益。公司治理理论对这一问题的讨论始于 1932 年，伯利和米恩斯提出了著名的所有权与控制权分离理论。他们认为，在公司股权极度分散的情况下，股东普遍具有“免费搭车”行为，股东无法有效地发挥监督管理层的功能，因此控制权并无实质的经济价值。而从19世纪80年代末起，随着公司治理研究范围的扩大，大量的研究发现，除美国、英国、加拿大等少数国家外，大部分国家和地区的公司都具有集中的所有权结构。在这种情况下，大股东对公司的控制使投票权产生了经济价值。格罗斯曼和哈特（Grossman & Hart，1986）开始对控制权收益进行正式研究，他们在研究公司投票权和现金流权的最优分配时，将公司的价值分为两部分：一部分是股东所得到的股息流量的现值，如企业利润；另一部分是经营者所享有的私有收益。阿吉翁和博尔顿（Aghion & Bolton，1992）认为企业的货币收益按照正式的所有权安排在所有者之间分配，控制权收益则只能由掌握控制权的经理人享有，控制权收益是指经营者除利润外的所有收入及从企业开支的消费；对控制性股东来说，控制权收益更多地表现为一种精神享受。

施莱弗和维什尼（Shleifer & Vishny，1986）认为，控制权收益可分为货币性收益与非货币性收益。前者通常指“控制性股东通过剥夺的方式转移资产”，如关联交易、操纵股价等，后者则指“控制性股东在经营过程中的过度在职消费、个人偏好等闲暇享受”。拉·波塔等（Porta et al.，1999，2000）围绕着控股股东所能从公司中攫取的私有收益的数量，对投资者保护及其对金融市场发展的影响展开研究。他们假设并验证了更好的少数股权保护的法律体系与金融市场的发达程度正相关，因为更好的投资者保护可以抑制大股东对少数股权股东的掠夺，减少控制权的私有收益。百重恩等（Bai et al.，2002）指出，大股东从中小股东那里获取财富的一系列活动都是通过挖隧道的形式进行的，即是一种在地下进行的、企图不欲人知的行为，其数量和程度都无文字记载，更无法量化。反过来说，如果这些收益很容易被量化，那么就不是控制权私有收益，因为外部股东会在法庭上对这些收益提出要求权。因此，要直接计量控制权私有收益是很困难的，只能采用间接的方法对其进行估计。刘少波（2007）认为现有文献将控制权收益定性为大股东对中小股东利益的侵害，这一定性扭曲了大股东侵害的实质，并指出及论证了控制权收益是对控制权成本的补偿，是控制权的风险溢价，它的实现载体是控制权作用于公司治理绩效改进所产生的增量收益，它与大股东侵害无关。

三、中小股东利益的保护

公司治理的主要目的即在于追求公司价值最大化以保护中小股东利益（郎咸平，2004）。在前文的分析中，公司治理的多项措施如股东大会投票制度等，均提到中小股东利益保护问题。在公司中，中小股东由于持股比例有限、信息获取渠道较窄和缺乏专业知识等，相对于控股股东来说，往往处于弱势地位，因而也被称为弱势股东，其权益极易受到控股股东及管理层的侵害。随着资本市场发展，投资日益普及，证券市场上涌入越来越多的个人投资者。虽然个人持股数额较低，但由于投资者数量庞大，因而所持股总量较大，已成为资本市场的重要资金来源渠道，中小股东权益保护已成为国内外证券市场上的共同话题。从理论上讲，中小股东虽持有股份比例较低，但也是公司的所有者之一，有权参与公司的治理以维护自身权益，如果少数股股东的意志与多数股股东的意志相合，则可以被多数股股东所代表，但现实中往往存在少数股股东与多数股股东意志不一致的问题。当二者意志不一致时，少数股股东的意志容易被吞没而难以表达。因此，中小股东权益保护问题实际操作起来比较困难。

为形成抑制滥用上市公司控制权的制约机制，把保护投资者特别是社会公众投资者的合法权益落到实处，中国证监会下发《关于加强社会公众股股东权益保护的若干规定》，并提出试行公司重大事项社会公众股股东表决制度；鼓励建设网络形式的投票平台，可以委托他人代理投票，积极推行累积投票制等；完善独立董事制度；加强投资者关系管理，提高上市公司信息披露质量；加强对上市公司和高级管理人员的监督；上市公司应实施积极的利润分配办法等。

四、管理层与股东关系问题

管理层与股东关系问题，主要是由于经营管理者并不拥有企业的全部股权而产生的代理问题。所谓代理问题，是指所有权和经营权分离后，委托人（外部股东）和代理人（经营管理者）双方潜在的利益冲突。股东与经营管理者之间的矛盾之一是两者的目标不完全一致。股东的目标是使股东财富最大化，要求经营管理者以最大的努力去完成这个目标，而经营管理者作为个人最大合理效用的追求者，其具体行为目标通常是：（1）报酬，包括物质的和非物质的；（2）增加闲暇时间；（3）避免风险等。因此，经营管理者有可能为了自身的目标而背离股东的利益。这种背离有两种表现形式：

（1）道德风险。经营管理者为实现自己的目标，不是全力以赴为增加股东的财富或提高股价而工作。因为股价上涨的好处将全部归于股东，如若失败，他们的“身价”将下跌，他们不愿为此而冒险。他们不做什么错事，只是不十分卖力，以增加自己的闲暇时间。这样做不构成法律和行政责任问题，只是道德问题，股东很难追究他们的责任。

（2）逆向选择。经营管理者为追求自己的目标而背离股东财富最大化的目标。其表现之一为追求更多的豪华享受，因为他享受所产生的成本要由全体股东共同分担；表现之二为杠杆收购，即经营管理者以自己的名义借款并买回公司发行在外的股份，将公司据为己有的行为。为了达到从中渔利的目的，管理者可能采取行动蓄意压低股票价格，从而导致股东财富受损。

为了解决股东与经营管理者之间的上述矛盾，有两种极端的方法：一是付给经营管理者的报酬全部由公司股票构成。这样，管理者所得到的报酬就完全视公司股价高低而定，从而激励其为提高股价而努力工作。但在现实生活中，很难找到愿意接受上述条件的管理者。二是股东全面监督管理者的各种行为。然而这种方法不仅毫无效率，而且代价极高，实际上也是行不通的。可行的解决办法介于上述两者之间，即把二者结合起来，既让管理者的报酬与业绩联系在一起，又花费一定的成本以监督管理者的行动。现实生活中一般有三种办法来协调股东与管理者的矛盾：

（1）解雇的威胁。因为股东可以获取必要的信息对管理者进行监督，所以如果管理者未能使股东财富达到最大化，股东就可能行使“用手投票”的权利，即通过表决等手段，改组管理当局将其解雇。特别是随着近年来股权逐步集中到一些大的机构投资者

（如各种基金）等手中，解雇的威胁也越来越成为一种现实的压力，迫使管理者为股东财富的最大化而努力。

（2）接管的威胁。如果管理层决策失误，股东还可以充分发挥市场机制的作用，行使“用脚投票”的权利，即出售所持有的股票。如果很多股东采取这一措施，则公司的股价就会降低，以致低于其预期的合理价值。这时敌意收购即管理层不希望企业被收购但其他公司要强行收购的情况就会发生。一旦公司被接管，管理者通常会被解雇，即使侥幸留住，也会丧失很大的权力。因此为了避免被其他公司接管，管理层就必须采取可以提高股价的措施。

（3）管理激励计划。现在越来越多的公司将管理者的报酬与公司业绩紧密联系起来，有关研究也表明：这将激励管理者的行为与股价最大化的目标一致起来，使之更愿意采取那些能满足股东财富最大化目标的措施。不仅如此，这种办法还可以使公司吸引并留住那些优秀的管理者。这种激励计划有两种主要方式：

①股票择购权。它是指允许管理者在将来某一时间以固定的价格购买一定数量的公司股票。显然，股票的市场价格越高于该固定价格，管理人员所得报酬就越多，因而管理当局为了获取更高的报酬，就必然会采取能够提高股价的行动。这种办法 20 世纪五六十年代在美国曾十分流行，但在 70 年代由于股票市场整体不景气，因此择购权往往不能奏效（因为如果到约定的时间股价低于执行价格，择购权将一文不值），致使其失去魅力。目前该方法常与其他激励方式结合使用，而很少再单独使用了。

②绩效股份。它是根据公司业绩（以每股盈余、资产报酬率、权益报酬率等指标来衡量）和个人绩效的大小，而给予管理人员数量不等的公司股票作为酬劳以进行激励的一种方式。其好处是，即使股市低迷，绩效股份对管理人员也有一定的价值；同时，管理人员报酬的高低取决于所获绩效股份的数量和当时的股票价格。这样，无论股市整体情况如何，都可激励管理人员努力改善业绩，提高股价。因此，目前它正在取代“股票择购权”而成为最重要的管理激励计划。

延伸阅读

《上市公司治理准则》：2018 年 9 月 30 日，中国证监会发布证监发〔2018〕29 号文《上市公司治理准则》，自发布之日起实施。节选如下：

第六章　控股股东及其关联方与上市公司

第一节　控股股东及其关联方行为规范

第六十三条　控股股东、实际控制人对上市公司及其他股东负有诚信义务。控股股东对其所控股的上市公司应当依法行使股东权利，履行股东义务。控股股东、实际控制人不得利用其控制权损害上市公司及其他股东的合法权益，不得利用对上市公司的控制地位谋取非法利益。

第六十四条　控股股东提名上市公司董事、监事候选人的，应当遵循法律法规和公司章程规定的条件和程序。控股股东不得对股东大会人事选举结果和董事会人事聘任决议设置批准程序。

第六十五条　上市公司的重大决策应当由股东大会和董事会依法作出。控股股东、实际控制人及其关联方不得违反法律法规和公司章程干预上市公司的正常决策程序，损害上市公司及其他股东的合法权益。

第六十六条 控股股东、实际控制人及上市公司有关各方作出的承诺应当明确、具体、可执行，不得承诺根据当时情况判断明显不可能实现的事项。承诺方应当在承诺中作出履行承诺声明、明确违反承诺的责任，并切实履行承诺。

第六十七条 上市公司控制权发生变更的，有关各方应当采取有效措施保持上市公司在过渡期间内稳定经营。出现重大问题的，上市公司应当向中国证监会及其派出机构、证券交易所报告。

第二节 上市公司的独立性

第六十八条 控股股东、实际控制人与上市公司应当实行人员、资产、财务分开，机构、业务独立，各自独立核算、独立承担责任和风险。

第六十九条 上市公司人员应当独立于控股股东。上市公司的高级管理人员在控股股东不得担任除董事、监事以外的其他行政职务。控股股东高级管理人员兼任上市公司董事、监事的，应当保证有足够的时间和精力承担上市公司的工作。

第七十条 控股股东投入上市公司的资产应当独立完整、权属清晰。

控股股东、实际控制人及其关联方不得占用、支配上市公司资产。

第七十一条 上市公司应当依照法律法规和公司章程建立健全财务、会计管理制度，坚持独立核算。

控股股东、实际控制人及其关联方应当尊重上市公司财务的独立性，不得干预上市公司的财务、会计活动。

第七十二条 上市公司的董事会、监事会及其他内部机构应当独立运作。控股股东、实际控制人及其内部机构与上市公司及其内部机构之间没有上下级关系。

控股股东、实际控制人及其关联方不得违反法律法规、公司章程和规定程序干涉上市公司的具体运作，不得影响其经营管理的独立性。

第七十三条 上市公司业务应当独立于控股股东、实际控制人。

控股股东、实际控制人及其控制的其他单位不应从事与上市公司相同或者相近的业务。控股股东、实际控制人应当采取有效措施避免同业竞争。

第三节 关联交易

第七十四条 上市公司关联交易应当依照有关规定严格履行决策程序和信息披露义务。

第七十五条 上市公司应当与关联方就关联交易签订书面协议。协议的签订应当遵循平等、自愿、等价、有偿的原则，协议内容应当明确、具体、可执行。

第七十六条 上市公司应当采取有效措施防止关联方以垄断采购或者销售渠道等方式干预公司的经营，损害公司利益。关联交易应当具有商业实质，价格应当公允，原则上不偏离市场独立第三方的价格或者收费标准等交易条件。

第七十七条 上市公司及其关联方不得利用关联交易输送利益或者调节利润，不得以任何方式隐瞒关联关系。

资料来源：http://www.csrc.gov.cn/pub/zjhpublic/zjh/201809/t20180930_344906.htm.

猴王事件

猴王事件指的是2001年猴王集团通过关联交易掏空旗下上市公司猴王股份有限公司（简称“猴王股份”）的案件。

猴王股份由原猴王焊接公司改组而成，于1992年11月成立，1993年10月在深圳证券交易所挂牌交易。上市之初，猴王股份募集资金1.1亿元，净资产达到3亿多元，当年的主营业务收入快速翻番，达到3.94亿元。

控股股东猴王集团利用与上市公司的“三不分”，通过合伙炒股、资产套现、往来挂账、借款担保乃至直接盗用上市公司名义向银行借款等手段，累计从猴王股份手中套走约10亿元巨资。截至2000年底，资产总额才3.7亿元的猴王集团贷款本息已经高达14.18亿元。2001年2月，第一大股东猴王集团突然宣告破产，猴王股份近11亿元的债权化为乌有。猴王股份2000年的年报显示，公司净资产为负，亏损6.89亿元，2001年3月7日猴王股份被实施特别处理，股票成为ST猴王。2005年9月ST猴王退市。

猴王集团和猴王股份的董事长、总经理甚至党委书记都是由同一个人担任，集团和公司的人财物都是搅在一起的，子公司的股权过多地集中于母公司手中。由于缺乏其他股权的有效制衡，这种治理结构极易导致母公司权力的滥用和决策的随意性，不仅会损害其他股东的利益，而且势必扰乱集团的运行秩序，降低资源配置效率，甚至诱发各种无法预料的危机，致使企业集团整体效率低下，再融资来源日渐萎缩以至完全枯竭。

上海家化事件

上海家化事件指的是2012年发生的上海家化联合股份有限公司（简称“上海家化”）新入主的大股东和原管理层意见分歧事件。

2011年11月7日，上海联合产权交易所发布上海家化（集团）有限公司100%股权转让竞价结果通知，上海平浦投资有限公司以51.09亿元的代价获得上海家化（集团）有限公司100%股权，从而成为上海家化的控股股东。上海平浦投资有限公司为平安信托旗下平安创新资本全资子公司。

然而在上海家化成功改制一年之后，公司管理层与大股东平安集团之间隐藏良久的分歧浮出水面。2012年12月18日举行的上海家化股东大会上，双方矛盾完全公开化。以董事长葛文耀为首的公司管理层将心中积攒的抱怨倾泻而出，频频炮轰平安集团。葛文耀声称，平安集团入主以来，“在具体业务上，没有帮助，也没有干扰”。并且，他指责平安集团态度飘忽不定，“前后意见常常不一”。在外界看来，双方矛盾源自海鸥手表项目。葛文耀一直希望投资海鸥手表，而平安集团方面并不认同，实际上平安集团并不是不看好项目，而是意图夺得公司的控制权，实现“去葛文耀化”的目的。在本次股东大会上，平安信托董事长童恺成功当选新一届的董事。同时值得关注的是，童恺的名字后面还附着一张反对票。这也被看作双方矛盾公开化的一个直接证据。

在平安集团入主上海家化一年来，上海家化业绩取得不小进展，但存在的矛盾也同样不容忽视。在此情况之下，上海家化由低端日化向高端时尚产业转型的计划也不由得蒙上阴影。

实际上，海鸥手表项目之争只是分歧的表象之一，并非双方矛盾产生的主因。向来以敢言著称的葛文耀多次对外表达过对平安集团的不满。他曾连发多条微博痛陈平安集团的不是，进一步激化了双方的矛盾。

上海家化的案例说明，公司管理层不仅要顾及中小股东的利益，还要与大股东常交流沟通。如果管理层与大股东之间出现矛盾，应该增进沟通，适当退让，尽可能解决矛盾，而不是各执己见，互不相让，激化矛盾。

第 5 节 前沿研究

股东大会作为公司的权力机构，其运行机制和潜在问题也引起了学术界的广泛关注。尤其是对股东治理中的大股东掏空、中小股东利益保护以及管理层与股东关系等问题，众多学者进行了不同角度与层面的研究。

关于大股东掏空问题，也即隧道挖掘问题，已有许多学者沿着“股权控制链”对上市公司的终极股东及其控制结构进行测量和探索，并对终极股东控制与剥夺问题展开系统研究，形成了一种主流的“股权控制链分析范式”。而赵晶等（2010）关注了社会资本在股权控制中的重要作用，认为社会资本控制链与股权控制链有着密不可分的关系，提出了“终极股东双重隐形控制链的构建与动用”的理论假说，并依托草原兴发案例，系统地解读了终极股东双重隐形控制链的构建过程和构建机理，揭示股权控制链与社会资本控制链交织使用的一般规律。终极股东一方面通过股权转让等方式从股权控制链的最终结点退居幕后，遥控指挥，另一方面又通过动用其必要的社会资本，进一步强化对其他股东、董事和经理人的控制，从而强化其对上市公司的控制，并方便其进行隐蔽式剥夺。

大股东持股比例的上升，究竟会导致大股东更有动力监督管理层，并降低其掏空动机，还是更有动力掏空上市公司、损害中小投资者的利益呢？李增泉等（Li et al.，2004）基于 2000—2003 年中国 A 股上市公司的数据，考察了代表投资者保护程度的股权结构与代表隧道挖掘的控股股东侵占上市公司资金的关系。研究发现当控股股东持股比例足够大，或存在多个大股东，或公司既不受企业集团控制也不受国有企业控制的时候，公司发生隧道挖掘的概率较低。王化成等（2015）以 2003—2012 年中国 A 股上市公司为样本，考察了大股东持股比例对股价崩盘风险的影响。研究发现，随着第一大股东持股比例的提高，未来股价崩盘风险显著下降，支持了“监督效应”和“更少掏空效应”。进一步分析表明，大股东持股同时通过“监督效应”和“更少掏空效应”影响股价崩盘风险。该研究有助于我们全面认识大股东在公司治理中的角色，对深入理解大股东在资本市场中的作用，以及如何防范股价崩盘、促进资本市场健康有序发展都具有重要意义。张敏等（Zhang et al.，2014）利用中国上市公司的数据，发现控制权和现金流权的分离与管理层薪酬绩效和更替绩效敏感性负相关。拥有过多控制权的控股股东通过削弱基于绩效的激励机制与管理者串通。本研究将管理者的影响纳入控股股东和少数股股东之间的代理框架，并发现控股股东和管理者侵占少数股股东的利益。因此提出过度控制权会破坏正常的、有效的、基于绩效的激励，并诱导控股股东和管理者之间的租金分享行为。

如何减轻大股东掏空行为历来受到学者们的关注。姜国华等（Jiang et al.，2010）调查发现，1996—2006 年期间，控股股东利用公司间贷款从数百家中国上市公司吸走了数十亿元。该研究记录了这些交易的性质和程度，评估其经济后果，探索审计人员、机构投资者和监管者对股东侵占行为的减轻作用。总体而言，该研究结果揭示了中国大股东掏空问题的严重性，以及采取各种法律内外机制进行监督的相对有效性。也有人（Liu & Tian，2012）考察了股权分置改革前后控制权过剩对非国有企业杠杆决策的影响。研究发现拥有超额控制权的公司拥有更多的超额杠杆，控股股东将资源用于隧道挖掘而不是投资于产生正净现值的项目。而在股权分置改革后，拥有过多控制权的公司的过度杠杆率下降，市场对关联方交易公告的反应更积极。这证实了控股股东的掏空行为实际上减少了。因此，在对债权人和股东的法律保护薄弱的新兴市场，控股股东借入超额债务，通过公司间贷款和关联方交易进行隧道挖掘。而这些经济体的私有化可以减少控股股东的掏空行为和相关的破坏企业价值的过度杠杆。

姜国华等（Jiang et al.，2015）研究了中国控股股东非经营性资金占用问题，即控股股东直接从上市公司提取资金，而不进行相应的商业交易。这在中国是一种明显的、被广泛使用的隧道行为，而证券市场监管机构发现了这一问题。研究发现：第一，股权结构、公司治理和制度环境等多种机制都可以抑制隧道挖掘活动。第二，市场对旨在解决非经营性资金占用问题的法规反应显著积极。第三，监管措施实施后，存在非经营性资金占用问题的企业的经营业绩和估值有所改善。

与大股东剥夺问题紧密相连，中小股东利益保护十分重要。控股股东与中小股东的利益冲突是股权集中企业的一个重要问题。钱美君等（Qian et al.，2011）通过对中国情境下企业与政府之间关系的研究，指出在有政治关联的公司中，控股股东通过隧道挖掘或自我交易进行的侵害行为要比在无政治关联的公司中严重得多，主要原因是前者对资本市场惩罚的关注程度较低，而并非建立政治关系以寻求保护。当建立政治关联来保证公司获得银行贷款时，控股股东不太关心资本市场上的声誉损失可能导致的资本成本增加，因而更有可能剥夺少数股东的利益。

还有学者从现实案例出发，探讨股权结构设计与中小投资者利益保护问题。李海英等（2017）以 Facebook 公司收购 WhatsApp 公司为研究案例，从股东异质性视角，探讨双重股权结构对创始人控制权保持和中小投资者利益保护的治理机理。研究指出，创始人与外部股东在投资目的、资源基础以及风险承担方面存在明显的差异，此时双重股权结构作为适应股东异质性现实的制度创新，能通过制度化控制权来源保持创始人的控制权，并通过维持和保护独特的企业文化、贯彻企业长期战略、提升管理层抗压能力、提高管理层决策效率路径产生中小投资者利益保护效应。该研究为化解当前企业发展过程中的“融资与创始人控制权保持”矛盾提供了必要的实践启示。

但是，在赋予中小投资者参与公司治理权利的同时，必须提升投资者保护，否则可能会引致适得其反的效果。孔东民和刘莎莎（2017）研究发现，中小股东参与度高的公司更倾向操纵盈余。当企业存在融资或内部交易需求、信息不对称程度较高、投资者整体教育水平较低时，公司更有可能通过操纵盈余来迎合中小股东。

关于管理层与股东关系问题，祝继高和王春飞（2012）通过对国美电器的案例研究，发现国美电器中最为突出的委托代理问题为大股东与管理层之间的控制权之争。处于相对控股地位的大股东黄光裕，其主要通过控制董事会来控制以陈晓为代表的管理层。但是，这种控制并非稳定和有效。管理层通过利用法律适用、引入外部投资者、内部人控制董事会等途径和方式来摆脱大股东的控制。研究结论表明，在大股东相对控股的情形下，股权资本控制处于不稳定状态，社会资本控制成为控制权的组成部分，并对股权资本控制形成一定的替代效应。而且，法律制度会对股权资本和社会资本影响控制权起到调节作用。国美电器的控制权之争是中国公司治理的经典案例，对完善我国的公司治理结构和保护投资者利益具有积极的意义。

在中国制度背景下，大股东与管理层的利益冲突问题层出不穷。梁上坤和陈冬华（2015）研究了资金占用与管理层人员变更之间的关系。该研究使用 1999—2010 年中国上市公司数据进行检验，发现资金占用会激化大股东与管理层之间的冲突，大股东资金占用越多，管理层人员变更的可能性越大，并且公司的高管能力（教育水平）差异并不影响资金占用水平，资金占用对管理层人员变更的影响在国有企业与非国有企业均存在，且在国有企业中影响较弱。值得注意的是，经过股权分置改革，资金占用与管理层人员变更的关系随之消失。

曾志远等（2018）从机构投资者角度出发，探讨了基金持股是通过“监督管理层”还是“约束大股东”进而影响中国上市公司价值。研究采用 2009—2017 年中国非金融类上市公司的数据实证检验了基金持股对公司价值的影响，结果表明基金持股比例增加显著提升了上市公司价值，且这种促进作用随着控股股东持股比例的上升而增强，同时这种效应只在非国有企业中表现显著，在国有企业中则不显著；在控制了基金数量后，基金持股比例对公司价值的影响显著降低。与发达国家基金持股主要通过监督管理层来提升公司价值的传导途径不同，我国基金持股对上市公司的积极影响主要体现为对控股股东侵占行为的约束。

延伸阅读

公司治理法规：

中国证监会 2005 年 7 月 11 日发布的《上市公司与投资者关系工作指引》；

中国证监会 2005 年 8 月 23 日发布的《关于上市公司股权分置改革的指导意见》；

中国证监会 2016 年 9 月 30 日发布的《上市公司股东大会规则》；

中国证监会 2018 年 8 月 15 日发布的《上市公司股权激励管理办法》。

本章小结

股东是股份公司的出资人或投资人，股份公司中持有股份的人，有权出席股东大会并享有表决权，享受法定的经济利益，并承担相应的义务。股东可以是自然人，也可以是各种类型的法人实体。

股东大会是公司的权力机构，由全体股东组成，对公司重大事项进行决策，有权选任和解除董事，并对公司的经营管理有广泛的决定权。股东大会的议事方式和表决程序，除法律另有规定，一般都由公司章程规定。

股东的权利主要是通过参与股东大会的方式来行使。股东大会的决议需要通过一定的表决制度实现，股东一般采用投票表决的方式来表达自己的意见。投票表决制度主要有代理投票制、累积投票制、网络投票制和机构投资者。代理投票制是指不能出席股东大会进行投票的股东，可以委托代理人出席股东大会，由代理人向公司提交股东授权委托书，并在授权范围内行使表决权的制度。累积投票制是指股东大会选举两名以上的董事或监事时，股东所持的每一股份拥有与当选董事或监事总人数相等的投票权，股东既可以用所有的投票权集中投票选举一人，也可以分散投票选举数人，按得票多少依次决定董事或监事人选的表决权制度。网络投票制是指上市公司借助互联网媒介召开股东大会，股东可以通过网络远程参加股东大会并行使表决权的投票制度。机构投资者是把单个投资者的资金聚集起来，并代表这些分散的投资者进行投资的一种组织机构。

股东治理中存在的问题主要有终极股东隧道挖掘、控制权问题、中小股东利益保护、管理层与股东关系问题等。隧道挖掘，也称利益输送或掏空效应，指终极股东通过不为人见的隐蔽渠道侵吞上市公司资源的行为，如自利性交易、过高的薪酬、转移公司资源、以主观性价格转移资产、低息贷款及抵押、股权稀释行为、内部人交易、渐进性并购、排挤或歧视小股东和低价发行新股等。控制权是指股权控制链条的最终控制人通过直接和间接持有公司股份而对公司拥有的实际控制权。终极控制人的多级控制往往会导致所有权与控制权的偏离，形成控制权问题。管理层与股东关系问题，主要是由于经营管理者并不拥有企业的全部股权而产生的代理问题。所谓代理问题，是指所有权和经营权分离后，委托人（外部股东）和代理人（经营管理者）双方潜在的利益冲突。

复习思考题

1. 简要说明股东有哪些权利与义务。
2. 简要说明股东大会的职权有哪些。
3. 简要分析股东大会的运行机制，指出主要有哪些投票制度。
4. 如何看待中小股东的利益保护问题？有哪些主要的措施？
5. 通过阅读本章股东治理问题和前沿研究，谈谈你对股东治理问题的新思考，与同学交流你所知的现实中体现该方面问题的案例。

案例分析与讨论

中小股东维权之战——深圳康佳集团案例分析

深圳康佳集团股份有限公司（简称“深康佳”）前身为广东光明华侨电子工业公司，于 1992 年 3 月 27 日在深圳证券交易所同时发行 A、B 股股票上市。与其他国有上市公司国有股“一股独大”不同，深康佳的股权较为分散。自上市以来，控股股东华侨城集团——隶属于国务院国资委直接管理的大型中央企业不断减持国有股，在2007年年底，华侨城集团的持股比例仅为8.7%，此后逐步增持并保持在20%左右。

一、中小股东夺权之战——庶民的胜利

2015年4月2日，深康佳发布公告决定进行第八届董事局、独立董事及监事会的换届选举，此前深康佳董事局7位成员全部由华侨城集团提名，而华侨城集团仅持有深康佳21.75%的股份。2015年5月15日，公司股东NamNgai、夏锐、孙祯祥、蔡国新联合提交文件，拟提名任维杰、宋振华为公司第八届董事局非独立董事候选人，提名张民为第八届董事局独立董事候选人，提名张光辉为第八届监事会非职工监事候选人。NamNgai、夏锐、孙祯祥及蔡国新4位股东合并持有公司股票3 621万股，占公司总流通股的3%左右。次日，公司股东圣时投资与国元证券经纪（香港）有限公司（简称“国元证券”）联合提名靳庆军为第八届董事局非独立董事候选人，提名肖祖核为第八届董事局独立董事候选人，提名石开荣为第八届监事会非职工监事候选人。圣时投资与国元证券均属于公司前十大流通股股东之一，合计占有具表决权的5%股份。此外，种种迹象表明夏锐等4人与圣时投资和国元证券已取得私下联系。

2015年5月28日，深康佳召开2014年股东大会，4名由中小股东提名的非独立董事及独立董事候选人凭借累积投票制顺利进驻公司第八届董事局，占据了7人董事局中的绝对多数。由于中小股东控制了深康佳董事局，深康佳改变了过去控股股东华侨城集团“一股独大”的局面，成为中国资本市场上第一个由中小股东击败控股股东并成功“夺权”的案例。2015年6月19日，深康佳召开第八届董事局第二次会议，新任总裁刘丹由张民提名并代表夏锐等中小股东的利益，中小股东凭借一个董事长职务，换来了高管团队的洗牌，中小股东控制权占据上风。至此，中小股东联合“起义”并推翻了大型央企华侨城集团在深康佳的长期霸权统治，赢得了“逆袭之战”，媒体纷纷将其称为“庶民的胜利”。

二、大股东掌权之争——百日维新

中小股东在控制了深康佳董事局之后，公司经营业绩仍无法获得有效改善。彼时彩电行业蒸蒸日上，深康佳的盈利能力却持续恶化，2015年第三季度报显示公司的净利润亏损高达8.5亿元左右。控制权的争夺明显影响了公司的正常经营。

2015年9月10日，股东之间的矛盾再次出现。建议暂停刘丹继续任职的提案获得5票赞同、2票反对，意味着原来一个阵营的4位中小股东代表董事开始分裂，由圣时投资和国元证券提名的董事靳庆军、肖祖核赞成提案，与3位华侨城集团代表重新联合，而张民和宋振华则投了反对票。此后，深康佳颁布的多项决议均出现两种不同的意见，以夏锐为首的中小股东权力被架空，而圣时-国元阵营则与华侨城集团达成一致协议，企业高管团队重新洗牌。2015年9月25日，公司董事兼副总裁宋振华辞去在公司下属公司担任的所有职务，刘丹辞去在公司内部的总裁职务；28日，独立董事张民辞去第八届董事局独立董事职务，张光辉辞去第八届监事会监事职务。截至2015年9月28日，深康佳董事会格局彻底发生改变，夏锐等4人阵营所推选人员全部失去高管席位，而圣时-国元与华侨城集团两方推选席位仍然保存。

2015 年 10 月 20 日，华侨城集团提名王友来为第八届监事会非职工监事、何海滨为第八届董事局非独立董事候选人、孙盛典为第八届董事局独立董事候选人，并在股东大会上获得通过。其中，王友来、何海滨均在华侨城集团担任高管职务。至此，在这场董事会席位争夺中大股东华侨城集团迎来最终胜利。中小股东以利益联结为基础的同盟注定了其终将因利益冲突而分崩离析，到头来也只不过是一场“百日维新”运动。

资料来源：李维安，郝臣．公司治理手册［M］. 北京：清华大学出版社，2015.

思考与讨论：

1. 探讨以上案例中中小股东参与公司治理的动因、途径。
2. 根据以上案例，总结累积投票制对公司治理的重要作用。
3. 探讨中小股东参与公司治理的积极意义及其局限性。

04 CHAPTER 4

第4章 董事会

| 学习目标 |

1. 明确董事会的概念、权限、议事程序等基础要素。
2. 掌握董事选聘流程与权利。
3. 了解董事会的规模、结构与职能。
4. 对董事会治理存在的问题有初步的思考。
5. 阅读学术界关于董事会的前沿研究。

| 关键词 |

董事（director）：对外代表公司、对内执行业务的公司常设机构的成员，他们受股东大会的委任并被授以特定权力，有关权力与责任受制于公司的章程细则或受聘合约。按照董事与公司的关系来划分，董事可分为内部董事和外部董事。外部董事还可分为关联董事和独立董事。

独立董事（independent director）：与公司或公司经营管理者没有重要的业务联系或专业联系，对公司事务做出独立判断的董事。

董事会（board of directors，BOD）：股份公司权力机构的执行机构，是企业的法定代表，有时又称作管理委员会、执行委员会。

董事长（chairman of the board）：公司的法定代表人，对外代表公司，以公司的名义负责行使公司的民事权利并承担民事义务。

董事会会议（board meeting）：董事会在职责范围内，研究决策公司重大事项和紧急事项而召开的会议。

董事会领导结构：分为一元领导结构和二元领导结构。一元董事会领导结构是指CEO和董事会主席由同一人担任。二元领导结构是指CEO和董事会主席由不同的人担任。

引导案例

腾讯：优质董事会构成助力高效治理

2018年，《财富》（中文版）与怡安翰威特咨询首次联合开展“中国最佳董事会50强”评选活动，旨在让市场及更多企业了解董事会高效治理模式及其在全社会生产效率提升、公司生存和发展与良好商事制度形成方面的价值。该榜单以净资产收益率、市值增长率和绝对值、独董占比、董事会构成质量等作为维度，最终评选出综合得分最高的50家公司。榜单从侧面反映出在优秀的董事会治理下，企业可以在复杂环境中保持稳定性，并展现出跑赢市场的实力。在榜单中，腾讯排名第一，网易排名第十，阿里巴巴排名第20，此外，杭州海康威视排名第四，浙江大华位列第34位，格力位列第44位。

2004年6月16日，腾讯控股在香港联合交易所主板正式挂牌。腾讯已成为全球最大的互联网综合服务提供商之一，以科技+内容战略运营为核心，腾讯股票成为业界神话，成为亚洲市值最高公司，并长期雄踞全球最高市值公司前五名。而腾讯在此榜单中排名第一，其董事会在多个评选维度上都展现出“从优秀到卓越”的公司治理价值。本次评选的标准也从侧面反映了一个优秀董事会的必备资质。除去净资产收益率、市值增长率外，独董占比、董事会构成质量等直接反映董事会结构的指标也被纳入体系。其中，在董事会构成质量上，本次评选尤其关注董事会的多样性，独立董事是评选的重要考察因素之一。在董事会治理方面，腾讯建立了单一董事会，其独立非执行董事占公司的董事会人数1/3以上，而独立非执行董事亦使董事会具备各种业务及财务经验，呈现健康、优秀的董事会状态。此外，自2004年公司上市以来，尽管有女性高级管理人员担任副总裁角色，但直到2019年8月，腾讯的董事会完全由男性主导，2019年8月，腾讯任命了第一位女性董事。确保董事会监督的多样性有助于良好决策，从而推动建立长期可持续经营的企业，这符合所有利益相关者的利益。

资料来源：2018年中国最佳董事会50强［OL］. http://www.fortunechina.com/rankings/c/2018-07/17/content_311496.htm；腾讯：迈开董事会多样性步伐［OL］. https://new.qq.com/omn/20200902/20200902A0G9JD00.html?pc.

思考：面对如今日益加剧的国际竞争，中国企业应该如何发挥董事会在公司治理与公司战略管理中的积极作用？

现代股份公司的重要特点之一便是企业所有权和经营权分离。为了对公司经营进行统一有效的控制，股东作为公司的所有者需要将经营权交给具有专业知识的经理人执行。而在实践中，股东是以一种信托关系将公司的控制权交给了董事会，董事会再聘用经理人进行管理。董事会是依照有关法律、行政法规和政策规定，按公司章程设立并由全体董事组成的业务执行机构，负责公司的业务经营活动的指挥与管理，对公司股东大会或股东会负责并报告工作。股东大会或股东会所做的有关公司重大事项的决定，董事会必须执行。可以说，董事会在公司治理结构中处于举足轻重的地位。本章将对董事会的概念、权限、议事程序等进行介绍，列举学术界关于董事会的前沿研究，并为全书其余部分进行概念铺垫。

第1节　董事选聘与权利

董事指对外代表公司、对内执行业务的公司常设机构的成员，他们受股东大会的委任并被授以特定权力，有关权力与责任受制于公司的章程细则或受聘合约。担任董事职位的人可以是自然人，也可以是法人。但法人充当公司董事时，应指定一名有行为能力的自然人为代理人。

按照董事与公司的关系来划分，董事可分为内部董事和外部董事。内部董事也称执行董事，主要指担任董事的本公司管理人员，如总经理、常务副总经理等。外部董事亦称外聘董事，是指不是本公司职工的董事，包括不参与管理和生产经营活动的公司外股东和股东大会决议聘任的非股东的专家、学者等。

在外部董事中，按照董事和公司的关联性来划分，外部董事还可分为关联董事和独立董事。关联董事是指虽然不在公司中任其他职位但仍与公司保持着利益关系的董事，如公司关联机构的雇员或咨询顾问等。独立董事是指与公司或公司经营管理者没有重要的业务联系或专业联系，对公司事务做出独立判断的董事，如大学的教授、退休的政府官员等。《关于在上市公司建立独立董事制度的指导意见》规定，在 2003 年 6 月 30 日前，上市公司董事会成员中应当至少包括 1/3 独立董事。

《上市公司治理准则》第二十五条要求，董事会的人数及人员构成应当符合法律法规的要求，专业结构合理。董事会成员应当具备履行职责所必需的知识、技能和素质。鼓励董事会成员的多元化。

一、董事任职资格与提名

董事的任职资格是指出任公司董事职位的人员应当具备的资格条件，包括积极资格，即文化水平、工作经验或经历、技术业务水平等；消极资格，即董事不应具备的条件。我国《公司法》规定，有下列情形之一的，不得担任公司的董事：（1）无民事行为能力或者限制民事行为能力；（2）因贪污、贿赂、侵占财产、挪用财产或者破坏社会主义市场经济秩序，被判处刑罚，执行期满未逾五年，或者因犯罪被剥夺政治权利，执行期满未逾五年；（3）担任破产清算的公司、企业的董事或者厂长、经理，对该公司、企业的破产负有个人责任的，自该公司、企业破产清算完结之日起未逾三年；（4）担任因违法被吊销营业执照、责令关闭的公司、企业的法定代表人，并负有个人责任的，自该公司、企业被吊销营业执照之日起未逾三年；（5）个人所负数额较大的债务到期未清偿。

任职资格是达到岗位绩效标准的人员保证条件，董事是否完全具备任职条件，直接关系到能否高质量地达到岗位绩效标准。

作为董事选聘的前提，董事提名需要在选举前提出有当选可能的人。上市公司董事的候选人名单以提案形式提交股东大会表决。董事候选人的提名工作由董事会下设的提名委员会担任。董事会提名委员会的主要职责是：

（1）研究董事、高级管理人员的选择标准和程序并提出建议；

（2）遴选合格的董事人选和高级管理人员人选；

（3）对董事人选和高级管理人员人选进行审核并提出建议。

二、董事选聘主体与程序

我国《公司法》对不同类型公司的董事选聘主体进行了详细规定：

（1）对于有限责任公司，《公司法》第三十七条规定，股东会行使“选举和更换非由职工代表担任的监事”的职权；第四十四条规定，董事会设董事长一人，可以设副董事长。董事长、副董事长的产生办法由公司章程规定。

（2）对于国有独资公司，《公司法》第六十七条规定，国有独资公司董事会成员由国有资产监督管理机构委派；但是，董事会成员中的职工代表由公司职工代表大会选举产生。董事会设董事长一人，可以设副董事长。董事长、副董事长由国有资产监督管理机构从董事会成员中指定。

（3）对于股份有限公司，《公司法》第九十条规定，创立大会行使“选举董事会成员”的职权；第一百零五条规定，股东大会选举董事、监事，可以依照公司章程的规定或者股东大会的决议，实行累积投票制；第一百零九条规定，董事长由董事会以全体董事的过半数选举产生。

在董事会选举程序和方法方面，《上市公司治理准则》第十八条规定，上市公司应当在公司章程中规定规范、透明的董事提名、选任程序，保障董事选任公开、公平、公正。第十九条规定，上市公司应当在股东大会召开前披露董事候选人的详细资料，便于股东对候选人有足够的了解。董事候选人应当在股东大会通知公告前作出书面承诺，同意接受提名，承诺公开披露的候选人资料真实、准确、完整，并保证当选后切实履行董事职责。在董事的选举过程中，应充分反映中小股东的意见。

《公司法》未规定具体的选举程序和选票计票原则，而《上市公司治理准则》第十七条规定，单一股东及其一致行动人拥有权益的股份比例在30%及以上的上市公司，应当采用累积投票制。采用累积投票制度的上市公司应在公司章程里规定该制度的实施细则。上市公司应和董事签订聘任合同，明确公司和董事之间的权利义务、董事的任期、董事违反法律法规和公司章程的责任以及公司因故提前解除合同的补偿等内容。《公司法》还对董事会中的职工董事的产生做了一些具体的规定，如第四十四条规定，“董事会中的职工代表由公司职工通过职工代表大会、职工大会或者其他形式民主选举产生”。

三、董事任免

《公司法》规定，股东有权选举和更换董事，董事具体的任期年数由公司章程规定，但每届任期不得超过三年，任期届满可连选连任。董事在任期届满前，股东（大）会不得无故解除其职务。

董事的罢免又称董事的解任，是指公司股东（大）会或法院提前解除董事职务的制度。我国现行《公司法》中尚未明确规定董事罢免制度及其程序，但董事罢免有其相当的合理性。一般而言，董事被解聘的原因有：任期届满而未能连任；违反股东（大）会决议；股份转让；本人辞职；其他如因解散或董事死亡，公司破产，董事丧失行为能力等。

董事罢免的方式主要有：

（1）股东（大）会的罢免。股东（大）会的罢免是通过召开股东（大）会的形式来罢免董事。股东（大）会分为定期会议和临时会议。董事作为董事会的成员，是由股东在股东（大）会上选任的。董事的解任可能出于各种事由，但董事被罢免一般是指董事被股东（大）会罢免。新《公司法》在第四十五条规定："董事任期由公司章程规定，但每届任期不得超过三年。董事任期届满，连选可以连任。"而在第三十七条第一款第（二）项中规定了股东会有权"选举和更换非由职工代表担任的董事、监事，决定有关董事、监事的报酬事项"。这一条虽然没有出现"罢免"一词，但更换与罢免实质是相同的。根据《公司法》第九十九条，股份有限公司股东大会与有限责任公司股东会职权相同，故可以认为我国股东（大）会具有罢免董事的权力。

（2）司法罢免。当股东大会不能通过罢免董事的决议，而有关股东认为具备罢免董事的条件时，可以由法院进行审查，决定是否罢免相关董事。我国对此并无规定，但国外在董事罢免方面已经形成诸多经验及规定。如美国《示范公司法》《日本商法典》《新加坡公司法》等。

罢免董事等于公司与董事之间合同的解除，因此，如果董事没有过错而被公司解除职务，可以视为公司违约，公司必须承担损害赔偿责任。但如果董事是因为违背董事的勤勉义务或忠实义务而被罢免时，公司可不赔偿董事的损失。

四、董事权利与义务

董事权利一般包括出席董事会会议；表决权；董事会临时会议召集的提议权；通过董事会行使职权的权利。

董事应当遵守法律、行政法规和公司章程，对公司负有忠实义务和勤勉义务，可以总结为：

（1）当董事行为对公司造成损失时，该董事对公司负有连带损失赔偿责任。

（2）关心公司的经营业务活动。

（3）不得为自己其他同类业务公司的董事或经理。

（4）公司章程规定的其他义务。

同时，我国《公司法》第一百四十七条规定："董事、监事、高级管理人员应当遵守法律、行政法规和公司章程，对公司负有忠实义务和勤勉义务。董事、监事、高级管理人员不得利用职权收受贿赂或者其他非法收入，不得侵占公司的财产。"

第一百四十八条规定董事不得存在下列行为：（1）挪用公司资金；（2）将公司资金以其个人名义或者以其他个人名义开立账户存储；（3）违反公司章程的规定，未经股东会、股东大会或者董事会同意，将公司资金借贷给他人或者以公司财产为他人提供担保；（4）违反公司章程的规定或者未经股东会、股东大会同意，与本公司订立合同或者进行交易；（5）未经股东会或者股东大会同意，利用职务便利为自己或者他人谋取属于公司的商业机会，自营或者为他人经营与所任职公司同类的业务；（6）接受他人与公司交易的佣金归为己有；（7）擅自披露公司秘密；（8）违反对公司忠实义务的其他行为。

延伸阅读

《上市公司治理准则》：2018 年 9 月 30 日，中国证监会发布证监发〔2018〕29 号文《上市公司治理准则》，自发布之日起实施。节选如下：

第三章　董事与董事会

第二节　董事的义务

第二十一条　董事应当遵守法律法规及公司章程有关规定，忠实、勤勉、谨慎履职，并履行其作出的承诺。

第二十二条　董事应当保证有足够的时间和精力履行其应尽的职责。

董事应当出席董事会会议，对所议事项发表明确意见。董事本人确实不能出席的，可以书面委托其他董事按其意愿代为投票，委托人应当独立承担法律责任。独立董事不得委托非独立董事代为投票。

第二十三条　董事应当对董事会的决议承担责任。董事会的决议违反法律法规或者公司章程、股东大会决议，致使上市公司遭受严重损失的，参与决议的董事对公司负赔偿责任。但经证明在表决时曾表明异议并记载于会议记录的，该董事可以免除责任。

第二十四条　经股东大会批准，上市公司可以为董事购买责任保险。责任保险范围由合同约定，但董事因违反法律法规和公司章程规定而导致的责任除外。

资料来源：http://www.csrc.gov.cn/pub/zjhpublic/zjh/201809/t20180930_344906.htm.

第 2 节　董事会的职能与规模

董事会可以视为股份公司权力机构的执行机构，企业的法定代表，有时又被称作管理委员会、执行委员会。董事会由法定人数的董事组成。在我国，有限责任公司设董事会的，成员为三人至十三人；股份有限公司设董事会，成员为五人至十九人。董事会负责公司的业务经营活动的指挥与管理，对公司股东大会负责并报告工作，是一家公司最高的治理机构。

股份公司成立以后，董事会就作为一个稳定的机构而产生。董事会的成员可以按章程规定随时任免，但董事会本身不能撤销，也不能停止活动。董事会是公司的最重要的决策和管理机构，公司的事务和业务均在董事会的领导下，由董事会选出的董事长、常务董事副董事长具体执行。

一、董事会职能

董事会的具体职能可概括为监督职能、制定战略职能与建议职能。监督职能要求董事会详细审查公司经营管理活动以避免经理人的败德行为；制定战略职能要求董事会快速、准确地做出公司战略决策；而建议职能要求董事会能够向经理人提供建议，以有效地解决相关问题。

监督职能的理论可追溯到 20 世纪 70 年代。当时由于信息不对称与股权分散等诸多因素，CEO 与高管团队在公司治理中的角色变得强势，成为核心战略的主导者，而部分学者将董事会戏称为“CEO 的缔造者”，仅将其视为是“橡皮图章”，即起到赞成与评论的作用。20 世纪 90 年代以来，以机构投资者持股为代表的股权日益集中与关联董事的出现，则遏制了“管理霸权”，强化了董事会的治理地位。

20 世纪后期，公司治理环境得到极大改善。随着管家理论与资源依赖理论的提出，社会对董事会职能的看法也在发生变化。管家理论（stewardship theory）是莱克斯·唐纳森（Lex Donaldson）和詹姆斯·戴维斯（James H. Davis）于 1991 年从社会学和心理学角度创造性地提出的新公司治理理论。不同于代理理论，管家理论假设经理人行为动机与委托人利益一致，认为信息不对称形成的委托代理关系并不总是对立，也存在目标和行为的和谐统一，因此委托人不能用控制和监管去约束代理人，而应采用和谐手段激励代理人。此时，董事会与高管团队是合作而非监管关系，董事应将其专业知识与技能应用到董事会的战略指导职能中去。资源依赖理论（resource dependence theory）则是以杰弗里·菲佛（Jeffrey Pfeffer）与杰勒尔德·萨兰基克（Gerald Salancik）于 1978 年出版的《组织的外部控制》为代表，研究组织变迁活动的重要理论。该理论指出，董事将公司与外部的竞争者、利益相关者相联系，是一类链接组织与外部环境以获取重要资源（信息、技能、合法性等）的协同角色，以提高公司战略的执行成功率。

具体到我国公司治理情境而言，《公司法》中明确规定了董事会职权：（1）召集股东会会议，并向股东会报告工作；（2）执行股东会的决议；（3）决定公司的经营计划和投资方案；（4）制订公司的年度财务预算方案、决算方案；（5）制订公司的利润分配方案和弥补亏损方案；（6）制订公司增加或者减少注册资本以及发行公司债券的方案；（7）制订公司合并、分立、解散或者变更公司形式的方案；（8）决定公司内部管理机构的设置；（9）决定聘任或者解聘公司经理及其报酬事项，并根据经理的提名决定聘任或者解聘公司副经理、财务负责人及其报酬事项；（10）制定公司的基本管理制度；（11）公司章程规定的其他职权。

二、董事会规模

我国《公司法》第四十四条规定：有限责任公司设董事会，其成员为三人至十三人。第五十条规定：股东人数较少或者规模较小的有限责任公司，可以设一名执行董事，不设董事会。执行董事可以兼任公司经理。执行董事的职权由公司章程规定。第一百零八条规定：股份有限公司设董事会，其成员为五人至十九人。

对于上市公司，《上市公司治理准则》第二十五条规定：“董事会的人数及人员构成应当符合法律法规的要求，专业结构合理。董事会成员应当具备履行职责所必需的知识、技能和素质。鼓励董事会成员的多元化。”

一般来说，在合适的范围内，较大的董事会规模能够融合更多具有差异化能力的专家，强化公司获取关键资源与异质信息的能力，提高公司治理水平。但董事会规模过大则会出现决策彼此冲突、讨论互相推诿、议事程序烦琐、内部团体松散等问题，阻碍公司创新、拖累治理效率。庞大董事会的负面影响早已超过了其带来的正面监督效应，董事会有效运转的可能性变小，成了一种摆设而无法发挥治理作用。

延伸阅读

《上市公司治理准则》：2018 年 9 月 30 日，中国证监会发布证监发〔2018〕29 号文《上市公司治理准则》，自发布之日起实施。节选如下：

第三章　董事与董事会

第三节　董事的构成和职责

第二十五条　董事会的人数及人员构成应当符合法律法规的要求，专业结构合理。董事会成员应当具备履行职责所必需的知识、技能和素质。鼓励董事会成员的多元化。

第二十六条　董事会对股东大会负责，执行股东大会的决议。

董事会应当依法履行职责，确保上市公司遵守法律法规和公司章程的规定，公平对待所有股东，并关注其他利益相关者的合法权益。

第二十七条　上市公司应当保障董事会依照法律法规和公司章程的规定行使职权，为董事正常履行职责提供必要的条件。

第二十八条　上市公司设董事会秘书，负责公司股东大会和董事会会议的筹备及文件保管、公司股东资料的管理、办理信息披露事务、投资者关系工作等事宜。

董事会秘书作为上市公司高级管理人员，为履行职责有权参加相关会议，查阅有关文件，了解公司的财务和经营等情况。董事会及其他高级管理人员应当支持董事会秘书的工作。任何机构及个人不得干预董事会秘书的正常履职行为。

资料来源：http://www.csrc.gov.cn/pub/zjhpublic/zjh/201809/t20180930_344906.htm.

第 3 节　董事会的结构

一、董事长

董事会是由董事组成的集体，一般通过会议方式行使职权。为了能够更好地执行股东（大）会的决议，履行董事会的职责，处理公司日常具体事务，董事会需要设董事长。一般公司在董事会中设董事长一人，副董事长 1～2 人。董事长是公司的法定代表人，对外代表公司，以公司的名义负责行使公司的民事权利并承担民事义务。副董事长协助董事长的工作，在董事长不能履行职务时，受董事长委托代行董事长职务。

《公司法》对董事长的设立和产生等做了详细规定。例如第四十四条规定：有限责任公司设董事会。董事会设董事长一人，可以设副董事长。董事长、副董事长的产生办法由公司章程规定。第六十七条规定：国有独资公司设董事会。董事会设董事长一人，可以设副董事长。董事长、副董事长由国有资产监督管理机构从董事会成员中指定。第一百零九条对股份有限公司规定：董事会设董事长一人，可以设副董事长。董事长和副董事长由董事会以全体董事的过半数选举产生。

《公司法》第一百零九条规定了董事长、副董事长的职权：董事长召集和主持董事会会议，检查董事会决议的实施情况。副董事长协助董事长工作，董事长不能履行职务或者不履行职务的，由副董事长履行职务；副董事长不能履行职务或者不履行职务的，由半数以上董事共同推举一名董事履行职务。

二、董事会结构

董事会结构是指董事会内部的组成以及各组成部分之间的关系，主要包括董事会独立性和董事会领导结构。

（一）董事会独立性

董事会独立性包括董事会整体的独立性，还包括专业委员会的独立性。就董事会整体的独立性而言，其由董事会中独立董事所占的比例来衡量；就董事会专业委员会的独立性而言，其由董事会各专业委员会中独立董事所占比例以及各专业委员会主席是否为独立董事来衡量。

董事会成员中应包括独立董事，即不在公司承担除董事之外的其他职务，与公司及其主要股东之间不存在利益关系的董事，以保证董事会在决策过程中存在一定程度的客观性和公正性。对独立董事占董事会成员的比例，《关于在上市公司建立独立董事制度的指导意见》做出了详尽的规定。上市公司董事会成员中应当至少包括 1/3 独立董事，独立董事原则上最多在 5 家上市公司兼任独立董事，并确保有足够的时间和精力有效地履行独立董事的职责；上市公司董事会、监事会、单独或者合并持有上市公司已发行股份 1%以上的股东可以提出独立董事候选人，并经股东大会选举决定。

（二）董事会领导结构

董事会领导结构分为一元领导结构和二元领导结构。一元董事会领导结构是指 CEO 和董事会主席由同一人担任。二元领导结构是指 CEO 和董事会主席由不同的人担任。董事会和经营班子之间的关系是决策和执行、监督与被监督的关系，当公司采取二元领导结构时，CEO 权力被限制，董事会能够更好发挥其职能。

此外，为了更有效解决公司内部治理问题，上市公司董事会可以按照股东大会的有关决议，设立审计委员会、薪酬与考核委员会、提名委员会与战略委员会等专门委员会。

专门委员会成员全部由董事组成，其中审计委员会、提名委员会、薪酬与考核委员会中独立董事应占多数并担任召集人，审计委员会中至少应有一名独立董事是会计专业人士。各专门委员会的分类以及职责如下（《上市公司治理准则》第三章第六节）：

（1）审计委员会。主要职责是：①监督及评估外部审计工作，提议聘请或者更换外部审计机构；②监督及评估内部审计工作，负责内部审计与外部审计的协调；③审核公司的财务信息及其披露；④监督及评估公司的内部控制；⑤负责法律法规、公司章程和董事会授权的其他事项。

（2）薪酬与考核委员会。主要职责是：①研究董事与高级管理人员考核的标准，进行考核并提出建议；②研究和审查董事、高级管理人员的薪酬政策与方案。

（3）提名委员会。主要职责是：①研究董事、高级管理人员的选择标准和程序并提出建议；②遴选合格的董事人选和高级管理人员人选；③对董事人选和高级管理人员人选进行审核并提出建议。

（4）战略委员会。主要职责是对公司长期发展战略和重大投资决策进行研究并提出建议。

延伸阅读

《上市公司治理准则》：2018 年 9 月 30 日，中国证监会发布证监发〔2018〕29 号文《上市公司治理准则》，自发布之日起实施。节选如下：

第三章　董事与董事会

第六节　董事会专门委员会

第三十八条　上市公司董事会应当设立审计委员会，并可以根据需要设立战略、提名、薪酬与考核等相关专门委员会。专门委员会对董事会负责，依照公司章程和董事会授权履行职责，专门委员会的提案应当提交董事会审议决定。

专门委员会成员全部由董事组成，其中审计委员会、提名委员会、薪酬与考核委员会中独立董事应当占多数并担任召集人，审计委员会的召集人应当为会计专业人士。

第三十九条　审计委员会的主要职责包括：

（一）监督及评估外部审计工作，提议聘请或者更换外部审计机构；

（二）监督及评估内部审计工作，负责内部审计与外部审计的协调；

（三）审核公司的财务信息及其披露；

（四）监督及评估公司的内部控制；

（五）负责法律法规、公司章程和董事会授权的其他事项。

第四十条　战略委员会的主要职责是对公司长期发展战略和重大投资决策进行研究并提出建议。

第四十一条　提名委员会的主要职责包括：

（一）研究董事、高级管理人员的选择标准和程序并提出建议；

（二）遴选合格的董事人选和高级管理人员人选；

（三）对董事人选和高级管理人员人选进行审核并提出建议。

第四十二条　薪酬与考核委员会的主要职责包括：

（一）研究董事与高级管理人员考核的标准，进行考核并提出建议；

（二）研究和审查董事、高级管理人员的薪酬政策与方案。

第四十三条　专门委员会可以聘请中介机构提供专业意见。专门委员会履行职责的有关费用由上市公司承担。

资料来源：http://www.csrc.gov.cn/pub/zjhpublic/zjh/201809/t20180930_344906.htm.

第 4 节　董事会的运行机制

董事会通过会议进行运作。董事会会议是指董事会在职责范围内，研究决策公司重大事项和紧急事项而召开的会议；涉及会议的召集、主持、法定人数、议事规则等治理问题，是董事会行使职权的主要方式。公司的重大业务，除了法定和公司章程规定属于股东会决议的事项外，其他一般由董事会会议决定，因此董事会决议的内容和法律效力对公司具有重大意义。

一、董事会会议的种类

董事会会议可分为定期会议和临时会议或普通会议和特别会议两种。常会也叫例会，是公司章程或其他明确规定的，定期召开的董事会会议。我国《公司法》规定，股份有限公司董事会每年度至少召开两次会议；对有限责任公司董事会会议的次数，《公司法》未做具体限制，其由公司章程确定。董事会临时会议是指在两次定期会议之间于必要时召开的、不定期的董事会会议。我国《公司法》规定，1/3 以上的董事可以提议召开董事会临时会议。

二、董事会会议的召集

为保证董事会会议的效率，许多国家的公司法规定了董事会会议的召集人和程序。我国《公司法》规定，对于有限责任公司，董事会会议由董事长负责召集并主持；董事长因故不能履行职务时，由董事长指定的副董事长或其他董事履行职务；董事长无故不履行职务，亦未指定具体人员代其履行职务的，可由副董事长或者 1/2 以上的董事共同推举一名董事负责召集会议。对于股份有限公司，《公司法》规定董事会每年度至少召开两次会议，每次会议应当于会议召开 10 日前通知全体董事和监事。代表 1/10 以上表决权的股东、1/3 以上董事或者监事会，可以提议召开董事会临时会议。董事长应当自接到提议后 10 日内，召集和主持董事会会议。董事会召开临时会议，可以另定召集董事会的通知方式和通知时限。

董事会会议在召开前应有一定的召集程序，应按规定的时间事先通知所有董事，并提供足够的资料，包括会议议题的相关背景材料和有助于董事理解公司业务进展的信息和数据。当 2 名或 2 名以上独立董事认为资料不充分或论证不明确时，可联名以书面形式向董事会提出延期召开董事会会议或延期审议该事项，董事会应予以采纳。我国《公司法》规定，有限责任公司召开董事会会议，应当于会议召开 10 日前通知全体董事；股份有限公司董事会每次定期会议应当于会议召开 10 日前通知全体董事，董事会召开临时会议，可以另定召集董事会的通知方式和召集时限。董事会会议通知包括以下内容：会议日期和地点，会议期限，事由及议题，发出通知的日期。

三、董事会会议的法定人数

董事会会议必须有法定最低人数的董事出席方可举行，为保证董事会会议的民主决策，法定人数应当超过董事会成员的半数。我国《公司法》明确规定了股份有限公司董事会会议的法定人数，即应由 1/2 以上的董事出席方可举行会议。对于有限责任公司，《公司法》没有明确限定董事会会议的法定人数，其应由公司章程确定。

此外，我国《公司法》规定，公司经理、监事有权列席董事会会议。董事会或经理就涉及职工切身权益的问题做出决定，应当事先听取工会和职工的意见，并邀请工会代表或职工代表列席会议。

四、董事会的议事规则

董事会决议的表决是按董事人数确定表决的票数，每一董事享有一票表决权，董事会做出决议，必须经全体董事的过半数通过。一些国家还依据决议的具体事项将董事会决议分为普通决议和特别决议。普通决议适用简单多数原则，即由过半数的董事同意即可。特别决议适用绝对多数原则，即由2/3的董事同意才算通过。

董事会应当对所议事项的决定做成会议记录，由出席会议的董事在会议记录上签名存档，并对董事会的决议承担责任。会议记录是证明董事是否参与董事会议并对该决议承担责任的重要证据，也是公司经理人组织实施董事会决议的依据。我国《公司法》规定，董事会的决议违反法律、行政法规或者公司章程、股东大会决议，致使公司遭受严重损失的，参与决议的董事对公司负赔偿责任。但经证明在表决时曾表明异议并记载于会议记录的，该董事可以免除责任。

在董事会闭会期间，董事会可授权董事长行使董事会部分职务，公司应在公司章程中明确规定授权原则和授权内容，授权内容应当明确、具体。凡涉及公司重大利益的事项，应由董事会集体决策。

延伸阅读

《上市公司治理准则》：2018年9月30日，中国证监会发布证监发〔2018〕29号文《上市公司治理准则》，自发布之日起实施。节选如下：

第三章　董事与董事会

第四节　董事会议事规则

第二十九条　上市公司应当制定董事会议事规则，报股东大会批准，并列入公司章程或者作为章程附件。

第三十条　董事会应当定期召开会议，并根据需要及时召开临时会议。董事会会议议题应当事先拟定。

第三十一条　董事会会议应当严格依照规定的程序进行。董事会应当按规定的时间事先通知所有董事，并提供足够的资料。两名及以上独立董事认为资料不完整或者论证不充分的，可以联名书面向董事会提出延期召开会议或者延期审议该事项，董事会应当予以采纳，上市公司应当及时披露相关情况。

第三十二条　董事会会议记录应当真实、准确、完整。出席会议的董事、董事会秘书和记录人应当在会议记录上签名。董事会会议记录应当妥善保存。

第三十三条　董事会授权董事长在董事会闭会期间行使董事会部分职权的，上市公司应当在公司章程中明确规定授权的原则和具体内容。上市公司重大事项应当由董事会集体决策，不得将法定由董事会行使的职权授予董事长、总经理等行使。

资料来源：http://www.csrc.gov.cn/pub/zjhpublic/zjh/201809/t20180930_344906.htm.

山东高速事件

山东高速事件，即在 2012—2013 年间，山东高速公路股份有限公司（简称“山东高速”）在董事会决议上数次将反对票记为赞同票对外披露的事件。山东高速是一家主营高速公路建设的上市公司，近年来开始走向多元化，在先后引入房地产、矿产等业务后，公司在主业的发展上又引入了一项亏损公路资产。2012 年 12 月 26 日，山东高速决定收购亏损的湖南衡邵高速公路有限公司（简称“衡邵高速”）70%的股权，收购总价格不高于 4.55 亿元。在公告中，公司并没有透露衡邵高速的财务数据以及具体亏损金额。

山东高速上述一系列投资遭到了来自二股东招商局华建公路投资有限公司（简称“招商局公路”）两名董事（副董事长郑海军、董事杜渐）的反对。郑海军、杜渐为招商局公路派驻山东高速的董事，郑海军系招商局公路党委书记、常务副总经理，杜渐系招商局公路投资发展部副总经理。在 2012 年 12 月下旬的董事会会议中，11 位董事有两位投了反对票，但由于反对票数没有超过 1/3 而无效。在 2013 年 3 月针对收购云南正林股权一事而召开的董事会会议中，两名董事又投下了反对票。然而，山东高速多次在公告中将反对票错记成赞同票，而后又进行更正，解释为“工作人员失误”。

两次错披露信息完全一致，而且错披露数据都是董事的反对票，山东高速这种行为体现了我国上市公司董事会运作与信息披露方面的问题。当公司决策与董事观点之间存在分歧时，企业不应选择通过隐瞒反对信息的方式进行决策，相关监管制度应该加强以尽可能减少上市公司治理不规范的行为。

资料来源：山东高速不务正业遭公路大佬反对　信披屡犯视［OL］. http://finance.sina.com.cn/stock/s/20130422/113615233948.shtml.

第 5 节　独立董事制度

独立董事制度源于西方的公司治理实践，目的是能够客观地监督经理层，维护中小股东权益，防止内部人控制，在公司治理中占有重要地位。许多国家纷纷仿效，建立独立董事制度，以完善公司治理结构。我国独立董事制度设立时间较晚，且受到证监会强制执行。2006 年 1 月 1 日 2005 年修订的《公司法》开始实施，我国独立董事制度自此获得国家层面的法律地位。本节对独立董事的基本概念进行介绍，下一节将通过概览文献来探究目前我国独立董事制度讨论的前沿话题。

一、独立董事概念

独立董事是指独立于公司股东且不在公司内部任职，并与公司或公司经营管理者没有重要的业务联系或专业联系，并对公司事务做出独立判断的董事。按照《关于在上市公司建立独立董事制度的指导意见》的界定，上市公司独立董事是指不在上市公司担任除董事外的其他职务，并与其所受聘的上市公司及其主要股东不存在可能妨碍其进行独立客观判断关系的董事。

二、独立董事起源

独立董事制度最早起源于20世纪30年代。1940年美国颁布的《投资公司法》是其产生的标志。该法规定，投资公司的董事会成员中应该有不少于40%的独立人士。其制度设计的目的也在于防止控制性股东及管理层的内部控制，损害公司整体利益。

20世纪六七十年代以后，西方国家尤其是美国各大公众公司的股权越来越分散，董事会逐渐被以CEO为首的经理人控制，以至于对以CEO为首的经理人的监督已严重缺乏效率，内部人控制问题日益严重。20世纪70年代“水门事件”以后，许多著名公司的董事卷入行贿丑闻，人们开始从理论上普遍怀疑现有制度安排下的董事会运作的独立性、公正性、透明性和客观性，纷纷要求改革公司治理结构。美国立法机构及中介组织自20世纪70年代以来加速推进独立董事制度的进程。1976年美国证券交易委员会批准了一项新的法例，要求国内每家上市公司不迟于1978年6月30日设立并维持一个专门的由独立董事组成的审计委员会。由此独立董事制度逐步发展成为英美公司治理结构的重要组成部分。

三、独立董事制度设计的理论依据

（一）代理成本理论

代理成本理论视野起点相对较高。企业发展壮大后，在所有权与经营权分离的必然趋势下，确保经营者不会背离所有者的目标，控制代理成本，成为公司治理的重要内容之一。代理成本的降低必然需要提高经营管理层的效率，同时又必须防止内部人控制问题。所以独立董事制度的创立可以改变经营者决策权力配置结构，起到监督、制衡的作用，促进代理与委托双方利益的一致，提高运营效益。经营管理层权力配置结构的改变促进了经营管理层的安全有效运作，最终减少代理成本。

（二）董事会职能分化理论

职能分化理论的前提是企业经营管理层必须通过权力配置的平衡才能高效运作，更加注重公司治理运行中的现实需求性。一元制的公司治理结构缺乏监事会结构，使自我监督职能被董事会承担，为了实现内部权力制衡，必须在分工上要求有专门的董事承担监督之责，所以董事会应该分化出部分董事承担监督职能，补充监事会的缺省。

四、独立董事任职资格

担任独立董事应当符合下列基本条件：（1）根据法律、行政法规及其他有关规定，具备担任上市公司董事的资格；（2）具有《关于在上市公司建立独立董事制度的指导意见》所要求的独立性；（3）具备上市公司运作的基本知识，熟悉相关法律、行政法规、规章及规则；（4）具有五年以上法律、经济或者其他履行独立董事职责所必需的工作经验；（5）公司章程规定的其他条件。

此外，下列人士不得担任独立董事：（1）在上市公司或者其附属企业任职的人员及其直系亲属、主要社会关系（直系亲属是指配偶、父母、子女等；主要社会关系是指兄弟姐妹、岳父母、儿媳女婿、兄弟姐妹的配偶、配偶的兄弟姐妹等）；（2）直接或间接持有上市公司已发行股份1%以上或者是上市公司前十名股东中的自然人股东及其直系亲属；（3）在直接或间接持有上市公司已发行股份5%以上的股东单位或者在上市公司前五名股东单位任职的人员及其直系亲属；（4）最近一年内曾经具有前三项所列举情形的人员；（5）为上市公司或者其附属企业提供财务、法律、咨询等服务的人员；（6）公司章程规定的其他人员；（7）中国证监会认定的其他人员。

五、独立董事职责

《上市公司治理准则》第三十六条规定，独立董事享有董事的一般职权，同时依照法律法规和公司章程针对相关事项享有特别职权。独立董事应当独立履行职责，不受上市公司主要股东、实际控制人以及其他与上市公司存在利害关系的组织或者个人影响。上市公司应当保障独立董事依法履职。第三十七条规定，独立董事应当依法履行董事义务，充分了解公司经营运作情况和董事会议题内容，维护上市公司和全体股东的利益，尤其关注中小股东的合法权益保护。独立董事应当按年度向股东大会报告工作。上市公司股东间或者董事间发生冲突、对公司经营管理造成重大影响的，独立董事应当主动履行职责，维护上市公司整体利益。独立董事原则上最多在5家上市公司兼任独立董事，并确保有足够的时间和精力有效地履行独立董事的职责。

六、独立董事特别职权

独立董事具有以下特别职权：（1）重大关联交易（上市公司拟与关联人达成的总额高于300万元或高于上市公司最近经审计净资产值的5%的关联交易）应由独立董事认可后，提交董事会讨论；独立董事做出判断前，可以聘请中介机构出具独立财务顾问报告，作为其判断的依据。（2）向董事会提议聘用或解聘会计师事务所。（3）向董事会提请召开临时股东大会。（4）提议召开董事会。（5）独立聘请外部审计机构和咨询机构。（6）可以在股东大会召开前公开向股东征集投票权。

独立董事行使上述职权应当取得全体独立董事的1/2以上同意。如果上市公司董事会下设薪酬与考核、审计、提名等委员会，独立董事应当在委员会成员中占有1/2以上的比例。

延伸阅读

格力独立董事事件

格力独立董事事件发生于2019年。1月16日，格力电器董事长董明珠在股东大会上顺口说出了“格力电器2018年税后利润为260亿元”等公司关键业绩数据，而当晚格力电器才补发公司2018年度业绩预告，对外公告称2018年格力电器预计盈利260亿～270

亿元。2月1日，广东省证监局下发警示函，原因是董明珠因提前向股东披露了公司业绩等敏感信息，因为“上市公司及相关信息披露义务人在指定媒体上公告之前不得以新闻发布或答记者问等任何其他方式透露、泄露未公开重大信息”。2月11日，年初刚当上格力电器独立董事，声称是董明珠“闺蜜”的学者刘姝威撰写了一篇名为《严格监管严格执法》的文章，直接质疑广东证监局是否存在选择性执法。她在文中指出，同是信息披露违规，格力电器的董明珠收到了警示函，而美的集团的方洪波却未被警示。

这一举动引发市场哗然。独立董事应为全体股东特别是中小股东的利益把关，诸如“闺蜜”等代表私人友谊的话语就很容易引起外界对董事独立性的质疑，被视为“公开挑战上市公司治理准则和法律”。因此，部分业界相关人员认为她的行为已经超出了独董履责的边界，还重新引起业内对现有独董制度的批评。市场经济国家的独立董事代表的是中小投资者的利益，其使命是监督公司的投资决策和财报披露，在公司治理结构的完善中起着不可替代的作用。目前的独董制度在全世界范围内都面临独立性等共同的挑战，既不能“不说话”“做橡皮图章”，又不能“太爱说话”、引起非议，独董制度等相关规则还需进一步完善。

资料来源：董明珠随口披露业绩 格力电器2018年税后利润260亿［OL］. https://www.sohu.com/a/290465362_100253938；叶康涛，祝继高，陆正飞，等．独立董事的独立性：基于董事会投票的证据［J］. 经济研究，2011，46(1)：126－139.

第6节　董事会治理问题

一、董事会结构与治理效率

除上文提到的常常被视为影响董事会治理效率的董事会规模外，董事会结构也是与董事会治理问题产生关联的重要制度安排。世界上存在三类公司治理结构模式：(1)以英国和美国为代表的单层董事会制度。监督主体是以独立董事为主体的外部董事，不设立监事会。(2)以德国和荷兰为代表的双层董事会制度。监督委员会与管理委员会共同构成董事会，并且监督委员会的地位高于管理委员会。(3)以日本和法国为代表的二元模式。法律不做硬性要求，企业可以自行选择董事会单层、双层以及是否引进独立董事。

董事会结构可分为成员结构与领导结构两方面。其中，成员结构涉及对董事会各类董事（执行董事、非执行董事和独立董事）比例和构成以及多元性的探讨，而领导结构则主要反映了董事长与总经理两职关系状况。

近十余年，董事会结构的多元化逐渐引起关注。董事会的多样性涉及不少维度，如性别多样性、族群多样性、年龄多样性、教育多样性、专业多样性等。多元化之一便是董事会的性别多元化。女性董事占比虽远低于男性董事，但某些国家的政府会积极推动女性董事政策，甚至制定了强制性规范，要求企业达到某法定比例的“女性董事配额目标”。如挪威、法国及西班牙等国都把女性董事占比目标设为四成，比利时将其设为三成三，荷兰及英国则分别将其设为三成及两成五。女性董事的引入会对公司价值与公司治理产生积极效应。比如，女性董事更有可能在企业环境保护等社会责任方面施加影响，在决策时也更能考虑多元利益相关者的利益。女性董事能够促使董事会以不同视角看问题，对同一问题设想出多种解决方案，从而更宏观、更审慎地做出决定。亦即，女性董事能为董事会引进多方资源，包括其所擅长的人际关系、审慎心态、伦理实践等资源，以强化董事会功能及企业绩效。然而，原属单一性别团体的董事会在有另一性别的董事加入时，也有可能由于性别认同问题而形成杂音、带来负面效果，反而降低决策效率。总之，在结构多样性方面，对同构性与异质性的争论尚未得出统一的答案。

董事会的领导结构由《上市公司治理准则》规定。上市公司董事长和总经理原则上不应该由同一人担任，如果董事长和总经理由同一人担任，则公司董事会成员中应至少包括一半的独立董事。根据委托代理理论，由于委托人与代理人的效用函数不一样，委托人追求的是自己的财富最大化，而代理人追求自己的工资津贴收入、奢侈消费和闲暇时间最大化，这必然导致两者的利益冲突。在没有有效的制度安排下代理人的行为很可能最终损害委托人的利益。因此，委托代理理论视角下的公司治理实践推崇“两职分离”假说。然而，根据现代管家理论，经理人“并不是机会主义的偷懒者，对自身尊严、信仰以及内在工作满足的追求，会促使他们努力经营公司，成为公司资产的管家，经理人在动机方面没有天生的、普遍存在的障碍”，其实际上则是支持董事长和总经理两职合一。上述两种对立的观点均得到相关研究与治理经验的支持。因此，两职合一在什么情境下能提升公司治理效率仍是一个常见的治理问题。

二、非独立董事与治理公正性

非独立董事是指与公司或执行董事存在某种利益关系，并可能影响其独立判断的董事。被认为是非独立董事的人士通常包括商业银行家、投资银行家、律师和其他为公司提供服务或货物的人。

非独立董事可以分为三种：（1）内部董事，即前述所谓的股东董事（或资格股东）和雇员董事；（2）灰色董事，即前述内部董事的家眷亲属、公司律师、公司咨询顾问、公司投资商和银行家等；（3）连锁董事，这是指外部董事就职的公司中的 CEO 同时服务于外部董事自身的公司，亦即甲、乙双方相互在对方所属的公司中担任外部董事。例如，股东董事（或资格股东）具有股东和董事双重身份，依所持股份、公司效益和工作业绩取得股利和领取董事报酬。雇员董事在利益上也同样不具有独立性，因为他的董事酬金是与他的工作成绩正相关并受与他朝夕相处的管理层成员控制的。至于灰色董事和连锁董事，因其与内部董事有利害关系，容易相互关照，也是不具有独立性。这三种董事有一个共同的特点，即他们在个人利益等方面总是因某种牵连因素而影响到其对所任职公司事务决策判断的公正性。

“灰色董事”理论认为，董事会除具备监督与建议职能之外，在决策过程中也存在着社会过程，即决策者行为会受到董事会之外的社会环境因素影响。根据格兰诺维特等学者提出的“嵌入性”概念，经济行为嵌在社会关系中。在公司决策时，董事的个人行为也嵌在公司内部社会关系中。如独立董事与经理层之间的社会关系会削弱董事会的独立性，弱化监督职能；诸如老乡、校友等高层之间的非正式关系也将影响企业的经营决策。因此，如果独立董事的社会关系尚未完全独立，灰色董事就反而可能成为经理层机会主义行为的“保护伞”，难以起到有效监督作用。因此，在实践中必须对诸如灰色董事等非独立董事进行严格的概念确定及区分，并分析其行为对董事会功用的影响。

然而，非独立董事也会降低董事会与经理层之间的信息沟通与认知成本，提高董事会建议能力，并为行为人的动机提供利他的选择。因此，对灰色董事的选择也可以看作对董事会建议与监督功能的取舍，这种社会关系的取舍影响了董事会两种功能的数量与效用。而对非独立董事的社会关系如何量化并进行清晰的界定，以及这种关系对公司治理究竟存在什么实际价值等问题，尚未得到一致的结论。

三、董事特征与治理决策

什么样的董事会对企业的发展最有利？具有什么特征的成员组成的董事会最有效？关于这两个公司治理问题仍存在比较多的争议。随着时代的发展，董事会成员越发表现出异质化的特征。专业知识、经验声誉等特点均能直接影响任职能力，成为企业选择董事的重要因素。

2013 年，中共中央组织部印发了《关于进一步规范党政领导干部在企业兼职（任职）问题的意见》，对具有行政职务的政府、事业单位工作人员在企业兼职（任职）做出了详细明确的规定，并要求现职和不担任现职但未办理退（离）休手续的党政领导干部不得在企业兼职（任职）。2015 年，为进一步落实文件精神，教育部办公厅发布《关于开展党政领导干部在企业兼职情况专项检查的通知》，明确要求高校对党政领导干部在企业兼职情况进行专项检查。两份文件使得董事政治关联与董事学术背景成为董事特征之于治理决策的两大焦点。

相对于其余董事来讲，具有学术背景的董事拥有异质的人力和社会资本。这具体体现在：（1）他们一般来自高校或科研院所，具有扎实的独立思考、信息处理、分析与解决问题的能力；（2）学者董事大多是高校或科研院所的教授，社会地位较高，声誉良好，影响力较大；（3）学者董事可运用其社会资源，为企业与高校的联结搭建桥梁，如为企业介绍优秀人才，帮助企业获取无形资产等。然而，学者董事作用的发挥更加受到董事会本身特质的影响。学者董事的洞见未必能获取其余董事的赞同，同时，大学、科研院所等机构通常对学者董事在教学与研究上有更多要求，进而影响到其在处理公司事务中投入的精力。如果学者董事由于较为忙碌而欠缺与其余董事的互动，那也会减弱其在公司治理中发挥作用的动机。

相对于其余董事来讲，具有政治关联的董事也会为企业带来独特的治理效果。合法性是制度领域的重要概念，指在特定的信念、规范和价值观等社会化建构的系统内部，一个主体的行为被认定是恰当的、合意的或所期望的，是组织结构和组织内权力存在的基础和前提。战略视角将合法性视为可以影响企业战略选择和绩效的一种组织资源，制度视角则将其视为通过遵循进而维系企业生存发展的社会行为准则。制度视角关注企业制度合法性问题，诸如研发创新等具有先动性与风险性的企业活动面临来自制度环境和社会成员管制、规范与认知的“合法性门槛”。当获取政治关联的成本较低或受益较高时，企业就会主动谋求政治关联。在转型经济背景下，虽然市场缺失、政府干预和管制加重了企业的负担，可能对企业的发展产生负面影响，但企业基于董事政治关联所带来的良好政企关系可以克服市场失灵带来的经济损失，还可以减少政策不确定性对企业的实质性影响。具备政治关联的企业显然获得了异质资源，比不具备政治关联的企业能够获取更多政府支持与政治关系信息，从而以相对较小的成本保有合法性。然而，当出现具备政治关联的独立董事辞职这种政治不确定性事件时，公司的治理决策变化与长期经济后果如何还未得到进一步讨论。

第 7 节　前沿研究

中国引进独立董事制度晚于成熟市场，在中国跃升为世界第二大经济体的过程中，独立董事在中国企业中扮演的角色也逐渐成为学界关注的内容。尽管独立董事运用自身背景与经历为企业提供运营建议与管理新知将对公司治理产生举足轻重的效果，但在我国独立董事制度建立的早期，独立董事职权受限，与公司产生冲突而“下课”的事件层出不穷，如 2004 年伊利股份的三位独立董事要求对公司的巨额国债投资聘请独立审计机构进行全面审计，却被提起罢免程序，最后辞掉了这一职务，独立董事的独立性及其在公司治理中的实际效用仍待完善。同时，部分担任学者的独立董事也被商业利益伤害，最后，中小股民的生存环境变得更加恶劣。国内关于独立董事对公司治理与企业绩效影响的研究仍未有明确结论，需要进一步研究。

同样作为舶来品被引入我国公司治理实践的还有董事高管责任保险，其作用是减轻或分散公司董事、监事与高级管理人员在履行他们的管理职责时所面临的潜在的个人责任风险。但关于董事高管责任保险对公司治理效率的影响，目前学术界存在积极态度的外部监督说与消极态度的机会主义说两种观点，也是没有明确的结论。

一、独立董事

（一）独立董事的职能与效果

独立董事的聘任效果随地理位置的变化而改变成为学界共识。罗进辉等（2017a）发现，独立董事地理距离与公司的双重代理成本呈现显著的 U 形曲线关系。曹春方和林雁（2017）认为异地独董导致了公司更严重的过度投资；林雁等（2019）证明了聘请异地独董是大股东实现掏空的重要机制，也发现异地独董对公司创新投入存在消极影响。周泽将等（2017）的研究表明独立董事本地任职削弱了上市公司违规的倾向并减轻了其严重程度。

也有学者探究具有特定身份的独立董事对公司治理的影响。全怡和郭卿（2017）研究异地上市公司聘请北京独立董事的现象，发现聘请北京独立董事有助于异地上市公司的政治资源获取。何威风和刘巍（2017）对上市公司聘请具有法律背景独立董事的动因和经济后果进行研究，结果证明了我国上市公司聘请法律独立董事的主要动因在于咨询，而非监督。而逯东等（2017）、罗进辉等（2017b）着重关注了“官员独董”的聘请，认为官员独董的聘用会损害公司价值。聘任政府官员型独立董事的公司违规倾向更高，违规被稽查的概率更低；聘任高校官员型独立董事的公司违规倾向更低。

独立董事的社会网络特质会改变公司治理的效果。陈运森和郑登津（2017）的研究表明董事连锁网络正向影响公司间投资趋同。刘诚（2017）发现 CEO -独立董事社会关系削弱了对企业的监督行为，同时增强建议行为。陈霞等（2018）也考察了独立董事与 CEO 私人关系的影响，发现独立董事与 CEO 私人关系深厚能显著提升公司绩效。梁上坤等（2018）认为独立董事的网络中心度越高，公司的会计稳健性水平越低。

此外，独立董事参与治理的结果也受其余一些因素的影响。杜兴强等（2017）认为儒家文化中的论资排辈会损害独立董事的监督职能。周建等（2018）则是针对董秘进行研究，发现董秘信息提供能力越强，对独立董事履职有效性的促进作用越强。

种种研究都证明了独立董事的引入增强了公司表现。独立董事会质疑管理层侵害公司利益的决策（Tang et al.，2013），在董事会的人数比例提升能够显著地促进研发投入的增加，对企业创新产出与创新质量都具有显著的正向影响（吴迪、张玉昌，2019），高校独董的聘请也能显著提高公司绩效（李莉、吕晨、于嘉懿，2018）。许荣和李从刚（2019）进行了进一步研究，发现院士（候选人）独立董事与企业创新显著正相关。武立东等（2019）则是肯定了特定职业身份独立董事的积极监督作用。而任职效果也反向作用于独立董事的职业生涯。吉尔森（Gilson，1990）的实证结果表明，在破产重组公司任职的独立董事，被迫离职后将难以在其余公司担任独立董事，叶麦克（Yermack，2004）发现，《财富》500 强公司过去两年的业绩与所任职的独立董事获得新职位的可能性显著正相关。

（二）独立董事激励

与独立董事的职能与效果相比，独立董事激励方面的研究更为广泛。陈冬华和相加凤（2017）检验了“独立董事只能连任六年”的制度合理性，独立董事的有效性随任期的延长以边际递减的方式不断提高，应适当延长独立董事任期。郑志刚等（2017）的研究表明，独立董事薪酬水平正向影响上市公司绩效，而独立董事薪酬差别化带来的效应仅在其平均薪酬水平较高时才会显现。全怡和郭卿（2017）对独立董事履职的“追名”与“逐利”动机进行了探讨，出于“追名”动机，零薪酬独立董事所任职公司的治理水平更高，张天舒等（2018）具体研究了独立董事的薪酬激励路径，独立董事薪酬过低将降低其参加董事会会议的意愿，过高的薪酬会造成独立董事更趋向于赞同董事会议案。许楠等（2018）认为较高的资产专用性降低了公司对独立董事的需求并降低了支付给独立董事的津贴。但总体而言，上市公司还是应当根据自身所处的制度环境、风险水平、独立董事个人特征等合理设置薪酬激励。

（三）首席独立董事

首席独立董事的产生要追溯到 20 世纪 90 年代初，当时几乎 80%的美国公司董事会由首席执行官担任主席（Daily & Dalton，1997）。利普顿和洛尔施（Lipton & Lorsch，1992）可能是最先提议任命一名首席独立董事以提高董事会治理独立性的。他们认为，“如果独立董事想要有效，他们就需要从他们自己的成员中获得某种形式的领导力”。在整个 20 世纪 90 年代，美国将 CEO 和董事会主席职位分开的压力仍然很小，所以学者的看法没有得到太多的重视。然而，随着 21 世纪初频发公司治理丑闻与《萨班斯-奥克斯利法案》通过，公众和投资者提高董事会独立性（尤其是独立董事会领导力）的要求大幅增加。治理学者开始倡导设立首席独立董事，以此来实现一定程度的独立董事会领导，同时又不会将首席执行官从董事会主席职位上“降级”（Daily & Dalton，2003）。在接下来的几年里，拥有首席独立董事的公司数量激增。如今，美国大多数上市公司都有首席独立董事或首席董事。这些人担任独立董事的领导人，并被赋予特别的权力，如审查和批准董事会议程，担任独立董事和首席执行官之间的联络人，以及主持外部董事会议等。

首席独立董事（lead independent director），有时称为“首席董事”。与董事会主席不同，首席董事“既没有公司头衔，也没有在公司总部的办公室，不会设定议程，也不会主持董事会或股东大会”，而是起到顾问作用，承担着重要的额外责任（Lorsch & Lipton，1993；Lipton & Lorsch，1992）。经典组织理论通过合并首席执行官和董事会主席的职位来实现公司治理统一指挥。相比之下，代理理论通过分离首席执行官和董事会主席的职位实现监督的独立性。首席独立董事的设立则是经典组织理论与代理理论在治理实践的折中。

讨论设置首席独立董事的文献较少，总体围绕着以下四个问题进行：（1）董事会可能在什么时候任命一名首席独立董事？（2）哪种董事适合担任该职位？（3）首席独立董事的任命对绩效有何影响？（4）首席独立董事的任命期限有多长？

首席独立董事的任命最有可能发生在 CEO 和董事会之间的权力平衡的时候，而被选为首席独立董事的个人可能拥有适度的权力；首席独立董事的任命降低了随后 CEO 和董事会主席分离的可能性，是一个相当“永久”的解决方案（Krause et al.，2015）。然而，首席独立董事对公司绩效的影响尚无定论。一方面，具备首席独立董事的公司规模更大，机构投资者持股比例更高，更有可能解雇表现不佳的 CEO，首席独立董事提高了公司价值并改善了公司治理质量（Lamoreaux et al.，2019）；对于公司治理标准较弱、财务披露透明度较低、财务约束较大的公司来说，首席独立董事还将积极影响投资效率与未来的公司绩效（Krause et al.，2015；Rajkovic，2020）。另一方面，也有学者认为，作为象征性管理策略的设立可能会降低首席董事的效率，并欺骗临时机构投资者（Shi & Connelly，2018）。

二、董事高管责任保险

董事高管责任保险（简称“董责险”），是指由公司或者公司与董事、高级管理人员共同出资购买，对被保险董事及高级管理人员在履行公司管理职责过程中，因被指控工作疏忽或行为不当（其中不包括恶意、违背忠诚义务、信息披露中故意的虚假或误导性陈述、违反法律的行为）而被追究其个人赔偿责任时，由保险人负责赔偿该董事或高级管理人员进行责任抗辩所支出的有关法律费用，并代为偿付其应当承担的民事赔偿责任的保险。

董责险起源于美国，随着1993年《证券法》的通过，美国上市公司董事和高级管理人员需要承担的风险增加，在此背景下开启了该险种的先河。在西方发达国家，绝大多数的上市公司都为自己的董事及高级管理人员购买了责任保险。而在中国于2002年颁布《上市公司治理准则》，明确规定上市公司高管的民事赔偿责任后，中国上市公司首次引入董事高管责任保险。《上市公司治理准则》指出，经股东大会批准，上市公司可以为董事购买责任保险，但董事因违反法律法规和公司章程规定而导致的责任除外。

《中国上市公司法律风险指数报告（2016）》指出，2015年我国上市公司披露的追究高管责任的案件为493起，约是2011年的5倍（余瀛波，2016）。股东、债权人等利益相关者群体日益增强的维权意识和不断完善的法制环境大幅增加了公司董事和高管面临的职业风险。因此，作为新兴外部治理机制的董事高管责任保险便成为研究的前沿话题。然而，目前国内相关研究文献数量较少，存在外部监督说与机会主义说两种观点。

外部监督说对责任保险持积极态度，认为董责险可以补足对管理层的激励，以吸引和挽留优秀的管理团队（O'Sullivan，1997），还能激发高管群体的积极性（胡国柳、李少华，2014），完善公司治理机制建设，带来公司价值显著提升（赵杨、Hu，2014；吴勇、李倩、朱卫东，2018），降低代理成本（凌士显、白锐锋，2017），减少财务重述（袁蓉丽、文雯、谢志华，2018），推动企业风险承担与自主创新（胡国柳、赵阳、胡珺，2019），是良好的外部治理机制。此外，独董险和机构投资者更是能形成显著的共同治理效果（韩晴、王华，2014）。董责险承包人是独立专业机构，能够有效监督管理层机会主义行为（Boyer & Stern，2014）。

机会主义说则持消极态度，认为董责险激发了高管的机会主义行为，减轻其职业责任。中国资本市场尚在完善中的法律体系与诉讼制度使得公司董事与管理层面临的实际诉讼风险非常有限（赵杨、Hu，2014），在这种情况下，董责险会进一步分担每位董事的理赔责任（Chen，2016），反而会降低公司的信息质量，提高公司的融资成本（冯来强、孔祥婷、曹慧娟，2017）。赖黎等（2019）则发现我国董责险的风险治理作用尚未得到有效发挥，而且导致了管理者风险行为的发生。

延伸阅读

国企混改与现代企业制度

纵观我国40多年的改革开放，国有企业为经济社会发展做出了巨大贡献。2019年全国国有企业总营收超62万亿元，利润总额近3.6万亿元，并解决了几千万人的就业问题。尽管国有企业与国家宏观经济效率、科技竞争力、民众就业、收入分配等方面息息相关，但诸多研究表明国企的运作效率低于诸如民营和外资等非国有企业，也因此，我国的国有企业走上了改革之路。

国企改革已经走过了四个阶段。第一阶段是1978—1992年的放权让利阶段。在不触动国有产权的前提下通过所有权与经营权分离，激发经营活力。第二阶段是1993—2002

年的产权改革阶段。1993 年党的十四届三中全会提出“抓大放小”方针，在国有企业建立“产权清晰、权责明确、政企分开、管理科学”的现代企业制度；十五届四中全会则是要求国企普遍实行股权多元化和建立有效的法人治理结构。第三阶段是 2003—2015 年的国资监管阶段。国务院颁布《企业国有资产监督管理暂行条例》，确立“三分开、三统一、三结合”的国有资产管理体制，明确由国资监管机构履行出资人职能。党的十七大提出通过公司制股份制改革优化国有经济布局，进一步深化国有资产结构布局调整。这一阶段还大力推动了股份制改革，包括建立健全国有企业董事会等。第四阶段是从 2015 年至今，重点在于“分类改革、混改与双百行动”。尽管第四阶段的政策体系较之前更加全面而且有所突破，但早期的改革还是欠缺实质性行动，因此，近年来国家又出台了一系列计划，推进国有企业改革。

为加快建立现代企业制度，从 2017 年开始，国资委旗下近百家中央企业先后进行改制与更名，变为国有独资公司。而“改制不是简单地换牌子”，更是完善法人治理结构的关键一步。现代企业具有完善的治理结构，实现了董事会、经理层和监事会之间的权力制衡。其中，改善董事会内部结构，保证运作规范而高效便成了重中之重。因此，改制之后，国企也加快了董事会制度的建设。

2018 年 7 月，北京市国资委面向全国公开遴选外部董事。据称，报名者中既有国企、民企和外企的高管，也有律师、会计师等专业人才，还有高校和科研机构的专家学者。经过近 2 个月的筛选与考核，最终确定了 70 人进入外部董事人才库，其中 41 人被委派到相关企业任职。8 月，国务院国资委公布了人事任免消息：中国电信、中化集团等 7 家中央企业聘任了 17 名外部董事。2019 年 6 月，广东省也采取类似的方式，向社会公开选聘了 18 人担任省属企业的兼职外部董事。截止到 2019 年 8 月，国资委监管的 96 家中央企业中已有 94 家建立了董事会，二级子公司的国有独资、全资企业中近一半建立了董事会。各省级国资委出资企业中，有 92%已建立董事会。近三年来，中央企业董事提出重要意见建议近 7 000 条，董事会的制衡机制发挥了有效作用，改革取得了明显成效。

此外，一些新概念也出现在国企混改的进程中。如 2019 年 1 月 23 日财政部发布的《关于印发〈金融机构国有股权董事议案审议操作指引〉的通知》中首次出现了“股权董事”这一概念，并在 2019 年 10 月国资委发布的《关于印发〈中央企业混合所有制改革操作指引〉的通知》中再次运用。第一个文件第二条规定：“本指引所称国有股权董事（以下简称股权董事），是指由履行国有金融资本出资人职责的机构、国有金融资本受托管理机构（以下统称派出机构）向持股金融机构派出的代表国有股权的董事。”股权董事可以是执行董事，也可以是非执行董事；可以是外部董事，也可以是内部董事。可以看出，股权董事是我国为强调国有股东方所派出董事特别职责而创设的新概念。国有企业应着力培养高素质的董事后备队伍，并慎重选派出合适的董事人选，让国有股权董事依法行使议案审议的法定职权，并承担起相应责任。

随着 2020 年 6 月 30 日中央深改委第十四次会议审议通过了《国企改革三年行动方案（2020—2022 年）》，2020—2022 年又将成为国企改革的关键阶段。这一轮的混合所有制改革，重点并不在混，而是在改，不仅仅是股权结构的混合，最关键的是企业治理结构的改善和经营治理水平的提升。相信国企改革三年行动方案的出台和实施，一定会彰显国有企业的中国经济“顶梁柱”和“压舱石”地位和作用，带来国资国企改革的三年大变样。

资料来源：2019年全国国有企业总营收超62万亿元同比增长6.9%［OL］. http://finance.sina.com.cn/roll/2020-01-21/doc-iihnzhha3933896.shtml；改革开放40年，国企改革走过的四个阶段［OL］. https://www.sohu.com/a/403860537_476021；王东京．国企改革攻坚的路径选择与操作思路［J］. 管理世界，2019，35(2)：1-6；许召元，张文魁．国企改革对经济增速的提振效应研究［J］. 经济研究，2015，50(4)：122-135；李维安．深化国企改革与发展混合所有制［J］. 南开管理评论，2014，17(3)：1.

本章小结

董事会治理，是使董事会有效发挥治理作用而进行的制度安排，包括董事会规模与结构、专业委员会设立、董事的激励约束等方面。在股东大会、董事会、监事会、经理人四大公司法人的机构中，董事会作为执行机构具有执行股东大会决议的职责。而在实际公司治理过程中，董事会处于公司决策与执行系统的交汇处，成为公司运行的核心。本章对董事会的概念、权限、议事程序等基础知识进行了介绍，为全书剩余部分进行铺垫。同时，面对现实生活中公司治理实践仍存在的种种问题，学术界也对如何完善董事会治理中的独立董事职能、效果、激励和责任保险等制度进行了研究与探讨。

复习思考题

1. 董事会的概念及职能分别是什么?
2. 在我国，董事会如何更好发挥上述作用?
3. 我国《公司法》规定的董事有何种义务?
4. 独立董事概念及职能分别是什么?
5. 目前我国的独立董事制度仍可以从哪些方面进行完善?
6. 列举几家公司的治理结构，并运用本章知识分析其是否规范。如果不规范，应该在哪些方面进行完善?
7. 结合国内外著名公司治理事件，思考董事会在目前的实践中如何更好地履行职责。
8. 结合学术前沿部分，设想独立董事和董事高管责任保险还可以从哪些方面开展研究。

案例分析与讨论

尚德电力的“败局”

2001年9月，施正荣在无锡创立了无锡尚德太阳能电力有限公司（简称“尚德电力”）。短短4年后，尚德电力便在纽约证券交易所上市，是中国第一家在纽交所上市的民营企业。截止到2007年12月，尚德电力市值超过154亿美元，施正荣本人财富也达到50亿美元。然而，尚德电力的光辉时刻已悄然结束。2011年，尚德电力的资产负债率已达80%；2013年，无锡市法院裁定尚德电力实施破产重整，尚德电力最终也在纽交所停牌，股价从88.35 USD/ADR的历史最高点跌至不足1美元。这个曾被誉为“中国光伏楷模”，被众多后来者顶礼膜拜的企业，却在数年的内耗中日渐沦为平庸，最终轰然倒塌。

纵观尚德电力12年发展历程，其所属行业为朝阳产业，还受到各级政府政策支持，前5年是业绩大爆发的时期，而随后5年，尚德电力陷入失败阴影，高层猜忌和内斗不断，直至最终宣告以30亿元的低价被顺风光电收购，从巅峰迅速跌落。尚德电力的“败局”与董事会失责有着深深的关联。

从表面上看，尚德电力的董事会结构堪称业界典范。无论以我国《公司法》《证券法》《上市公司章程指引》《上市公司治理准则》还是纽约证券交易所《IPO指引》和《上市公司手册》作为标准，尚德电力均拥有完备的董事会制度安排。2005—2011年，公司的董事会规模维持在5～7人，董事长和CEO由施正荣兼任，此外还配备1～2名内部董事和占比约60%的独立董事。董事的最低学位是学士，国际化程度高，涉及行业丰富，多数担任中层以上管理职务，还有少数董事具备跨国管理经验。此外，公司还设置了审计委员会、薪酬委员会和提名委员会，审计委员会也加入一名专职负责财务的独立董事。如此独立而规范的董事会，却没能够阻止决策失误，也未能对管理层形成有效约束，违背了“忠诚和谨慎”的义务，最终导致公司治理的失败。

尚德电力由盛而衰的过程中存在一系列公司治理问题，这里选取两个代表性事件。其一是直接违背“忠诚”义务的关联交易事件，其二是缺乏“谨慎”而投资失误的GSF事件。

2006年，亚洲硅业公司在青海成立，施正荣是其实际控制人。2007年1月，在亚洲硅业刚成立后，尚德电力就与其签订长达16年的15亿美元无条件支付合约，用来购买高纯度多晶硅材料，而亚洲硅业直到2008年底才开始正式生产。亚洲硅业在其存续期间内的主要业务对象就是尚德电力，成为尚德电力的三大供应商之一。这份采购合同的价格高于市场可比价格，2011年尚德电力向亚洲硅业的采购额为9 230万美元。尚德电力还为亚洲硅业提供了大量资金支持。这一系列关联交易背后，存在明显损害尚德电力股东利益的行为，让股东们颇为不满。然而，尚德电力的董事会却并没有阻止这一系列关联交易与利益输送，导致尚德电力的资金流动性由于为亚洲硅业提供担保、背负债务而大打折扣。

GSF是Global Solar Fund（环球太阳能基金）的简称。2010年5月，尚德电力提供给Solar Puglia Ⅱ，S. ar. L（GSF的投资公司）约5亿美元作为担保，GSF的母公司用5.6亿欧元的德国政府债券提供反担保。2012年7月，公司计划将在GSF中的投资套现，却被告知该债券不存在，加上与这一项目相关的其余交易，尚德电力共损失了59.6亿元人民币。GSF本质上属于尚德电力的关联企业，然而公司的管理层却未执行调查程序确保5.6亿欧元债券的真实性，董事会也并未推动有效决策和监督一系列投资进程，使得尚德电力遭受巨额亏损。

其实，尚德电力的“败局”并不是第一个公司治理失败的案例，早在2001年的美国安然公司破产案中，包括董事会制度在内的公司治理机制失效便被视为企业舞弊等财务危机的导火索。可以看到，目前董事会制度仍没有完全发挥它被赋予的使命：勤勉、尽责和忠于股东利益。

资料来源：祝继高，齐肖，汤谷良．产权性质、政府干预与企业财务困境应对：基于中国远洋、尚德电力和李宁公司的多案例研究[J]. 会计研究，2015(5)：28－34＋94；蔡宁，董艳华，刘峰．董事会之谜：基于尚德电力的案例研究[J]. 管理世界，2015(4)：155－165＋169；周及真．从企业破产重组看政府与市场的关系：以无锡尚德为例[J]. 上海经济研究，2014(12)：114－121.

思考与讨论：

1. 董事会结构的完备性是提高公司治理效率的充分条件还是必要条件？
2. 如何设计董事会制度才能使董事更好地参与公司治理实践，履行应尽职责？

05 CHAPTER 5

第5章
监事会

| 学习目标 |

1. 明确监事及监事会在企业中的地位。
2. 了解监事和监事会各自所具有的职责。
3. 掌握监事会在企业中所发挥的作用。
4. 了解监事会进行监督的主要形式。

| 关键词 |

监事会（board of supervisors）：公司的常设机构，负责监督公司的日常经营活动以及对董事、经理等人员违反法律、行政法规、公司章程的行为予以指正。

股东监事（shareholder supervisor）：有限责任公司或股份有限公司的监事会中代表公司股东利益，检查公司财务，监督董事、经理活动的，由公司股东在股东大会或股东会会议选举产生的由有股东资格的人充任的监事。

职工监事（employee supervisor）：股份有限公司或者有限责任公司的监事会中代表职工利益，检查公司财务，监督董事、经理活动的，由职工民主选举产生的由职工充任的监事。

引导案例

獐子岛扇贝"逃亡记"

2020年4月30日凌晨，獐子岛集团股份有限公司（简称"獐子岛"）发布了2019年度财务报告。报告显示，2019年，公司实现营收27.29亿元，同比减少2.47%；净利润亏损3.92亿元，同比下降1 321.41%。对此，獐子岛不出意外地又把"锅"甩给了扇贝，称是公司底播虾夷扇贝发生大规模死亡，从而产生核销及减值导致。

獐子岛扇贝再次上演"大逃亡"。5月15日，在獐子岛举行的2019年度业绩说明会上，其董事长吴厚刚向投资者解答了公司扇贝为何大量死亡的问题。他表示："国家部局组织的专家调研组认为，近期獐子岛底播虾夷扇贝大量损失，是海水温度变化、海域贝类养殖规模及密度过大、饵料生物缺乏、扇贝苗种退化、海底生态环境破坏、病害滋生等多方面因素综合作用的结果。”对于今年（2020年）的扇贝情况，则解释称：“公司扇贝养殖模式和规模在去年进行了调整和压缩；从现有的规模和本月调查的长势情况看发展较好。”

从2014年开始，六年内獐子岛的扇贝如今已经是第4次“跑路”，此前3次分别为：

2014年10月，獐子岛的扇贝“突然跑了”，震惊整个A股市场。獐子岛公告称，公司进行秋季底播虾夷扇贝存量抽测，发现存货异常，公司因此第三季度亏损7.63亿元，而亏损的主要原因是北黄海异常冷水团等。

2018年2月，獐子岛表示，降水减少导致扇贝的饵料生物数量下降，养殖规模的大幅扩张更加剧了饵料短缺，再加上高温导致虾夷扇贝摄食效率下降，造成扇贝瘦弱进一步加剧，长期累积效应导致扇贝死亡。2017年，獐子岛亏损7.23亿元。

2019年4月27日，獐子岛发布一季报，显示公司一季度亏损4 314万元，理由依然是“底播虾夷扇贝受灾”，俗称“扇贝跑路”。

獐子岛的扇贝“出演”的这一部连续剧着实吸引人的眼球。“扇贝去哪了?”引起了人们的重重猜疑，也引发了证监会的重点关注。证监会借助卫星定位数据，对公司27艘采捕船只数百万条海上航行定位数据进行分析，委托两家第三方专业机构运用计算机技术还原了采捕船只的真实航行轨迹，复原了公司最近两年真实的采捕海域，进而确定实际采捕面积，并据此认定獐子岛成本、营业外支出、利润等存在虚假。獐子岛在2014年、2015年已连续两年亏损的情况下，客观上利用海底库存及采捕情况难发现、难调查、难核实的特点，不以实际采捕海域为依据进行成本结转，导致财务报告严重失真，2016年通过少记录成本、营业外支出的方法将利润由亏损披露为盈利，2017年将以前年度已采捕海域列入核销海域或减值海域，夸大亏损幅度。此外，公司还涉及年终盘点报告和核销公告披露不真实，不及时披露业绩变化情况等多项违法事实，违法情节特别严重，严重扰乱证券市场秩序、严重损害投资者利益，社会影响极其恶劣。

证监会6月24日宣布，近日依法对獐子岛信息披露违法违规案做出行政处罚及市场禁入决定，对獐子岛给予警告，并处以60万元罚款，对15名责任人处以3万元至30万元不等罚款，对4名主要责任人采取5年至终身的市场禁入措施。扇贝“逃亡记”的弥天大谎终究逃不过科学手段的侦破，獐子岛的财务造假违规行为也受到制裁。

通过以上案例以及近些年发生的财务舞弊事件可以看出，上市公司频繁出现的信息披露问题和内部监管失灵对公司的正常运营和国家经济的正常发展造成了严重的负面影响。而监事会作为公司治理结构的重要组成部分，在公司运作中承担着重要的监督职能，对增强内部监督、提高上市公司信息披露的规范性有重要意义。就我国上市公司的监事会机制运行现状来看，监事会由于观念、体制和立法等方面因素的影响，未能发挥其应有的价值功效。完善的监事会机制对公司的财务活动及管理人员的违法行为起到监督作用，从而保障上市公司进行正常的经营活动。

经过以上分析，你对监事会在公司内部治理中的作用有了什么体会?

资料来源：扇贝“出逃”骗局终！獐子岛扇贝6年4次“逃跑”，猖狂造假幕后真相［OL］. http://finance.sina.com.cn/wm/2020-07-02/doc-iircuyvk1575222.shtml.

董事会被股东授予公司控制权，而为防止董事会滥用职权，需要另外设立一个专门的机构来行使监督董事会和经理人的职能，这个机构就是监事会。世界各国的公司治理实践中的监督模式主要分为两大类：以英美为代表的独立董事监督模式，以德日为代表的监事会监督模式。我国上市公司治理监督模式则经历了一次强制性变迁，从监事会监督模式转为独立董事与监事会“双头”监督模式。这一双重监管并存的局面是否反映了我国监事会作用发挥不到位的治理问题？监事会应如何在公司治理中发挥应有的积极作用？本章将对监事会的性质、定位和模式等进行介绍，并列举学术界关于监事会的前沿研究，为全书其余部分进行概念铺垫。

第1节 监事会的性质、分类、定位与模式

一、监事会的性质

监事会是公司的常设机构，负责监督公司的日常经营活动以及对董事、经理人等人员违反法律、公司章程的行为予以指正。我国《公司法》规定监事会是由股东（大）会选举的监事以及由公司职工民主选举的监事组成的，对公司的业务活动进行监督和检查的法定必设和常设机构（股东人数较少或规模较少的有限责任公司可设一至二名监事，不设监事会）。

由于公司股东分散，专业知识和能力差别很大，为了防止董事会、经理人滥用职权，损害公司和股东利益，就需要在股东（大）会上选出这种专门监督机构，代表股东（大）会行使监督职能。监事会对股东（大）会负责。对公司财务以及公司董事、高级管理人员履行职责的合法性进行监督，维护公司及股东的合法权益。

二、监事会的分类

监事会的类别分为股东监事、职工监事和外部监事。股东监事是指有限责任公司或股份有限公司的监事会中代表公司股东利益，检查公司财务，监督董事、经理人活动的，由公司股东在股东会或股东大会选举产生的由有股东资格的人充任的监事。职工监事是指股份有限公司或者有限责任公司的监事会中代表职工利益，检查公司财务，监督董事经理人活动的，由职工民主选举产生的由职工充任的监事。尽管我国《公司法》未对外部监事做出明确规定，但外部监事也是加强监事会的独立性和监督力量的重要一环。

三、监事会的定位

不同国家的公司组织结构和治理方式不同，其监事会的定位与职权范围也有着很大差异，有的职权广泛，有的职权有限；有的规定详细而严格，有的规定粗疏而宽松。众多实践经验已经证明在制度健全而职权广泛的国家，监事会的监督效果相对较好。监事会的职权可概括为财务监督、业务监督和管理者监督等三类。

其中，监事会对经营管理的业务监督包括以下方面：(1) 通知经营管理机构停止其违法行为。当董事或经理人执行业务时违反法律、公司章程以及从事所登记营业范围之外的业务，监事有权通知他们停止其行为。(2) 随时调查公司的财务状况，审查账册文件，并有权要求董事会向其提供情况。(3) 审核董事会编制的提供给股东（大）会的各种报表，并把审核意见向股东（大）会报告。(4) 当监事会认为有必要时，一般是在公司出现重大问题时，可以提议召开股东（大）会。

此外，在以下特殊情况下，监事会有代表公司之权：(1) 当公司与董事发生诉讼时，除法律另有规定外，由监督机构代表公司作为诉讼一方处理有关法律事宜。(2) 当董事自己或他人与公司有交涉时，由监事会代表公司与董事或他人进行交涉。(3) 当监事调查公司业务及财务状况，审核账册报表时，代表公司委托律师、会计师或其他监督法人。

我国《公司法》第五十三条针对监事会的职权与定位做出了明确规定：监事会、不设监事会的公司的监事行使下列职权：（一）检查公司财务；（二）对董事、高级管理人员执行公司职务的行为进行监督，对违反法律、行政法规、公司章程或者股东会决议的董事、高级管理人员提出罢免的建议；（三）当董事、高级管理人员的行为损害公司的利益时，要求董事、高级管理人员予以纠正；（四）提议召开临时股东会会议，在董事会不履行本法规定的召集和主持股东会会议职责时召集和主持股东会会议；（五）向股东会会议提出提案；（六）依照本法第一百五十一条的规定，对董事、高级管理人员提起诉讼；（七）公司章程规定的其他职权。

监事可以列席董事会会议，并对董事会决议事项提出质询或者建议。监事会、不设监事会的公司的监事发现公司经营情况异常，可以进行调查；必要时，可以聘请会计师事务所等协助其工作，费用由公司承担。对于国有独资公司，监事会行使上述第（一）项至第（三）项规定的职权及国务院规定的其他职权。

四、监事会的运作模式

监事会通过监事会会议运作，履行监督职责。其中涉及监事会会议的召集、议事规则和表决程序等问题。

相对于董事会会议来说，我国《公司法》对监事会的规定相对简单，对其议事方式及表决程序则未予以规定，留由公司章程自行确定。按照《上市公司章程指引》《上市公司治理准则》的规定，公司应在公司章程中规定监事会的议事方式、规则和表决规则，监事会会议应严格按规定程序进行。有限责任公司监事会每年度至少召开一次会议，股份有限公司监事会每 6 个月至少召开一次会议。监事可以提议召开临时监事会会议。监事会的议事方式和表决程序，除《公司法》有规定的外，由公司章程规定。监事会决议应当经半数以上监事通过。监事会应当对所议事项的决定做成会议记录，出席会议的监事应当在会议记录上签名。

延伸阅读

国有重点大型企业监事会撤并

在国资监管体系向管资本转变的改革背景下，为进一步推进国家治理体系现代化，

2018年3月，中共中央印发《深化党和国家机构改革方案》，提出将国务院国有资产监督管理委员会的国有企业领导干部经济责任审计和国有重点大型企业监事会的职责划入审计署。自此，“国有重点大型企业监事会”退出了中国国有企业治理的舞台。

根据现行的《国有企业监事会暂行条例》，国有重点大型企业监事会由监事会主席、专职监事和兼职监事组成。其中，监事会主席由国务院任命，由副部级国家工作人员担任；专职监事由监事会管理机构任命，由司（局）、处级国家工作人员担任；监事会中的企业职工代表由企业民主选举产生。此外，国企监事会的成员每届任期3年，每年对企业定期检查1～2次，并可以根据实际需要不定期地对企业进行专项检查。

此外，监事会每年会提交一份所联系央企的监督检查报告，其中一般包括经营管理和改革发展情况总体评价、存在的主要问题及处理建议、企业领导班子和主要负责人履职情况及奖惩任免建议三个部分。其中“存在的主要问题”一般包括违法违纪违规问题、企业重大经营管理问题、上年度报告反映事项处理结果。国资委数据显示，党的十八大以来，国有重点大型企业监事会累计实地检查中央企业及重要子企业5 684户，列席企业会议10 157次，谈话20 679人次，对13家企业开展集中重点检查，揭示企业各类问题和风险12 226项，向国务院和国资委报送各类报告1 362份。可以说，监事会在防止国有资产流失、实现国有资产保值增值、推动企业改革发展中起到了不可替代的作用。

当前国资管理权和经营权都在向企业不断下放，然而，相对于董事会和股东（大）会，中国公司治理语境下的监事会运作仍显薄弱，面临着治理人才不专业、参与度不高、形式大于内容的困境。监事会队伍也曾暴露出问题，如国有重点大型企业监事会第17办事处原主任、正局级专职监事王克勤，任职期间利用其负责联系检查中央企业的职务便利为他人提供帮助，多次收受他人贿赂共计人民币970万元，被判处有期徒刑11年等。

国有重点大型企业监事会撤并强化而不是弱化了国资监管体系。纵览历史，外派监事会制度始自1998年试行的国务院稽察特派员制度，至2018年已近20年。从2003年成立至2018年，国资委一直代表国务院向所监管央企派出监事会，对国有重点大型企业的国有资产保值增值状况实施监督。随着国资运行发展、央企市场化程度增强、法人治理体系完善、所有权和经营权分离、政企和政资分开，如果再把监事会和国资委绑在一起，反而制约国资监管的运行，同时弱化监事会的功能。将监事会职能列入审计署，对审计署而言将有助于更好地实现动态的全流程监督，同时强化审计署代表全民来审计国有资产的功能。

资料来源：国有重点大型企业监事会撤并［OL］. https://www.sohu.com/a/275086690_114988；国有重点大型企业监事会撤并之后：国资监管迎变局［OL］. http://finance.people.com.cn/n1/2018/0403/c1004-29903959.html.

《上市公司治理准则》：2018年9月30日，中国证监会发布证监发〔2018〕29号文《上市公司治理准则》，自发布之日起实施。节选如下：

第四章　监事与监事会

第四十四条　监事选任程序、监事会议事规则制定、监事会会议参照本准则对董事、董事会的有关规定执行。职工监事依照法律法规选举产生。

第四十五条 监事会的人员和结构应当确保监事会能够独立有效地履行职责。监事应当具有相应的专业知识或者工作经验，具备有效履职能力。上市公司董事、高级管理人员不得兼任监事。

上市公司可以依照公司章程的规定设立外部监事。

第四十六条 监事有权了解公司经营情况。上市公司应当采取措施保障监事的知情权，为监事正常履行职责提供必要的协助，任何人不得干预、阻挠。监事履行职责所需的有关费用由公司承担。

第四十七条 监事会依法检查公司财务，监督董事、高级管理人员履职的合法合规性，行使公司章程规定的其他职权，维护上市公司及股东的合法权益。监事会可以独立聘请中介机构提供专业意见。

第四十八条 监事会可以要求董事、高级管理人员、内部及外部审计人员等列席监事会会议，回答所关注的问题。

第四十九条 监事会的监督记录以及进行财务检查的结果应当作为对董事、高级管理人员绩效评价的重要依据。

第五十条 监事会发现董事、高级管理人员违反法律法规或者公司章程的，应当履行监督职责，并向董事会通报或者向股东大会报告，也可以直接向中国证监会及其派出机构、证券交易所或者其他部门报告。

资料来源：http://www.csrc.gov.cn/pub/zjhpublic/zjh/201809/t20180930_344906.htm.

第2节 监事会的结构与运行机制

一、监事会的组成

监事会由全体监事组成。监事的资格基本上与董事资格相同，并必须经股东（大）会选出。监事可以是股东、公司职工，也可以是非公司专业人员。其专业组成类别应由《公司法》规定和公司章程具体规定。但公司的董事长、副董事长、董事、总经理、经理不得兼任监事会成员。监事会设主任、副主任、委员等职。监事的任期最长不许超过三年，但可连选连任。监事必须是自然人，不能由法人担任。

监事所承担的责任分为两种：

（1）对公司负有监督的责任。如因不尽职而造成公司受损失者，对公司要负连带赔偿责任。

（2）对第三者的责任。监事在执行公司业务时，如违反法令给他人造成损害，对他人应同公司一起负连带赔偿责任。

二、监事会的结构

关于监事会的人数，各国公司法对有限责任公司一般无强制性限制，多由公司章程予以确定；股份有限公司的监事会成员多规定为三人以上，具体人数一般视公司的股本规模、职工人数而定。我国《公司法》第一百一十七条规定，股份有限公司设监事会，其成员不得少于三人。监事会应当包括股东代表和适当比例的公司职工代表，其中职工代表的比例不得低于三分之一，具体比例由公司章程规定。监事会中的职工代表由公司职工通过职工代表大会、职工大会或者其他形式民主选举产生。

监事会设主席一人，可以设副主席。监事会主席和副主席由全体监事过半数选举产生。监事会主席召集和主持监事会会议；监事会主席不能履行职务或者不履行职务的，由监事会副主席召集和主持监事会会议；监事会副主席不能履行职务或者不履行职务的，由半数以上监事共同推举一名监事召集和主持监事会会议。董事、高级管理人员不得兼任监事。

三、监事会监督职权的运行模式

为了完成监督职能，监事会不仅要进行财务监督、业务监督，还要进行管理者监督；不仅要有事后监督，而且要有事前和事中监督（即计划、决策时的监督）。对管理者的监督是各国公司法普遍赋予监事会的主要职权，包括以下内容：

一是监督董事会或董事、经理履行职务的情况。监事会成员可以列席董事会会议，听取董事会的报告，对董事、经理违反职责的行为进行监督。

二是纠正或阻止董事和经理违反法律、公司章程的行为。当监事会发现董事或经理有超越权限的行为或其他违反法令、公司章程的行为，对公司可能产生显著的损害时，可以要求董事或经理予以纠正，或者要求董事、经理停止相关行为。

三是代表公司与董事交涉或代表公司对董事应诉或起诉董事。这是各国立法普遍赋予监事会或监事的又一项职权，即当公司与董事进行交涉，或者当公司对董事或董事对公司提起诉讼时，由监事会或监事代表公司。

此外，有些国家的监事会有一些特定的权力，如赋予监事会特定经营事项的决定权，独立召集或提议召开临时股东（大）会。为了保证董事会的经营权限与监事会监督职能的相互独立，多数国家公司立法均规定监事会不参与公司的经营，但德国采取了独特的公司权力分配制度。

我国《公司法》第五十三条、第五十四条和第一百一十八条及《上市公司章程指引》第一百三十六条规定了有限责任公司和股份有限公司监事会或监事的职权。其中《公司法》第五十三条规定了以下几个方面：检查公司财务；对董事、高级管理人员执行公司职务的行为进行监督，对违反法律、行政法规、公司章程或者股东会决议的董事、高级管理人员提出罢免的建议；当董事、高级管理人员的行为损害公司的利益时，要求董事、高级管理人员予以纠正；提议召开临时股东会会议，在董事会不履行本法规定的召集和主持股东会会议职责时召集和主持股东会会议；向股东会会议提出提案。《上市公司章程指引》第一百三十六条规定，监事应当遵守法律、行政法规和本章程，对公司负有忠实义务和勤勉义务，不得利用职权收受贿赂或者其他非法收入，不得侵占公司的财产。

由上可见，我国公司监事会具有相当广泛的职权范围，如果行使得当，应当对董事会形成一定的制衡作用。不过与公司监督机制比较健全的国家相比，我国《公司法》没有规定监事会或监事可以以公司的名义对董事提起诉讼；没有规定当董事为自身利益与公司交涉或对公司提起诉讼时，监事会有权代表公司；没有赋予监事会在特定情况下享有直接召集股东（大）会的权力。这些制度上的缺陷在一定程度上削弱了监事会对董事会、经理的监督力度。监事会如果要想有效地执行公司利益相关者的信任委托，不仅必须独立于董事会，而且应当在法律地位和行为程序上优于董事会，类似于德国的监事会，不是监事会受制于董事会，而是董事会受制于监事会，这样才能对董事会进行事前、事中、事后的全程有效监督。

延伸阅读

关于《公司法》中对监事会有关规定的释义

在所有权与经营权、控制权分离的现代公司里，股东并不直接管理或者控制公司，公司被交由董事会治理。实践中，董事会的权力很大，为了防止董事会滥用权力，保护公司和股东的利益，就需要设计一套监督机制，对董事会以及经理等公司的实际经营管理人员进行监督。在各国公司立法实践中，有两种不同的监督机制：一类以美国、英国等英美法系国家为代表，公司的股东（大）会下不设立监事会，公司的监督职能由董事会兼任，董事会中设立由不执行公司业务的外部董事主导的专门委员会，负责对执行公司业务的董事及其他公司高级管理人员进行监督；一类以大多数大陆法系国家如德国、日本等为代表，公司内部设立由股东（大）会选出的监事会，作为专门的监督机构，负责监督公司的业务执行情况和检查公司的财务状况。我国采取了大陆法系国家通行的公司制度模式。我国《公司法》明确规定，股份有限公司设立监事会。

监事会作为公司的专门监督机构，其规模应根据公司的具体情况而定，不应过大也不应过小。如果监事会的规模过大，监事人数过多，对公司经营管理层的制约也就越大，可能会影响公司的运营效率，同时，监事人数太多，会增加公司的监督成本，从而损害公司和全体股东的利益；如果监事会的规模过小，监事人数过少，对公司经营情况的了解就可能不够全面，不能真正起到监督的作用。因此，我国《公司法》仅规定监事会的成员不得少于3人，而未对其具体规模做出规定，公司可以根据其具体情况对监事会成员的人数做出规定。同时，对于股东人数较少和规模较小的有限责任公司，规定其可以不设立监事会，而是设立1～2名监事，负责履行监督职能。

我国《公司法》关于监事会组成结构的规定。监事会由两类监事组成：第一类是股东代表，为了防止公司的经营管理层如董事、经理滥用权力，损害股东利益，股东必然要选派代表自己利益的人员作为监事参加监事会。第二类是职工代表，让职工代表参加监事会，主要基于三个方面的原因。首先，在公司中，职工是除了股东以外最关心公司兴衰的群体，公司经营的好坏直接关系着职工利益。其次，职工熟悉本公司的情况，让职工参加监事会，能够更好地发挥监事会的监督作用。最后，通过各种形式发挥职工在公司民主管理中的作用，让职工参与对公司的经营监督，体现了职工利益，也符合各国公司法发展的趋势。如德国、荷兰、奥地利等欧洲国家普遍规定，监事会成员中应当有一定比例的职工监事。欧盟公司法规定公司监事会应当由1/3的股东监事、1/3的职工监事、1/3股东与职工共同选举的监事组成。日本商法特别法和法国商事公司法也有类似规定。

监事会成员的产生途径根据类别分为两种。根据规定，监事会中的股东代表由股东（大）会选举产生；监事会中的职工代表由公司职工通过职工代表大会、职工大会或者其他形式民主选举产生。同时，我国《公司法》还明确规定，职工监事的比例不得低于监事会成员的 1/3，具体比例由公司章程规定。

我国《公司法》关于监事会主席的规定。根据规定，监事会主席从监事会成员中选举产生，须经全体监事的过半数同意。监事会主席负责召集和主持监事会会议，其他权利与普通监事相同。在监事会主席不能履行或者不履行召集和主持监事会会议的职权时，半数以上的监事可以共同推举 1 名监事来召集和主持监事会会议。

监事会设立的目的在于监督公司经营管理层。为了保证监事会、监事行使职权的独立性、公正性，各国公司法通常都限制董事、经理、财务人员与监事相互兼任。如日本规定监察人（即监事）不得兼任公司或者子公司的董事、经理或者其他使用人。我国《公司法》也做了类似规定，明确禁止董事、高级管理人员兼任监事。这里的高级管理人员，按照《公司法》有关规定，包括公司的经理、副经理、财务负责人，上市公司董事会秘书和公司章程规定的其他人员。

第 3 节　我国的监事会制度

一、监事会制度

监事会与公司其他机构相比，是各国公司法和不同公司中差别最大、变化也最大的组织机构。在不同类型、不同规模的公司中，监事会的性质与规模各不相同。对有限责任公司而言，监事会一般是公司的任意机构，公司可设监事或监察人一至数人，也可不设。有些国家对资本数额或职工人数较少的小型公司监事会的设置与否，原则上由公司自己决定；对于资本数额、职工人数达到一定规模的公司，规定必须设置监事会。对股份有限公司而言，各国对是否设置监事会的规定也不尽一致，大致有三种模式：有的国家在股东（大）会下同时设置监事会和董事会，如德国、日本、中国；有的国家在股东（大）会下设置董事会，但是否设置监事会由公司章程确定，如法国；有的国家在股东（大）会下只设置董事会而没有监事会，如英国、美国、澳大利亚。

我国公司监事会制度始于 1992 年国家体改委发布的《股份有限公司规范意见》，此前，在《民法通则》《中外合资经营企业法》《中外合作经营企业法》等法律法规中，监事、监事会作为监督机构并未出现。1993 年《公司法》总结经验，设相关条文规范公司的监事会制度，2005 年修订《公司法》时对监事会职能进行了强化。我国采取监事会与董事会平行的公司治理结构，监事会实际上是大陆法系国家模式与职工主人地位的混合产物。现行《公司法》第五十一条规定，有限责任公司设监事会，其成员不得少于三人。

股东人数较少或规模较小的有限责任公司，可以设置一至二名监事，不设监事会。监事会的法律地位表现在以下三个方面：监事会或监事是公司的法定必设机构；监事会向股东（大）会汇报工作，并得到股东（大）会的批准，以体现股东对公司的权利；监事行使监督职权，对公司财务以及董事、经理执行业务进行监督。

二、我国监事会制度现存问题

我国《公司法》中规定了监事会作为我国公司的内部监督机制。虽然在现阶段，监事会对经营管理层即董事会和经理人起到了一定的制衡作用，但是立法过于简略，缺乏可操作性，在制度上存在漏洞，并且从现实的角度来看，现有的这些立法规定也没有得到真正有效的贯彻，因此，我国公司尤其是上市公司的监事会工作仍存在诸多不尽如人意之处。监事会制度的缺陷主要体现在以下几个方面：

（一）监事会地位缺乏独立性

监事会人员的选任受董事的影响过大，往往是造成监事会无法有效行使监督权的主要原因之一。我国《公司法》未规定董事会对监事人选的提名权，但事实上多数股份有限公司的监事都由董事会指定，股东大会象征性地通过。在董事会操纵下产生的监事会常常是董监一体，难收监督制衡之实效。《公司法》规定要设立监事会，以监督董事会和总经理的经营活动和日常工作。但至于监事是专职还是兼职，是否到公司领薪金或支取其他形式的报酬，《公司法》未做进一步规定。

（二）监事会成员构成不合理

监事会的人事任免制度缺陷使监事会制度的设计失灵。首先，我国公司监事的产生，除了国有独资公司的监事由国有资产管理部门委派之外，一般主要来源于企业内部（含一定职工代表），并主要出自长官意志。在这种情况下，公司的最高决策者和经营者（公司董事长、副董事长、其他董事、总经理等）与公司监事均来自同一单位，原本就保留着一种残存的上下级关系。在这种隶属关系未得到根本改变之前，在原关系中处于下级地位的监事很难对仍为其上级的公司决策者或经营者大胆行使监督权，否则他不仅有可能失去其监事资格，还会使其在原单位的利益遭受损害。

（三）监事会职权不足

由于董事会执行的经营管理职能具有活跃性、日常性和综合性的特点，因而即使是在监事会权力比较强大的德国，董事会也比监事会更有实权。与董事会相比，监事会的弱势地位极大地妨碍了其监督功能的发挥。因此，许多国家近年来都致力于强化监事会的权力，以有效制衡董事会。相比于其他大陆法系国家的公司法，我国《公司法》对监事会职权的规定尤为不足，且缺乏监督的必要手段。首先，《公司法》中对监事会监督董事、经理的行为没有提供法律保障，这样不可能发挥监事会的监督作用。如《公司法》规定监事会有权提议召开临时股东大会。但法律却未能规定，如果董事会怠于或者不同意召开，监事会如何保障自己的监督权的实施。可见此规定并无多大实质意义。

（四）对监事会成员缺乏必要的激励机制和相应的约束机制

一方面，我国监事的报酬普遍低于经理层，而且其报酬及职权行使费用均牢牢控制在经理层手中，为监事付出如此低廉的代理成本，自然难以期望其发挥较大的监督作用；另一方面，公司立法对监事怠于行使职权、渎职等违法行为的法律责任缺乏基本的规定，约束机制不健全，无法使其受到法律的追究。这些缺陷助长了监事的不负责任态度及失职行为。

三、完善我国公司监事会制度的构想

（一）确保监事会地位的独立性

确保监事会的独立性才能确保监事会充分发挥监督作用。监事会只有摆脱董事会的制约和影响，不依赖董事会，才能真正起到监督作用。我国现行《公司法》第五十四条规定监事会或监事发现公司经营情况异常可以进行调查；必要时可以聘请会计师事务所等协助其工作，费用由公司承担。这为监事会或监事及时发现公司存在的问题提供了有效的途径。但若想追求好的效果，还应从以下方面加以完善：

（1）保证监事会经济上的独立和监事经济报酬的独立。需要求监事的工资和报酬由股东大会决定，且需规定监事的报酬不能低于董事、经理的平均水平。

（2）保证监事选任的独立性。我国《公司法》对股份有限公司监事选任的提名要进行明确规定。可以考虑规定由监事会自身负责提名，或由股东大会的特别委员会负责提名，以尽可能摆脱董事会的操纵。

（二）完善监事会成员组织体系

（1）引入外部监事制度。我国监事会的人事任免制度存在明显缺陷。监事会成员一般产生于公司内部，隶属于公司的董事或经理，这种地位使监事及其自身利益缺乏安全保障，监事们不可能大胆进行监督。建议借鉴国外有关外部监事的制度。其目的是使监事能摆脱公司大股东和董事会对监事会的不当控制，增强监事会的客观性和独立性，让公司外的专业人士发挥其专业特长，有效地履行监督职责。

（2）改进职工监事制度。德国职工监事制度之所以具有良好效果，是因为欧洲各国强大的工会是职工监事得以发挥作用的背景。因此，《公司法》应对职工监事制度加以改进：或者限制职工监事的比例，而代之以外部监事；或者强化职工监事的地位，如规定职工监事的豁免权，改变职工监事仰人鼻息的状况等。

（3）合理搭配监事会成员。出于行使监督职权的需要，要求监事会是一个懂经营管理、财务法规等各方面业务的监事的科学组合。如我国澳门公司法规定，监事会成员中，必须有 1 名成员为在本地核数师公会注册的核数师。

（4）确立监事资格认定制度。我国《公司法》只规定了监事的积极条件，应该以立法的形式对监事任职的积极条件加以明确规定。选任监事必须对其资格进行严格审查，确保监事有能力履行监事职责。

（三）完善监事会职权

我国现行《公司法》规定了监事会的职权，但这些规定过于空泛，也有点残缺不全。也就是说，告诉了监事会可以行使的职权，但没告诉监事会怎么用这些职权。在职权的重构上主要有以下几方面：扩大检查公司财务的权力，即监事会可以随时检查或调查公司业务及财务状况，查核账簿文件，并可以要求董事会、经理层提供报告；赋予通知纠正权，对于董事、经理执行职务违反法律、行政法规或公司章程的行为，或者其行为损害公司利益时，监事会和监事有权制止，并要求予以改正。

（四）建立对监事的激励和约束机制

法律在维护和加强监事会监督职权及其独立性的同时，必须强化监事会的责任，保障监事会的责权利效相互协调；明确规定监事的报酬与其工作业绩相联系，有关监事应对公司或第三人负赔偿责任，或和公司董事、经理对公司或第三人负连带赔偿责任；监事失职或损害公司利益时，股东可以向董事会提出书面请求，要求起诉监事。只有通过《公司法》赋予监事会独立的法律地位，才能使监事和监事会依法独立行使其监督职权，而不受董事会、经理层或其他人员的干涉，也才能使监事会在公司法人治理结构中真正发挥分权制衡的调控作用。

第 4 节　监事会治理问题

在我国的公司治理实践中，作为理论上均衡周到安排的监事会却常常遭受边缘化的质疑，被指为“形同虚设”和“失效”，那么监事会的治理现状究竟如何？问题又出在哪里？

一、监事会治理地位低下

监事会的引入起源于 20 世纪 90 年代，随后，相关部门便多次界定监事会在公司治理中的职责，并针对其工作给予指示。《公司法》中与监事会相关的条款就被多次修订，《上海证券交易所上市公司监事会议事示范规则》《上市公司监事会工作指引》等文件也陆续出台。如今，依据现行《公司法》规定，监事会具有检查公司财务、监督董事和高级管理人员执行公司职务的行为、纠正董事和高级管理人员损害公司利益的行为、提议召开临时股东（大）会会议、向股东（大）会会议提出议案等多项职权。为有效发挥监督职能，监事会需最大限度地减少信息不对等，拥有尽量准确而广泛的公司信息。然而，很多上市公司甚至不设立监事会办公室，将其视为临时机构而非常设机构，这就使得部门兼职监事会成员获取的信息存在二手编辑的可能性，从而无法得知公司的真实情况，使监督职能发挥受阻。

另外，监事会与独立董事的关系也需要进一步梳理。在不同的国家，监事会实际功能与作用机制天差地别。德国的监事会具有较高地位，强调职工参与，并监督指导董事会和管理层；日本如今的监事会旨在检查董事行为的合法性，职工不能参与监事会，不能成为监事，但许多独立监事都是会计师、律师或其他专业人士，并指定了常设监事及其辅助人员，负责日常监督。我国监事会制度的引入是效仿德国，而独立董事的设置则是借鉴了美国的经验，二者之间的关系遭受了一定的争议。这种职能不清、界限模糊、定位重叠的现象容易造成资源浪费。从理论方面而言，监事会主要发挥“事后”作用，独立董事在“事前”与“事中”参与更多，但在实践中的分工往往难以落实，造成二者互相“踢皮球”的问题。

我国监事会职能的发挥还受到高管及控股股东的限制。相较于其他国家公司，我国公司的高管与控股大股东占据较为强势的地位。不少控股股东兼具所有权与经营权，以委派经理人的方式实行控制。根据我国《公司法》第三十七条、第九十九条，股东（大）会有权选举监事，这就使得监事会法定职权缺失，并处于控股股东的控制中。

二、监事会相关制度仍待完善

我国目前实行职工监事制度，监事会成员的1/3以上均为职工。然而，公司职工大部分都是经理的下属，而职员的升职与否又取决于经理，所以监督关系出现了“本末倒置”。此外，在国有控股公司中，诸如党委等党政组织的关系也扮演着重要角色，高管也大多为党员、党委委员或具备政治联结，这可能会使得决策重心发生迁移，影响到监事会的职能与效力。职工监事制度的另一个治理问题在于，我国公司众多职工并不具备会计或法律的专业背景，欠缺有效对董事、经理进行监督的专业知识。监事会的考核与激励机制也亟待调整，对监事会进行有效评价的指标难以量化，无法准确体现监事会成员的工作量，为监事报酬提供参考。而公司股票期权可成为激励的一部分。

此外，国有重点大型企业监事会撤并强化而不是弱化了国资监管体系。国有重点大型企业监事会虽然不再设立，但功能并没有撤销而是并入审计署的监事职能。将监事会职能列入审计署，对审计署而言将有助于更好地实现动态的全流程监督，同时强化了审计署代表全民来审计国有资产的功能。

延伸阅读

公司治理法规：

国务院2000年3月15日发布的《国有企业监事会暂行条例》；

国务院2000年3月15日发布的《国有重点金融机构监事会暂行条例》。

第5节 前沿研究

纵观世界各国公司治理的实践，公司治理监督模式主要有两大类：一类是以美国和英国为代表的独立董事监督模式；另一类是以德国和日本为代表的监事会监督模式。我国上市公司治理监督模式则经历了最初的监事会监督模式到独立董事和监事会“双头”监督模式的强制性变迁历程，在公司治理体系中表现并不如人意。由于实践中监事会监督角色在公司治理中的缺位，以及学界广为诟病的监事会监督无力、形同虚设，国内有关监事会的学术研究较少，国外更是鲜有研究。但我们仍可从当前国内部分前沿研究中，了解我国监事会的现状并审视这一机制，以期未来监事会制度的改进提升。

在理论研究上，有学者审视反思当前我国的监事会制度，并在国际视角下通过与国外监事会模式的对比试图找出我国监事会制度的改进方向。郭雳（2016）结合相关最新发展，对中国、德国和日本监事会制度进行比较，审视这项机制在我国的失败之源，呼吁公司法界对其存废改良加强认识和讨论。研究指出，中国监事会制度貌合而神离主要有两大原因：一个原因是中国公司在引进监事会制度时，制度背景因素在“移植”过程中被遗失或忽视了。例如从德国引入职工监事，但德国职工监事机制设立和发展的前提是非常有力的职工保护和工会。在日本，终身雇佣和内部拔擢传统使得经理实际上较大程度代表了员工等内部人的利益诉求，职工监事也几乎没有存在的必要。而在美国，职工利益是由工会组织和利益相关者所涵盖的。另一个原因是立法者引进该制度时因试图追求过多目标而陷入迷失和自相矛盾。理想状态下无所不能、与董事会均衡匹配的监事会运行起来难免顾此失彼，委员会式的工作机制也并不协调。因此，监事会改革的出路在于简化功能，确立更加单纯而切实的定位，甚至也可以考虑让不同类别的公司进行模式选择。

关于我国监事会监督方式的变革，一方面，部分学者提出须进一步补足监事会的功能，通过立法进一步完善监事会（监事）的权利、义务、责任制度；另一方面，在上市公司协调好监事会与独立董事两种监督机制，降低企业的监督成本。赵大伟（2017）认为我国公司监事会的监督方式须进行全面调整；须由非专业监督向专业监督转变，实现财务监督和自我组织的专业化；须由回顾式监督向展望式监督转变，通过增设董事会报告义务增加监事会的监督信息供给，通过增设监事会的风险控制监督义务使监事会与董事会共同防范公司经营风险；须由对立式监督向合作式监督转变，在充分尊重董事会对公司经营管理独立领导权的基础上，通过增设监事会的协商权实现监事会与董事会之间的良性互动。

在实证研究方面，有学者认为理论研究中对监事会制度的贬低存在争议，缺乏足够经验证据的支持。部分学者尝试利用我国上市公司数据探究监事会作用的发挥效果。冉光圭等（2015）以 1999—2012 年 2 067 家中国上市公司为有效研究样本，利用手工采集的监事会成员个人特质信息，系统考察了监事会成员背景特征对公司盈余管理水平和盈余反应系数的影响。研究发现，拥有会计和学术背景的监事有助于改善公司会计信息质量。研究通过构建监事会能力指数并实证检验其对公司会计信息质量的影响，发现监事会有利于抑制公司的盈余管理行为，提高公司股票的价值相关性。总体上，中国上市公司监事会发挥着积极的财务监督作用。

周泽将等（2019）以 2007—2016 年中国 A 股上市公司为样本，实证检验监事会经济独立性对企业违规行为的影响。研究发现，当监事会经济独立性增强时，企业违规行为的发生概率和程度都显著降低，且此治理功能的发挥主要由监事会主席的经济独立性推动；当内部控制有效性下降或企业所处地区的法律环境较差时，监事会经济独立性的治理功能更强。因此，实现经济独立性有助于监事会治理功能的发挥，其主要原因是代理成本降低。

本章小结

监事会是公司的常设机构，负责监督公司的日常经营活动以及对董事、经理等人员违反法律、行政法规、公司章程的行为予以指正。我国《公司法》规定监事会是由股东（大）会选举的监事以及由公司职工民主选举的监事组成的，对公司的业务活动进行监督和检查的法定必设和常设机构。

监事会的类别分为股东监事、职工监事和外部监事。股东监事是指有限责任公司或股份有限公司的监事会中代表公司股东利益，检查公司财务，监督董事、经理活动的，由公司股东在股东大会或股东会会议选举产生的由有股东资格的人充任的监事。职工监事是指股份有限公司或者有限责任公司的监事会中代表职工利益，检查公司财务，监督董事、经理活动的，由职工民主选举产生的由职工充任的监事。尽管我国《公司法》未对外部监事做出明确规定，但外部监事也是加强监事会的独立性和监督力量的重要一环。

《公司法》规定，监事会是公司的监督机构。有限责任公司经营规模较大的，设置监事会；规模较小、股东人数较少的，可以不设监事会，只设1～2名监事，行使监事会的职权。股份有限公司必须设置监事会。监事会的法律地位表现在以下三个方面：监事会或监事是公司的法定必设机构；监事会向股东（大）会汇报工作，并得到股东（大）会的批准，以体现股东对公司的权力；监事行使监督职权，对公司财务以及董事、经理执行业务进行监督。

当前我国监事会制度主要存在的问题有监事会地位缺乏独立性，监事会成员构成不合理，监事会职权不足，对监事会成员缺乏必要的激励机制和相应的约束机制。解决的可能方式主要有确保监事会地位的独立性，完善监事会成员组织体系，完善监事会之职权，建立对监事的激励和约束机制等。

复习思考题

1. 监事和监事会在企业中发挥了怎样的作用？
2. 监事和监事会的主要职责是什么？
3. 监事会主要存在哪些监督形式？
4. 谈谈你对我国监事会制度存在必要性的理解，以及对监事会制度改善和未来发展的构想。

案例分析与讨论

安然财务造假事件

各国企业监督制度的选择可概括为以英美为代表的一元模式及以德日代表的二元模式，后者之于前者的差异，在于二元模式为完善公司治理结构，引进了监事会作为主要监督机构。在采取英美公司制度模式的一些国家，公司的股东（大）会之下不设置监事会。如美国公司的监督职能一般由董事会特别是外部董事兼任，公司设立以外部董事组成的审计委员会，负责监督董事会的经营活动。英美法系国家公司立法中尽管未规定设置专门的公司监督机构，但董事会中的外部董事制度或独立董事制度、股东的代表诉讼制度以及公司账目的专门审计制度，在相当程度上弥补了这一缺陷，与大陆法系国家的公司监事会制度有殊途同归之效。

美国安然事件是指2001年发生在美国的安然（Enron）公司破产案以及相关丑闻。安然公司曾经是世界上最大的能源、商品和服务公司之一，名列《财富》杂志美国500强的第七名，是一家包含了3 000多个关联企业的巨型公司，自称全球领先企业。安然公司位于美国得克萨斯州休斯敦市，曾是世界上最大的电力、天然气以及电信公司之一，其在2000年披露的营业额高达1 010亿美元。

然而，这个拥有上千亿元资产的公司的盈利模式在2001年初遭到了质疑，人们开始真正追究安然的盈利情况和现金流向。2001年8月，安然股价已经从年初的80美元左右缩水了近50%。同年10月31日，美国证券交易委员会开始对安然及其合伙公司进行正式调查，11月安然向美国证券交易委员会承认了假账的存在：自1997年以来，安然虚报盈利共计近6亿美元，并未将巨额债务入账。月底，标准普尔将安然债券评级调低至“垃圾债券”级，安然市值由峰值时的800亿美元蒸发至2亿美元。2001年12月2日，安然突然向纽约破产法院申请破产保护，其破产清单中所列资产高达498亿美元，该案成为美国历史上企业第二大破产案。它的瓦解创下了美国经济领域的三项纪录，即破产资产总额498亿美元，为美国有史以来最大宗的破产申请；股价在一天内猛跌超过75%，创下纽约股票交易所和纳斯达克市场有史以来单日下跌幅度之最；股价由曾经的90.75美元，跌至每股0.26美元，创下美国有史以来公司破产速度之最。此次事件严重挫伤了美国经济恢复的元气，重创了投资者和社会公众的信心，引起美国政府和国会的高度重视。

安然的管理层遭到普遍质疑，包括董事会、监事会和高级管理人员。他们面临的指控包括疏于职守、虚报账目、误导投资人以及牟取私利等。事实上，安然把大量债务通过被安然高层所控制的关联企业隐藏起来，运用关联交易大规模操纵收入和利润额，采用模糊会计手法申报财务报表。这样，安然高达130亿美元的巨额债务就不会为投资人所知。而安然的财务主管等也从这些合伙公司中牟取私利。

显然安然的高层对公司运营中出现的问题非常了解，但长期以来熟视无睹甚至有意隐瞒。包括首席执行官斯基林在内的许多董事会成员一方面鼓吹股价还将继续上升，一方面却在秘密抛售公司股票。安然审计委员会的6名成员中，有3人拥有近10万股公司股票，市价高达750万美元。如果审计委员会对公司隐含的风险进行披露，他们持有的股票就会贬值。此外，公司的监事会也形同虚设，14名监事会成员中有7名与安然关系特殊，要么正在与安然进行交易，要么供职于安然支持的非营利性机构，对安然的种种劣迹睁一只眼闭一只眼。监事会较低的治理水平也侧面助长了安然的蓄意舞弊行为。

安然公司的破产，以及2002年6月的世界通信会计丑闻事件，彻底打击了美国投资者对美国资本市场的信心。因此，美国国会和政府加速通过了《萨班斯-奥克斯利法案》

(Sarbanes-Oxley Act)。法案的第一句话就是“遵守证券法律以提高公司披露的准确性和可靠性，从而保护投资者及实现其他目的”，旨在完善美国上市公司监管机制。此外，公司高管及会计从业人员的法律责任也被加大，法案前所未有地将公司高管和会计从业人员的法律责任用成文法的方式明确加以限定，比如，对公司高管处以最高20年监禁，最高500万美元的罚款等。

尽管会计在这起公司丑闻事件中负有非常重大的责任，但合理的公司监管体系需要企业内部董事会、监事会、经理层、全体员工与外部诸多相关机构与部门共同协作与配合完成，资本市场需要《萨班斯-奥克斯利法案》的雷厉风行，更需要公司内控机制的长久自律与内外部监管机制的制衡。

资料来源：吴晓，刘世林．基于“规则文化”差异的中西方公司治理比较研究[J]．中国软科学，2011(10)：146-152；李维安．从安然到雷曼：警惕“繁荣”背后治理风险的累积[J]．南开管理评论，2008(5)：1；平来禄，刘峰，雷科罗．后安然时代的会计准则：原则导向还是规则导向[J]．会计研究，2003(5)：11-15；葛家澍．美国安然事件的经济背景分析[J]．会计研究，2003(1)：9-14+65；陆建桥．后安然时代的会计与审计：评美国《2002年萨班斯-奥克斯利法案》及其对会计、审计发展的影响[J]．会计研究，2002(10)：33-42+65.

思考与讨论：

1. 监事会具备哪些独特的公司治理功能？
2. 监事会制度应当如何设立才能加强监督职能？
3. 安然事件对我国公司监督制度的完善有何启示？

06 CHAPTER 6

第6章 经理人的激励与约束

| 学习目标 |

1. 了解我国经理人的提名、选聘程序、任职资格、义务和禁止行为等。
2. 明确经理人的权利与义务以及公司治理中出现的经理人代理问题，掌握相关的经理人激励机制及约束机制等。
3. 通过熟悉近年来我国出现的经理人治理问题，了解其成因及解决措施。

| 关键词 |

高级管理者（senior executives）：即高管层，指的是那些在现代企业管理层中担任重要职务、对法人的财产拥有经营管理权，承担法人财产保值增值责任的企业高级经营管理者。

激励相容理论（incentive compatibility theory）：各理性经济人都按自身利益最大化的目标进行决策，当一种制度设计能使个人追求利益的同时也能使企业实现价值最大化，即为激励相容。

股权激励（stockholder's rights drive/stock incentive compensation）：通过经营者获得公司股权的形式给予经营者一定的经济权利，使他们能够以股东的身份参与公司决策、分享利润、承担风险，从而勤勉尽责地为公司的长期发展服务的一种激励方法。

虚拟股票（phantom stocks）：又称为“发起人股”“递延股”“红利股”，是公司授予激励对象的一种“虚拟”股票，因用于奖励公司管理层而保存起来，待管理层做出一定业绩后才可获得。

经营者持股（executive stock ownership）：公司强制要求高管人员按照约定价格自行出资购买一定数量的本公司股票，并在其任期内锁定。高管人员持股期间可以享受股票的一切权利，股票收益可在当年足额兑现。

业绩股票（performance shares）：公司以普通股作为长期激励报酬授予经营者，股权的转移取决于经营者是否达到、超过或是未达到预先设定的业绩指标。

限制性股票（restricted shares/restricted stocks）：上市公司按照预先确定的条件授予激励对象一定数量的本公司股票，但激励对象对这些股票的处置权和拥有权会受到一定的限制。

延期支付计划（deferred compensation plan）：公司将激励对象的部分薪酬（如：年度奖金、股权激励收入等），按当日公司股票的市场价格折算成股票数量，并以此作为计量单位，存入特别设立的公司延期支付账户。在既定的期限（一般为 5 年）结束后或激励对象退休后，再以公司股票的形式或者根据期满时的股票市场价格以现金的方式支付给激励对象。

管理层收购（management buy-out，MBO）：目标公司的管理层利用金融杠杆购买本公司股份，以实现公司资产结构、所有权、控制权、剩余索取权等方面的变化，达到管理层控制公司、重组公司的目的。

员工持股计划（employee stock ownership plan，ESOP）：又称为“员工持股制度”“职工持股计划”，公司内部员工认购本公司的股份，并委托其他法人机构运作，由该法人机构代表员工进入董事会参与公司治理，按照所持股份数额享受利润分配。

两职合一（CEO duality）：董事长与总经理这两个职位由同一个人担任。

高管辞职套现（resignation and cash-out of executives）：上市公司的原非流通股股东或者高管在该公司股票价格较高的时候卖出股票套取现金。

经理人超额薪酬（excessive executive compensations）：经理人利用手中的权力和影响，从而获得远高于公平谈判的收入。

引导案例

家族企业如何实现代际传承中的治理转型?

经历近 30 年艰苦奋斗，我国第一代家族企业创始人和治理权威都已渐入暮年，国内家族企业进入了集中的二代接班期。家族企业代际传承问题关乎着企业的生存与发展、家族事业的传承与发扬，到底应该沿袭“子承父业”的家族权威治理，还是应该转而选择由职业经理人治理？但是“子承父业”往往受到二代没有接班意愿或没有接班能力的冲击，而引入职业经理人又会引发家族企业利益受侵害的问题。

在国美电器“控制权之争”的案例研究中发现，在家族企业治理转型过程中，创始大股东向职业经理人让渡控制权有利于提升企业决策质量，促进社会资本融合。但由于现实中的契约不完全、经理人市场不健全以及诚信缺失等原因，创业家族的控制权让渡也面临巨大的控制权私利风险。此时，优化企业内部权力配置，形成核心控制权、一般控制权和现金流权之间的合理匹配与均衡，是实现创业家族和职业经理人之间互惠相容，确保家族企业治理转型成功的关键和微观基础。

资料来源：徐细雄，刘星．创始人权威、控制权配置与家族企业治理转型：基于国美电器“控制权之争”的案例研究［J］. 中国工业经济，2012(2)：139－148；高闯，郭斌．创始股东控制权威与经理人职业操守：基于社会资本的“国美电器控制权争夺”研究［J］. 中国工业经济，2012(7)：122－133.

经理人作为企业运营的核心人物、企业目标的执行者，其激励一直受到学者的关注。经理人能否在最大限度上满足投资者的利益要求，取决于是否对经理人有健全有效的激励与约束机制。设计合理的薪酬激励机制、完善对经理人的监督制约对实现企业价值最大化具有重要意义。尤其是当各国近年来公司高管天价薪酬、辞职套现等事件的发生，高管的薪酬越来越受到政府和社会公众的关注。

第 1 节　经理人选聘及职权

一、经理人的概念

高级管理者即高管层，指的是那些在现代企业管理层中担任重要职务、对法人的财产拥有经营管理权，承担法人财产保值增值责任的企业高级经营管理者。高级管理者由企业聘任，以自身的人力资本出资，以经营管理企业为职业，并以此获得报酬和剩余索取权。

高级管理者主要包括经理、副经理、财务负责人、上市公司董事会秘书以及公司章程规定的其他人员。经理由董事会决定聘任或者解聘，对董事会负责；副经理由经理提请董事会决定聘任或者解聘。

二、经理人的提名

2002 年 1 月 7 日，我国发布《上市公司治理准则》，以推动我国上市公司的建立和现代企业制度的完善，规范上市公司运作，促进我国证券市场的健康发展。2018 年 9 月 30 日，证监会发布《上市公司治理准则》修订版。该准则共十章九十八条，包括上市公司治理的基本理念和原则，股东大会、董事会、监事会的组成和运作，董事、监事和高级管理人员的权利义务，上市公司激励约束机制，控股股东及其关联方的行为规范，机构投资者及相关机构参与公司治理，上市公司在利益相关者、环境保护和社会责任方面的基本要求，以及信息披露与透明度等。

经理人提名指的是董事会在选聘经理人前进行的人选范围的确定。根据《上市公司治理准则》2018 年修订版，董事会需成立专门的提名委员会，并且由提名委员会负责研究董事、高级管理人员的选择标准和程序并提出建议；遴选合格的董事人选和高级管理人员人选；对董事人选和高级管理人选进行审核并提出建议。

三、经理人的选聘

经理人选聘指的是在已经提名的经理人范围内，进行选择和聘用工作。我国《公司法》第四十六条规定，董事会负责公司经理的聘任、解聘及其报酬事项，以及根据经理的提名决定聘任或者解聘公司副经理、财务负责人及其报酬事项。

现行《上市公司治理准则》第五十一条至第五十四条对高级管理人员的聘任做出了明确规定，指出：

（1）高级管理人员的聘任，应当严格依照有关法律法规和公司章程的规定进行。上市公司控股股东、实际控制人及其关联方不得干预高级管理人员的正常选聘程序，不得越过股东大会、董事会直接任免高级管理人员。鼓励上市公司采取公开、透明的方式，选聘高级管理人员。

（2）上市公司应当和高级管理人员签订聘任合同，明确双方的权利义务关系。高级管理人员的聘任和解聘应当履行法定程序，并及时披露。

（3）上市公司应当在公司章程或者公司其他制度中明确高级管理人员的职责。高级管理人员应当遵守法律法规和公司章程，忠实、勤勉、谨慎地履行职责。

（4）高级管理人员违反法律法规和公司章程规定，致使上市公司遭受损失的，公司董事会应当采取措施追究其法律责任。

四、经理人的任职资格

经理人任职资格指的是经理人在日常的经营管理中、在履行董事会委托的工作职责时所必备的条件。

现行《公司法》第一百四十六条对高管人员的资格禁止进行了明确规定：

有下列情形之一的，不得担任公司的董事、监事、高级管理人员：

（1）无民事行为能力或者限制民事行为能力；

（2）因贪污、贿赂、侵占财产、挪用财产或者破坏社会主义市场经济秩序，被判处刑罚，执行期满未逾五年，或者因犯罪被剥夺政治权利，执行期满未逾五年；

（3）担任破产清算的公司、企业的董事或者厂长、经理，对该公司、企业的破产负有个人责任的，自该公司、企业破产清算完结之日起未逾三年；

（4）担任因违法被吊销营业执照、责令关闭的公司、企业的法定代表人，并负有个人责任的，自该公司、企业被吊销营业执照之日起未逾三年；

（5）个人所负数额较大的债务到期未清偿。

公司违反前款规定选举、委派董事、监事或者聘任高级管理人员的，该选举、委派或者聘任无效。董事、监事、高级管理人员在任职期间出现本条第一款所列情形的，公司应当解除其职务。

五、经理人的职权

经理人职权指的是在法律法规适用范围内，经理人可以行使的具体权利。

现行《公司法》第四十九条和第一百一十三条对经理的设立与职权做出了明确规定。根据这两条规定，有限责任公司可以设经理，由董事会决定聘任或者解聘。经理对董事会负责，行使下列职权：

（1）主持公司的生产经营管理工作，组织实施董事会决议；

（2）组织实施公司年度经营计划和投资方案；

（3）拟订公司内部管理机构设置方案；

（4）拟订公司的基本管理制度；

（5）制定公司的具体规章；

（6）提请聘任或者解聘公司副经理、财务负责人；

（7）决定聘任或者解聘除应由董事会决定聘任或者解聘以外的负责管理人员；

（8）董事会授予的其他职权。

公司章程对经理职权另有规定的，从其规定。经理列席董事会会议。

六、经理人的义务和禁止行为

经理人义务指的是经理人在任职期间以及任职期结束的一段时间内必须遵守的义务。

现行《公司法》第一百四十七条至第一百五十条对公司高级管理人员的义务做出了明确规定：高级管理人员应当遵守法律、行政法规和公司章程，对公司负有忠实义务和勤勉义务；应当如实向监事会或者不设监事会的有限责任公司的监事提供有关情况和资料，不得妨碍监事会或者监事行使职权；不得利用职权收受贿赂或者其他非法收入，不得侵占公司的财产。

《公司法》第一百四十八条规定，董事、高级管理人员不得有下列行为：

（1）挪用公司资金；

（2）将公司资金以其个人名义或者以其他个人名义开立账户存储；

（3）违反公司章程的规定，未经股东会、股东大会或者董事会同意，将公司资金借贷给他人或者以公司财产为他人提供担保；

（4）违反公司章程的规定或者未经股东会、股东大会同意，与本公司订立合同或者进行交易；

（5）未经股东会或者股东大会同意，利用职务便利为自己或者他人谋取属于公司的商业机会，自营或者为他人经营与所任职公司同类的业务；

（6）接受他人与公司交易的佣金归为己有；

（7）擅自披露公司秘密；

（8）违反对公司忠实义务的其他行为。

董事、高级管理人员违反前款规定所得的收入应当归公司所有。

延伸阅读

《上市公司治理准则》：于 2002 年 1 月 7 日发布，现最新版本为证监会于 2018 年 9 月 30 日修订后发布的。

《中华人民共和国公司法》：首次于 1993 年 12 月 29 日第八届全国人民代表大会常务委员会第五次会议通过，后经过多次修正（修订）：1999 年 12 月 25 日第九届全国人民代表大会常务委员会第十三次会议《关于修改〈中华人民共和国公司法〉的决定》第一次修正；2004 年 8 月 28 日第十届全国人民代表大会常务委员会第十一次会议《关于修改〈中华人民共和国公司法〉的决定》第二次修正；2005 年 10 月 27 日第十届全国人民代表大会常务委员会第十八次会议修订；2013 年 12 月 28 日第十二届全国人民代表大会常务委员会第六次会议《关于修改〈中华人民共和国海洋环境保护法〉等七部法律的决定》第三次修正；2018 年 10 月 26 日第十三届全国人民代表大会常务委员会第六次会议《关于修改〈中华人民共和国公司法〉的决定》第四次修正。

资料来源：第 29 号公告，上市公司治理准则［OL］. http://www.csrc.gov.cn/pub/zjhpublic/zjh/201809/t20180930_344906.htm；中华人民共和国公司法［OL］. http://www.npc.gov.cn/wxzl/gongbao/2014-03/21/content_1867695.htm.

第 2 节　经理人的权利及代理问题

一、经理人的权利

在管理学的早期历史中，现代管理学之父彼得·德鲁克（Peter F. Drucker）将“经理人”定义为“对其他人的工作负有责任的人”。20 世纪 50 年代初，美国通用电气公司将“经理人”定义为“一个以个人方式做出贡献的专业人员”。随着社会的发展变迁，“经理人”这一概念有了许多不同的解读。

从狭义上看，经理人是某一公司中直接被董事会所聘任的高管层，包括总经理、副总经理、总经济师、总会计师、财务总监等。从广义上看，除了公司的高管层，经理人还应包括分公司经理层和部门经理层。而经理人市场则涵盖了现有的经理人和潜在的经理人。一般认为，经理人是公司日常经营管理和行政事务的负责人，由公司董事会聘任，对董事会负责，在法律、行政法规及公司章程规定和董事会授权范围内，代表公司从事业务活动。

经理人的权利可以划分为两种：经营权和收益权。前者偏向于“权力”的概念，与其在组织中的管理职位有关；后者偏重于“利益”的概念，与其为公司做出的贡献相对应。

（1）经营权。笼统来说，经理人的经营权不同于董事会的权力。董事会要对公司的战略发展方向负责，享有战略决策权、制定权。并且，董事会要对经理人行为进行监督，享有监督权。而经理层需要将董事会制定的战略、方针落地实施，享有执行权、日常决策权。具体来说，在中国，公司总经理虽受聘于董事会，但其大部分职权都是由《公司法》明文规定的。具体详见《公司法》第四十九条和第一百一十三条。

（2）收益权。经理人通过行使经营权对企业做出一定贡献，就需要享有相应的收益，这就是经理人激励问题。经理人激励的具体内容和方式详见下文。

二、经理人代理问题与激励相容

激励相容理论是由赫维奇（Hurwicz，1973）提出的。各理性经济人都按自身利益最大化的目标进行决策，当一种制度设计能使个人追求利益的同时也能使企业实现价值最大化，即为激励相容。将委托代理理论和激励相容理论相互融合，可以解决在利益冲突与信息不对称环境下，委托人对代理人的激励问题。

公司治理的主要问题可以分为三类：代理型公司治理问题、剥夺型公司治理问题和其他利益相关者关系问题。代理型公司治理问题指的是公司所有者和经营者之间的代理问题。根据委托代理理论，企业的所有者和经营者之间存在着目标利益不一致、信息不对称，导致企业外部成员（如股东、债权人、主管部门等）无法实施有效监督。而企业内部成员（如经理）通过直接参与公司的战略决策，可以掌握大部分的企业实际控制权。

内部成员为了追求自身利益，可能会侵蚀外部成员（股东）的合法权益。因此，代理型公司治理问题又可以称为“经理人对股东的内部人控制”问题。

剥夺型公司治理问题涉及控股股东与中小股东之间的利益冲突关系，大股东对公司的经营活动具有控制权，为了实现自身利益最大化（而非公司利益最大化），他们可能会利用控制性股东的身份侵占公司资源，导致中小股东的利益受损。因此，剥夺型公司治理问题又被称为“终极股东对中小股东的隧道挖掘问题”。

而其他利益相关者关系问题涉及公司与其他利益相关者之间的关系问题。实践证明，只有当各利益相关者的利益得到合理配置时，才能建立一个利于企业长远可持续发展的外部环境，实现企业价值最大化、股东财富持续积累。

一般认为，经理人对股东负有忠诚、勤勉的义务，但是由于委托代理和监督惩罚力度不足等问题的存在，经理人在实际的经营管理中通常会违背忠诚和勤勉义务，进而引发经理人对股东的“内部人控制”问题。

经理人违背忠诚义务进而导致“内部人控制”问题的主要表现如下：过高的在职消费，盲目过度投资，经营行为短期化；侵占资产、转移资产；工资、奖金等收入过快增长，侵占利润；会计信息作假、财务作假；大量负债（资产负债率远高于同业平均水平），甚至严重亏损；建设个人帝国。

经理人违背勤勉义务进而导致“内部人控制”问题的主要表现如下：信息披露不完整、不及时；敷衍偷懒不作为；财务杠杆过度保守；经营过于稳健、缺乏创新。

在我国，国有企业改革过程中“内部人控制”问题的主要表现为国有资产流失、会计信息失真。

三、经理人激励机制

经理人激励是公司根据经理人评价和绩效考核结果，设计的一套科学的薪酬管理系统，并以此来规范、激发或惩罚经理人行为，以达到提升公司绩效的目的。现行《上市公司治理准则》第四十二条规定薪酬与考核委员会的主要职责包括：研究董事与高级管理人员考核的标准，进行考核并提出建议；研究和审查董事、高级管理人员的薪酬政策与方案。

从规章制度来看，现行《上市公司治理准则》第五十八条至第六十二条对经理人的激励与约束机制做出了明确规定：（1）上市公司应当建立薪酬与公司绩效、个人业绩相联系的机制，以吸引人才，保持高级管理人员和核心员工的稳定。（2）上市公司对高级管理人员的绩效评价应当作为确定高级管理人员薪酬以及其他激励的重要依据。（3）董事、监事报酬事项由股东大会决定。在董事会或者薪酬与考核委员会对董事个人进行评价或者讨论其报酬时，该董事应当回避。高级管理人员的薪酬分配方案应当经董事会批准，向股东大会说明，并予以充分披露。（4）上市公司章程或者相关合同中涉及提前解除董事、监事和高级管理人员任职的补偿内容应当符合公平原则，不得损害上市公司合法权益，不得进行利益输送。（5）上市公司可以依照相关法律法规和公司章程，实施股权激励和员工持股等激励机制。上市公司的激励机制，应当有利于增强公司创新发展能力，促进上市公司可持续发展，不得损害上市公司及股东的合法权益。

从激励内容来看，管理层激励方式可以分为两类：物质激励和精神激励。物质激励的主要方式为奖金、分红、年薪制、股份等。精神激励的主要方式为在职消费、荣誉称号、资格、职称和证书、度假、进修等。

从激励时间来看，管理层激励方式可以分为两类：短期激励和长期激励。短期激励的主要方式为在职消费、提成、奖金等。长期激励的主要方式为年薪制、股份、股票期权。

年薪制（annual salary system）是最基本的管理人员报酬制度，企业根据自身规模、经营业绩、风险责任等因素，以年度为单位向经营管理者支付工资收入的一种分配制度。年薪一般由基本年薪和风险年薪两部分组成。基本年薪体现了高级管理者的人力资本价格，通常由公司员工的平均工资、公司规模以及相关因素来确定。风险年薪则是对高级管理者超额贡献的一种奖励。有时为了防止高级管理者的短视化行为，公司可以采用年薪不同程度延付的形式。

（一）股权激励（期货与期权）

期货起源于农业。农产品生产者为了避免因产品价格剧烈波动而带来的损失，会提前与农产品收购者签订合同，约定在未来某一时间以某一价格进行交易。这种合同既保证了农民不会因农产品价格大跌而遭受损失，也避免了购买者因农产品价格大涨而遭受损失。这种提前锁定商品价格的合同称为“期货”。期货的买卖双方必须按照合同进行交割。期货可以帮助生产者锁定收益并帮助使用者锁定成本，故逐渐应用于原材料（铁矿石、铜矿石）、能源或其他领域。期货标的物可以是某种商品（如黄金、原油、农产品等），也可以是金融资产（如股票、债券等）。

与期货略有不同，期权将交割的选择权赋予了合约的一方。期权被定义为买卖双方订立的一个合约，期权卖方“有责任”保证期权买方“有权利”在未来一段时间之内（美式期权）或未来某一时间点（欧式期权）以约定价格和约定数额进行标的物的买卖。常见的期权标的物为：股票、外汇、利率、政府债券、货币、股票指数、商品期货等。期权最常见于对公司管理层的激励。

股票期权是一种以股票为标的物的合约。公司管理者通过持有公司股权来分享对公司的剩余索取权，是一种较为常见的激励措施。

由于企业高管的业绩较难进行衡量，通过将高管的个人利益与公司利益进行绑定，可以在一定程度上减少高管的机会主义行为。一般认为，股价可以较好地反映公司的业绩和经营状况。公司通过与管理层签订期权合约，向管理层承诺未来可以以 X 元的价格购买 Y 股票，那么未来公司的股价与 X 之间的差距则为管理层的收益。

股票期权在实践中具有一定的优势。首先，股票期权将公司高级管理者的利益与公司股东的利益捆绑在一起，使得管理者更加重视企业的长期发展，减少短视化行为。而且，股权激励的执行不涉及公司现金的当期支付，减少了公司现金流方面的负担（这点对现金流紧张的企业至关重要）。最后，股权激励作为“滞后的补偿”在一些国家（如美国）可以为公司和管理者带来税收方面的优惠。

（二）虚拟股票

虚拟股票又称为“发起人股”“递延股”“红利股”，是公司授予激励对象的一种“虚拟”股票，是公司的库存股，因用于奖励公司管理层而保存起来，待管理层做出一定业绩后才可获得。由于该股份的获取无任何代价，其持有者与普通股持有人所享有的权利待遇存在一些区别。虚拟股票是获取企业的未来分红的凭证或权利，其激励对象可以凭此享受一定数额的分红权和股票差价收益，但是不享有所有权、表决权，也不能将所获得的股票进行转让和出售；虚拟股票持有人的盈余分配和对剩余财产的索取权的位序均排在其他股票之后，只有在优先股或普通股持有人的权利行使后才享有对公司资产的拥有权；在离开企业时该股票自动失效。

（1）虚拟股票的优点。首先，虚拟股票将管理层收益与公司业绩进行关联，在一定程度上可以激励高管层做出有利于公司发展的决定，从而提升企业业绩和市值。而且，由于虚拟股票实质上仅是一种享有企业分红权的凭证，而不享有其他权利（如所有权、表决权），所以，虚拟股票的发放对公司的总资本和股本结构不会造成影响。

（2）虚拟股票的缺点。首先，激励对象可能因过分考虑分红等因素而过多关注企业的短期利益，造成短视化。而且，虚拟股票实质上并不涉及公司所有权的授予，仅仅是奖金的延期支付，所以，其长期激励效果并不显著。最后，设置虚拟股票的公司由于分红意愿强烈，对公司的现金支付造成较大压力，所以，虚拟股票不适用于存在现金流问题的公司。

（三）经营者持股

经营者持股指的是公司强制要求高管人员按照约定价格自行出资购买一定数量的本公司股票，并在其任期内锁定。高管人员持股期间可以享受股票带来的一切权利，股票收益可在当年足额兑现。股票的来源主要有以下几个方面：公司无偿赠给受益人；由公司补贴、受益人购买；公司强行要求受益人自行出资购买。受益人在拥有公司股票后，成为自身经营企业的股东。

（1）经营者持股的优点。首先，通过股票将企业经营者和所有者的利益捆绑在一起，通过风险共担与收益共享的激励模式，有利于减少高管人员的机会主义行为，提高公司价值。其次，任期内锁定表明，高管人员持有的股票在离职半年后才可以抛出，这样公司可以降低管理人员产生短期行为的可能性。最后，经营者持股可以更好地保护中小股东的利益。高管人员通过持有本公司股票，成为公司的小股东，所以，在经营决策中为了维护自身的利益而使广大的中小股东利益得到保护。

（2）经营者持股的缺点。该方案对管理层的激励作用十分有限。虽然经营者持股可以让管理层获得类似股票期权的收益，但是与股票期权不同，在该方案中，管理层必须先使用自身财产购买公司股票，若处理不当，会对管理层造成负面作用。因此，经营者持股对管理层的约束作用更为明显，而激励作用相对有限。

（四）业绩股票

业绩股票，顾名思义是将股票的授予数额与业绩指标进行关联，是股权激励的另一种表现形式。其具体指的是，公司以普通股作为长期激励报酬授予经营者，股权的转移取决于经营者达到、超过或是未达到预先设定的业绩指标。例如，公司在年初时设立一个相对合理的业绩目标，如果激励对象到年末时完成预定目标，则公司将授予其一定数量的股票或提取一定的奖励基金用于公司股票的购买。但是，业绩股票的流通变现往往有时间和数量上的限制。如果激励对象在规定时间内通过业绩考核，则可以按规定获得一定比例的业绩股票；如果激励对象未能通过业绩考核、做出有损公司的行为、出现非正常离任等情况，则尚未兑现的业绩股票将作废。

（1）业绩股票的优点。首先，业绩股票将经理人与股东的利益相互捆绑，激励经理人努力提升公司业绩。其次，业绩股票通过逐步兑现激励收入，使得激励对象的退出成本较低，对其行为起到较强的约束作用。最后，业绩股票符合中国现有的法律法规，比较规范。经公司股东大会通过即可实行，所受的政策限制较少，可操作性强，实施成本较低。在我国，由于股票期权的实施受到较多来自政策和法律的限制，上市公司（尤其是高科技企业）较多采用业绩股票的激励模式。

（2）业绩股票的缺点。首先，公司难以设定一个科学有效的业绩目标。一些经理人为了获得业绩股票很有可能夸大业绩、弄虚作假，引发诚信问题，致使公司陷入信任危机。其次，业绩股票的激励成本较高，激励对象有限，仅适用于现金流充足的企业。业绩股票的兑现会对公司现金流产生较大压力，导致经营成本的提高，这使得此种激励方式只能在小范围内推广，激励效果较为有限。最后，业绩股票的激励模式仅要求经理人完成规定的业绩指标，不涉及公司股价的提升等风险因素，不利于公司提高其市场价值。所以，仅适用于经营状况良好、业绩增长稳定的公司。

（五）限制性股票

限制性股票也是股权激励的一种，是为了某一特定计划而设计的激励机制。上市公司按照预先确定的条件授予激励对象一定数量的本公司股票，但激励对象对这些股票的处置权和拥有权会受到一定限制，主要体现在获得条件和出售条件这两个方面。

从获得条件来看，只有满足预定的条件，激励对象才能获得这些股票。国外企业通常是将一定的股票数量无偿或者收取象征性费用后授予激励对象；而中国则是依据业绩目标和服务年限这两个条件来授予股票。从出售条件来说，激励对象只有在完成特定业绩目标或达到规定的服务年限后，才有权出售限制性股票，并从差价中获益，否则企业有权将赠予的股票收回或以激励对象购买时的价格进行回购。国外企业通常按照企业特性和具体需求，在可售出股票市价条件、年限条件、业绩条件等方面做出规定；而中国还特别在限制性股票的禁售期设置方面做出了明确规定。

（六）延期支付计划

延期支付计划是公司将激励对象的部分薪酬（如年度奖金、股权激励收入等），按当日公司股票的市场价格折算成股票数量，并以此作为计量单位，存入特别设立的公司延期支付账户。在既定的期限（一般为 5 年）后或激励对象退休后，再以公司股票的形式或者根据期满时的股票市场价格以现金的方式支付给激励对象。

（1）延期支付计划的优点。首先，延期支付的收益与公司业绩相关，既可以激励管理层努力工作，以维护自身利益，又可以鼓励管理者做出有利于公司长期利益的决策，减少经营者短期化行为。延期支付通过有偿授予和逐步变现的方式，体现了风险与收益对等的特征，激励效果较为显著。而且，在延期支付计划中，管理者以股票形式获得的奖金可以减税；无须证监会审批，可操作性强。

（2）延期支付计划的不足。由于股票市场风险不确定性较大，延期支付计划仅适用于业绩较为稳定的上市公司。

（七）管理层收购

管理层收购（MBO），是 20 世纪七八十年代流行于欧美国家的一种公司收购方式，具体指的是目标公司的管理层利用金融杠杆购买本公司股份，以实现公司资产结构、所有权、控制权、剩余索取权等方面的变化，达到管理层控制公司、重组公司的目的。管理层收购属于杠杆收购的范畴，其收购主体是管理层。他们往往对本公司非常了解，有着很强的经营管理能力。收购对象可以是企业整体，也可以是企业的子公司、分公司甚至一个部门。管理者通过收购由单一的经营者角色转变为所有者和经营者合二为一的双重身份，主导公司运作，有利于提高公司内部人员的积极性、降低代理成本、改善企业的经营状况。随着现代公司制度的发展，管理者职能化已经成为必然的发展趋势。可是，管理层收购并不意味着最高效率的产权结构，而仅是一种实现产权结构高效率的中间手段。为了提高产权效率，管理者通过管理层收购成为公司所有者，继而通过外聘其他职业经理人，实现从管理者到所有者的身份变换。

实施管理层收购的企业需要具备以下几个条件：目标公司应处于竞争性较强的行业，如家电企业、成长性较好的高科技企业；目标公司具有比较强且稳定的现金流生产能力，且公司债务比较低，具有一定的降低成本、提升利润的空间和潜力；其收购主体公司管理层在管理岗位上工作年限较长、经验较为丰富。

在中国企业的具体实践中，管理层收购的最大魅力在于能理清企业产权，实现所有者回归，建立企业的长期激励机制，具体表现在以下方面：一是解决国有企业“所有者缺位”问题，促进国企产权体制改革；二是解决民营企业戴“红帽子”的历史遗留问题，实现企业向真正的所有者“回归”，恢复民营企业的产权真实面目，从而为民营企业的长远发展扫清产权障碍；三是帮助国有资本从竞争性行业中逐步退出；四是激励和约束企业经营者，减少代理成本。

（八）员工持股计划

员工持股计划（ESOP），又称为“员工持股制度”“职工持股计划”，最早是由美国律师和投资银行家路易斯·卡尔索（Louis Kelso）在 20 世纪 50 年代提出。但直到 20 世纪 70 年代，在当时的美国参议院金融委员会主席、路易斯安那州民主党人拉塞尔·朗（Russell Long）以及路易斯·卡尔索的推动下才建立。其具体指的是，公司内部员工认购本公司的股份，并委托其他法人机构运作，该法人机构代表员工进入董事会参与公司治理，按照所持股份数额享受利润分配。员工持股计划的主要类型有：非杠杆型、杠杆型、福利型和风险型。

员工持股计划对公司和员工都有一定的意义：（1）奠定了公司民主管理的基础；

(2) 是公司用于筹资、扩大资金来源、实现资本积累的一种手段；(3) 作为公司上市的替代方案，为非公众持股公司的股票提供了一个内部交易市场；(4) 可以防止恶意收购；(5) 可以让公司平稳放弃或让渡经营不理想的子公司；(6) 将公司所有权向雇员转移，以此作为激励机制，留住人才，增加员工收入或补偿员工的工资损失，激发员工积极性，提高生产经营效率；(7) 作为养老金的替代方案，为员工退休提供保障。

四、经理人约束机制

经济学中的利己主义认为人都是利己的。作为公司的代理人，在缺少约束机制的情况下，经理人很有可能产生机会主义行为，从而对股东收益和企业绩效产生不良影响。因此，建立健全经理人约束机制对企业健康发展、社会稳定具有重要作用。

从对经理人的约束形式来看，约束机制可以分为内部约束和外部约束。内部约束主要包括公司章程约束、聘任合同约束、机构约束以及激励约束等。(1) 公司章程作为企业运行的根本大法，对经理人的职责做出了明确的规定，要求经理人的行为必须符合公司章程的要求。(2) 聘任合同约束指的是根据《上市公司治理准则》，经理人由董事会下设的提名委员会选出，与公司签订聘任合同，明确了双方的权利义务关系。双方在平等谈判的基础上签订合同，该合同具有法律效力，对双方具有法律约束力。(3) 机构约束指的是来自董事会和股东（大）会的约束。董事会和股东（大）会有权对经理人的经营决策进行监督，对出现的问题提出建议，予以修正。(4) 激励约束又叫自我约束，指的是公司通过设计激励方案使得经理人和股东的利益保持一致，经理人在为公司和股东创造价值的同时也可以实现自身收益的最大化。

外部约束主要包括市场约束、法律法规约束、个人道德约束以及媒体监督约束。(1) 市场约束指的是来自资本市场和经理人市场的约束。公司经营状况良好可以为经理人在经理人市场上获得声誉，有利于其未来职业生涯的发展和身价的提升。相反，一个经营失败的经理人不仅声誉受损，而且面临着被替换的失业威胁。(2) 法律法规约束指的是经理人的行为必须符合法律法规的要求，并且违法违规的成本和惩罚力度必须足够大，这样才能有效减少公司治理中违法违规现象。(3) 个人道德约束指的是在法律法规的基础上，经理人在从事经营管理活动时，不能做出牺牲环境、侵害他人利益等行为。(4) 媒体监督约束指的是新闻报道、网络传播等大众媒体通过及时曝光和披露经理人的违法违规行为，迫使经理人必须规范其经营管理行为。

从公司利益相关者的角度来看，经理人受到来自所有者/投资者、职工甚至是自身的约束。(1) 经理人为了可以在经理人市场上赢得较高的市场价值，就必须履行其职责，即为所有者/投资者带来经济利益最大化的投资回报。所有者/投资者为了保护自身利益不受侵害，通常通过"用手投票"和"用脚投票"这两种方式来约束经理人的机会主义或败德行为。"用手投票"指的是公司所有者通过在股东（大）会上用手投票来行使投票权，以发挥约束经理人行为的作用，是一种公司内部约束机制。而当公司经营不善、运转不灵时，"用脚投票"这一外部约束机制就会通过股票市场上的公司接管机制来发挥作用。具体来说，当公司出现经营问题时，该公司股票价格将会下跌，成为被接管或被兼并的目标对象。当公司被接管后，现有的高级管理层将被替换，使得经理人面临失业的危险，这就对经理人产生了较大的约束作用。（2）职工作为企业的利益相关者，为公司提供人力资本投资。由于高度专用性人力资本方面的投资对公司财富创造至关重要，而且职工在公司的专用性人力资本投资风险较难转移，所以，有时职工对公司的关注度高于股东（因为股东的投资风险可以通过股票市场转移）。在这种情况下，职工既是剩余索取者，又是剩余风险的承担者，因此，职工具有强烈动机来监督、控制和制约经理人的行为。（3）在经理人市场竞争激烈的情况下，经理人会进行自我约束，使得其身价上涨，以利于职业的长远发展。要想实现自我约束，通常应具备三个条件：强度足够的惩罚措施、明确的责任划分以及强度足够的激励措施。建立自我约束机制不仅可以提高经理人的决策科学性和工作效率，而且可以降低外部监督成本、减少监督低效问题，对企业的长期健康发展起着重要作用。

以上所说的约束机制相互影响、相互支撑，综合而非独立发挥作用，对经理人机会主义行为产生长远有效的约束作用。

延伸阅读

2020 年 5 月宇信科技拟向 435 名董事、高级管理人员以及核心管理人员、技术业务骨干授予 1 400 万股限制性股票，占公司总股本的 3.5%。激励业绩考核要求为 2020—2022 年净利润增长不低于 2019 年基数的 15%、30%、60%，对应的净利润约为 3.03 亿元、3.43 亿元、4.22 亿元，同时辅以个人业绩考核。北京宇信科技集团股份有限公司作为国内领先的金融科技赋能者、中国银行业 IT 解决方案服务商，通过股权激励方案，意在优化薪酬结构、调动员工积极性、提升人员凝聚力，以彰显公司高增长的信心。

资料来源：北京宇信科技集团股份有限公司 2020 年限制性股票激励计划（草案）摘要［OL］. https://q. stock. sohu. com/newpdf/202039899985. pdf.

第 3 节　经理人治理问题

一、两职合一问题

两职合一指的是董事长与总经理这两个职位由同一个人担任。学术界对两职是否应该分离这一问题给予了较高关注。一方面，两职合一有利于提升企业的创新自由度，使企业能得到更好的生存和发展空间，但是却使得总经理等高层执行人员的权力过度膨胀，更易出现 CEO 个人的非理性决策行为，同时也降低了对高层管理团队的有效监督。另一方面，两职分离虽然可以增强董事会的独立性，有利于其发挥监督作用，迫使总经理加强对相关利益主体，尤其是股东的关注，但是会损害高层管理团队的创新动力。

目前，学术界存在三种研究两职合分与企业价值关系的理论，分别是委托代理理论、现代管家理论和资源依赖理论。委托代理理论倡导公司的所有权和经营权分离，认为两职分离有利于提升企业价值。根据经济学中的利己主义和有限理性，委托人和代理人的目标不总是一致的。当两者利益发生冲突时，高管在信息不对称下将产生机会主义行为（如利用企业资源为自身谋取私利或者进行无效率的投资），通过牺牲股东权益而谋求自身利益最大化。所以，委托人需要引入外部监督机制——董事会，来对高管行为进行监督和约束。董事会直接对股东负责，通过监督代理人行为抑制其机会主义倾向，抑制了管理层的堑壕效应。因此，委托代理理论认为董事长与总经理两职分离更有利于提高企业绩效。

管家理论以避免管理团队权力分配模糊为由，认为两职合一更有利于组织价值的提升。在新古典经济学中，假设信息完全对称，将企业看作完全理性的经济人。企业需要在资源、技术、市场需求的约束下，追求利润的最大化。以此为基础建立的古典管家理论认为，所有者和经营者之间存在无私的信托关系。经营者会按照股东利益最大化原则从事管理，所以提倡两职合一。由于古典管家理论脱离现实情况，唐纳森（Donaldson，1990）提出了现代管家理论，认为人性本善，以总经理为代表的高层管理人员具有利他性（altruism）和自律性，因此，采取两职合一同样可以提高企业的绩效。现代管家理论提出，人的最高追求是自我价值的实现。总经理对工作成就的追求、对职业生涯的关注以及道德信仰等均会激励其努力经营管理公司，追求委托人利益最大化，并把自身利益视为企业利益的组成部分，不会做出因个人利益而牺牲企业利益的行为，成为合格公司的"管家"，从而否定了代理理论中假设的高管机会主义行为。并且，两职合一可以降低信息的不对称性，有利于企业适应瞬息万变的市场环境，提高决策能力，提升企业的创新绩效。

早期的研究结论冲突迫使学者考虑两职合分与企业价值之间的关系会受到环境动态性和复杂性的影响。1978 年，杰弗里・菲佛和杰勒尔德・萨兰基克提出了的资源依赖理论（resource dependence theory）。资源依赖理论从环境的不确定性出发，认为董事会是一种管理外部变量和减少环境不确定性的机制，一个有效的董事会的作用是随着环境的改变而发生变化的。环境的不确定性与否是影响董事会的结构及其作用的重要因素。因此，不能简单地判断董事长与总经理两职分离是好还是不好，而要根据企业所处的具体环境来确定。

二、高管套现问题

一般来说，公司高管人员抛售的股票可以分为两种：在职期间高管抛售的股票和高管辞职后抛售的股票。其中，后者又被称为高管辞职套现。2009 年 10 月 30 日，28 家首批创业板公司在深交所挂牌上市，标志着中国资本市场掀开了崭新的一页。但是，自进入大规模的高管解禁期后，由于公司高管"辞职成潮""减持成风"，被媒体冠以"拿了就跑"的标签。

实际上，相较于其他板块，创业板在企业年龄、成长性、经营风险等方面存在许多不同。其中最主要的两个特点是创业板公司的股票普遍被高估和创业板公司普遍实行高管股权激励制度。这就导致了以高发行价、高市盈率、高超募资金为特征的 IPO 估值泡沫问题，以及解禁之后上市公司高管“扎堆”辞职套现问题。根据经济学中的自利人假说，经济人从事经济活动的目的就是追求自我利益的最大化。一方面，公司的高管人员对公司的经营状况、发展前景十分了解，而且通过股权激励政策获得了一定数额的公司股票。当高管股份获得完全流通权后的股价远超过其预期值时，高管仅通过出售股份就可以获得巨大的收益，相较于其年薪，这是巨额财富，也是经济人的理性选择。另一方面，我国资本市场的发展尚未成熟，相关的法律法规尚未健全；企业的股权激励制度尚未完善，对激励对象的约束性较差；创业板市场以成长型中小企业和高科技企业为主，上市条件较为宽松。激励强度不足、惩罚力度较弱的环境使得创业板沦为上市公司圈钱和金融资本造富的工具，严重损害了中小投资者的利益。

根据《公司法》和深交所《关于进一步规范创业板上市公司董事、监事和高级管理人员买卖本公司股票行为的通知》的相关规定可知，选择在职或辞职套现对高管套现所需的时间有着重要影响。在职的公司高管需要至少 5 年时间（自公司股票上市之日起）才能将所持股票全部套现。但若通过辞职套现的方式，高管最快可以在离职一年半后将所持股票全部套现。因此，学者们从以下几个方面提出应对措施，以缓解高管辞职套现问题。首先，要完善股权激励机制实施的外部环境与约束条件。通过变革创业板 IPO 制度，并适当提高上市公司高管的减持门槛，促使 IPO 估值回归合理水平，延长限售期，控制减持节奏。除此之外，企业还要从内部对高管行为进行监督和约束。通过引导创业板公司修改公司章程，进一步完善创业板高管的股权激励制度，加强高管减持本公司股票的信息披露，对价格、期限等设置约束条款，延长持股高管辞职后的限售期，以减少机会主义行为的发生，规范高管辞职行为。

三、天价薪酬问题

经理人超额薪酬，指的是经理人利用手中的权力和影响，获得远高于公平谈判的收入。其通常表现为：经理人的薪酬与公司业绩不相符（即经理人的薪酬随着公司业绩的上升而大幅增加，但是当公司业绩下降时，经理人的薪酬并不随之减少）、与普通员工的收入增长不成比例。

20 世纪八九十年代以来，越来越多的人开始意识到经理人超额薪酬问题的严重性。对于公司来说，经理人利用自身权力对薪酬施加影响，损害了股东等投资者的利益，降低了外部投资者的投资热情，使得企业更多地依靠资本积累（而非资本社会化），为公司治理失败埋下伏笔。而且，经理人在以超额薪酬的形式以权谋私的同时，往往伴随着会计操纵、财务报表造假等行为。因此，公司必须建立健全相关内部制度，通过设计合理的薪酬激励方案和惩罚措施来加强监督管理。对于全社会来说，经理人的超额薪酬扩大了全社会的贫富差距，严重损害了收入分配的公平性，引发了公众的不满情绪，影响了社会的和谐和稳定，因此必须得到国家的重视。

经理人天价薪酬问题的严重性，引发了许多学者的关注，近年来成为公司治理领域研究的新热点。学者们从以下几个方面对经理人天价薪酬现象的形成原因进行了解释和剖析，主要包括代理理论、经理人权力理论以及投资者精明缺失理论等。

首先，根据代理理论，经理人的薪酬由占比较小的固定薪酬和占比较高的业绩浮动薪酬组成。企业通过股票期权或者其他的长期激励计划不仅可以缓解企业当前的资金压力，还能使企业和经理人在一定程度上获得税收优惠。但是，在实际操作中，经理人会利用股票期权在行权日来临之前，通过造假账、盈余管理等手段，虚高企业的账面价值，以增加自己的实际回报。不当的薪酬设计方案导致经理人激励的扭曲和会计丑闻的频发。为了避免股票期权带来的负面激励作用，可以在实践中选择指数化股票期权，剔除经济走势的影响，以反映企业真实的经营业绩；用长期股票薪酬合约，代替现有的股票薪酬合约，规定高管人员只有在离开公司几年后才能出售所持股票；监管部门也应强制要求公司内部人及时披露有关其股票交易活动的信息。

其次，经理人权力（CEO power）理论认为，根据相关法律法规，经理人不仅在提名董事进入新一轮董事会中起到重要作用，还会参与董事的年薪和津贴的制定，可以为董事带来丰厚年薪和社会地位。因此，获得提名的董事从利己角度出发，自然会讨好经理人。董事为了金钱、职业、地位等往往对经理人的薪酬合约设计表现得较为宽容、较易妥协。所以，经理人通过俘获董事会和薪酬与考核委员会，可以从实质上影响自身的薪酬制定。

最后，投资者精明缺失（lack of sophistication）理论认为，由于缺乏专业的知识和分析能力，外部分散的投资者通常无法确切了解经理人操纵会计报表的程度。因此当小投资者构成市场中某一公司股票的主要客户群时，外部投资者总体精明程度的下降为经理人通过操纵会计报表来增加自己薪酬的做法带去了便利。随着科学技术的发展和市场交易成本的降低，更多小投资者进入市场成为一些公司股票的主要客户群，经理人提高自己薪酬的可能性相应增大。

第4节 前沿研究

引入职业经理人是将企业管理“专业化”和“职业化”的关键。西方关于职业经理人的制度相对成熟，大型企业集团秉持“让专业的人做专业的事”的管理理念，配套发展了较为完善的公司治理结构以选聘合适的职业经理人并对其经营管理行为进行有效监督。而在国内，很多企业对是否聘用职业经理人还存在着较大争议。例如，在我国的家族企业中任人唯亲的现象仍较为普遍，对职业经理人的信任程度较低（叶勇、李明、王雨潇，2017）。但随着市场经济的发展和国内职业经理人市场日益成熟完善，企业越来越需要专业的管理，引入职业经理人或成为企业发展的必然（陈德球、杨佳欣、董志勇，2013）。另外，聘用职业经理人意味着企业所有权和经营权两权分离，经理人作为“外部人”，可能存在的不信任与自利行为会加剧企业的第一类代理问题。因此，职业经理人制度既是企业在现代管理实践下的重要方案，也是造成委托代理问题的缘起之一，有关职业经理人的研究成为公司治理领域的一个重要话题。现有文献研究了职业经理人的特质、选聘、更替等对企业日常经营、长期战略和绩效等方面的影响；还有研究重点关注了引入职业经理人所产生的委托代理问题，以及相关的公司治理制度安排。

高阶理论认为，CEO及高管的特征、经历等会影响公司的经营及战略。基于这种观点，国内外大量文献关注了职业经理人的个人特质，例如经理人过度自信（周路路、李婷婷、李健，2017）、风险偏好水平（Cain & McKeon，2016；Sunder et al.，2017）、社会关系（Kaplan et al，2015）等对企业经营决策等方面的影响。最新研究将话题从经理人的工作相关经历拓展到了生活及业余爱好，其中不乏一些有趣的研究视角。戴维森等（Davidson et al.，2015）研究了经理人奢侈品持有量和企业财报风险的关系，伯纳等（Bernile et al.，2017）考察早年生活经历（如遭受自然灾害）对经理人行为的影响，森德等（Sunder et al.，2017）、凯恩和麦基翁（Cain & McKeon，2016）以“飞行员CEO”作为风险偏好的代理展开研究。卡明斯和诺特（Cummings & Knott，2018）则指出，职业经理人虽然具备财务及人力资源管理方面的“通用技能”，但有可能因缺乏公司独特技术领域的专业知识而导致创新不足。因此，聘用职业经理人并非现代企业管理的代名词。除了委托代理问题，当经理人的特质及经历与企业不适配时也会对公司经营造成负面影响。

还有学者对经理人的选聘和继任问题展开了深入的研究。由于职业经理人是公司经营管理的核心及掌舵人，职业经理人往往被当作公司经营不善、业绩下降、财务丑闻等事件的“替罪羊”，解聘并更换经理人逐渐成为董事会和股东应对企业突发危机、违规丑闻和低迷业绩的“万能处方”。2018年，全球最大的2 500家上市公司CEO的更替率飙升至17.5%，创了历史新高，频繁的经理人更替现象引起了国内外学者的广泛关注。依据不同的“计划”程度，CEO继任可以分为“接力式继任”——将职位接力棒按计划传递给下一位正式继任者（Vancil，1987；Zhang & Rajagopalan，2004）和“临时经理人继任”——在没有确定候选人的情况下，聘用临时继任者（Ballinger & Marcel，2010）。李维安和徐建（2014）指出，更换经理人有利于推动战略变革。已有大量文献认为，新任经理人为了证明自身的能力并快速建立权威，会打破组织惯性，废除前一任制定的效果不佳的战略决策，从而推动战略变革。朱琦等（Zhu et al.，2020）则对比了职业经理人与内部继任CEO对公司战略变革的不同作用。随着高管更替研究的深入，更多研究开始关注一种特殊的继任模式——临时经理人继任。基于企业内部视角，部分文献研究了临时经理人对企业业绩、长期投资、盈余管理、研发投入等的影响（Ballinger & Marcel，2010；Chen et al.，2015；Intintoli et al.，2014；Wu et al.，2018）；从企业外部角度，研究了如外部投资者（Gangloff et al.，2016）、资本市场（Baer，2019）、新闻媒体（连燕玲、刘依琳、高皓，2020）等外部利益相关者对企业临时经理人继任的反应。一些学者将临时经理人继任视为对组织的破坏性活动，临时经理人由于继任合同的短期性，表现出合法性不足、权力有限、领导真空和短视等特征（Ballinger & Marcel，2010）。此外，经理人职位的不确定性可能引起高管团队的政治分裂和内部斗争（连燕玲、刘依琳、高皓，2020），临时经理人继任后可能导致企业业绩下降、战略导向不明（Ballinger & Marcel，2010）、负面的市场反应（Gangloff et al.，2016）和媒体报道（连燕玲、刘依琳、高皓，2020）；也有学者认为，临时经理人继任并非绝对的破坏性事件，临时期长短（Farquhar，1995）、前任经理人离职原因（Intintoli et al.，2014）、临时经理人来源

(Bae et al.，2020) 等情境因素会影响其对经营管理、企业战略、业绩等的作用。

另一类研究关注职业经理人所引起的委托代理问题。为了解决公司治理中出现的委托代理问题，20 世纪 80 年代末，美国公司开始大量推行股权激励计划。随着几十年来我国企业的发展和实践，我国学者从国情出发，通过改善激励条件和设置激励有效期设计出了一系列较为成熟完善的经理人激励方案，以配合不同类型、不同阶段的企业需要，增强激励效果，降低委托代理成本。研究发现，股权激励承担着对管理层进行监督的角色（即激励效应），因此，对解决公司所有者与经营者之间的治理关系问题具有显著作用。而在控股股东与中小股东之间的治理关系中，由于控股股东掌握了中小股东难以知晓的内部信息，并能够以较小的现金流权实现对所有权关系链上企业的控制，使得控股股东既有能力（较高的投票权）又有动机（两权分离）对公司财富进行侵占以谋取最大化的个人利益（即侵占效应）（徐向艺、徐宁，2010）。还有研究关注了经理人的声誉及其双重治理效应。经理人的声誉是其长期尽职尽责、努力工作所积累起来的稀缺资源，在经理人市场中起着难以被复制和取代的重要作用（袁春生、吴永明、韩洪灵，2008）。已有研究表明，当职业经理人更加关注自己的职业生涯时，会更努力地在经理人市场建立良好的市场声誉。因此，声誉成为对经理人的一种隐性激励方式（朱荣、李霞，2020）。

从研究内容来看，随着激励制度的建立和不断完善，研究重点转到激励计划的实施效果和实际影响上来。有学者通过采取倾向得分匹配和双重差分模型的研究方法，发现股票期权计划和限制性股票可以显著促进企业的创新投入和产出。但当股价和行权价（授予价）较接近时，限制性股票对高管的惩罚性会影响创新的动力，而股票期权能对高管形成保护并激励企业创新（田轩、孟清扬，2018）。实施对高管的股权激励不仅有利于解决所有者和经营者分离所导致的代理问题，而且有利于促进企业投资研发活动，这被视为保持企业竞争优势的重要途径（邵剑兵、陈永恒，2018）。

从研究对象来看，家族企业作为我国民营企业的重要组成部分，得到了许多学者的关注。研究发现，民营企业的创始人特质（如个人能力、领导风格、共同的创业经历、社会关系网络等）阻碍了企业引入职业经理人的决策。但是，完善的公司治理机制对创始人特质和引入职业经理人关系起到了正向调节的作用（武立东、丁昊东、王凯，2016）。也就是说，家族企业完善公司治理机制能够显著地削弱创始人特质对聘用职业经理人的阻碍。这一研究结论对指导民营企业由家族治理转向职业化经营具有重要的指导意义。此外，随着一代创业者年龄增长，我国的家族企业进入了集中的二代接班期。家族企业的代际传承问题引起了学术界的强烈关注。由于家族企业的二代继承人没有接班意愿或没有接班能力，“子承父业”这种以血缘关系为纽带的传统传承模式受到了重大冲击。刘运国等（2017）以美的集团为例，指出所有权与经营权的分离可以缓解家族企业二代接班者的问题：在保留了家族创始人对企业所有权的控制的基础上，引入职业经理人使经营权得到继承；并且，通过各种激励措施对经理人的行为进行约束，使职业经理人的利益与企业的长期利益相协调，防止其侵占家族企业的资源与财产。

除了家族企业，我国的创业板市场也受到了许多学者的关注。作为主板市场的重要补充，我国的创业板市场自 2009 年 10 月登台亮相以来，吸引了大量的风险资本，为暂时无法在主板上市的中小企业和新兴企业提供了新的融资渠道和成长空间。随着创业板市场的不断发展，出现了一系列的经理人治理问题，如高管辞职套现等。已有研究表明，处于成长期的创业板上市公司高管比成熟期、衰退期的公司高管更容易辞职套现；公司信息披露水平越高，其高管辞职套现可能性越高。考虑到创业板市场常常引入风险投资这一特点，学者发现，由于风投机构委派董/监事参与公司治理，得到了风险投资支持的创业板上市公司发生高管辞职套现的概率显著降低。并且，当风投机构与公司距离较近时监管作用更明显。反之亦成立：风险投资的减持退出会影响监督力度和公司股票表现，从而又加剧高管的辞职套现（冯怡恬、杨柳勇，2018）。

本章小结

首先，对经理人进行了概念界定，通过《公司法》《上市公司治理准则》等相关法律法规，对经理人的提名、选聘、任职资格、职权、义务和禁止行为等进行了详细介绍。

其次，对经理人的权利以及代理问题进行了分析，详细介绍了八种经理人激励机制（股权激励、虚拟股票、经营者持股、业绩股票、限制性股票、延期支付计划、管理层收购、员工持股计划）并比较分析了它们之间的异同和应用场景。本章总结了近十年来我国出现的经理人治理问题（如两职合一、高管套现、天价薪酬等），进行了成因解释和现象分析，并提出了一定的解决措施。

最后，通过对前沿研究的文献回顾，总结了近期的研究热点，为未来的研究打下基础。

复习思考题

1. 现代企业中，所有权和经营权分离是什么意思？为什么要分离？
2. 对经理人的激励机制有哪些？对经理人的约束机制有哪些？
3. 如何理解经理人代理问题？其与激励是什么关系？
4. 如何设计有效的经理人激励机制？如何使激励机制有利于公司的长期发展？
5. 经理人约束主要来自哪些方面？如何实现经理人的自我约束？

案例分析与讨论

美的职业经理人激励

美的集团于1968年成立于广东顺德，是一家集消费电器、暖通空调、机器人与自动化系统、智能供应链（物流）于一体的科技集团。2012年，何享健卸任美的集团董事长，只担任美的集团的控股股东——美的控股有限公司董事长；方洪波接替何享健担任美的集团董事长。新一届美的集团董事会的十名成员中，何享健唯一的儿子何剑锋仅以董事身份出现。这标志着美的集团完成职业经理人和企业创始人的交接，开创了中国家族企业职业经理人传承的先河。

考虑到家族企业传承中可能会出现的委托代理问题，美的集团通过整体上市和合伙人计划对职业经理人进行激励，并且通过不断完善公司治理结构对职业经理人进行监督，以防止职业经理人侵害家族企业的利益。

首先，美的集团通过集团整体上市和对职业经理人实施股权激励，实现了职业经理人股权的市场化。随后，又通过合伙人计划实现了对职业经理人的长期激励。2013 年 9 月美的集团整体上市之前，方洪波等七位核心管理层人员及其他中高层直接或间接持有美的集团 19%的股权，并通过美的集团间接持有当时上市公司美的电器的股权，其中方洪波、黄健、袁利群、蔡其武、黄晓明、苏建伟、郑伟康以自然人形式持股，关键中高层管理人员通过有限合伙企业宁波美晟持有美的集团 3%的股权。在美的集团整体上市后，根据测算，管理层持股比例高达 11.27%，以整体上市美的集团 44.56 元/股的换股价测算，价值高达 84.66 亿元。根据公司公告，宁波美晟实际出资 3.75 亿元取得美的集团 3%的股权，折算每股价格为 12.50 元。由此看来整体上市使管理层持有的非流通股市场化，带来了巨大的财富效应；同时，也促使职业经理人绩效考评实现市场化。

2015 年 3 月，美的集团推出核心管理团队持股计划暨"美的合伙人计划"。该计划面向对公司整体业绩和中长期发展具有重要作用的核心管理人员，永续存在，每年滚动推出。每期持股计划所购买的公司股票自美的集团披露完成标的股票购买的公告之日起设立不少于 12 个月的锁定期，法定锁定期内不得进行交易。各期持股计划项下公司业绩考核指标达成之后，根据上一年度公司、事业部与经营单位业绩目标的达成情况及考核结果确定各持有人对应的标的股票额度，并将其分三期归属至持有人，每期归属间隔 12 个月。持有人每期归属可享受 1/3 标的股票权益，每期归属至持有人的标的股票权益的锁定期为 24 个月。若该期持股计划项下的公司业绩考核指标未达成，则该期持股计划项下标的股票权益均全部归公司享有，所有持有人不再享有该期持股计划项下的标的股票权益。合伙人计划的本质其实是"业绩股票"，通过"持股计划"的安排以及"合伙人"特质而更长期化，实现责任共担、价值共享。鼓励核心管理团队长期服务，激励长期业绩达成，促进公司可持续发展。

完善公司治理结构对监督职业经理人行为也起到了重要作用。美的集团于 2011 年初向博时、鹏华、平安、耶鲁、华商、国元六大机构投资者进行定向增发；随后在同年的 10 月 18 日，美的电器的控股股东美的集团的部分股份转让给融瑞投资与鼎晖投资两家机构。在新的美的集团董事会成员名单中，这两家战略投资机构已经派驻董事，既可代表小股东监督控股股东，也能够监督职业经理人，保护已经不参与经营的大股东利益。

资料来源：刘运国，岑晓君，曾昭坤．家族企业传承背景下职业经理人激励机制研究：以美的集团为例 [J]. 财会通讯，2017(23)：63 - 71；张京心，廖子华，谭劲松．民营企业创始人的离任权力交接与企业成长：基于美的集团的案例研究 [J]. 中国工业经济，2017(10)：174 - 192；彭晓洁，李洋．从财务角度看民营企业整体上市：以美的集团为例 [J]. 财会通讯，2017(20)：98 - 101.

思考与讨论：

1. 美的集团面临哪些代理问题？
2. 美的集团实施了哪些激励计划，是否取得了相应效果？

07 CHAPTER 7

第7章 信息披露、外部监督与公司治理

| 学习目标 |

1. 理解信息披露制度对公司治理的影响和意义。
2. 辨别信息披露对公司完善内外部治理机制影响的异同。
3. 了解主要的公司治理外部监督机构及相关运作机制。

| 关键词 |

信息披露（information disclosure）：公众公司以招股说明书、上市公告书以及定期报告和临时报告等形式，把公司及与公司相关的信息，向投资者和社会公众公开披露的行为。

银行债权治理（creditor governance of bank）：银行对债权的治理，主要包括债权的现金流约束和期限约束、债务契约的限制、破产机制的作用。

政府监管（government regulation）：市场经济条件下政府为实现某些公共政策目标，对微观经济主体进行的规范与制约，主要包括法律监管、行政监管、市场环境监管、信息披露监管。

舆论监督（public opinion supervision）：公众和媒体是舆论话题的发现者与提供者，媒体一方面是公众舆论监督的实现途径和输出管道，另一方面也是舆论监督话题的发现者与供应者。

引导案例

乐视的几度沉浮

2020年乐视网即将上市十周年，然而在7月21日，“乐视退”被摘牌，正式告别A股市场，且不得重新上市。终于，乐视彻底退场，这一篇章落幕。回望过往，皆是唏嘘。

2004年11月，乐视网成立。一开始，乐视网是应用于手机电视领域的视频运营平台。不过，由于当时国内3G通信未在预期时间推出，乐视网进行了业务方向调整，成为应用于互联网、手机电视领域的视频平台。而后，乐视网将互联网视频服务业务作为发展重点，并开展影视版权分销业务。基于内容资源的积累，乐视网逐渐走向繁荣。经过6年的发展，2010年8月12日，乐视网在创业板上市，成为A股首家上市的互联网视频公司。上市之后，乐视网开始垂直方向整合，将视频内容、硬件终端等业务独立发展。到

2015年，乐视网迎来巅峰时期。2015年5月12日，乐视网股价达到历史高点——179.03元，彼时市值突破了1 700亿元人民币。

在乐视网市值一路攀高的背后，离不开贾跃亭的营销策略。贾跃亭提出，乐视要致力打造基于视频产业、内容产业和智能终端的“平台＋内容＋终端＋应用”完整生态系统。要实现这一生态构想，背后还涵盖了“七大生态板块”——互联网及乐视云、内容、大屏（超级电视）、手机、体育、汽车和乐视金融。为了完整构建这一生态，乐视成立了多个子公司，各自为营进行业务拓展。彼时，乐视采取了最为直接且快速的方式——投资、收购；通俗地讲，就是烧钱。有媒体做过统计，截至2016年，仅仅是乐视网，其上市以来的收购就达到了134.51亿元。融资不断，举措频频，乐视的发展呈现出蒸蒸日上之态。而这些，却都只是虚幻的繁荣，背后是一个摇摇欲坠的乐视。

故事的转折点发生在2016年10月，乐视系爆发资金链危机，股价一路走跌。其中原因，贾跃亭在2016年11月6日发布的全员信中已有阐述，贾跃亭用“冰冷的海水，升腾的火焰”形容乐视的处境，并坦承乐视战略实现节奏过快，组织与资金面临极大挑战。虽然在2017年1月乐视获融创中国百亿资金驰援，但仍难解资金难题。2月至3月，乐视体育陆续失去多项赛事版权，4月周航指责乐视挪用易到资金13亿元，5月中旬酷派大规模解约应届生，5月末乐视北美裁员3/4……

随之而来的是乐视全网负面信息量猛增。据统计分析，2017年1月1日至6月16日期间，全网关于乐视的信息量近38.5万条，环比增加了10万条，为2016年同期的4倍。通过整理新闻媒体报道发现，2016年11月初至2017年上半年，乐视的负面新闻主要集中在资金和裁员方面，并形成了多个舆论高峰。2017年上半年，与乐视关联度最高的两个词是“资金”和“问题”。除了损失掉的员工，乐视还流失了许多高管。据《北京商报》5月26日题为《乐视危机：贾跃亭到底错在哪儿》的报道，乐视系流失了包括原乐视控股CFO吴辉、乐视汽车联合创始人丁磊、乐视体育总裁张志勇、乐视体育COO于航、乐视分管投融资的高级副总裁郑孝明、乐视金融掌舵者王永利和财务总监杨丽杰等在内的多员大将。

根据新浪科技的报道，乐视的危机给产品带来的负面影响已经直接反映到了销量上。乐视手机从2016年11月到2017年4月的月销量从75万部直线跌落到29万部；《中国经济周刊》在报道中也提到，2017年乐视手机的出货目标也由最初的1 300万部缩至900万部左右，不到2016年近2 000万部销量的一半。乐视体育也陆续丢掉了多项赛事的转播版权，2016年亏损13亿元。

“我们乐视天天都上头条，只不过都是负面的。”2017年5月21日下午召开的媒体沟通会上，以新身份出现的贾跃亭在发言中调侃。根据当日稍早的公告，贾跃亭申请辞去总经理职务，专任董事长一职，乐视网副总经理兼乐视致新总裁梁军任公司总经理。喧嚣的舆论场大抵有其炎凉的一面，长达半年的乐视危局更是将这家公司和这位创始人长期绑缚在舆论的靶子上，箭从八方来。从关闭项目、多轮裁员、易到事件到控制权之争、乐视北美卖地，人们从一条条细小繁杂的线索中不断逼近“乐视模式”背后的海市蜃楼。而伴随着乐视的兴盛与衰落，外部机构的监督与报道一直对公司的发展起到了至关重要的作用。

资料来源：马广奇，张芹，邢战雷．乐视资金链断裂：企业财务危机的案例分析［J］．经济与管理，2017，31(5)：88－92.

健全完善的信息披露是现代公司治理市场的重要特征之一，在公司治理中发挥着至关重要的作用——信息披露对内部治理具有监督作用、激励作用以及契约沟通作用；对外部治理具有专家式债权监督、市场评价式监督、作为公司股东参与治理等作用。基于此，本章主要从信息披露机制与公司治理的理论基础出发探讨公司关键的外部利益相关者——债权人（银行）、主要中介机构、政府、媒体与公司治理间的关系。

第 1 节　信息披露与公司治理概述

信息披露影响着公司利益相关者之间的信息流动和财富分配，而信息披露在很大程度上是因公司治理的需要而逐步形成的。信息披露在公司治理结构中的作用表现在：一是信息披露在内部治理结构中发挥监督、激励和契约沟通的作用；二是信息披露有助于外部治理机制的有序运作。因此，信息披露在改善公司治理中发挥着基础性作用，是内部治理结构和外部治理机制有效运行的基石。

一、信息披露在内部治理结构中的作用

（一）信息披露在内部治理结构中的监督作用

根据代理理论，股东与高级管理人员之间效用函数不一致。高级管理人员作为人力资本的所有者有动机利用其信息优势获取私人收益，甚至可能牺牲股东的利益以满足个人效用。因此，如何监督高级管理人员是公司治理的关键。监督需要信息，尤其是公司财务方面的信息。财务信息借助其反映的职能，通过对一个企业财务状况、经营成果和现金流量的披露，降低了股东与经理人之间的信息不对称，使经理人可能为自己的机会主义行为付出代价，比如声誉受到影响等。因此，信息披露制度能比较有效地降低管理人员的机会主义行为，使其较好地履行股东所赋予的受托责任，尽可能为股东财富最大化目标服务。

（二）信息披露在内部治理结构中的激励作用

监督是股东对经理人机会主义行为的被动反应，除此之外，股东还可以通过激励措施减少经理人的机会主义行为。信息披露，特别是财务信息的披露为激励经理人提供了依据。激励经理人的关键在于如何评价经理人所签订的报酬契约。理想的经理人报酬契约应根据经理人的努力程度来决定其在股东财富变动额中可分享部分，即由经理人分享部分剩余索取权（residual claim）。无论经理人获取固定收益还是分享剩余索取权，他们可能利用其努力程度不为股东所观察而从事“偷懒”和“败德”行为（道德风险），致使财务（盈余）信息，如净收益（Murphy，1999）、剩余收益（Wallace，1997；Hogan & Lewis，2000）和股票价格（Bushman et al.，2006）等自然成为经理人报酬契约设计和执行的基础。因为财务盈余的“刚性”与经理人的努力程度高度正相关（Jensen & Murphy，1990），所以，财务信息构成了经理人报酬契约的主要内容，是界定经理人报酬的

依据。糟糕的盈余业绩也被证实增大了经理人更迭的可能性（Kaplan & Minton，1994；Defond & Park，1999）。因此财务信息披露是对经理人进行评价的基础，对经理人真实、客观的评价可以起到降低道德风险、提高激励的作用。

（三）信息披露在内部治理结构中的契约沟通作用

企业是一系列契约关系的联结（Jensen & Meckling，1976）。财务信息为企业这一契约结合体中各种契约的签订、执行与监督提供基础性数据，成为企业契约的重要组成部分，以降低契约沟通成本（如签约成本和监督成本）（Kothari et al.，2000）。同时，契约是不完备的，缔约各方不可能对所有情况事无巨细地进行约定，因此，公司股东、董事会和经理层必然会为获得与财务信息相关的各种权利展开沟通和博弈。内部治理结构各个契约环节的有效运行，如股东控制权和投票权的行使、董事会决策权的实施和经理层薪酬方案制定，同样以信息披露为依托。信息披露有效缓解了内部治理结构中的契约摩擦（contracting frictions）和沟通摩擦（communications frictions），降低了交易成本和代理成本。代理人为了使代理成本最小化，也会自愿通过财务报告向委托方报告（Ross，1979）。

二、信息披露在外部治理机制中的作用

公司外部治理机制的有效运作同样需要相关、可靠、及时和充分的信息，特别是财务信息。财务信息披露有助于准确地计量企业每一项资产、负债和权益并得出企业的价值；有助于对资产（股价）进行合理定价；有助于提高市场交易的透明度；有助于利益相关者改进决策，降低投资者风险。明确经理人市场上的“定价机制”、产品和要素市场上的交易内容和交易方式同样需要财务信息。迪安杰洛（DeAngelo，1988）发现了会计信息在代理权争夺（proxy fights）中的突出作用；此外，财务信息在其他外部治理机制的运行中发挥重要作用，如公司控制权市场的收购活动（Morck et al.，1989，1990）、董事会效率（Beasley，1996）、债务契约（Smith & Warner，1979）、审计师的作用（Defond & Subramanyam，1998）等。总体上看，财务信息披露有助于外部治理机制的有序运作，大大降低外部治理机制的运行成本。

（一）专家式债权监督

在既定的公司所有权结构下，监督成本的不可分摊性和监督收益按股份均摊的特点容易导致股东的“搭便车”行为，使管理人员的机会主义行为缺乏必要的监督，结果往往是股东的利益遭受损失。而债务的硬预算约束特点和独特的破产制度可以给经理人不同于股权的压力，使债权监督在一定程度上能弥补这种单纯依赖股权监督而导致的此类公司治理问题，从而赋予商业银行在公司治理中的独特地位。1982 年，格罗斯曼和哈特（Grossman & Hart，1982）最早提出了通过债权而不是股权促使经理人努力工作的崭新观点；1984 年，戴蒙德（Diamond，1984）首次建立了债权人监督模型；1985 年，法马（Fama，1985）提出了“拜托债权人”（enlist the bondholders）的概念，指出债权人（尤其是大债权人）专家式的监督可以减少股东的监督工作，并使监督更有效率；1986 年，詹

森（Jensen，1986）提出，债务支出减少了公司的自由现金流，从而削减了经理人可以自由支配的现金流的数量，也相应降低了公司低效投资的可能性。正因为如此，青木昌彦和钱颖一（1995）将商业银行作为中国公司治理改革的主要依托进行论述。

（二）市场评价式监督

公司治理的市场评价式监督主要依赖资本市场中的中立机构，如会计师、审计师、税务师事务所和证券公司、各类基金公司、投资银行等投资咨询机构，客观公正的评价和相应的信息发布活动而对经理人产生监督效果。其中前三类事务所在开展业务的过程中有正常的渠道了解和掌握客户公司的财务资料，从而有可能对公司经营绩效和经理人业绩做出最贴近现实的评价，并能在此基础上利用特殊的审计机制产生监督经理人的客观效果，最后起到减少代理成本，提高公司治理效率的作用。证券公司等非银行金融机构出于提高投资组合业绩的需要，通过证券分析师等专业人士对公司财务资料等相关信息进行全面深入的分析，也能起到与前三种事务所相同的监督作用。约翰·杜卡斯等（Doukas et al.，2000）对证券分析师跟踪的 7 000 家公司 1988—1994 年的数据资料进行系统研究后认为，证券分析师的活动能有效降低所有权与控制权分离引致的代理成本，尤其是对专业化公司经理人非价值最大化行为有更加明显的效果。

（三）作为公司股东参与治理

从商业银行的角度看，各国的具体情况有所不同。在美国，商业银行被禁止直接持有公司股份。而日本的主银行不仅可以大量持有公司股票，而且在公司遇到财务危机或处于经营困境时会进行干预，发挥着类似美国控制权市场的作用。德国的全能银行虽然持有的公司股份比例较日本低，但通过特殊的委托投票制度安排拥有对公司很大的控制权。至于非银行金融机构，虽然有一些限制，但基本上在各国都可以以机构投资者的身份参与公司治理。随着近年来机构投资者的兴起，非银行金融机构在公司治理中的作用也越来越大。总之，对于一般公司而言，金融机构是以治理者的身份出现的。

第 2 节　银行监督与公司治理

一、银行作为债权人的约束作用

债权市场约束机制的作用主要体现在以下三个方面。

（一）债权的现金流约束和期限约束

与股权不同，债权的利息支付和本金偿还都有严格的现金流和期限约束，到期必须还本付息的特点使得债权具有独特的硬预算约束功能。这种硬预算约束机制会使经理人感受到一种特殊的压力，即最低限度也要保证还本付息，从而减少了经理人的机会主义行为，也减少了代理成本。

（二）债务契约的限制

债权人为了保护自身利益和减少贷款风险，往往在债务契约中规定一些严厉的保障条款。这些特殊的有针对性的条款会对公司和经理人的行为形成不同程度的限制，从而使债务契约成为一种对经理人的约束机制。

（三）破产机制的作用

如果公司（债务人）突破现金流和期限约束的底线，债权人可能就要启动破产程序，公司的控制权也要随之由股东手中转移给债权人，有的经理人也要面临被解职的危险，这是经理人最不愿看到的。为了避免以上情况的发生，经理人只有努力工作不断提高公司绩效，这就是破产程序的压力作用对公司治理的效果。

二、银行作为债权人的监督作用

在某种意义上，债权市场监督作用的发挥主要依赖于债权人尤其是债权银行的监督。银行对其客户公司的监督权威主要来自两个方面：一是债务契约授予银行的监督权；二是因为银行往往为客户公司提供周转性短期贷款，这种业务上的便利不仅使银行可以获取第一手资料信息，同时也使客户公司存在接受银行监督以提高自身声誉的激励。

由于不同国家对债务融资的依赖程度不同，也由于制度、法律、文化传统等的差异，银行往往在不同的公司治理模式下发挥着角色有别、程度不同的作用。在英美模式下，公司主要依赖股权融资，银行在公司治理中发挥作用的空间不大，监督作用也比较有限；而在德日模式下，债务融资是公司融资的主要形式，银行对公司治理有实质性参与，此时银行的监督作用是非常重要的。在这方面，日本是比较好的例证。日本将企业所获贷款来源最大的银行称为主银行。从资本结构的角度看，日本企业维持着过高的负债率，从而决定了银行在公司治理中的特殊位置，使主银行在日本公司治理中扮演着一个至关重要的角色，特别是主银行可以利用其所处的特殊位置获取信息并及时发现问题。而德国实行的是被称为“全能银行制”的特殊制度，使银行对公司治理有着比日本银行更广泛的参与。

三、银行作为股东对公司治理的参与

学者将 27 个发达国家和地区最大的十家公司控股股东（持股 20％以上为控股）按性质划分为股权分散、家族、政府、金融机构、公司和其他六个类别后分析发现，36％的公司没有控股股东，30％的公司由家族控股，18％的控股股东为政府，公司、金融机构和其他股东分别控制 5％的公司。其中，墨西哥几乎全是家族控制型企业，中国香港的家族也控制了 70％的公司，在阿根廷家族控制比例也高达 65％。另外，奥地利政府控制了 70％的大公司，在新加坡政府对大公司控制比例高达 45％，在以色列和意大利这一控制比例也超过了 40％。施莱弗和维什尼（Shleifer & Vishny，1986）发现 20 世纪 80 年代初《财富》500 强 456 家样本公司中有 149 家公司是由家族控股，约占样本公司的 1/3，金融机构只控制 117 家，比家族控制型少了 32 家。另据英国《金融时报》2000 年 10

月30日文章，意大利最大的100家公司中有43家家族企业，法国最大的100家公司中有26家家族企业，这一数字在德国则为17家。工业化国家的家族企业雇用了50%～60%的劳动力。由此可见，虽然银行掌握着庞大的财富，但是银行资金大量积累在企业之外，较少以股权形式流入企业的日常经营。通过以上分析可以看出，商业银行的公司治理存在诸多特殊性，不能简单地拿一般公司治理理论来套商业银行的公司治理。在研究商业银行的治理结构时，要充分考虑到这种特殊性。从商业银行公司治理的特殊性出发，可以得出商业银行公司治理的一般模式。

（一）商业银行的公司治理应更多地关注利益相关者的利益

在公司治理领域，公司应为股东利益最大化服务还是应该更多地考虑利益相关者的利益的争论由来已久。主流的公司治理观点认为，股东是公司的所有者，公司控制权自然属于股东，这种理论逻辑往往被称为“股东至上主义”。在“股东至上主义”之下，实行的是以股东为主体的委托人模式。这种委托人模式的公司治理主要研究所有者与经营者、债权人与股权人的相互关系问题。这些讨论都是建立在股东在董事会决策中的权力和天赋特权基础上的。新兴的利益相关者理论则认为“所有权”是共同的，公司应尽可能地照顾到利益相关者的利益，股东只是利益相关者中的一员。利益相关者理论的主要依据是：（1）与股东一样，债权人、职工、供应商、客户及社区都承担了公司的相应风险，故应分享公司的所有权；（2）股东，特别是分散和被动的股东在一个大型公司里通常是处于劣势地位，但其他的利益相关者，特别是职工却可能会处于一个优势地位来行使与所有权相关的权利和职责。基于以上原因，该理论将公司理解为利益相关者的合约，并由此将公司目标理解为公司价值最大化。与利益相关者理论相联系的是“受托人模式”。该模式认为大型公司是社会机构而不是私人合约的产物，公司董事会应被看作公司有形和无形资产的受托人，其职责是在它的控制下使公司资产的价值得到保护和不断增长，并使资产在不同的利益相关者之间得到均衡的分配，也即受托人不仅应考虑现有股东的利益，而且应平衡现在和将来利益相关者的利益。在利益相关者理论和受托人模式下，公司治理问题可以更广泛地理解为一种法律、文化和制度性安排的有机整合。这一整合决定上市公司可以做什么，谁来控制它们，这种控制是如何进行的，它们从事的活动所产生的风险与回报是如何分配的。

如果说股东至上主义和利益相关者理论的争议在一般公司治理领域还难分高低的话，那么在商业银行公司治理的问题上我们应支持利益相关者理论的观点。原因在于作为国民经济重要支柱的商业银行，如果仅仅追求股东利益的最大化而不顾及广大存款人、贷款人的利益，那么显然是不合适的。从更广泛的意义上说，商业银行的经营状况直接关系到国民经济的宏观运作，特别是商业银行的风险损失以及由此引发的巨大金融风险会严重威胁社会经济生活的各个方面，所以商业银行的公司治理应更多地考虑利益相关者的利益。正如巴塞尔委员会所言，银行业公司治理应解决以下问题：（1）确立明确的银行目标；（2）确保每天正常的业务运转；（3）充分考虑利益相关者的利益；（4）在司法与监管体系下确保银行安全、稳健地运行；（5）确保储户的利益。

对上述问题也可以从公司治理的概念演进得出同样的结论。狭义地讲，公司治理是指保证股东利益不受管理者侵害的机制，从亚当・斯密开始，人们就认识到管理者并不总是从股东利益最大化出发。这一问题在分散的股权结构条件下变得更加严重，因为更加分散的股东使得公司的所有权与控制权出现了分离，所有权与控制权的分离使得管理者按照自己的利益而不是股东利益管理公司的代理问题随之出现（Jensen & Meckling，1976；Fama & Jensen，1983a），保护股东利益不受管理者侵害成为狭义的公司治理的目标。然而广义的观点则是将公司治理看作资本供给者为了资本不受侵蚀和获取投资回报而控制管理者的方法（Shleifer & Vishny，1997），此时公司治理的目标在于保护投资者利益，使资本不受侵蚀和获取投资回报。

银行的特殊性意味着更加应该接受广义的公司治理定义。正如梅西和奥哈拉（Macey & O'Hara，2003）所指出的，因为银行独特的合约性质，公司治理机制应该兼顾股东和存款人的利益，由此银行公司治理应该从广义定义出发。银行的特殊性不仅要求采纳公司治理的广义观点，而且限制银行管理行为的政府干预也应该考虑在内。亚洲金融危机的教训表明，公司治理的目标不仅在于保护投资者的利益，而且在于减少市场系统风险和保持金融体系的稳定（Ciancanelli & Reyes-Gonzalez，2000）。

（二）商业银行公司治理的目标应包括商业银行本身的安全和稳健

商业银行不仅是工商企业重要的融资渠道和全社会不可或缺的支付体系，而且还要在特殊的市场条件下提供信贷和流动性支持，因此商业银行作为国民经济的关键部门往往被纳入政府安全体系而成为政府调控的重点目标。从经营目标来看，商业银行与一般公司存在着巨大差异。公司经营的目标是实现公司价值（尤其是股东财富）最大化；而商业银行作为国民经济的重要组成部分，除追求自身利益最大化之外，还应兼顾宏观经济的稳定和金融体系的稳健。

（三）治理机制设计应偏重内部治理机制，审慎运用外部治理机制

根据前面的论述，商业银行的外部治理机制存在以下缺陷：

（1）不充分的市场竞争会削弱产品市场竞争机制作为外部治理机制的基础性作用。

（2）在公司治理方面，债权具有与股权不同的独特作用，而商业银行特殊的资本结构所导致的债权人监督的缺位，使资本市场的外部治理机制作用无从发挥。

（3）巨大的并购成本也会限制控制权市场的外部治理机制作用。并购机制作为一种特殊且比较有效的资源配置方式，其主要作用有：①并购会给收购双方股东带来巨大的财富。所有的研究一致表明，目标公司的股东获得了合并的收益。代理权争夺的实证研究也表明，无论代理权争夺的结果如何，股东财富在此期间总是增加的。②长期来看，任何限制收购的主张，结果可能会削弱公司作为一种企业组织的形式，并导致人民福利的降低。③并购作为公司控制权的主要手段，能给经理人持续的外部压力，促使他们更加努力地工作。④被接管后的目标公司所背负的高额债务将使新的经理人面临着一种硬约束。⑤在某种程度上，并购可以看作一种迅速集中所有权的机制。在典型的恶意收购中，并购公司能通过成功地接管股权分散的目标公司而成为大股东，进而改造公司的管理层或采取公司价值最大化决策。以上第③～⑤项并购机制的作用能有效改善公司治理；也有一系列的理论和实证研究表明，并购机制能解决公司治理问题。最新的研究表明，

英美模式与德日模式的主要区别并不在于以往我们所认为的股权集中度的差异，而是资本市场公司治理机制发挥作用的程度，尤其是控制权市场活跃程度的不同。由此可见并购机制在公司治理机制中的重要性。有缺陷的控制权市场会进一步弱化商业银行的外部治理机制，在没有活跃的公司控制权市场的情况下，发动重组的内部激励力量令人质疑。

第 3 节　信用中介机构与公司治理

信息披露制度旨在向公司利益相关者提供必要的公司信息，进一步，通过信用中介机构让公司利益相关者相信公司所提供信息的真实性和可靠性。信用中介机构需要保持足够的独立性，对公司披露的信息出具客观公正的评估报告，为公司的利益相关者负责，避免公司利益相关者的利益受到损害。主要的信用中介机构包括：会计师事务所、投资银行和律师事务所等。一般而言，这些信用中介机构在担保公司信息披露质量方面很守信用，因为如果它们对公司披露的虚假信息表示认可，就会面临承担相应法律责任的风险，可能会受到民事或刑事起诉，后果比较严重，所以，它们在工作中一般会严格遵守工作准则和职业道德。但近年来有两个事件足以引起我们对信用中介机构诚信的高度关注和充分怀疑，一个是 2001 年前世界第五大会计师事务所安达信伙同安然公司的财务欺诈案；另一个是有着 158 年历史的美国第四大投资银行雷曼公司在 2008 年申请破产保护。这两起事件都发生在美国，而美国一直被认为是在制度建设方面表现比较突出的国家。可以想象，在美国尚且如此，在其他制度建设相对落后的国家和地区，信用中介机构又怎能保证信用。因此，加强信用中介机构建设，提高公司治理整体水平是亟待解决的重要问题之一。

一、主要信用中介机构及业务

（一）会计师事务所

会计师事务所一方面为公司起草和审查财务报告，另一方面还要查找公司账目的漏洞，防止虚假信息的出现，从而保证真实、准确地描述公司财务状况。专业会计师是保证会计师事务所信用的关键，他们通过审计服务建议公司建立严格的内部程序，以保证审计结果或审计的财务报告达到最低质量标准。但对公司而言，它们希望会计师能为公司提供更满意的服务，其中不乏超出会计师事务所愿意提供的业务范围之外的服务，尤其是通过利益诱惑使会计师不能保持独立性，从而出具不真实可靠的审计意见。如果会计师在虚假或者有误导的财务报告上签字，就会面临承担相应法律责任的风险。

（二）投资银行

投资银行是主要从事证券发行、承销、交易，企业重组、兼并与收购，投资分析、风险投资及项目融资等业务的非银行金融机构。投资银行业的发展日新月异，对投资银行的界定十分困难。投资银行是在美国和欧洲大陆的称谓，英国称它为商人银行，在日本则指证券公司。投资银行主要由一些专业金融投资分析师组成，分析师们能够对公司进行深度投资分析，评价公司投资价值，这是一般投资者所不具备的能力。因此，投资分析结论对广大投资者做出投资决策有重大影响。另外，有投资银行参与的企业兼并、收购和重组等业务充分体现出投资银行的公司治理功能。

（三）律师事务所

律师事务所是第三个主要的信用中介机构，尽管与会计师事务所、投资银行相比，投资者并不是很关注它们，但在发达的证券市场中，它们的作用不容忽视。律师事务所会综合考虑发行公司准备的相关文件，提醒发行公司和投资银行遵守信息披露制度。

二、信用中介机构的公司治理作用

信用中介机构的主要作用是保证公司所披露信息的质量，降低公司利益相关者之间的信息不对称程度。但如果信用中介机构不讲信用，非但不能为公司利益相关者提供可以相信的公司信息，反而可能加重公司对利益相关者的利益侵害，增加投资风险。中介机构信用机制建构的切入点在于着力解决公司治理中存在的严重的信息不对称问题。由于公众投资者与上市公司相比处于绝对的信息弱势地位，所以必须通过有效的信息披露来予以弥补。而有效的信息披露又有赖于中介机构作为专业服务机构，要以自己的信誉、专业精神和所面临的市场竞争压力独立开展对上市公司的服务。因而，中介机构的独立性制度安排对中介机构信用机制的建立至关重要。而这种制度安排是否有效，一方面取决于中介机构人员的职业操守和专业能力，即进行专业服务既要有胜任能力，又要有超然独立的地位，并保持合理的职业谨慎；另一方面取决于相关的制度设计。这样，如何通过制度安排确保中介机构的独立性就成了公司治理中中介机构信用机制建构的核心。所以，在强调信用中介机构的公司治理功能之余，更应该加强信用中介机构的自身建设。

影响信用中介机构公司治理作用有效发挥的最主要问题是信用中介机构自身的独立性，也就是说，信用中介机构能否不受公司影响，对公司所披露信息质量给予客观、真实的评价。提高信用中介机构的独立性可以采取两种方案：一种方案是通过制定一系列法律法规，促使信用中介机构对投资者承担责任，比如设立代表最低质量保证标准的信用中介机构许可证、调查中介机构违规案件、取消违规中介机构的经营许可证、对情节严重者提起民事或刑事诉讼；另一种方案是建立二级信用中介机构，来保证一级信用中介机构的质量，如一些业内自律组织等就可以发挥这个作用。两种方案相比，第一种更加可行，因为会在很大程度上减少监督与被监督合一的情形。

三、信用中介机构的信用机制重建——对《萨班斯-奥克斯利法案》的分析

2002 年，美国国会通过了《萨班斯-奥克斯利法案》，旨在依法通过制度安排，强化中介机构和中介人员的独立性，建构公司治理外部监督者的信用机制。

1. 依法强化会计师事务所及其会计师的业务独立性，建立会计师事务所在公司治理中的信用机制

在强化会计师事务所及其注册会计师审计业务独立性方面，美国《萨班斯-奥克斯利

法案》对注册会计师提供非审计服务进行限制，明确禁止注册会计师为同一审计客户提供如下业务：(1) 与审计客户会计记录或者财务报表编制有关的簿记或者其他服务；(2) 财务信息系统设计与执行服务；(3) 评估或者估价服务，出具公允性意见或者实物捐赠报告服务；(4) 保险精算服务；(5) 公司内部审计外包服务；(6) 管理职能或者人力资源服务；(7) 经纪人或者承销商、投资顾问或者投资银行服务；(8) 法律服务和与审计无关的专家服务；(9) 公众公司会计监督委员会依法规定不允许的其他服务。

针对注册会计师行业自律管理的弊端，为保证整个公司治理中信用机制不因会计师事务所一个环节的失范而形同虚设，《萨班斯-奥克斯利法案》要求公司设立审计委员会，其成员必须全部由独立董事组成，对外部会计师享有绝对的监督权，会计师事务所从事非审计业务应得到公司审计委员会的事先批准；同时要求会计师事务所主管审计业务的合伙人每五年轮换一次，并临时关闭“旋转门”制度（即会计师在某公司担任主管财务或审计的高管，则其离任后一年内不得成为为该公司服务的会计师）。这些规定一方面能够降低会计师的机会主义行为，同时也在一定程度上强化了会计师执行业务时的独立性。

2. 设立公众公司会计监督委员会（Public Company Accounting Oversight Board，PCAOB），加强会计行业自律监管

安然公司、世界通信公司倒闭等一系列公司丑闻不但揭露出企业财务造假的事实，同时也体现出会计师未能及时发现并报告公司存在会计造假这一业务能力上的不足。针对这一情况，《萨班斯-奥克斯利法案》要求：第一，设立公众公司会计监督委员会，成员包含 5 人，对会计行业实行自律监管并制定会计准则；第二，强制要求对公众公司进行审计的会计师事务所向委员会进行登记；第三，授权委员会对公众公司的审计制定规则，该规则具有强制力。

委员会的设定标志着美国会计监管制度的一次重大改革，其当时的主要任务是分析会计师事务所与其客户之间的关系（2001 年的丑闻，事实上也改进了上市公司的审计实践），确保投资者和其他利益相关者免受重大错误或企业会计信息中的错报。目前所有计划为上市公司提供审计服务的会计师事务所都必须在公众公司会计监督委员会注册，并支付费用以保持在监管机构的良好声誉，董事会无权创建或要求上市公司实施新的会计规则，这就保证了会计师事务所审计业务的独立性和异质性。

3. 授权证券交易委员会（Securities and Exchange Commission，SEC）制定规则并实施制裁，强化中介机构信用机制

公司财务信息披露不实不仅仅是由于会计师的过失或包庇，还可能是其他中介机构从中“倾囊相助”。例如一方面一些证券律师未能有效制止公司从事不法行为，甚至帮助公司“包装”非法交易；另一方面一些证券分析师为与其有业务关系的公司提供有失偏颇的研究报告，比如隐瞒公司亏损情况、夸大公司利润或者向投资者不适当地推荐该公司的股票。对这些公司“看门人”的不法行为，《萨班斯-奥克斯利法案》一一给予了回应，授予证券交易委员会监督以及制裁的权力。

对于会计师：第一，证券交易委员会对公众公司会计监督委员会的行为进行监督，保证会计行业自律；第二，授权证券交易委员会对由于故意、重大过失或疏忽等原因从事违法或犯罪行为的会计师进行制裁。

对于证券律师：第一，授权证券交易委员会制定规则允许律师可以越级向公司相关负责人报告其所知晓的任何不法行为及违背信义义务的行为；第二，授权证券交易委员会制裁从事不法行为的律师或者对其提起诉讼。

对于证券分析师，授权证券交易委员会制定规则，保证证券分析师的客观性和独立性，并保障其在对公司做出负面评价或者建议下调评级时免遭公司的报复。

总的来说，《萨班斯-奥克斯利法案》实现了证券法从督促企业自主披露信息到实质性监管的转变，尽管一些规定过于严苛，增大了企业（特别是小型企业）的审计成本，降低了其他国家企业到美国金融市场上市筹资的兴趣，但值得肯定的是信用中介的信用机制得到了有效重建。健全“看门人”体系不仅应当加强规则制定和行业自律，也应当给予证券监管机构适当的监督权和执法权。

第 4 节　政府监管与公司治理

一、政府监管与公司治理的理论基础

良好的公司治理不仅需要一套完备的公司治理结构，更需要若干具体的超越结构的治理机制（斯蒂格利茨等，1998），也就是说存在监督机制才能保证公司治理的有效运行，可以引进外部监督机制，借助政治力量、引进政府这一权威参与公司的治理，即引入政府进行监督，以解决委托代理所产生的一系列问题。

福利经济学是政府监督经济的理论基础，庇古（Pigou）是福利经济学的创始人，以外部性问题的分析闻名于世。他认为，个人经济福利加总形成了社会经济总福利，因此，经济政策的目标应是社会经济总福利的最大化。可以看出，庇古非常关心社会总福利的最大化，而不是某一市场主体利益的最大化，而个人的福利与社会整体福利可能存在着冲突与矛盾。这就为引入政府监管提供了基本的理论基础。

斯蒂格利茨认为，由于信息的不对称和不完备，市场失灵普遍存在于经济的各个领域，大量的市场失灵为政府干预和提高福利水平提供了空间，使政府监管成为必要。他还从效率的比较优势角度进行了分析，认为政府是现成的能集合公众意志的机构，较之重新组织另一机构去解决市场失灵，政府监管具有成本上的优势；“搭便车”现象的存在，为政府解决市场失灵提供了可能；信息市场的不完善、信息不对称情况的广泛存在引发了“道德风险”和“逆向选择”，使得市场效率下降，而政府的干预可以促使信息的正常流通，可以通过对“代理人”的强制行为来避免“逆向选择”问题，因此，政府的监管是十分必要的。

泰勒尔（Tirole）等的“代表”假说认为，由于市场信息的不对称，“道德风险”和“逆向选择”问题普遍存在，因此，投资者需要实施各种监督，但市场上又存在“搭便车”现象，个别投资者不愿付出成本来对“代理人”进行监管，政府就成为中小投资者的公共代表，政府监管是为了保护中小投资者的共同利益而采取的一种克服“搭便车”

现象的措施，也是一种节约委托代理成本的机制。

钱颖一（2000）认为，投资者在投资和取得回报之间有时间差，会给资金使用者从事不利于投资者的活动提供机会，即产生道德风险，投资者人数众多且分散，自然容易产生“搭便车”现象，所以他认为适当的监管是必要和必然的。

许成钢（2001）和皮斯托（Pistor，2002）认为，法律具有一般性、持久性、可测性等要求。一般性要求法律具有普遍适用对象，持久性要求法律应该是长久不变地适用于众多对象，可测性要求人们根据法律条文能够准确地预测自己每一种行为的法律后果。然而，由于法律存在语言上的歧义、社会经济和技术变化等原因，难以完全实现上述三种要求，因此他认为法律具有内在不完备性特征。该理论开拓了人们认识政府监管在市场经济结构中重要作用的新视角。

综上所述，政府监管理论大致可分为两条线索：一条是信息不对称和外部性问题导致市场失灵（龙超，2003），从而需要政府监管；另一条是由于法律的不完备性，需要通过政府监管加以弥补。市场是一种制度，对处于转型期的国家而言，建立市场制度难以通过市场自身进行，因为市场活动不会发生在“制度真空”中（杨瑞龙，2004）。我国还处于转型期，市场缺陷无法通过市场本身有效克服，必须借助外力，而其中有能力克服市场缺陷的外力主要来自公共权威机构、来自政府，一个有效的政府才是市场经济转型的前提条件。何况，政府为了促进就业，为了实现经济增长，为了收取税收，也必然关注公司稳定和公司各方的利益，也就必然对公司实施监管。

中国传统的儒家文化强调人际关系，“官本位”思想根深蒂固，尊重政府、依靠政府是人们的普遍心态，表现在公司治理上就是典型的政府主导型监控模式（邓莉、张宗益，2004），即政府监管符合我国的传统文化。

二、政府监管的主要内容

公司治理是通过设计一套组织结构和运行机制来保护公司利益相关者的利益。公司治理实践和政府监管理论告诉我们，在公司治理的运行机制中政府监管机制是必不可少的。政府监管的难点并不在于理解政府监管的必要性和重要性，而在于完善公司治理过程中如何建立监管体系。有效的政府监管体系应包括以下四个方面：

（一）法律监管

法律具有权威性与强制性，对公司治理中各主体和客体的行为具有最高权威的强制性约束，是其他监督形式的依据和基础。法律监管应从两个方面进行：一是制定法律规章，即立法监管；二是法院执法，即司法介入监管。法律体系包括两个层次：第一个层次为全国人民代表大会常务委员会审议通过的法律，如《公司法》《证券法》《会计法》《注册会计师法》《审计法》等；第二个层次是国务院有关部委发布的规章，如《企业会计准则—基本准则》《上市公司治理准则》《关于在上市公司建立独立董事制度的指导意见》等。

国家通过制定法律来规范各治理主体所应遵循的基本行为和职业道德，来规定各主体的权利范围，并规定相应的处罚原则，如《公司法》就规定了我国公司的治理结构，规定了股东（大）会、董事会、监事会、经理人的职责、权限和义务。试想一下，如果没有专门的法律体系，公司治理各主体和客体就不清楚自己行为的法律责任，大量的法律上没有禁止的损害行为就会不断发生，各治理主体和客体的法律地位也就无法得到保障。

法律最终要落实到有效执行，法律的执行由法院完成，即司法介入。司法介入是通过事后的裁决和惩罚来对公司治理中的违规行为进行打击，从而对公司治理各主体和客体的行为起到了很好的威慑作用。

（二）行政监管

法律监管有其不足之处：一是法律、规章的制定不完善、不健全；二是司法介入监管一般是被动的和事后的，不利于保护受损人的利益。因此，就有必要引入一个能主动执法的机构，以弥补被动执法所造成的司法效率低下。能承担这一责任的机构只能是政府各级行政机关。因此，行政监管就是指各级行政机关依法律的授权和规定对公司治理中各主体和客体的行为所进行的监督。行政监管具有执法的主动性和强制性特征，这对提高法律执行的效率和加强对各治理主体与客体的保护具有决定性意义。行政监管还具有立法和执法双重职能，行政机关可以通过发现公司治理中的法律不完善来制定行政法规，或通过立法建议来弥补法律的不完备。

行政监管的主体主要有证监会及其派出机构、财政部、国资委、银保监会等。证监会及其派出机构，主要负责上市公司和证券公司的治理结构、信息披露、中小股东的保护等的监管；银保监会和中国人民银行主要负责对商业银行的治理结构进行监管，银保监会也负责对保险公司的公司治理结构进行监管；国资委主要负责对国有企业的治理结构进行监管；财政部主要负责对会计师事务所等中介机构的行为进行再监管，并负责会计准则等的统一制定，以规范会计行为。此外，还有审计、税务、市场监督管理等行政机关通过不同形式对公司治理进行监管。

（三）市场环境监管

市场环境监管是指通过对市场环境的建设来达到公司治理的目的，林毅夫等人就竞争的外部市场环境对公司治理结构形成的重要意义进行了论述，认为充分竞争的市场对公司治理结构的影响是根本性的，要建立良好的公司治理，必须依赖充分竞争和完备的市场体系。如竞争的产品市场、资本市场、经理人市场、劳动力市场及健康的破产机制等，这些都是有效的公司治理体系的重要组成部分。而良好的市场体系和环境，必然要依靠政府去培育和营造。

（四）信息披露监管

上市公司信息披露的管理制度是一国或地区对上市公司信息披露行为所采取的管理体系、管理结构和管理手段的总称，是上市公司监管制度的重要组成部分。狭义上，上市公司信息披露的管理制度主要指的是信息披露的管理机构组成及其监管职责划分；广义上，其还包括确定管理机构监管职责以及规范上市公司信息披露活动的法律制度体系。

负责上市公司信息披露监管的管理机构主要包括证券主管机关和证券交易所。从监管部门的职责划分看，证券主管机关和证券交易所在上市公司信息披露管理中的地位和作用既与一国或地区的证券监管制度密切相关，也与上市公司所披露信息的性质密不可分。上市公司在发行上市以后所进行的持续性信息披露，其监管主要是由证券交易所进行，证券主管机关一般仅就重大事项或违规行为进行监管，证券交易所处于日常监管的第一线，发挥最主要的作用。

而对上市公司初次信息披露的监管，证券主管机关与证券交易所在职责上的划分主要取决于一国或地区的证券发行上市审核制度。在核准制下，如果审批机构为证券交易所，则上市公司初次信息披露的监管职责主要由证券交易所承担，但通常证券主管机关也保留对上市公司有关违规行为进行问询和调查处理的权力。在注册制下，上市公司初次信息披露的监管机构主要为证券主管机关，信息披露的主要规定均由其做出，对违反信息披露制度行为的处罚也主要由其执行，证券交易所的作用仅在于根据其制定的上市标准决定上市公司是否具备上市资格。

从制度体系看，规范上市公司信息披露的规定主要有四个层次：一是立法机关制定的证券基本法律；二是行政机关制定的有关证券市场的法规；三是证券监管部门制定的各类规章；四是自律规范，主要包括证券交易所制定的市场规则及有关自律组织制定的行业守则等，其中证券交易所制定的市场规则最为全面具体。

第 5 节　舆论监督与公司治理

一、舆论监督内涵

舆论监督的实施主体主要分为两个层次，即公众和媒体。公众作为舆论监督的主体，是舆论话题的发现者与提供者。而媒体一方面是公众舆论监督的实现途径和输出管道；另一方面也是舆论监督话题的发现者与供应者。可以说，媒体在舆论监督中负有双重任务。

二、媒体监督的公司治理效应

媒体监督具有全方位性和独立性的特点。媒体监督无处不在，它对公司治理主体和客体构成现实和潜在的监督，它通过对公司一些重大违法违规案件的揭露来大大提高监督效率，银广夏、蓝田股份等问题都是在媒体监督下暴露出来的。媒体监督的优势还体现在它对行政监管行为的监督，它通过对公司违法违规行为的调查披露，迫使行政监管部门提高监管效率，迫使立法机关加快立法的进程，从而促进了行政监管效率和法律监管效率的提高。

近年来，国外许多大公司的财务丑闻导致投资者的信心严重受挫，阻碍了市场的发展。媒体在这一系列财务丑闻曝光中发挥了重要作用。可以说，如果没有媒体的介入，安然事件可能依然不为人所知。媒体的这种特殊作用使得人们开始思考媒体在公司治理中的作用，有部分学者开始研究媒体作为一种外部监督机制在公司治理方面所起的作用。关于公司治理的文献不计其数，但在这些已有的研究中，媒体的作用甚少被提及，媒体的普及度以及由此带来的治理效应通常被忽视。在大多数情况下，投资者被分为知情者和不知情者。对于一般的投资者而言，要收集对众多上市公司进行评价的相关信息必须付出相当的成本。虽然随着信息技术的发展，投资者获取信息的渠道越来越多，难度也相应减小，但对知情者而言，随着掌握的信息量的增加，信息中所包含的“噪声”总量却越来越多。在这种情况下，如何甄别各种信息的真伪，就成为投资者面临的主要问题。而通常的情况是，投资者由于自身能力的限制，其所能获得和处理的有效信息十分有限，否则就要面临很高的成本。加之中小投资者所普遍具有的“搭便车”心理，不愿意付出高额的调查成本去检验上市公司所公布的信息。因此，在不完全竞争的市场中，投资者很难获得完整有效的信息。这时候，媒体的作用开始凸显，权威独立的媒体报道将会降低投资者获取有效信息的成本。

就目前的研究状况来看，关于媒体的研究主要集中在两个方面：一是从新闻学的角度来探讨对上市公司的报道问题，包括报道的公正性、报道的制度环境以及报道的技巧性；二是探讨新闻报道的环境法律问题，比如法律如何保障和维持媒体对上市公司的报道权利等。但是这些研究都存在一个不足，就是没有把媒体和公司治理效应相联系。

（一）媒体的“第四权力理论”

1975 年，美国联邦最高法院法官斯特瓦特（Stewart）在一次演讲中宣称：根据宪法规定，新闻自由条款包括了对新闻机构的保障，其作用就是直接保障新闻业。他提出“宪法保障新闻自由的最初目的是要在政府之外建立第四个部门，以监督官方的三个部门”，这就是著名的“第四权力理论”。这里，斯特瓦特强调了媒体在社会中已经被制度化，成为社会制度的一部分。在现代经济生活中，人与人之间的经济交往日益频繁，媒体的另一个作用就是解决信息不对称问题。媒体在公司治理过程中同样发挥上述两方面的作用，甚至归结到一点就是解决市场参与者（投资者、上市公司、证券中介机构等）之间的信息不对称问题。媒体的作用主要包括以下三个方面：

（1）信息披露。新闻的原则在于及时、准确、公正地报道、披露经济交往中的信息，使得市场交易双方处于公平的地位，防止由于市场信息的不充分而判断失误，维护正常的市场秩序。当前媒体手段高度发达，包括报纸、电视、互联网等，在一定程度上能够保证信息的及时发布。

（2）监督职能。强调媒体的监督职能在于市场中经常发生违规行为，媒体对这类行为的披露，增加了违规的风险。违规行为一旦被发现，就将导致严重的后果，美国安然事件就充分说明了这一点。同时，舆论对政府进行监督可促使金融监管机构依法行使监督权，防止腐败的滋生，从而达到改进市场外部监督机制和执行机制的目的。

（3）引导舆论导向。舆论可引导投资者形成正确的投资理念，发现市场规则的漏洞，也可引导市场逐步改进规则，引致市场制度的完善，促进市场治理的改善。

当然，媒体对市场也并非全是积极作用。媒体能积极地影响公众的注意力和思考方式，同时也成了股票市场投机性价格变动的主要宣传者。媒体容易推波助澜，误导市场参与者。

（二）媒体的公司治理效应——“声誉机制”

媒体的公司治理效应主要是通过“声誉机制”来实现。媒体通过“声誉机制”，使公司以及公司的管理层强化自我监督，从而达到公司治理的目的。首先，媒体的关注可能导致公司相关法律的变革，或者使得法律的实施更为有效，而这正是决定投资者保护程度的关键要素。这在西方发达国家表现得尤为突出，因为政治家发现如果他们不采取任何措施（特别是在公司出现财务丑闻的时候），其政治形象会受到影响，而这又会对其政治生涯产生影响。我们可从安然和世界通信公司等一系列财务丑闻曝光后布什总统和美国国会的态度中可见一斑。投资者在这一系列的丑闻中损失数十亿美元，很多公司雇员养老金严重缩水，一向被视为资本市场和公司治理结构典范的美国，开始遭到人们的严重质疑。投资者持续恶化的信心危机严重威胁了美国经济的发展。另外，当时美国中期选举即将来临，美国政界也急于采取措施扭转不利的经济状况以赢得更多选民的支持。在这个背景下，美国开始对与上市公司、中介机构相关的制度进行一系列的改革，其中影响较为深远的是《萨班斯-奥克斯利法案》。其次，媒体的关注可以通过一些特定的渠道（社会舆论）影响管理者的声誉。这点倒是在很多经济学文献中有所提及，也有相关模型，即“经营者声誉”模型。如果企业家具有良好的个人品质、还贷记录等，可以在一定程度上增强融资能力，由此提升企业价值，戴蒙德（Diamond，1991）称其为“声誉资本”的投资。传统意义上关于“声誉”的理解（具体可参见 Fama，1980；Fama & Jensen，1983a）是指管理者未来的报酬取决于公司股东和雇员的信任。也就是说，在缺乏有效监管的情况下，他们还是认定管理者会一如既往地为股东和雇员的利益服务。惩罚机制的出现使得管理者不太可能利用手中的权力来为自己牟取私利，从而部分地达到保护投资者的目的。最后，媒体的关注影响的不仅是管理层和董事会在股东和雇员中的形象，更为重要的是还会影响到他们在社会公众心目中的形象。如果管理层出现丑闻，他们就会处于舆论的包围中，事实上，没有任何方法可以使他们免遭这种声誉上的惩罚。因此，媒体的作用不仅在于时时提醒公司的管理层和董事会维护其自身形象，而且在一定程度上督促他们在制定公司政策时充分考虑其对社会福利的整体影响。但是这样做会产生两种不同的结果：一种会使得股东价值最大化；另外一种结果则正好相反，可能会偏离股东价值最大化的目标，也就是说追求社会福利最大化的目标可能会使股东的个人财富受到影响。

（三）媒体与证券市场监管机制

信息不对称是证券市场的一个客观特征，也是证券市场失灵的主要原因，需要政府对证券市场进行监管。监管者可以强制要求公司在指定媒体优先披露信息，对公司向非指定媒体披露信息设置足够的法律责任。对证券信息披露的监管使得投资者、上市公司和社会成员因此而受益。国际证监会组织（IOSCO）在《证券监管目标与原则》中，明确提出了证券监管的目标是保护投资者，确保证券市场的透明、公正和高效以及减少系统风险，把保护投资者利益放在了非常重要的位置。完整有效的信息披露制度是保护投资者最重要的监管手段。媒体监督作为信息披露的再披露，属于公司的外部治理机制，在对证券市场的监管过程中起着非常重要的作用。没有足够的新闻监督，就不可能有充分的市场透明度。媒体不仅是重要的信息传递通道，而且在证券监管的过程中还可以发挥重要的舆论监督作用，同时，媒体通过对经济现象的分析，对经济活动内在规律的揭示，能够推动监管机构根据经济水平以及市场的实际状况，采取新的思维、新的观念以及新的举措，进而促进市场整体发展水平的提高。

三、专业人士监督

公众监督对公司治理的影响主要来自专业人士的作用，包括公司治理、公司财务等方面的专家和学者。比如首先发现安然造假的不是美国证券交易委员会，而是擅长短期投资的机构老板吉姆·切欧斯。又如国内郎咸平、刘姝威以及类似“夏草们”的专业人士。他们对上市公司治理评价以及虚假信息披露等问题的分析发挥了专业人士积极的公司治理监督作用。

第 6 节　前沿研究

媒体作为公司治理外部机制中重要的利益相关者，主要通过以下几个路径发挥对企业的治理作用，影响企业的战略决策和市场表现：(1) 以信号机制向市场传递信息；(2) 影响企业和职业经理人的声誉，引致外部舆论约束甚至是法律监管；(3) 作为企业合法性的传播载体。当前学术界主要从以下几个视角探讨媒体与企业治理的关系。

一、有效监督假说

公司治理领域的学者一般认为，新闻媒体扮演着信息中介的角色，向社会公众传播与公司相关的信息，通过减少公司管理层和外部机构之间的信息不对称，对违背股东利益的公司和经理人施加声誉成本，使代理成本最小化（Dyck，Volchkova，& Zingales，2008；Miller，2006；Wartick，1992）。与此同时，也有学者提出，媒体不仅仅是单纯的信息中介，还可以作为企业的监督者，通过对某些特殊问题的关注对企业施加影响和压力，从而引起决策者的注意，并最终影响企业的行动。媒体的信息披露和监督机制对企业治理结构的完善有着积极的意义（Dyck & Zingales，2004），例如美国的《商业周刊》不定期公开治理能力最差的企业名录，报道企业 CEO 不合理的薪资，促使上榜企业在一段时期内提升和优化自身的治理情况。

二、合法性视角

组织理论研究表明，除了发挥监督作用，媒体还是企业合法性的传播者。媒体以社会仲裁者（social arbiter）的身份，定期评估和监督公司及公司的领导者行为规范（Pollock & Rindova，2003；Wiesenfeld，Wurthmann，& Hambrick，2008）。作为反映主流社会制度逻辑的载体，媒体向公众传播反映公司合法性的行为、信仰、价值体系和规则（Haines et al.，2008），逐渐成为向社会及与企业相关的个体、组织提供评估企业合法性信息的关键平台，影响公众对企业的判断。也有研究表明，媒体报道反映了公司的行为，但其很难单纯作为一个中性的信息渠道，而是带有特定情感色彩向大众传播信息，特定类型的企业行为更容易在媒体上得到更好的声誉。因此，公司有充足的动机主动进行象征性管理，表现出适当的符合制度规范的行为，塑造媒体形象，以帮助自身获得合法性。另外，媒体也有提升自身合法性的动机，市场化导向下，媒体在扮演“社会公器”角色的同时也需要追寻其商业价值。通过履行监督机制，揭露公司治理问题，媒体自身能够获得社会和读者的广泛信任，建立良好的市场声誉，提升自身的认知合法性。随着关注度及销量提升，读者群更广，媒体也因此能获得更多的经济收益。此外，不同类型的媒体合法性也存在差异，擅长商业报道的媒体和作者更有可能提供原创故事，而报纸等新闻媒体通常更有可能转述现有信息，读者更倾向于将现有信息作为决策的判断依据（Miller，2006），报纸等新闻媒体的合法性也就更强。

三、媒体报道与资本市场反馈

当前媒体治理对企业业绩影响的实证研究大多集中于媒体报道与企业资本市场表现的关系这一领域。作为一种有效的信息披露机制，媒体报道给予了在证券市场上处于弱势地位的投资者更多“搭便车”的机会，削弱了内幕消息知情者的信息优势，减轻了信息不对称的程度，降低了代理成本，对保护外部利益相关者，特别是中小投资者有着积极的意义。信息与股价的关系是金融市场的核心，而媒体则是沟通两者的关键渠道，媒体对企业的报道会对企业的资本市场表现产生显著的影响。媒体报道能够影响投资者情绪，促进市场交易（Barber & Odean，2008；Engelberg & Parsons，2011），引起股票价格波动（Tetlock，2007，2011）。公司如果与分析师建立良好关系并获得正面评价，则股价在短期内会上升，但一段时间后又恢复至正常水平（Solomon，2012）。同时，学者还关注媒体报道的预测效应，媒体的悲观情绪高涨有力地预示着市场价格将面临下行压力，媒体悲观情绪异常高或低，预示市场交易量高。这反映了媒体报道有着极强的时效性，会快速对企业的经营情况产生影响。

四、机构与媒体的合谋行为

出于政治利益、经济利益等因素考量，媒体很难完全持中立立场。媒体报道中产生的偏差或特定的倾向性，一方面与媒体自身的报道偏好和供需有关，一方面则来源于利益相关者的压力。这种压力可能源于：信息导向需要与监管者态度保持一致的制度压力；媒体的管理层与上市企业 CEO 存在交叉关联关系等（孔东民、刘莎莎、应千伟，2013）。媒体报道中的偏差同时也反映了企业和媒体之间存在合谋的可能性，许多研究已经证明了媒体报道与企业的市场表现息息相关，企业有充分的动机与媒体进行合谋发布消息以获取超额收益或实现其他特殊目的，如 IPO 前后主动管理媒体信息，以获得更高的资本市场定价，帮助企业超额募集资金。机构投资者也表现出了与媒体合谋操纵股价的倾向

（许年行、于上尧、伊志宏，2013）。或是企业投入更高的商业广告支出，与媒体建立良好的关系，获得更多的正面舆情；在重大事件发生前后，引入专业的投资者关系管理公司，密集发布正面报道，引导股价上涨（Solomon，2012）。企业还会开展象征性管理，象征性管理是指“试图将他人的注意力吸引到特定某物或某行为上，从而掩盖更为本质的真实性行动”。研究指出，公司 CEO 常常采取象征性管理的方式，通过媒体释放特定信息管理外部利益相关者的预期，但在实际商业活动中并未实施实质性变革，通过这种方式改善公司形象但保留 CEO 自身的控制权（Huy & Zott，2007）。

本章小结

本章以公司治理相关理论为基础，分析了有效的信息披露以及不同外部利益相关者监督在公司治理中的重要作用。在债权市场上，公司治理机制的有效运行主要依赖债权银行的监督。银行的监督权来源有二：其一是债务契约所授予银行的监督权；其二是债权业务上的便利使银行能够及时得知与公司相关的信息，同时公司也存在接受银行监督以提高自身声誉的激励。而包括会计师事务所、律师事务所等在内的信用中介机构，其独立性、公允性，保证了公司利益相关者所获取公司信息的客观和真实。政府则作为绝对权威的监督机制来保证公司治理的有效运行。公众和媒体作为舆论监督的主要参与者，在信息流通速度越来越快及流通效率越来越高的今天，在公司治理中发挥了越发关键的作用。

复习思考题

1. 信息披露制度对公司治理的影响主要表现在哪几方面？
2. 信息披露对公司完善内外部治理机制的影响有什么异同？
3. 公司治理的外部利益相关者基于信息披露对公司进行监督的机制有哪些差异？

案例分析与讨论

失败的媒体公关与当当网危局

2020 年 4 月 26 日，当当网创始人李国庆闯入当当网总部公然抢走公章的新闻冲上热搜，当当网以及这位略带传奇色彩的创始人再一次站在舆论的风口浪尖。近几年，当当网的负面新闻不止一次出现在大众视野中，从“摔杯事件”“离婚争议”到“当当夺章”，每次都引起媒体铺天盖地的报道和公众激烈的围观讨论。此次李国庆夺公章事件跟以往李国庆、俞渝夫妻两人在微博争吵的性质完全不同。从媒体报道来分析，此事对当当网而言绝对是一次重大危机，对创始人声誉及公司形象和公司治理产生了巨大影响。

（一）事件背景

1996 年李国庆、俞渝闪婚，1999 年两人联手创办当当网。前期李国庆应该是主要的经营管理者，俞渝主要负责融资和资本运作等，两人的配合比较默契，也抓住了以书籍为核心的标品电商快速发展的红利。当当网发展迅速，并于 2010 年在美国上市，李、俞二人一度成为夫妻联合创业的成功典范。后来在当当网的发展过程中因为夫妻两人的经营理念分歧越来越大，当当网错过了转型升级的好时机，被淘宝、京东等大电商平台甩在身后，股价一直萎靡不振，再融资困难。2016 年当当网私有化退市，还一度传出卖给海航的新闻。

后续李国庆、俞渝两人围绕当当网的控制权展开了一系列争斗和微博舆论大战：2018 年李国庆几次不当言论给当当网造成了不良影响，传出当当网管理层“逼宫”；2019 年 2 月，李国庆辞去当当网法定代表人和执行董事职务，并退出管理层，俞渝当选执行董事，并进行了一系列清洗行动；退出当当网的李国庆二次创业创立读书会，但仍对被踢出当当网管理层心有不甘，甚至有过在节目采访现场失控怒摔水杯的场面。2019 年 10 月，俞渝在李国庆朋友圈曝光其个人生活隐私。随后李国庆展开反击，二人互曝黑料，一发不可收拾，屡屡上演闹剧。两人形象和当当网品牌受损严重。

2020 年新冠肺炎疫情期间当当网俞渝因为过早复工，又防控不力，导致员工感染新冠肺炎，被监管机构点名。疫情导致很多中小企业现金流紧张，李国庆新创的读书会也面临资金压力。经过周密策划，4 月 26 日李国庆联合当当网被俞渝裁掉的几名创始员工制造了夺章事件。

（二）事件经过

2020 年 4 月 26 日上午，李国庆率领五人进入当当网总部，将数十枚公章、财务章全部抢走，并且留下一封《告当当网全体员工书》。

随后，当当网发布公告称，公司已经报警，公司公章、财务章即日作废，在公章失控期间，对以公章签署的合同均不予承认。与此同时，公司副总裁阚敏表示，李国庆所称接管当当网是私自越权，公司的董事没有收到所谓的召开临时股东会会议的通知；同时回应当当网裁员一事，称裁员消息是造谣，公司正计划准备起诉。

4 月 26 日晚间，李国庆发布盖有“北京当当科文电子商务有限公司”公章的公告称，当当网承认李国庆为公司董事长和总经理，俞渝应当按照股东和董事的资格与李国庆展开对话，并强调未盖有当当网公章的公司声明，均不能代表公司。

4 月 26 日深夜，当当网再发公告强调：当当网一直存在有效的章程，执行董事为俞渝。李国庆的决议所说事项，涉及修改章程，表决权不足 2/3，因此“决议”无效。

4 月 28 日晚间，李国庆再次发文表示：现在公章、财务章由我控制，势必会对公司的经营产生影响。所以在特殊时期，每天下午两点，我安排助理到公司接需要盖章的文件。需要盖章的同事，在办公室没有安排妥当前劳烦和我助理一起来早晚读书办公室盖章。当当网股东之间出现了一些纠纷是暂时的。当当网没错，员工没错。是我们夫妻大股东没有做好，对给大家造成困扰表示歉意。

至此当当网的“玉玺事件”产生了套娃般的扑朔迷离，双方各执一词。至于最终结果如何，还要等法院的最终裁决。

（三）公司治理与危机公关的思考

当当网控制权争夺事件可以折射出公司治理的重要性，股份比例怎么安排对一个创业公司很重要，对夫妻联合创业的公司的借鉴意义更是非常大，夫妻作为联合创始人在股份方面应该妥善安排。关于双方的分工协作、最终决策权归属等问题，应该提前做好规划，避免后续发生问题，否则不仅影响公司发展，也会导致婚姻破裂。可以采取的措施如下：一是在创业过程中预设公司治理结构风险防控机制。发起人或股东之间应当充分利用公司章程自治，建立风险防控机制。例如针对夫妻双方共同创业的情形，按不同类别的业务设立各自不同的独立公司。二是优化股权架构设计，建立控股公司进行风险隔离。三是引入第三方辅助决策机制。

公开资料显示，李、俞二人皆系当当网董事，理应对公司及股东负有受信义务。二人职权行为应以公司及股东利益最大化作为行事准则。考虑到公众人物的特殊属性，当二人相互攻击的行为能够发展到足以影响公众对公司的判断时，任何一方均有义务保持适当克制，以保障公司利益不受个人感情因素的影响。当当网李、俞之争，将高管、员工、投资人绑在夫妻离婚及无下限斗争的战车上，显然背离了企业家应有的精神和担当。

整体来讲此次当当网应对危机及相关的公关都是失败的。当当网失去了大批忠实顾客，品牌所受冲击非常大。当当网应该出面安抚利益相关者及消费者，俞渝也应该通过公关发文做一些澄清和沟通。企业对自身网络舆论情况的盲目，是对自身品牌口碑极其不负责的反应；任由事件爆发并泛滥传播，更是对企业治理产生了极其负面的影响。

资料来源：当当上演夺权大戏：创始人李国庆“抢公章”要全面接管公司　当当回应“已报警”[OL]. https://baijiahao.baidu.com/s?id=1665022566303714106&wfr=spider&for=pc.

思考与讨论：

1. 当当网的负面报道为公司治理带来了怎样的影响？
2. 公司应当如何健全内部治理机制以应对外部的舆论监督？

08 CHAPTER 8

第8章 机构投资者的治理

| 学习目标 |

1. 掌握机构投资者的含义、种类和特点。
2. 了解机构投资者参与公司治理的发展历程与机理。
3. 明确国内机构投资者优化公司治理机制的方法与途径。

| 关键词 |

机构投资者（institutional investor）：用自有资金或者从分散的公众手中筹集资金专门进行有价证券投资活动的法人机构，包括证券投资基金、社会保障基金、商业保险公司和各种投资公司等。

用脚投票（vote with feet）：资源流向能够提供更加优越的公共服务的行政区域。

行为干预（behavioral intervention）：机构投资者作为投资人有参与被投资公司管理的权利。

外界干预（outside intervention）：机构投资者还可以通过外界因素直接对公司董事会或经理层施加影响，使其意见受到重视。

引导案例

ofo的一票否决事项

创立于2014年的ofo致力于“以共享经济+智能硬件，解决‘最后一公里’出行问题”。1991年毕业于北京大学光华管理学院的戴威，乘上了共享单车的浪潮。ofo从北京大学校园起步，很快走向全国，成为行业领先者，甚至进军海外——美国西雅图、英国牛津。在资本市场上，ofo也是备受头部机构追捧的明星项目，ofo前后三年共有12轮融资，融资金额高达150亿元，最高估值达30亿美元。

但2018年以来，ofo遭遇很大的问题，特别是现金流。戴威说：“由于从2017年底到2018年初没能够对外部环境的变化做出正确的判断，公司一整年都背负着巨大的现金流压力。退还用户押金、支付对供应商的欠款、维持公司的运营，1块钱要掰成3块钱花。近半年来，来自现金流和媒体的压力，让我们力不从心，尤其是公司全力寻找融资而无果后，我无数次想过把运营资金全砍掉，用来退还部分用户押金和支付对供应商的欠款，甚至是解散公司、申请破产，这样大家就不用继续承担这么大的压力了。”ofo 负面消息很多，如大量员工离职及欠薪、用户押金退还难、供应商欠款多、“卖身”困难等。甚至有说法是，“小黄车”黄了。戴威的日子难过，声誉大降。2018 年 12 月，他被北京市海淀区人民法院限制消费。

关于 ofo 快速陷入困境的原因说法很多，如监管、行业因素等，这些都不无道理。相较而言，腾讯 CEO 马化腾道出的 ofo 溃败的原因——一票否决权，可谓更重要，对创业者也更有警示意义。据报道，ofo 董事会中，戴威、朱啸虎、经纬创投均拥有一票否决权。2017 年 12 月，撮合摩拜与 ofo 合并无望后，朱啸虎退出，将 ofo 的股份卖给阿里巴巴与滴滴出行，此后双方共享一票否决权。一家企业拥有 3 个一票否决权，乱套似乎成为一种必然。据报道，在摩拜与 ofo 的合并中，戴威使用了一票否决权，这被认为是 ofo 丧失关键发展机遇的事件；阿里巴巴欲进一步入股 ofo，因其他股东的原因未能成功，意味着 ofo 少了一笔巨资入账；滴滴出行欲收购 ofo，也因内部多方的复杂博弈未能实现。

据了解，滴滴出行 2017 年成为 ofo 重要股东后，委派了高管团队入驻 ofo。根据当时的报道，滴滴出行高级副总裁付强加入 ofo，担任执行总裁，直接向戴威汇报；市场负责人南山进入 ofo 负责市场；财务总监 Leslie Liu 分管 ofo 财务部门。这批职业经理人直接接管了市场、财务等数个关键部门。在这种情况下，ofo 的“底牌”一览无余。对于这批职业经理人，戴威本来是欢迎的，“ofo 的创始人团队都很年轻，经验老到的职业经理人来补足不是坏事”，但在磨合过程中，一些反客为主的举措，却让原有高管团队大为光火。其中一个例子便是，戴威想收购小蓝单车，付强不同意。最终，这年 11 月，滴滴出行的派驻高管均从 ofo“被”离职。滴滴出行方面事先并未获知这一情况，“被架空”的戴威突然决策，滴滴出行可谓措手不及。付强走后，一支“滴滴军团”还策划了一场反抗行动，双方交涉告吹后滴滴出行的人才回去收拾，工位一下空出来三四十个。

此前，在程维的撮合下，软银创始人孙正义和戴威曾就投资一事进行了面谈，并当场手写下了 20 亿美元的投资意向书。随着滴滴出行管理团队的出走，这笔钱最终成为空头支票。为了制衡滴滴出行在 ofo 的话语权，戴威接纳了阿里巴巴进入董事会，但有着高度控制欲的阿里巴巴并不满意与滴滴出行分享这一胜利果实。为此，阿里巴巴拿出一份方案，希望对滴滴出行的股份进行回购，同时，再砍掉戴威的一票否决权，提高自身在 ofo 的控制力。程维看到滴滴出行要被边缘化后否决了这项决议。最终，ofo 通过抵押动产才从阿里巴巴拿到资金，金额也从 10 亿美元缩水为 17.7 亿元人民币，其与滴滴出行的矛盾再度深化。

戴威团队之所以能与众多资本长期博弈，秘诀来自偶然因素：ofo 创业初期，一位律师在审核投资条款时发现，投资方持有一票否决权，为了公平戴威创始人团队增加了一票否决权。而在随后 ofo 连续快速多轮融资，引入包括经纬创投、金沙江创投、元璟资本在内的多家财务基金及包括阿里巴巴、滴滴出行在内的战投后，多方机构投资者持股使公司在重大战略决策中的利益博弈愈发复杂，难以形成统一的决策意见。尤其是在面临收购、合并等重大关键事项时创始人戴威及机构投资者对一票否决权的使用，使狂奔的 ofo 在关键的命运转折点丧失了自救或引入新资金的时机，最终走入困局，一代共享单车明星企业沦为一地鸡毛。

读完这个案例，你是否对机构投资者在公司治理及战略发展中发挥的关键作用有了更加深刻的认知？

资料来源：独家 | ofo 一票否决权真相 [OL]. https://www.sohu.com/a/283694106_250147.

资本市场是公司外部治理机制运行的重要场所。资本市场又被称为“控制权市场”，主要通过对企业进行控制权配置调整公司治理结构，从而影响公司发展战略、产品结构、研发能力，对公司的长远发展具有十分重要的意义。

而根据资本市场众多投资者的参与角色来划分，资本市场投资者可以划分为机构投资者和个人投资者。一般而言，个人投资者由于信息不对称及资源和能力有限等原因，不会直接对企业的日常经营活动及企业高层进行监督。个人投资者的参与途径往往是限于通过证券市场建立企业的信息披露及监管机制，规范企业定期披露经营战略、详尽真实公允的财务数据，同时确保市场交易信息通畅、交易公平。个人投资者对公司治理机制的影响主要是通过股票市场上的股票买卖进行的，即认为公司实际价值低于市场价值，不看好公司未来发展时，选择抛售股票，这种方式又被称为“用脚投票”。对于机构投资者而言，当其所持公司股票占上市公司全部流通股票的比例比较小时，它们也可以在公司经营不善时“用脚投票”。但当其持有公司股票比例比较高时，想要大量抛售而不影响股价，从而不影响机构投资者自身的市场表现，几乎是不可能的，此时，“用脚投票”会提升机构投资者的决策成本，使其陷入决策困境。

但是，机构投资者资产规模大、持股数量多，机构投资者的监督成本与监督收益适配性高，且机构投资者相较于个人投资者，有更加专业的投资团队开展对市场、公司的研究与分析。因此，机构投资者更有介入公司的管理经营和监督企业家的积极性和能力，当公司经营不善时，会主动参与公司治理，帮助提高上市公司的治理水平，积极寻求改善上市公司经营状况的方式和方法。因此，机构投资者在公司治理的舞台上发挥越来越重要的作用，成为公司外部治理机制中的关键角色。

第 1 节　机构投资者的种类和特点

一、机构投资者的含义

机构投资者，是指用自有资金或者从分散的公众手中筹集资金专门进行有价证券投资活动的法人机构，包括证券投资基金、社会保障基金、商业保险公司和各种投资公司等。与机构投资者对应的是个人投资者。一般来说，机构投资者投入的资金数量很大，而个人投资者投入的资金数量较小。

二、机构投资者的种类

机构投资者又有广义和狭义之分。狭义的机构投资者主要有各种证券中介机构、证券投资基金、养老基金、社会保障基金及保险公司。广义的机构投资者除上述机构外，还包括各种由私人捐款的基金会、社会慈善机构甚至宗教组织等。以美国为例，机构投资者主要包括商业银行、保险公司、共同基金与投资公司、养老基金等。

目前我国资本市场中的机构投资者主要有基金公司、证券公司、信托投资公司、财务公司、社保基金、保险公司、合格的境外机构投资者（QFII）等。目前可以直接进入证券市场的机构投资者主要有证券投资基金、证券公司、三类企业（国有企业、国有控股企业、上市公司）和合格的境外机构投资者等，其中证券投资基金的发展最为引人注目。

相比较而言，美国资本市场的发展比较成熟，也具有代表性，因此下面主要介绍美国资本市场中的机构投资者。

（一）商业银行

1863 年美国颁布的《国民银行法》赋予了国民银行有限的权利，其中却不包含让其持有股票的权利，特别是 1933 年通过的《格拉斯-斯蒂格尔法案》（Glass-Steagall Act）强制性地将商业银行的活动与投资银行的活动分开，从而使商业银行不能从事证券业务。后来美国对银行的管制逐步放松，才使一些大的银行获得了证券交易商的资格或开始从事证券中介经纪业务。银行可以通过它们所持有股票的公司来规避《格拉斯-斯蒂格尔法案》的一些限制，后者被准许购买一家非银行企业超过 5%的有表决权的股票，但要求这些股票的持有者必须是被动的投资者。

另外，多年来银行一直是大公司借贷周转资金的主要来源。20 世纪 70 年代后，商业票据市场获得了进一步的发展和完善，大多数公司可以通过公开证券市场发行和销售短期商业票据来筹措周转资金。当银行变成这些公司的次要借贷者时，银行面临着“次公平”的麻烦，从而限制了银行通过贷款的作用来试图控制公司经营管理的程度。例如，当一家公司不能履行还贷协议并申请破产保护时，任何一个被认为曾对该公司经营决策产生过有效影响的债权人将会发现，它在该公司的破产清算中对该公司拥有的债务索取权是“次要的”。如果此案处理过程中有事实表明银行为了自己的利益而操纵该公司，银行也将对其他债权人负有赔偿损害的责任。

可见，美国对持有股票的法律限定与债务索取权潜在的次要性的结合，削弱了银行在公司治理中所能发挥的作用。

（二）保险公司

美国的保险公司由州一级进行管理，而各州的法律都对保险公司投资于股票的额度进行了限定，虽然各州对其进行限制的内容各有不同，但共同点是都规定保险公司在股票上的投资不高于其总资产的一个较小比例（如 20%），而且只能将其中的一小部分（例如，纽约州规定其总资产的 2%）投资于一家单个公司的股票，并规定财产和灾害保险公司不能控制非保险公司。

保险公司往往投资于一些大公司的债券，但债券的持有者除了该公司不能履约还债或申请破产保护之外，实际上对该公司没有什么控制权。而且，即使该公司不能履约还债或已申请破产保护，债券持有者也无法对该公司施加更多的影响，对该公司的债务索取权只能排到所有索取权的后段。因此，与银行很相似，保险公司在公司中基本上是完全被动的投资者。

（三）共同基金与投资公司

共同基金即是集合众人的金钱，将其交给投资理财专业经理人进行投资、规划与执行。这种方式在投资理财观念及环境成熟的欧美地区是极受欢迎的，在美国平均有43%的家庭投资于共同基金。

虽然大部分共同基金都将它们的主要资本用于投资公开上市的股票，但在运用其投资对公司施加影响方面也面临着许多限制。1940年通过的《投资公司法》指出，当共同基金或投资公司宣称它们自己是多样化经营的投资公司时，法案只允许该共同基金将自身资金的25%或以下用于同一投资方式，如果它对一家公司的股票持有份额达到或超过5%，这一被投资的公司将被认为是该共同基金的一个成员。这些限制还扩展为：第一，共同基金在未获得美国证券交易委员会的批准之前，不能与其成员公司进行任一确定类型的交易。第二，所有其他投资公司或在该公司拥有超过5%股权的投资者也均被认为是共同的成员；一家共同基金不能与其他成员合伙选择或选举该公司的董事，或者以其他方式对此施加影响；也不能在未得到美国证券交易委员会批准之前与其成员进行任一确定类型的交易。这一规则同时扩展到禁止公司的行政官员、董事或其他人与共同基金合伙利用共同基金从事自利性交易。这一规则的重要作用在于阻止共同基金集团试图对一家公司实行控制性操纵。例如，当10家原非成员集团的共同基金分别对一家既定公司的股票持有份额超出5%时，这10家共同基金便形成了一个集团，在没有得到美国证券交易委员会批准之前，集团不得对这家公司实行控制性操纵。

共同基金和其他投资公司也同样受到1976年通过的《哈特-斯科特-罗迪诺法案》（Hart-Scott-Rodino Act）的制约。该法案要求任何一家公司主动投资另一家公司时，都必须向司法部和联邦贸易委员会备案。如果它们的目的“只是投资”，它们就必须服从这一法案的要求而接受审查。通过这一审查的要求是：它们必须是完全被动的投资者；同时，被投资的公司也必须接受特定范围的审查。

从主要内容上看，这些法案已经限制了共同基金主动监控和试图对它们所投资的公司施加影响的活动，但一些共同基金还在继续审视着这些禁令的限制，并企图寻找不违法而又有机可乘的方式。例如，1986年富达（Fidelity）所属的麦哲伦基金（Magellan Fund）曾为了对其所投资的一家公司施加控制影响，请求它的股东批准修改基金章程以消除对该公司投资的限定。麦哲伦基金总裁在申请基金代理权时解释说，这只是为了寻求被投资的公司董事或经理人的变动、寻求该公司领导层的变化、寻求转让一家公司或其部分资产的权力、参与接管或反对接管，但这并没有“倾向于将自身卷入对被投资公司的控制或对其日常决策运作的管理”。事实上，被投资公司的经理们相信麦哲伦基金的总裁已有资格去开展上述活动。

（四）养老基金

养老基金被认为是四类金融机构中受限制最少的一种机构投资者，养老基金自身的特点使得它与其他的机构投资者有所区别。

首先，养老基金具有预知性的进入和退出措施，对它们来说，资产的流动性相较于其他金融机构显得更为重要。历史上，许多养老基金的受托管理者都曾以努力增加回报为目的，将其资产的一部分交给那些基金经理。但越来越多的迹象表明，在所有的交易费用都正常的情况下，这种投资战略难以始终如一地把握住市场的均衡。结果，一些大型养老基金便采取了“定向投资”的策略，迅速降低了其资产投资的分散程度并延长了它们持有股票的平均周期。公共的养老基金一般执行长期的投资策略（平均周期是 12 年），因而它们对公司的长期经营管理比一般的投资者更感兴趣。

其次，养老基金已经变得非常庞大，所持有的股份在市场变化中举足轻重。养老基金比其他类型的机构投资者持有更多的公司股票，即养老基金持有的股票份额可以超过全部上市公司股票总额的 25%。即使它们对所持有的股票进行调整，实际上也只是在极小的范围内做些边际上的调整。

因此，从资金量和证券占有量上看，它们是机构投资者的主体，同时也是机构投资者中最沉默、持仓时间最长的部分。此类机构投资者受资金来源主体的限制，投资目的以获取长期稳定的收益为主，由此决定了此类机构投资者参与公司治理的积极性。

三、机构投资者的特点

机构投资者作为资本市场中一个重要的市场主体，具有自己的特点。

第一，机构投资者在进行投资时追求的是具有中长期投资价值的股票。一般来说，机构投资者多是长期投资者，追求的是具有中长期投资价值的股票，特别关注公司的经营稳定性和上市公司的未来业绩，因此，机构投资者更加重视上市公司基本面和长期发展情况，以及公司所处行业的发展前景。

第二，机构投资者都拥有行业及公司分析专家、财务顾问等，具有人才优势。机构投资者为了在股票投资中取胜，特别重视对行业及公司基本面的研究，因此，它们都相应地拥有行业及公司分析专家、财务顾问等，具有人才优势，能利用这些专业人士对上市公司及其所处行业基本情况和发展前景进行分析研究，从而选择行业发展前景好、基本面好的上市公司作为它们的投资对象。

第三，机构投资者可以利用股东身份，加强对上市公司的影响，参与上市公司的治理。机构投资者，是所持股票公司的股东，因此就有影响上市公司的权利和义务，就可以利用股东身份，加强对上市公司的影响，参与公司治理。例如，机构投资者可以发起对所持股票上市公司的改革倡议和活动，也可以给公司出谋划策、提出建议，或者给上市公司施加压力促使其改善经营状况、提高管理水平，从而提高公司盈利能力，改善公司的社会形象，最终实现公司价值最大化，作为股东的机构投资者的价值也得到提升。

第 2 节　机构投资者参与公司治理的机理分析

一、早期的机构投资者：用脚投票

机构投资者并不是从一开始就积极地参与到公司治理活动中的。事实上，早期的机构投资者作为公司所有者的色彩非常淡薄，它们只是消极股东，并不直接干预公司的行为，倾向于短期炒买炒卖以从中获利，因此，早期的机构投资者在公司治理结构中的作用是微弱的。

以美国资本市场为例，早期的机构投资者所持股票占上市公司全部流通股的比例较小，投资高度分散，由此导致两个直接后果：第一，由于分散持股，加之持股上限的限制，机构投资者持有单一公司的股票份额很小，基本无法做到有效控股。第二，持股分散化导致机构投资者的证券组合中股票种类极多，持股分散于不同行业、不同企业，而机构投资者因缺乏时间、精力和专业知识，几乎没有可能深入了解每一家公司，所以机构投资者分散投资的间接后果是，被投资公司根本没有把它们视为本公司的股东，而只是将它们当作短期买卖的股市炒手，因而从未考虑在公司董事会为机构投资者留一席之地。因此，早期的机构投资者在公司治理结构中的作用是微弱的。

早期的机构投资者所持股票占上市公司全部流通股的比例较小、投资高度分散化的原因主要有两个方面：一是法律制度方面的制约；二是分散风险的内在需要。

首先是法律制度方面的制约。美国法律对机构投资者介入公司经营管理设置了种种限制。例如，早就涉足公司治理的人寿保险公司在 1906 年就被禁止持股，后来当共同基金也积极参与公司治理时，1940 年的《投资公司法》要求机构投资者所持的股票必须分散化，持有单一公司的股票不得超过其全部股份的 50%，而且如果它们派代表进入公司董事会将会受到惩罚。这种针对机构投资者的非常严厉的歧视性法律，源于美国人对财富集中的反感，而政治家们也很乐意迎合大众情绪，通过制定法律来控制财富的集中，从而限制机构投资者参与公司治理。

其次是分散风险的内在需要。现代证券资产组合理论以有效市场理论为基础，认为在存在风险的条件下必须通过分散持股来降低资产组合的整体风险。该理论指出，任何证券资产除了具有收益性外，还具有波动性，即风险。证券风险包括系统风险和非系统风险两种。系统风险归因于共同的因素，对所有股票的影响是相同的，系统风险并不因证券分散化而消失，但是投资者可以通过改变持有的股票组成比例增大或减小平均系统风险。非系统风险可归因于一些特定的事件，如火灾、罢工等。这些事件只影响个别公司，可通过证券分散化来消除。分散化就是将风险分摊在许多公司、行业的证券中或者其他形式的投资上。可分散的风险随着证券数量增加而逐渐降低，一般当证券种类增加到九种时，几乎所有可以分散的风险都消除了，而且收益在证券数达到八九种之前急剧增长，此后的增长就缓慢了。现代证券资产组合理论在美国商界影响很大，美国大公司和机构投资者都运用证券资产组合的方法指导自己的投资。美国机构投资者一般都规模巨大，所以持有的证券组合种类极多。例如，共同基金一般投资于 60 家或更多公司的股票，其平均收益已经接近随机抽取的股票组合。

二、资本市场的发展促使机构投资者积极参与公司治理

到了 20 世纪 90 年代，大部分机构投资者都放弃了华尔街准则——用脚投票，在对公司业绩不满或对公司治理问题有不同意见时，它们不再只是简单地把股票卖掉，“逃离

劣质公司”，而是开始积极参与和改进公司治理。

促使机构投资者从被动变为主动的一个基本原因是，机构投资者在美国股票市场所占份额越来越大，这是资本市场发展的结果。美国资本市场在过去 40 多年中尤其是 20 世纪 90 年代以后，发生了巨大的变化。20 世纪 60 年代以前，美国股市主要是散户持股，机构投资者在股市的控股比例不超过 13%，由于散户很难行使法律赋予的监督权，股市对企业的经营业绩只能做出事后的被动反应；70 年代以后，机构投资者在股市的控股比例不断上升，80 年代初达到 34%，90 年代末达到 48%，机构投资者随之成为左右资本市场的关键力量。一些大机构投资者持有几百只股票，并且持有量很大，如果出现公司治理问题就抛售股票，机构投资者就会遭受很大损失。卖给谁？以什么价格卖？抛售之后又能去买哪家尚未涉足的公司的股票？可以说，这些问题对机构投资者尤其是养老基金来说就成了一个难题，它们不可能用传统的抛售股票的“华尔街方式”来保护其资本的价值，因为其所持有的大量股份不可能在不引起股价大跌的情况下抛出。这就导致了机构投资者被套牢之后必须开口说话。许多机构投资者面临进退两难局面之后通过私下沟通、代理投票和提出股东议案等方式把其对公司治理问题的关注传达给管理层，直至机构投资者转而采取积极干预的办法，向董事会施加压力，迫使董事会在公司经营不善时用更换总裁的办法，彻底改变公司的根本战略和关键人员，以确保新战略的迅速实施。当然，相关法律法规的放松也为机构投资者参与公司治理提供了外部环境。这样，机构投资者，尤其是养老基金，就从被动的投资者变为主动的所有者，成为公司治理的一个重要参与者。

三、机构投资者参与公司治理的途径

机构投资者主要通过以下两种途径参与公司治理和改善上市公司治理的水平。

（一）行为干预

这里所说的行为干预其实就是机构投资者作为投资人有参与被投资公司管理的权利。机构投资者发现价值被低估的公司就增持该公司的股票，然后对董事会加以改组、发放红利，从而使机构投资者获利。一方面，上市公司由于价值被低估而交易冷淡，不被市场认可，从而导致公司长远发展融投资渠道的闭塞，对公司长远价值的提升造成障碍。机构投资者有可能通过干预公司实行积极的红利政策调整，从而调动市场的积极反应，达到疏通公司与市场沟通渠道的效果。另一方面，作为上市公司的合作伙伴，机构投资者一般遵循长期投资的理念，公司运作的成功需要机构投资者更积极的参与。

（二）外界干预

机构投资者还可以直接对公司董事会或管理层施加影响，使其意见受到重视。例如，机构投资者可以通过其代言人对公司重大决策如业务扩张多元化、并购、合资、开设分支机构、雇用会计师事务所表明意见；可以通过向管理层针对信息披露的完全性、可靠性提出自己的要求或意见，从而使管理层面临市场的压力。同时公司业绩的变化也迫使管理层及时对股东等利益相关者的要求做出反应，这样就促使管理层必须更加努力来为公司的未来着想，以减少逆向选择和道德风险。

而在潜在危机较为严重的情况下，机构投资者可能会同其他大股东一起，要求更换管理层或寻找适合的买家甚至进行破产清算以释放变现的风险。当然机构投资者也可以将公司业绩与管理层对公司所有权的分享相结合，从而使管理层更勤勉敬业，在公司成长中获得自身利益的增值，公司其他利益相关者也获得利益的增加。

四、机构投资者参与公司治理所需要的外部条件

机构投资者在公司治理中发挥作用还需要一系列外部条件，美国的经验说明至少需要如下条件：

首先，严格限制机构投资者参与公司治理的法律环境渐趋宽松。20 世纪 80 年代中期，美国联邦政府决定鼓励持股人参加公司投票选举；1992 年，美国证券交易委员会新规则允许持股人互相自由地串联、互通消息，这样就大大降低了机构投资者收集“选票”的成本，使其更容易取得对公司的控制权。

其次，机构投资者成长很快，规模不断扩大。由于机构投资者规模很大，其被“搭便车”的成本降低，即使其他的持股人从机构投资者的行动中“搭便车”，机构投资者就整体而言仍是得大于失。机构投资者规模巨大导致的另一重要后果是，机构投资者作为整体持股量占整个资本市场的一半以上，因而无法像一般个人投资者那样方便地卖出所持股票，而只能在不同的机构投资者之间相互转手。因此对经营管理不尽如人意的公司，机构投资者不再能够轻易地“用脚投票”，卖出股票，只能积极地利用其大股东的身份介入公司管理，敦促企业家改善经营。

最后，以“股东至上主义”为核心的股权文化盛行。股权文化是指公司具有的尊重并回报股东的理念。它包括公司重视听取并采纳股东的合理化意见和建议，努力做到不断提高公司经营业绩，真实地向股东汇报公司的财务及业务状况，注重向股东提供分红派现的回报等。这就要求加强对企业家的监督和约束，保障出资人的权益。20 世纪 80 年代后期，发达国家资本市场上针对经营不善公司的敌意接管逐渐减少，但是公司治理依然问题重重，公司的企业家机会主义行为有增无减，客观上需要一个主体填补敌意收购留下的空白，加强对企业家的监督和约束，保障出资人的权益，而机构投资者正好可以填补这个空白。机构投资者在公司治理中发挥作用正是在这样的大背景下应运而生的。

第 3 节　我国的机构投资者

一、早期的机构投资者没有发挥应有的功能

与美国公司治理中机构投资者发出越来越响亮的声音相比，我国的机构投资者多数是沉默的，并没有像美国的机构投资者一样成为公司治理水平提高的主力军。

尤其是在 2001 年以前，中国证券市场明显由“交易者”主宰，股价升降的主要因素是“炒作”，其背后是庄家和联合坐庄等行为。多数上市公司股票均因坐庄炒作而高于其真实价值（这一点可从当时中国股市市盈率远远高于其他国家市盈率以及 A 股市盈率远远高于 B 股、H 股和 N 股市盈率这两个方面反映出来），公司股票的价格和公司的实际业绩相背离。在这样的市场里，国内的机构投资者选择做“沉默的大多数”，并没有在公司治理的改进中发出应有的声音。

这样就导致国内机构投资者的投资策略基本上是被动投资，很少通过以公司治理为导向的积极投资而盈利（在不少基金的招募说明书中也有类似表述，如“不谋求对上市公司的控股，不参与所投资公司的管理”等）。机构投资者或通过基本面分析、数据分析及财务状况来选择投资对象，对目标不满时便采取抛售股票的方式来“用脚投票”；或通过联合坐庄的炒作方式赚取低买高卖的差价，而漠视公司的治理结构建设和治理机制的完善。

例如，证券投资基金、证券公司、三类企业（国有企业、国有控股企业、上市公司）是我国的主要机构投资者，但是，这些机构投资者不但没有发挥应有功能，还成了我国证券市场中的违法者和违规者，成了市场操纵者的代表。

（一）证券投资基金

证券投资基金作为我国机构投资者的主力军，在证券市场中的作用不容忽视。1994 年中国证监会为了扭转暴跌不止的中国股票市场，所提出的四项救市措施中就有两项是关于证券投资基金的，试图把证券投资基金作为证券市场的稳定力量。

然而，在之后的几年里，中国的证券投资基金并没有成为证券市场中的稳定力量，部分证券投资基金在操作中违法、违规，甚至是几家基金联合操纵几只股票，最后把广大中小投资者套牢。

另外一个值得注意的问题是基金管理公司自身的治理水平不高。由于我国证券投资基金都是以证券公司为母体，基金与发起人的关系过于密切，公司的决策人员主要来自证券公司的高层，交易经理大多来自证券公司自营盘的操作人员。这种自身结构上的不健全导致基金经理们在投资时对上市公司治理的淡漠和远离，只致力于短期的盈利。

（二）证券公司

证券公司是中国出现得最早的一类机构投资者，其发端甚至早于证券交易所的成立。证券公司的传统业务主要有投资银行、经纪、资产管理三大块。证券公司利用承销业务为国有企业上市筹资服务，通过经纪业务和资产管理业务活跃市场，并从中获取一定的利润。证券公司的资产管理业务主要包括两个方面：自营业务和客户资产委托管理。前几年，自营业务一直是证券公司的主要利润来源，客户资产委托管理则是证券公司最近几年才开始开展的新业务，那时，在证券业内一直有一句话，叫“经纪业务养家，投行业务挣名，自营业务挣钱”，可见自营业务在证券公司业务中的重要地位。但是证券公司方面从来都对自营业务讳莫如深，这样做一方面是出于保密的需要，另一方面则可能是因为有些属于灰色地带，不可触及，严重者甚至违规坐庄。

表面上看，坐庄行为起到了活跃市场的作用，但 1996 年、1997 年机构对大盘进行透支炒作，直接后果是1997年下半年到1999年的熊市调整，妨碍了资本市场发挥资源配置、价格形成与发现的功能；随着出货阶段的到来，小机构和众多的散户深套其中。同时，违规坐庄行为通常涉及商业银行的资金往来，资本市场中股票价格的扭曲会放大银行的运营风险，直接影响金融和经济的安全。

（三）三类企业

有一种理论认为，三类企业入市的目的、动机和方式不同于证券投资基金和证券公司，证券投资基金和证券公司入市的主要目的是取得证券投资收益，而企业是否入市则取决于是否能有效提升其实业投资效率，证券投资收益至多是其主业利润的补充。但是在前几年中国的资本市场上，企业尤其是民营企业非常活跃，并购活动非常频繁，但购并者和战略投资者的进入并没能有效地改善公司治理。这些战略投资者完全违背了战略投资的原则，投机本性显露无遗，主要体现在持股时间越来越短。例如，最初发行股票的首钢、三九医药的战略投资者持股都在1年以上，而后发行股票的公司其战略投资者持股期越来越短，普遍缩短为6个月，一般法人配售的持股期只有3个月；另外还体现在到期就抛售，对市场造成较大冲击。宝钢股份向证券投资基金和一般法人投资者配售的近9.4亿股股票上市日的股票价格走势就充分说明了这一点。三九医药配售给部分战略投资者的新股上市也同样引发很大的抛盘，且经过一段大幅震荡，价格节节走低。虽然机构投资者持有三九医药部分股票上市时的价格波动和宝钢股份的走势并不完全一致，但机构的共同操作倾向是抛售。

战略投资者进行配售的目的应该是进行股权投资而不是进行股票投资，但从表现来看并没有战略投资的意思，违背了管理层推出战略投资者这一政策的初衷，而且从目前企业踊跃参与认购、持有期越来越短、持有期满后纷纷抛售的情况看，投资的主要目的是获取股票的投资收益，提高企业的实业投资效率的目的不明显。

由于我国的证券市场在特定的历史条件下设立，大多数上市公司都是国有企业，民营企业在很长的时间内没有上市融资的渠道，所以借壳上市几乎成为民营企业上市的专利。民营企业借壳上市的主要方式是通过收购上市公司的国家股或法人股股权，得以控制上市公司。这种收购完成之后，是否就使资源合理配置了呢？而且这种收购都是有成本的，民营企业收回成本是否是通过收购后扩大实业投资规模来实现的呢？对这些问题进行考察之后发现，民营企业收回投资成本的主要方式是：第一，与国有大股东盘剥上市公司和中小股东的手法一样，通过关联交易、担保、借款等方式侵吞财产，四砂股份和棱光股份就是很好的例子；第二，通过在二级市场操纵上市公司的股价，从中获利收回投资成本。有的公司通过第二种方式收回投资成本之后，突然发现这是一种获取暴利的方式，所以干脆以收购公司炒作股票为公司的主业。

通过以上分析，可以发现这些企业无论是作为战略投资者还是作为并购者进入市场，对证券市场的稳定和实现资源配置功能都没有起到预期的作用，其在公司治理改进中的表现更是不尽如人意。

当机构投资者在中国的市场上选择坐庄炒作时，结果自然是其腰包的鼓胀和在公司治理中的“沉默”。自身定位的不准确和投资理念的倾斜理所当然地导致了它们无法在公司治理中发挥应有的作用。

二、机构投资者参与公司治理初露端倪

随着我国证券市场的发展，近年来，我国的机构投资者正以崭新的面貌出现在证券市场上。特别是 2002 年以来，随着我国资本市场中机构投资者数量的增加、规模的扩大，以及投资者教育活动的开展、法律法规的健全和投资者觉悟的提高，投资理念开始改变，机构投资者在资本市场中的地位不断提高，在公司治理中的作用也不断显现出来，机构投资者参与公司治理初露端倪。例如，在 2002 年中兴通讯增发 H 股的事件中，机构投资者的表现就显示出了我国机构投资者参与公司治理的积极性。“中兴事件”大大改变了资本市场对机构投资者的态度，是大股东与流通股股东之间的博弈，传递出了一个积极的信号：机构投资者开始在公司治理中发挥作用。之所以发生这样的变化，是因为我国资本市场已经具备了机构投资者参与公司治理的必要性和可行性。

三、借鉴海外经验，发挥机构投资者在公司治理中的作用

虽然我国机构投资者开始在公司治理中发挥积极作用，但是与美国公司治理中机构投资者发出的越来越响亮的声音相比，我国的机构投资者所发挥的作用还是微弱的，并没有成为公司治理水平提高的主力军，起到应有的作用。

要使我国机构投资者在公司治理中发挥更大的作用，应从以下几个方面入手。

（一）提高法治水平，完善外部政策环境

与海外发达市场相比，年轻的中国证券市场面临着上市公司质量不高、法规制度不完善、信息披露透明度不高、司法救济制度不健全等问题。因此，加快立法进程、规范机构投资者的投资行为是当务之急。目前我国基本形成了以《公司法》《证券法》《证券投资基金法》《信托法》为核心，以行政法规和部门规章为补充的证券法律体系，特别是《证券投资基金法》的出台对机构投资者的规范运作提出了更严格的要求。

但是目前我国的法律体系还不够完善，某些法律或规章的操作性不强，有必要加快法制建设步伐，对法律进行必要的修改和完善；主管部门要根据法律制定操作性较强的行为规范和准则，规范各类基金管理公司、信托投资公司的内控制度和治理结构及机制，要求机构投资者树立良好的信誉并承担社会责任，发展一批“投资部门设置完整、内控机制健全、专业人才充足、投资理念科学、投资目标清晰”的专业化机构投资者。建立完善的法律体系后，还必须认真地执行，要加强执法力度，做到有法必依，执法必严，违法必究。

要大力发展公司债券等固定收益类产品，继续引导和鼓励上市公司增加分红，推动上市公司积极回报股东，制定鼓励各类长期资金投资股票市场的政策措施，努力提高保险基金、社保基金、企业年金等机构资金的入市比例，协调完善与市场投资相关的税收政策，为机构投资者的健康发展创造良好的外部环境。

另外，要形成良好的公司治理文化，必须提高上市公司的质量，推进上市公司治理机制的改革和完善，包括继续完善独立董事制度、强化信息披露等，为机构投资者进行

长期投资并参与公司治理提供扎实的市场基础。

同时，还要加强培育规范的会计师事务所、律师事务所等各类市场中介机构，为机构投资者加强对上市公司的财务监督提供翔实的信息披露。

（二）顺应机构投资者的发展规律，培育多元化投资主体

从美国的经验看，不同类型机构投资者的资金来源、入市顺序和发展规律都不一样。有鉴于此，发展我国的机构投资者，不仅要在存量上调整和扩充现有机构投资者的规模，更要在增量上全方位引入全新的机构投资者。一是培育更成熟的机构投资者，扩充现有证券投资基金的规模，大力发展开放式基金。二是培育新的机构投资者，积极推动公益基金入市，充分发挥机构投资者在公司治理中的作用。

（三）培育更成熟的机构投资者

成熟的机构投资者应该具有以下三个特征：

（1）专业。只有在未来发展起更多“投资部门设置完整、内控机制健全、专业人才充足、投资理念科学、投资目标清晰”的专业化机构投资者，运用科学的投资方法、投资工具，通过组合投资，以获取较为稳定的收益为投资目标进行运作，才能够更好地促进市场发展。

（2）理性。上市公司股价与公司基本面脱节是目前我国证券市场与海外成熟市场的一个重要不同之处。在海外成熟市场，一般上市公司都会预测下一季度的业绩，如果不能实现，一开盘这些公司的股票价格就会下跌；反过来，如果每季度都完成或者超出预测，股票价格就会攀升。只有当市场中有了一批对上市公司基本面变化真正敏感的投资者，这个市场才会更趋理性，在培育这样的市场时，机构投资者尤其是有专业分析与研究能力的机构投资者逐步成长，无疑可以发挥积极的作用。

（3）守法。中国证券市场上未来的机构投资者应该是守法且内控机制更完善的机构投资者。“守法”运作文化的形成还有赖于一整套完整的内控机制来支撑。

（四）培育新的机构投资者

发展机构投资者不仅要在存量上对现有机构投资者进行大规模扩容，而且要在增量上全方位引进全新的机构投资者。从美国经验来看，养老基金和保险基金具有持股周期长、追求长期稳定收益的特征；而从国内资金结构的演化方向来看，随着社保改革的深入，公益基金的潜力巨大，在条件成熟的情况下，应逐步增加包括养老基金、保险基金、社保基金以及退休基金等在内的各类社会公益基金的投资比例。

（五）通过多种方式，引入更多的合格境外机构投资者

我国从 2003 年开始引入合格境外机构投资者。这些合格境外机构投资者来自发达国家或地区成熟的资本市场，因此将其引入将会带来新的投资理念，有助于我国资本市场的发展，也有助于国内机构投资者的学习和效仿，向国际上先进的机构投资者靠拢。从我国经济发展的前景来看，我国证券市场面临着发展机构投资者的大好时机，在这种情况下，一些国际上知名的机构投资者纷纷把目光投向了中国证券市场。不过目前我国对进入中国证券市场的外国机构投资者要求的条件较高，应该适当降低门槛，通过多种方

式，引入更多的合格境外机构投资者。

（六）探索建立合格投资者制度，提高投资者服务水平

随着市场体系的完善和产品的丰富，一些新的投资产品在交易机制和风险特征上与传统的产品相比都有较大的差异，对投资者的风险控制意识和风险承担能力提出了比较高的要求。要借鉴成熟市场的经验，积极探索合格投资者制度，逐步建立与不同类别的投资者、不同风险程度的投资产品和不同的监管要求相协调的制度安排。督促机构投资者牢固树立客户利益至上的经营理念，在强化责任意识、认真履行受托义务的同时，最大限度地维护并实现客户的合法权益。

（七）按照循序渐进的原则，引导机构投资者逐步参与公司治理

在引导机构投资者参与公司治理的过程中，应该根据中国证券市场的现实情况，引导机构投资者参与公司治理，既要促进国内资本市场的发展和完善，又要保证国内资本市场的稳定，所以必须坚持循序渐进的原则，分阶段实施。从成熟资本市场机构投资者参与公司治理的历史演变过程来看，机构投资者参与公司治理的领域是逐步扩大的，最后渗透到公司治理的各个方面。我们可以借鉴海外成熟资本市场的经验，引导机构投资者分阶段逐步参与公司治理，推进中国证券市场的渐进式发展。这样做的好处是，国内机构投资者参与公司治理的经验不足，不可能一步到位，这样循序渐进、逐步深入，更容易收到成效，另外对机构投资者也是一个锻炼的过程。

在具体做法上，先是涉及一般性的公司治理，主要是股权转让、关联交易、信息披露等方面的财务评价等；然后是着重监督公司内部的治理结构和机制以及管理决策等。在机构投资者参与公司治理的领域选择上，我国机构投资者目前可将关注的重点放在上市公司的投票权问题、董事会结构问题、内部人控制问题、大股东滥用控制权从事关联交易和进行担保的问题、中小股东保护问题、信息披露问题、资产重组问题、公司收购中反收购措施的正当性问题，以及股东、董事、管理层及各利益相关者之间的关系协调问题上。在机构投资者参与公司治理的对象选择上，将重点放在对两类公司的治理上：一类是流通股份额较大的上市公司；另一类是一些业绩差却有潜质可挖的上市公司。在机构投资者参与公司治理的方式上，应该主要通过股东（大）会这种正式途径来参与公司治理。

延伸阅读

中国私募股权市场——高速发展与回调

中国金融体系一直被认为存在以股、债市场为主的直接融资占比低，以商业银行为主的间接融资占比高的问题。为完善中国式的多层次金融体系，我国陆续推出了新三板、创业板、沪港通等多种有益于企业融资的金融工具或政策。随着退出机制的逐渐健全，私募股权（PE）与风险投资（VC）正逐渐成为中国直接融资市场的重要组成部分。私募股权投资，一般是指对非上市公司的少数或多数非公开股权进行权益性投资。部分 PE 会积极参与标的经营，最终通过 IPO、M&A、管理层回购等方式实现退出受益。在广义的 PE 定义下，一般认为 PE 涵盖了企业 IPO 之前多阶段的权益投资，包括天使轮、

A～D、Pre-IPO 等轮次。按照基金所专注的轮次和标的不同，其可再进一步划分为天使投资（Angel）、风险投资（VC）、成长期基金（Growth Fund）、并购基金（Buyout Fund）、夹层基金、上市后私募投资（PIPE）、不动产基金等。

中国的私募基金结构与美国和其他国家存在很大差别。在发达金融市场，由于并购基金的 Ticket Size（单笔投资额）相较于成长期投资要大非常多，所以从 Dry Powder（可用于投资的现金总额）角度来看，并购基金占据了大部分比例。但中国的并购基金的发展仍然处于非常早期的阶段，基本以产业基金和企业风险投资（CVC）为主，市场中仅仅有厚朴资本、中信资本等部分专注于并购和控股权收购的市场化基金；因而可见在未来一段时间内，私募市场仍然会是传统定义上的 VC（包括天使基金）和 PE 占据主要份额。

2014 年 9 月，“大众创业，万众创新”口号正式提出。在双创大发展和供给侧改革推动下，中国 VC/PE 行业进入高速增长期，大批民营 VC/PE 机构、国资及地方产业基金、金融机构和 CVC 等纷纷入场，使得股权投资市场高速发展，也加剧了机构间的竞争。伴随着中国电信、媒体、科技（TMT）行业的高速发展，大量新兴的商业模式和相关创业公司涌现，这类公司本身造血能力早期不足，难以获得银行的贷款，但受到风险资本的追捧壮大起来，创造了一级市场的“短期繁荣”。

2018 年 4 月，“资管新规”正式发布，银行向 VC/PE 注资的通道被大部分切断，“资本寒冬”开始到来。尽管 2019 年 7 月首批 25 家科创板企业正式发行股票、上市交易，VC/PE 退出市场迎来利好，但受整体宏观金融环境和监管政策影响，股权投资市场整体仍然处于低迷状态。2019 年中国股权投资市场募资总额 1.24 万亿元，同比下降 6.6%，连续两个年度呈下降趋势。其中无论是天使基金、VC 还是 PE，都同步出现下降。分币种来看，人民币基金约 1.1 万亿元，同比上升 1.1%，而外币基金约 1 400 亿元，下降幅度明显，达 41.4%。在近两年，随着 2014—2015 年市场火热而成立的部分基金存续期到逐渐出局，头部的大私募机构反而加快了募资的步伐，同时，专注于后期、大交易的巨头资本也开始布局全阶段投资，进一步蚕食早期机构的份额，使头部效应进一步巩固。如主要布局并购和二级市场的高瓴资本高调宣布布局早期风险投资，成立资产管理规模（AUM）约 100 亿元人民币的双币基金高瓴创投，轮次向前可到 Pre-A 轮，并迅速投资创造出如完美日记、核桃编程、酷家乐等明星公司；红杉资本也宣布成立种子基金，请出红杉合伙人中的“年轻力量”曹曦、郭山汕、郑庆生掌舵。

受 2020 年初的“灰天鹅”新冠肺炎疫情影响，今明两年的一级市场毫无疑问会更加严峻。疫情阻隔下，一方面，大量中小企业会面临收入减少的情况，而房租等固定成本又不得不支出，导致融资需求增加；另一方面，受隔离政策等管制的影响，与 CEO 的会面、对企业的尽职调查等投资必要流程受到限制，资本也更加难以出手，导致一级市场供需方面的错配会更严重。这种供需上的错配不仅会导致部分小企业难以获得资金、进一步向头部企业集中，对于 VC/PE 机构来说，也同样是加速洗牌的过程。中小基金，尤其是聚焦于产业资源和深度赋值能力的中小基金，丧失了与大基金博弈的重要砝码——通过与创始人的会面体现自身的比较优势。尤其是视频连线等方式并不能拉近机构与公司之间的距离，后续沟通的节点也减少，使得很多中小机构看好的公司在这个过程中被大机构抢走。可以预见，一级市场的“洗牌”在短期仍将继续，无论是公司还是基金，短期都有很明显的集中化趋势。

本章小结

本章阐述了机构投资者的含义、种类和特点，以美国资本市场为背景分析了机构投资者参与公司治理的机理，介绍了国内机构投资者参与公司治理的情况，并探讨了促使我国机构投资者参与公司治理的途径。

机构投资者，是指用自有资金或者从分散的公众手中筹集的资金专门进行有价证券投资活动的法人机构，包括证券投资基金、社会保障基金、商业保险公司和各种投资公司等。与机构投资者对应的是个人投资者。一般来说，机构投资者投入的资金数量很大，而个人投资者投入的资金数量较小。

机构投资者并不是一开始就积极地参与到公司治理活动中的。事实上，早期的机构投资者作为公司所有者的色彩非常淡薄，只是消极股东，并不直接干预公司的行为，机构投资者在公司治理中的作用是微弱的。但是，到了 20 世纪 90 年代，它们开始积极参与和改进公司治理。

与美国公司治理中机构投资者发出越来越响亮的声音相比，我国的机构投资者多数是沉默的，并没有成为公司治理改进的主力军。尤其是在 2001 年以前，中国的机构投资者选择了做“沉默的大多数”，并没有在公司治理的改进中发出应有的声音。近年来，我国的机构投资者正以崭新的面貌出现在证券市场上，机构投资者参与公司治理初露端倪。

国内上市公司治理中的“内部人控制”问题需要机构投资者的介入，投资理念的转换也需要机构投资者参与公司治理，而机构投资者拥有的人才、资金和政策优势也为机构投资者参与公司治理提供了可能性。

复习思考题

1. 机构投资者的定义是什么？
2. 机构投资者可以分为几类，分别有什么特点？
3. 机构投资者如何参与公司治理的商业实践？
4. 查阅并了解中国知名的机构投资者的经典投资案例，并对其展开分析与讨论，结合实际谈谈你对中国机构投资者与公司治理关系的理解。

案例分析与讨论

百丽国际——涅槃重生

百丽国际 2007 年登陆港交所，曾一度被认为是中国版的 ZARA，不幸的是，上市不到一年就遭遇 2008 年金融危机，但凭借着当时极具市场影响力的品牌效应和迅速扩张的门店数量，百丽国际的业绩表现一年比一年靓丽。数据显示，在 2007—2013 年间，百丽国际的销售规模保持着20.8%的年复合增长率，而归属母公司的净利润也在6年间翻了两番。相应地，其股价也在2013年到达顶峰15.41港元，市值逼近1 300亿港元。作为当时中国最大的女鞋零售商，百丽国际一方面在供应链管理、运营能力、人才体系等方面保有优势；另一方面，在电商冲击、消费升级等大环境下，百丽国际陷入了内忧外患、危机四伏的局面。在2013年百丽国际年报中，创始人邓耀坦承，“随着经济结构痛苦转型，百丽国际难以摆脱增长乏力的困境；全体百丽人需要焕发二次创业的激情”。邓耀所说的经济结构痛苦转型，指的是电商模式的崛起及其在消费科技、商业模式等领域给传统零售业带来的巨大冲击，同时，公司管理层年龄老化，逐渐僵化的管理体系和思维模式难以应对外界环境的快速变化，百丽国际陷入内忧外患的困局，竞争力日渐衰退、发展前景堪忧。

主体业务的衰退，让百丽国际进入了冬天。2014—2016财年百丽国际的业绩直线下滑，三年的营收同比增长分别是8.74%、1.95%、2.21%，2016财年的净利润还不及2010财年。与此同时，百丽国际迎来了关店潮。2015财年，内地鞋类自营零售网点减少366家，相当于每天关店1家；2016财年，内地鞋类自营零售网点减少700家，相当于每天关店2家。在2017年5月16日的业绩发布会上，盛百椒将百丽国际转型失败的责任归咎于自己对市场的变化没有做出很好的预判。2017年7月27日下午4点起，百丽国际被港交所注销。

这是港交所史上规模最大的私有化交易。高瓴资本、鼎晖投资以及百丽国际管理层给出的私有化价格为6.30港元/股，公司总估值531.35亿港元。这一报价相对于最后一个交易日前十个交易日的平均收盘价5.10港元溢价23.5%。交易完成后，高瓴资本持有56.81%的股权，成为百丽国际的第一大股东；鼎晖投资持有11.9%的股权；参与私有化的财团的公司管理层，包括于武和盛放在内的管理层总共持有30.5%的股权。

参与此次私有化的高瓴资本是亚洲资产管理规模最大的投资基金之一，先后投资过美团、京东、摩拜单车和地平线机器人等。通过其投资的项目可以看出，高瓴资本关注的是标的未来价值，不会因为眼前利益而忽视长远收益。对于新消费模式，高瓴资本创始人张磊也明确表态，“帮助百丽国际在充满挑战的零售市场环境中推行以科技创新为引领的转型，从而重获长期的市场竞争力”。另外，持股11.9%的鼎晖投资是中国最大的另类资产管理机构之一，投资领域十分广阔，投资对象包括蒙牛、美的、奇虎360和晨光文具等。同时，鼎晖投资也是一家注重长期绩效的投资公司，其核心理念就是“为投资人、被投企业不断创造价值”。两大“白衣骑士”资本在高科技领域的丰富资源为百丽国际新模式的摸索提供了经验支撑。

在私有化百丽国际之前，高瓴资本已经对百丽国际进行了大量的分析与研究。高瓴资本认为，从基本面来看，百丽国际不只是有女鞋品牌，是全球第一大女鞋公司，作为一个布局多元的时尚运动产业集团，旗下拥有鞋类、运动和服饰三大业务，也是中国最大的运动服饰零售商，拥有400多亿港元的年收入、60多亿港元的税息折旧及摊销前利润以及4 000万双女鞋、2 500万双运动鞋、3 500万件运动服饰的年销售业绩，还拥有几千万会员和近20个全球领先运动品牌的关键零售伙伴。没有哪个失败的企业每年能有几十亿港元的现金流。而且，百丽国际还是香港恒生指数50只成分股之一，也是香港第一只内地企业蓝筹股。根据高瓴资本研究团队的估算，百丽国际的直营门店每天进店约600 万人次，按照互联网行业的概念，即有 600 万 DAU。如此折算，百丽国际可以算作中国前五大电商之一。此外，在线上流量越来越贵的今天，百丽国际的 2 万家直营门店，特别是 8 万多名一线零售员工的线下流量入口更加难能可贵。同时百丽国际拥有自营工厂，可以做到原材料产地直采，有极强的补货供应机制，整体运营效率和库存管理能力都在业界领先。同时，高瓴资本认为，在中国做并购，最好的方式未必是海外基金的通常做法，即买下被市场低估的公司，再通过成本缩减、精英治理取得巨大经济回报，而是必须充分尊重管理层，尊重中国企业的特有文化，理解产业发展的具体阶段。而对百丽国际而言，运用新零售模式改造传统管理体系，提高管理效率和运营及科技化水平，向市场要增量，通过竞争拿到更大的份额，是更好的路径。因此，百丽国际的新型解决方案必须依附在企业原有的核心竞争力之上，投资人不能做搅局者，也不能好为人师。

正是基于以上思考，高瓴资本选择将百丽国际私有化后，推进百丽国际开展数字化转型，其核心理念是在百丽国际的能力和基因上做“加法”，充分信任百丽国际的原有管理层，在此基础上调动数字化赋能团队、精益化运营团队，进驻工厂、门店，开展数字化转型、拓宽电商渠道，提供线上线下一体化解决方案。在整个百丽国际数字化转型中，高瓴资本一直坚持三个原则：

第一，“锦上添花”。百丽国际拥有强大的管理团队，组织基因好，善于学习，在传统零售业耕耘多年，高瓴资本想做的是发挥百丽国际的潜能，用互联网生态下的流量红利，建设赋能工具箱，实现全流程数字化，将数据作为新的驱动力。

第二，“务实，再务实”。在数字化真正发挥作用之前，其真正产生的价值是难以定义的，因此必须拥有务实精神和长期思维，建立基于“数据对齐”的业务流程，积跬步，至千里。

第三，“小步快跑”。大型集团转型，最难的不是整体规划、资源投入，而是创新机制、试错机制。因此，必须采取“小试牛刀＋试点推广”的方式。从尝试、小试，到中试、推广，步步为营。

除业务改造外，高瓴资本对百丽国际的资本化路径也进行了充分的规划。在高瓴资本领衔百丽国际私有化近两年后，百丽国际又重新开始筹划回归资本市场。2019 年 6 月27 日晚间，百丽国际旗下运动业务滔搏国际正式向香港联交所提交上市申请。根据其招股书可知，高瓴资本的分拆运作似乎取得一定成效。2017 财年至 2019 财年（年度止于 2月 28 日），滔搏国际收入分别为 216.90 亿港元、265.50 亿港元、325.64 亿港元，毛利分别为 93.8 亿港元、110.4 亿港元、136.1 亿港元，经调整后年度利润分别为 15.38 亿港元、18.10 亿港元、22.36 亿港元。从滔搏国际业绩增速上看，截至 2018 年 2 月 28日，年度收入相较上年同期增长 22.4%；截至 2019 年 2 月 28 日，年度收入较上年同期增长 22.7%。相较于体育相关行业 9.9%的年复合增长率，滔搏国际的业绩表现显然更佳。在健身潮和消费升级的推动下，我国运动鞋服行业保持高景气度，资本市场对头部运动品牌也比较青睐。比如在港交所上市的安踏体育，截至 2019 年 6 月 28 日收盘，公司市值高达 1 440.70 亿港元，成为仅次于耐克、阿迪之后的世界第三大运动鞋服品牌上市公司。截至 2019 年 10 月 31 日，滔搏国际市值已达 586 亿港元。高瓴资本等持有的

85%的股份，价值约500亿港元，与百丽国际私有化的估值几乎相当，高瓴资本的账面收益相当可观。这也很好地诠释了高瓴资本掌门人张磊经常讲的——“找到最好的公司，做时间的朋友”。最好的公司，是起点，也是基础。

正如高瓴资本创始人兼首席执行官张磊一直强调的“哑铃理论”所指出的，资本力量要在科技企业和实体经济的哑铃两端发挥融合创新作用，积极促成新技术落地与传统产业升级。私有化百丽国际，是高瓴资本投资历史上重要的代表作之一。在某种程度上，这是高瓴资本跃迁为企业经营者或创业者的符号与象征，亦是张磊第一次高调表达作为投资人的初心所在：“深度赋能投后”“实现投资价值、产业价值、员工价值、社会价值的共赢”。高瓴资本协助百丽国际进一步打造学习型组织，与百丽国际一起，基于百丽国际团队现有的资源禀赋以及高瓴资本的互联网思维优势，用好各种互联网生态下的流量红利，建设赋能工具箱：借助百丽国际和高瓴资本已有的、不断开拓中的大数据能力，把数据和科技充分应用到消费者的发现、消费者的触达、消费者的服务中去，把百丽国际从第一线的销售店员到总部，用科技连接起来；在运营层面，协助百丽国际建立以数据和科技为基础的管理、决策、分析体系，进一步提升运营效率，帮助百丽国际这样一家传统的鞋业零售巨头焕发了新的生机。

资料来源：“鞋业大败退”，为何百丽能够涅槃重生？[OL]. https://baijiahao.baidu.com/s?id=1676812784431243388&wfr=spider&for=pc.

思考与讨论：

1. 高瓴资本对百丽国际开展私有化行动以后，对公司治理结构与机制发挥了怎样的影响？

2. 机构投资者在公司股东（大）会及董事会层面上应当扮演何种角色，才更有利于公司的长远发展？

09 CHAPTER 9

第9章
利益相关者治理

| 学习目标 |

1. 明确利益相关者理论及其发展过程。
2. 了解利益相关者治理的类别。
3. 掌握利益相关者的公司治理实践与研究前沿。

| 关键词 |

利益相关者（stakeholder）：包括企业的股东、债权人、员工、消费者、供应商等具体个体，还包括政府及其部门、社会公众、媒体、自然环境、人类后代等直接或间接受到企业经营活动影响的客体。

企业社会责任（corporate social responsibility）：企业在创造利润、对股东和员工承担经济和法律责任的同时，还要承担对消费者、社区和环境等方面的社会责任。

股权治理（equity governance）：股东以“用手投票”和“用脚投票”的方式监督经理人行为。

债权治理（governance of creditors rights）：债权人作为利益相关者取得并行使公司的控制权。

媒体治理（media governance）：媒体通过信息采集、传播、影响、协调来影响公司治理中各个利益相关者及其相互关系的作用。

内部治理（internal governance）：依靠董事会、监事会、股东（大）会和经理层来发挥公司治理作用，一定程度上都需要企业运用相关资源进行配置和管理。

外部治理（external governance）：除企业内部的各种监督机制外的各种市场机制，如产品市场、资本市场、经理人市场、法制环境、法律外制度、社会文化规范等。

标尺竞争（yardstick competition）：在相同的经营环境中，两个资产规模、主营业务等较为相似的企业，若A企业比B企业的绩效差，则说明A企业经理人付出的努力程度远不如B企业经理人。

引导案例

霸王致癌门——媒体与舆论治理的“双刃剑”

2005 年，随着巨星成龙的代言，“中国功夫”和“中药国粹”的相得益彰使得霸王洗发水迅速崛起，并推动了行业向中药日化方向发展的趋势。几年来，凭借“中药世家”的深厚文化底蕴，霸王品牌在中药日化市场占据了大部分的市场份额，成为民族日化品牌的佼佼者。霸王公司作为传统中药创新和发展的典范，已经成为民族日化企业的标杆企业之一。然而，好景不长，随着香港《壹周刊》曝出众多日化品牌产品含有二恶烷，在众多媒体的“推波助澜”下，霸王的声誉遭到了重大破坏，即使时隔多年后香港法官的判决证明了霸王的“清白”，要挽回其品牌在公众心目中的形象也还有很长的路要走。在这个信息碎片化且真假难辨的时代，为图流量和点击率而博人眼球的媒体，实为公司治理的“双刃剑”。

霸王国际（集团）控股有限公司，简称霸王集团。2009 年 7 月 3 日，霸王集团在香港联交所主板上市，成为首家在香港上市的全球性中草药日化企业。公司经营范围涉及高新生物科技，中草药快速消费品的原材料种植和产品研发、生产、销售，以及国际贸易等诸多领域，拥有霸王、追风、本草堂等涵盖中药养发、中药养颜等多个领域的品牌产品。2009 年 12 月，霸王集团总市值达 180 亿元；2009 年营业额 17.56 亿元，纳税 2.82 亿元。2006—2009 年，产品销售量连续 4 年位居世界中草药洗发液市场榜首。

《壹周刊》创刊于 1990 年 3 月，是由黎智英创办的香港上市公司壹传媒旗下的综合性中文杂志。根据 2006 年 AC 尼尔森的调查，《壹周刊》读者人数近 55 万人，是全香港销量第二高的周刊。不过，《壹周刊》杂志风格和报道手法屡次被批评夸张失实、虚构新闻，曾多次被政府否认及指出有关说法是捏造。

2010 年 7 月 14 日，香港《壹周刊》以“霸王致癌”为标题，报道一位香港陈姓消费者向媒体投诉霸王洗发水被香港通用公正所化验发现含有二恶烷。《壹周刊》将其再次送检，发现二恶烷的含量已经达到加利福尼亚州相关规定的含量警戒线 100ppm，并忽视了二恶烷在各国标准不一的事实，大肆报道其对身体的负面影响（如肝肾功能受损、免疫功能受到影响、严重者可致死等）。7 月 14 日下午，霸王集团发布临时停牌公告，随后，霸王集团在官方网站上又挂出一则严正声明。声明称：霸王国际（集团）控股有限公司对香港媒体以“霸王致癌”为题的文章对本集团产品做夸张失实之恶意报道表示震惊。集团所有产品均严格按照中国现行法律、法规及标准之要求规范生产，经过严格的质量监控并通过多项质量检验与测试程序及广州出入境检验检疫局检查，绝对符合内地及香港的质量及安全要求，客户可放心使用。

迫于舆论压力，广东省食品药品监督管理局对相关产品进行检验，并于 7 月 16 日和 21 日两次公布了“霸王洗发水的二恶烷最高含量为 6.4ppm，远低于我国限制 30ppm，并不会危害消费者健康”的消息。霸王集团当即在 21 日以“恶意中伤、诽谤”为由向香港高等法院控告《壹周刊》，索偿逾 5.6 亿港元。但风波并未就此平息，各大媒体的转载和进一步“轰炸”无疑加剧了事态的严重性，截止到 2010 年 10 月，Google 新闻中关于二恶烷的报道迅速突破 1 000 条，内地网络媒体的事件报道也增至 64 篇，在 26 家报道

“霸王事件”的媒体中，仅有 4 家进行了澄清。可以看出，媒体还在将未经确证与“把关”的失实消息随意散播，扰乱市场秩序。

在此之前，经过“苏丹红、瘦肉精、二噁英、三聚氰胺”等一系列产品质量危机事件，投资者对问题产品的信心难以恢复，因此，即使是药监局出面澄清，也无法平定消费者的恐慌。霸王集团 2010 年的业绩大幅下滑，下半年营业额同比下降 63.2%。从此开始，霸王集团亏损不断扩大、营业收入一路走低，即使是先后又开始涉足凉茶、洗涤、婴幼儿护理和直销领域，依旧无法挽回颓势。2012—2015 年，霸王集团营收规模从 5.56 亿元降到 2.32 亿元，其中，护发产品营业收入从 4.47 亿元降到 2 亿元。2010 年净利润亏损 1.18 亿元，2011 年亏损扩大到 5.58 亿元。保守估计，“霸王事件”带给集团的累计亏损高达 15 亿元。直到 2016 年 10 月，霸王诉《壹周刊》诽谤案终于胜诉，法官裁定被告《壹周刊》败诉。法官在判词中指出，被告严重破坏原告声誉，令原告难以销售宣传其产品，造成长期影响，但为尊重“言论自由”，赔偿额不能定得太高。《壹周刊》向霸王集团赔偿 300 万港元和八成诉讼费。自此，深陷“致癌风波”的霸王洗发水得以沉冤昭雪，集团也扭亏为盈。

尽管事件已经告一段落，《壹周刊》仍然对霸王集团造成了无法度量的伤害，媒体的失实报道也给资本市场带来了无法挽回的损失。但同时，媒体的披露的确能够降低信息不对称程度，帮助投资者及消费者做出正确决策，也可以利用舆论优势推动政府部门与行业协会制定相关标准，媒体仍是非常有效的监管与治理渠道。因此，媒体监督这把公司治理的“双刃剑”应在一定的规则下适度地使用，使其更好发挥本来的舆论监管功能。

资料来源：姜红．网络时代，品牌如何自我保护：从霸王致癌到金浩致癌［J］．中国广告，2010（10）：72－73；周橙．从霸王洗发水“致癌门”事件看企业危机公关［J］．中国城市经济，2010（10）：103.

在前述章节中我们把企业描述为所有参与人之间的合约。这些参与人不仅包括企业家、股东、债权人、雇员，还包括供应商、消费者、政府部门、相关的社会组织和社会团体、周边的社会成员等，统称为利益相关者。在利益相关者问题提出之前，人们普遍认为经理人应为股东利益服务，而公司治理也只需考虑在所有权和经营权分离的情况下，如何使经理人对股东负责。然而，公司在经营管理中对利益相关者的关注日益提高，消费者维权行动、环境保护主义以及其他社会活动产生了很大的影响，利益相关者概念的提出使公司治理由传统的股东至上的单边治理模式演化为利益相关者共同治理模式，将企业其他参与人的利益、经理人负责的对象、公司治理的利益分配等问题重新带回人们的视野中。本章即对上述问题进行阐述与回答。

第 1 节　利益相关者理论及其发展过程

“利益相关者”这一概念由斯坦福研究所于 1963 年首次提出，并在美国、英国等长期奉行外部控制型公司治理模式的国家中逐步发展起来。利益相关者理论（stakeholder theory）是对传统的“股东至上主义”治理模式的挑战。利益相关者理论认为企业的成长与发展离不开各种利益相关者的参与，企业的经营管理者应该追求的是利益相关者的整体利益最大化，而非某个主体的利益最大化。一般认为，利益相关者包括企业的股东、债权人、员工、消费者、供应商等具体个体，还包括政府及其部门、社会公众、媒体、自然环境、人类后代等直接或间接受到企业经营活动影响的客体。鉴于这些利益相关者都为企业投入了“专用性资本”，在一定程度上分担了企业风险，为企业的经营活动付出了一定的代价，企业在做出经营决策时必须考虑到这些相关者的利益，并给予相应的报酬或者补偿。

在利益相关者理论视角下，剩余风险的承担者不是只有股东，雇员、债权人、供应商都可能是风险的承担者。在企业中股东投入了专用性物质资产，而其他利益相关者则投入了关系专用性资产（所谓关系专用性资产，主要指专用性人力资本），从而成为企业的“投资者”，共同拥有剩余索取权和剩余控制权，进而共同拥有所有权。

从所有权角度来看，公司的法人财产由出资者投资形成的资产和债权人的债权，以及公司营运过程中的财产增值和无形资产共同组成。公司凭借法人财产获得相对独立的法人财产权，由此得以成为人格化的永续的独立法人实体。显然，公司行为的物质基础是法人财产，而不是股东的财产，其权利基础是法人财产权，而不是股权。因此，企业的目标只能是确保法人财产的保值与增值，而投资于法人财产的保值与增值的利益相关者就应该享有法人财产的收益。所以，公司应归利益相关者共同所有，其通过剩余索取权的合理分配来实现自身的权益，通过控制权的分配来相互牵制、约束，从而达到长期稳定合作的目的。

20 世纪 60 年代末以后，坚守股东中心理论的英美等国经济滑坡，而奉行利益相关者理论的德日等国经济迅速崛起。许多研究者认为产生这种局面的原因之一在于股东中心理论使企业经理人始终处于严重的短期目标压力之中，往往无暇顾及公司的长远发展；而利益相关者理论使企业的经营活动注重公司利益相关者的利益要求，并充分融合人本主义管理思想。

20 世纪 70 年代全球开始关注企业的社会责任，过去那种认为企业只是生产产品和劳务的工具的传统观点受到了普遍的批评。人们开始意识到企业不仅仅要承担经济责任，还要承担法律、环境保护、道德和慈善等方面的社会责任。而这一思想和利益相关者理论的要求不谋而合，即企业在进行获利活动的同时，关注社会公众、社区、自然环境等其他利益相关者的利益。

利益相关者治理是通过一系列包括正式和非正式的内部与外部制度或机制来协调公司与所有利益相关者之间的利益关系以保证公司决策的科学性，从而最终维护公司各方面的利益。将利益相关者纳入公司治理中使企业更着重于对长期目标的追求和持续发展，而无须因为股东利益最大化的目标只注重短期效益。同时，由于利益相关者的利益得到了维护，他们反过来会更加关注企业的发展，从而减少了监督激励成本和机会主义行为，他们和企业形成一种基于信任的长期稳定的合作关系，这将大大减少交易成本和信息不对称所带来的成本。良好的声誉、独特的组织文化和与客户、供应商之间的战略伙伴关系形成企业稀缺的、有价值的、竞争对手难以模仿或难以替代的资产，这些资产使企业创造了超越对手的竞争优势。

我国现行《上市公司治理准则》第八十三条至第八十五条对利益相关者的相关问题做出了规定：

上市公司应当尊重银行及其他债权人、员工、客户、供应商、社区等利益相关者的合法权利，与利益相关者进行有效的交流与合作，共同推动公司持续健康发展。

上市公司应当为维护利益相关者的权益提供必要的条件，当其合法权益受到侵害时，利益相关者应当有机会和途径依法获得救济。

上市公司应当加强员工权益保护，支持职工代表大会、工会组织依法行使职权。董事会、监事会和管理层应当建立与员工多元化的沟通交流渠道，听取员工对公司经营、财务状况以及涉及员工利益的重大事项的意见。

延伸阅读

弗里曼（Freeman，1984）在著作《战略管理：利益相关者视角》（*Strategic Management：A Stakeholder Approach*）中挑战了传统的公司原则，认为股东的利益不应该居于最高地位，而应是利益相关者网中的一员，公司治理目标更加注重多边利益主体的利益。无论是股东至上主义模式还是员工至上主义模式，它们强调的是资本所有者或者员工单方面享有企业所有权和剩余权，并认为这种制度安排是最优的。由于人力资本产权的受限制性和人力资本存在部分可抵押性，所以企业治理主体应该呈现多样性，剩余索取权和剩余控制权分散对应的利益相关者共同治理的企业所有权安排是最优的。这种安排就是所谓的企业共同治理模式（common governance pattern），是以利益相关者理论为基础的双边治理模式，是对股东至上主义模式的挑战，也是资本和劳动混合逻辑的产物。

科斯（Coase，1937）提出了契约理论。随之，越来越多的学者开始将企业理解为物质资本所有者、人力资本所有者以及债权人等利益相关者间的一系列契约的组合。利益相关者治理就是要让所有通过专用性资产的投入为企业的财富创造做出过贡献的产权主体参与公司治理。例如，银行在公司监督和治理方面的作用表现在许多方面：相互持股、提供管理资源、董事派遣、大宗贷款和信用、投资顾问、参与重组等。银行直接参与公司治理可以强有力地约束经理人，积极地监督贷款的使用情况，银行的经营优势反过来也得以强化。双边治理模式与股东至上主义治理模式相比有助于保持企业与向企业投入各要素的主体的长期合作。但双边或共同模式意味着权力共享，利益相关者各方不应存在绝对的权力中心，因此有学者认为强调利益相关者将导致公司治理目标的多元化，容易导致管理者失去追求目标。让高管对所有的利益相关者负责，相当于他们对谁都不负责。而且缺乏一个主导的利益相关者将使企业产权分析的层次性消失，容易导致泛利益相关者。此外，利益相关者的概念界定还存在一定问题。自1963年斯坦福研究所首次定义利益相关者算起，迄今为止经济学家已提出了近30种利益相关者的定义。

资料来源：李心丹，肖斌卿，王树华，等．中国上市公司投资者关系管理评价指标及其应用研究［J］. 管理世界，2006(9)：117－128；杨德明，王彦超，辛清泉．投资者关系管理、公司治理与企业业绩［J］. 南开管理评论，2007(3)：43－50.

第 2 节　债权人与公司治理

一、债权人

债权人是与公司产生债权债务关系的自然人或法人，是请求公司为或者不为特定行为的主体。公司债权人一般分为两类：自愿债权人和非自愿债权人。

自愿债权人，指的是自愿与公司发生交易关系或达成契约的债权人，可以进一步划分为：（1）合同债权人，即基于借贷合同（通常是商业银行等金融机构）、交易合同（通常是为公司提供商品、服务但未要求公司立即付款的主体）等合同关系而取得债权的主体。（2）证券债权人，即通过购买公司发行的债务性证券而取得债权的机构或者个人。

非自愿债权人，指的是并非由其自由意愿而成为公司的债权人（如因公司的侵权行为而被迫成为公司的债权人）。

二、债权治理

股权治理一般指的是股东以“用手投票”和“用脚投票”的方式监督经理人行为。而债权作为一种固定收益的要求权，一般不与公司的经营业绩直接挂钩；只有当公司无法支付当期的债务本息时，才会与公司的经营业绩产生关联。根据利益相关者理论，债权人作为企业的重要利益相关者，已经参与到公司治理中来。

债权治理指的是债权人作为利益相关者取得并行使公司的控制权。与股权治理不同，债权人的控制权属于相机控制权，通常是在非常态的情况下发生作用。例如，当公司经营不善、出现财务危机时，债权人将取代股东获得企业的剩余控制权；当企业未能遵守债务契约中的各种限制性条款时，作为惩罚，债权人也会对企业决策施加影响。相机治理理论是当公司经营不正常、运转不灵时，其他利益相关者介入公司，使公司所有权发生改变。

负债融资在资本结构中的地位，决定了债权人在公司治理中的重要作用。债权人对公司治理的这一作用形成了特殊的债权治理机制。债权治理机制主要通过两方面作用于公司治理：一方面，通过影响经营管理者的工作努力水平和其他行为选择，即激励机制；另一方面，通过规定公司控制权的分配，即控制权机制。两者形成债权治理机制，推动公司治理的完善。债权治理可以防止内部人控制问题，降低代理成本，平衡相关公司利益的需要，对公司治理的长期发展发挥着重要作用。在我国，由于监事会的监督效果有限，公司治理存在着严重的内部人控制问题，债权人，尤其是银行，通过参与公司治理可以更好地掌握公司经营状况，降低代理成本，减少管理人员的短视化行为，缓解信息不对称等问题，提高企业的经营效率。

近年来，学者们已经认识到了债权治理的重要性。有效的债权治理有助于提高公司治理效率，其效果最终将在公司绩效上体现出来，即债权的治理效应会对公司绩效产生正面影响（杜莹、刘立国，2002）。陈晓红、王小丁和曾江洪（2008）构建了我国中小上市公司债权治理评价指数，并借此从偿债能力、债务融资、资产期限、债务期限四个维度对 205 家中小上市公司样本的治理状况进行分析评价，并从不同企业特征因素的视角，对债权治理状况进行分组研究，结果显示债权治理总体状况偏差，不同所有制下有较大差异，债权治理与公司成长性呈倒 U 形关系。张亦春、李晚春和彭江（2015）利用中国上市公司的经验证据研究了紧缩货币政策下债权治理对企业投资效率的作用。结果显示，由于存在“预算软约束”，我国债权治理效果整体呈现不确定性，不能显著抑制上市公司的非效率投资。其深层次原因在于债权各构成部分的有效性不一致。进一步研究发现，在紧缩的货币政策下债权治理效果均得到增强。因此，可通过加速资本市场法制建设、发展企业债券市场和推动银行业改革、规范货币操作提高我国债权治理的有效性。

第 3 节　媒体监督与公司治理

一、媒体治理的内涵

媒体治理是指媒体通过信息采集、传播、影响、协调来影响公司治理中各个利益相关者及其相互关系的作用，是公司重要的外部治理机制之一。媒体作为舆论监督的实施主体之一，在舆论监督中肩负着双重任务：一方面是公众舆论监督的实现途径和输出管道；另一方面是舆论监督话题的发现者与供应者。具体而言，其在上市公司治理中的角色和功能主要包括几个方面：（1）解决信息不对称；（2）监管；（3）协调。

起初，媒体主要发挥为人们提供信息、娱乐和动员等功能。随着经济的发展和科技的进步，媒体在人们生活中的地位越发重要，而近现代对媒体的研究视角逐渐转向媒体对公共领域和现代社会的影响。20 世纪 90 年代，媒体开始通过舆论影响力对公司治理发挥作用。1992 年 4 月，《华尔街日报》上刊登了罗伯特・芒克斯（Robert Monks）批评西尔斯公司业绩糟糕的文章，迫于舆论压力，西尔斯公司在文章刊登后不久就接受了改进建议。揭露安然公司欺诈过程也体现了媒体的治理作用。从 2000 年开始，美国财经媒体就对安然提出了多方面质疑，使得安然的财务总监和总裁等高管开始辞职。2001 年 3 月，《财富》杂志的一篇文章质疑“安然股价是否太高”，受到了公众的广泛关注，人们开始真正追究安然的盈利情况和现金流向。2001 年 10 月，安然决定对其以前的财务报表进行重审，随着美国证券交易委员会的调查和媒体的深入监督，财务造假真相浮出水面。曾经名列《财富》美国 500 强第七名的安然成了美国历史上最大的破产企业。

二、媒体参与公司治理的“第四权力理论”

第四权力自 19 世纪以来普及于西方主要工业国家，是西方社会的一种关于新闻传播媒体在社会中地位的比喻。它所表达的是一种社会力量：新闻传播媒体总体上构成了与“行政权、立法权、司法权”并立的一种社会力量，对这三种政治权力起制衡作用。

1974 年 11 月，美国联邦最高法院大法官斯特瓦特在一次演讲中，根据新闻媒体在现代社会的重要作用，从法学角度提出了“第四权力”理论，有学者也称之为“监督功能理论”。他认为，宪法之所以保障新闻自由，其目的就是保障一个有组织的新闻媒体，使其能够成为除政府三权之外的第四权力，以监督政府，防止政府滥用权力，发挥制度功能。第四权力理论指出，“宪法保障新闻自由的目的是维持媒体的自主性，使媒体能够提供不受政府控制或影响的信息、舆论和娱乐节目，促进人们关心政府的工作，对公共事务进行讨论，以发挥监督政府的功能”。

具体到公司治理层面上，媒体需要解决市场参与者（投资者、上市公司、证券中介机构等）之间的下述信息不对称问题：在信息披露方面，市场交易双方要处于公平的地位需要媒体及时、准确、公正报道及披露经济交往中的信息，进而防止由于市场信息的不充分判断失误，维护正常的市场秩序；在监督职能方面，媒体对市场中经常发生的违规行为的披露，增加了公司的违规风险，不端行为一旦被发现就将导致严重后果，舆论同时也能促使金融监管机构依法行使监督权，防止腐败的滋生，从而达到改进市场外部制度和执行机制的目的；在舆论导向方面，投资者正确投资理念的形成需要媒体逐步引导，并促使市场逐步改进规则、修补漏洞，促使市场内部制度进行完善。

三、媒体参与公司治理的声誉机制

企业声誉是使公众认知的心理转变过程，是企业行为取得社会认可，从而取得资源、机会和支持，进而完成价值创造的能力的总和。企业声誉包括以下三个层面：

（1）企业形象，即他人如何评价企业。这是企业声誉研究最开始关注的领域，包括消费者、合作伙伴、政府和公益组织等企业之外的利益相关者对企业的认知、评价和情感联系。

（2）自我认同，也叫组织认同，即企业如何评价自己。自我认同要回答两个基本的问题：“我们是谁?”和“我们如何看待自己?”因而，自我认同也就是企业在组织层面的认同，它包括企业的股东、董事、员工对企业的认知、评价和情感联系。

（3）期望认同，也叫企业认同，即企业希望他人如何看待自己。期望认同包括视觉上的内容（比如名称、标识和象征），也包括战略上的内容（比如愿景、使命和哲学）。

舆论监督的实施主体主要分为两个层次，即公众和媒体。公众作为舆论监督的主体，是舆论话题的发现者与提供者。媒体的公司治理效应主要是通过“声誉机制”来实现。

第一，媒体的关注可以导致相关法律的变革或是效力的改变。在安然财务造假丑闻曝光后，投资者损失数十亿美元，公司雇员养老福利受到负面影响。此外，当时的美国即将迎来中期选举。在人们开始质疑美国这一资本市场和公司治理结构典范并导致信心恶化时，政界必须及时采取措施以获得更多选民的支持。因此，布什总统和美国国会果断采取行动，开始对上市公司等相关制度进行一系列的改革，如 2002 年布什总统签署的《萨班斯-奥克斯利法案》等。该法案从加强上市公司信息披露和财务会计处理的准确性，确保审计师的独立性，到改善公司治理等主要方面对美国的证券法、公司法和会计法进行了多处重大修改，新增了许多相当严厉的法律规定。

第二，媒体可以通过诸如社会舆论等渠道影响管理者与公司的声誉。经济学用于解释有限重复博弈的KMRW声誉模型（KMRW reputation model）指出，某参与人对其他参与人支付函数或战略空间的不完全信息对均衡结果有重要影响，只要博弈重复的次数足够多，合作行为在有限重复博弈中就会出现。大量的事实表明，假定参与人外生地具有合作倾向并不合理，大多数的合作基于对自身利益的考虑。在一些长期的交易关系中，交易各方都会致力于树立形象和维护声誉，虽然这些声誉在短期来看并不经济，但长期合作收入流的补偿却表明这种声誉的建立是最优的选择。克莱因（Klein，1997）更加明确地指出，现代社会复制声誉的主要手段是现代组织，包括企业组织、社团组织（如宗教团体、商会），以及大量的中介组织。泰德利斯（Tadelis，1999）认为声誉是企业一项重要的无形资产，它附属于企业的名称并由其展现。在他的模型中，企业唯一的资产是与企业声誉相联系的企业名称，对企业名称的交易就等于对企业声誉的交易。经由媒体建立良好声誉的企业家可以在一定程度上增强项目的融资能力，由此提升企业价值，戴蒙德（Diamond，1991）称其为“声誉资本”投资。在缺乏有效监管的情况下，良好的公司声誉使得管理者利用手中的权力来为自己谋取私利的行为会遭受巨大风险，从而部分地达到保护投资者的目的。

第三，媒体的关注还会影响管理层和董事会在社会公众心目中的形象。出现丑闻的管理层会立刻处于舆论的包围中，没有任何方法能够使其免于这种惩罚。所以，媒体能够时刻督促公司管理层与董事会维护其自身形象，还可以监督其在制定公司政策时，充分考虑政策对多方利益相关者的整体影响。

延伸阅读

上市公司与投资者关系工作指引（节选）

证监公司字〔2005〕52号

第一章 总则

第一条 为进一步贯彻落实《国务院关于推进资本市场改革开放和稳定发展的若干意见》，加强上市公司（以下简称“公司”）与投资者之间的信息沟通，完善公司治理结构，切实保护投资者特别是社会公众投资者的合法权益，根据《中华人民共和国公司法》、《中华人民共和国证券法》及其他有关法律、法规，制定本指引。

第二条 投资者关系工作是指公司通过信息披露与交流，加强与投资者及潜在投资者之间的沟通，增进投资者对公司的了解和认同，提升公司治理水平，以实现公司整体利益最大化和保护投资者合法权益的重要工作。

第三条 投资者关系工作的目的是：

（一）促进公司与投资者之间的良性关系，增进投资者对公司的进一步了解和熟悉。

（二）建立稳定和优质的投资者基础，获得长期的市场支持。

（三）形成服务投资者、尊重投资者的企业文化。

（四）促进公司整体利益最大化和股东财富增长并举的投资理念。

（五）增加公司信息披露透明度，改善公司治理。

第四条 投资者关系工作的基本原则是：

（一）充分披露信息原则。除强制的信息披露以外，公司可主动披露投资者关心的其他相关信息。

（二）合规披露信息原则。公司应遵守国家法律、法规及证券监管部门、证券交易所对上市公司信息披露的规定，保证信息披露真实、准确、完整、及时。在开展投资者关系工作时应注意尚未公布信息及其他内部信息的保密，一旦出现泄密的情形，公司应当按有关规定及时予以披露。

（三）投资者机会均等原则。公司应公平对待公司的所有股东及潜在投资者，避免进行选择性信息披露。

（四）诚实守信原则。公司的投资者关系工作应客观、真实和准确，避免过度宣传和误导。

（五）高效低耗原则。选择投资者关系工作方式时，公司应充分考虑提高沟通效率，降低沟通成本。

（六）互动沟通原则。公司应主动听取投资者的意见、建议，实现公司与投资者之间的双向沟通，形成良性互动。

第五条 本指引是公司投资者关系工作的基本行为指南，鼓励公司按照本指引的精神和要求，积极、主动地开展投资者关系工作。公司特别是管理层应当高度重视投资者关系工作。

第二章 投资者关系工作的内容和方式

第六条 投资者关系工作中公司与投资者沟通的内容主要包括：

（一）公司的发展战略，包括公司的发展方向、发展规划、竞争战略和经营方针等；

（二）法定信息披露及其说明，包括定期报告和临时公告等；

（三）公司依法可以披露的经营管理信息，包括生产经营状况、财务状况、新产品或新技术的研究开发、经营业绩、股利分配等；

（四）公司依法可以披露的重大事项，包括公司的重大投资及其变化、资产重组、收购兼并、对外合作、对外担保、重大合同、关联交易、重大诉讼或仲裁、管理层变动以及大股东变化等信息；

（五）企业文化建设；

（六）公司的其他相关信息。

第七条 公司可多渠道、多层次地与投资者进行沟通，沟通方式应尽可能便捷、有效，便于投资者参与。

第八条 根据法律、法规和证券监管部门、证券交易所规定应进行披露的信息必须于第一时间在公司信息披露指定报纸和指定网站公布。

第九条 公司在其他公共传媒披露的信息不得先于指定报纸和指定网站，不得以新闻发布或答记者问等其他形式代替公司公告。

公司应明确区分宣传广告与媒体的报道，不应以宣传广告材料以及有偿手段影响媒体的客观独立报道。

公司应及时关注媒体的宣传报道，必要时可适当回应。

第十条 公司应充分重视网络沟通平台建设，可在公司网站开设投资者关系专栏，通过电子信箱或论坛接受投资者提出的问题和建议，并及时答复。

第十一条 公司应丰富和及时更新公司网站的内容，可将新闻发布、公司概况、经营产品或服务情况、法定信息披露资料、投资者关系联系方法、专题文章、行政人员演说、股票行情等投资者关心的相关信息放置于公司网站。

第十二条 公司应设立专门的投资者咨询电话和传真，咨询电话由熟悉情况的专人负责，保证在工作时间线路畅通、认真接听。咨询电话号码如有变更应尽快公布。

公司可利用网络等现代通讯工具定期或不定期开展有利于改善投资者关系的交流活动。

第十三条 公司可安排投资者、分析师等到公司现场参观、座谈沟通。

公司应合理、妥善地安排参观过程，使参观人员了解公司业务和经营情况，同时注意避免参观者有机会得到未公开的重要信息。

第十四条 公司应努力为中小股东参加股东大会创造条件，充分考虑召开的时间和地点以便于股东参加。

第十五条 公司可在定期报告结束后，举行业绩说明会，或在认为必要时与投资者、基金经理、分析师就公司的经营情况、财务状况及其他事项进行一对一的沟通，介绍情况、回答有关问题并听取相关建议。

公司不得在业绩说明会或一对一的沟通中发布尚未披露的公司重大信息。对于所提供的相关信息，公司应平等地提供给其他投资者。

第十六条 公司可在实施融资计划时按有关规定举行路演。

第十七条 公司可将包括定期报告和临时报告在内的公司公告寄送给投资者或分析师等相关机构和人员。

第十八条 鼓励公司在遵守信息披露规则的前提下，建立与投资者的重大事项沟通机制，在制定涉及股东权益的重大方案时，通过多种方式与投资者进行充分沟通和协商。

公司可在按照信息披露规则作出公告后至股东大会召开前，通过现场或网络投资者交流会、说明会，走访机构投资者，发放征求意见函，设立热线电话、传真及电子信箱等多种方式与投资者进行充分沟通，广泛征询意见。

公司在与投资者进行沟通时，所聘请的相关中介机构也可参与相关活动。

资料来源：上市公司与投资者关系工作指引［OL］. http://finance.sina.com.cn/stock/y/20050713/05421790029.shtml.

第4节 产品市场与公司治理

由前几章的分析可知，企业的内部治理结构依靠董事会、监事会、股东（大）会和经理层来发挥作用，一定程度上都需要企业运用相关资源进行配置和管理。与内部治理结构需要消耗企业资源不同，外部治理机制依靠企业外部的客观环境而存在，不需要消耗额外的企业资源。企业外部治理环境在一定程度上起到了约束经理人道德风险行为、降低代理成本的作用。

企业外部治理机制指的是除企业内部的各种监督机制外的各种市场机制，如产品市场、资本市场、经理人市场、法制环境、法律外制度、社会文化规范等。其中，最重要的是产品市场的竞争。

根据亚当·斯密，在市场这只“看不见的手”的作用下，价格可反映供求关系的变化，引导市场参与者做出科学决策、实现资源的合理配置。如果企业经理人经营不善致使企业无法在激烈的市场竞争中生存，甚至破产倒闭，那么经理人也将陷入被辞退、失业的困境。因此，来自产品市场的竞争将要求经理人必须遵循股东价值最大化的原则进行经营和管理。

一、产品市场竞争对经理人的约束作用

产品或要素市场竞争主要从以下两个方面约束经理人行为，发挥治理效应，缓解公司代理问题：一是经营失败压力与破产清算威胁；二是经理人业绩衡量标尺。

其一，来自产品市场的竞争压力和破产清算的威胁将导致经理人职业生涯受损，这迫使经理人必须提高努力程度，使企业生产经营效率最大化。在市场这只“看不见的手”的作用下，只有最有效率的企业才能够在激烈竞争中生存下来。在职业经理人和股东之间的代理冲突下，经理人会通过“帝国扩张”等方式使个人经济利益最大化。但盲目扩张必然导致企业的管理费用等成本增加，经营成本上升，企业无法按照市场竞争性价格进行产品销售，致使企业陷入财务困境，不能实现成本最小化的公司将被迫退出市场。当企业破产倒闭后，经理人将面临被辞退甚至个人退出经理人市场的威胁。所以，当市场竞争越激烈，经理人偷懒、产生机会主义及道德风险行为的空间越小，这就迫使其严格遵守合同约定、履行经理人职责。因此，产品市场竞争所带来的破产清算威胁将对经理人的机会主义行为起到一定的约束作用。

其二，产品市场竞争可以通过标尺来向所有者传递经理人的业绩衡量信息，缓解股东与管理层之间的信息不对称问题，为股东衡量管理层业绩提供信息平台。标尺竞争是指在相同的经营环境中，两个资产规模、主营业务等较为相似的企业，若 A 企业比 B 企业的绩效差，则说明 A 企业经理人付出的努力程度远不如 B 企业经理人。由于现代企业所有权与经营权分离，股东和管理层之间存在着信息不对称问题，这使得公司所有者无法较好地掌握管理者的努力程度，进而无法客观地对管理者进行业绩评估和薪酬激励。当存在市场竞争时，通过标尺竞争和类似公司进行比较，提供客观的业绩衡量信息，在一定程度上可以让企业所有者了解管理者的努力程度和管理能力，降低股东和经理人之间的信息不对称，便于所有者对经营者进行监督和激励，降低企业内部的代理成本。因此，产品市场竞争通过为企业所有者提供额外信息来约束管理层的道德风险行为。

二、市场竞争的局限性

然而，产品市场竞争作为“惊险的一跳”，仍然存在许多缺陷和不足，无法取代其他

的公司治理机制。首先，产品市场竞争虽然在一定程度上可以约束经理人行为，但它总是在代理问题发生以后才能发挥作用，具有一定的事后性、滞后性。如果现代企业中存在代理问题，则管理费用等代理成本会在一段时间后显著增加，致使经营成本被推高，企业利润开始下降。但此时企业的正常经营没有受到太大影响，股东不会发现或者重视此问题。只有当高额的代理成本浮现，迫使企业出现大面积亏损，甚至破产倒闭时，代理问题才能被股东发现。产品市场竞争的治理作用的滞后性，不仅致使存在治理问题的企业无法及时自救而破产倒闭，还会进一步造成社会资源浪费、失业率上升。

其次，标尺竞争的适用范围有限，无法对垄断市场中的经理人业绩、努力程度等进行衡量和评价。标尺竞争，通常能够发挥作用。然而，在完全垄断或者是寡头垄断的企业中，则缺少标尺竞争，这使得经理人薪酬制定的合理性难以衡量。

最后，产品市场竞争虽然可以约束经理人的机会主义行为，但未能从源头上阻止其侵害股东权益。而且，产品市场竞争作用的发挥是以产权等一系列基础性制度的建立与完善为前提的。因此，公司治理不仅要重视保护所有者利益的内在激励机制，而且要营造并维护公平的外部竞争环境，以形成企业间的良性互动。

三、市场竞争在中国的实践

自改革开放以来，中国逐渐由计划经济转向市场经济，并积极地参与国际竞争，国内的产品市场竞争日益激烈。作为公司治理的外部机制，我国的市场竞争在维护股东、管理层权益与提高企业经营效率等方面发挥着重要作用。

由于现代企业的所有权与经营权分离，企业所有者和经营者之间出现了信息不对称等问题。通过竞争，企业所有者可以较好地了解企业的经营状况、经理人的能力与努力程度等相关信息，提升公司治理的效率。首先，市场竞争将激励经理人努力工作、提升业绩。为了维持自己的职业声誉、政治生涯，经理人必须保证其所在公司的经营状况良好（姜付秀、朱冰、王运通，2014）。其次，产品市场的竞争对代理成本有一定的影响。研究表明，适度的产品市场竞争和恰当的公司治理结构可以约束管理层的在职消费、无效率投资等，从而降低企业的代理成本（姜付秀、黄磊、张敏，2009）。最后，产品市场竞争对控股股东的掏空行为起到了一定的限制作用。企业破产清算会对大股东产生较大的负面影响，这就导致大股东将自觉约束掏空行为，加强对经理人的监督，从而对管理层的过度投资等机会主义行为起到限制作用（张功富，2009）。

随着中国法律法规的建立与逐渐完善、执法和违法处罚力度的加强，投资者法律保护将使得经理人市场在公司治理中发挥重要作用，有助于进一步完善企业的外部治理机制。

第 5 节　前沿研究

一、媒体、舆论监督与公司治理

20 世纪以来，崛起的媒体力量作为“第四权力”逐渐成为市场和政治之外的另一种重要的资源与财富配置机制。但直到近十年法律外的诸多制度因素在公司治理中发挥的作用成为学术热点之一，传统媒体和网络媒体在公司治理中的地位才逐渐得到学者的关注与肯定（Dyck & Zingales，2004；Miller，2006；李培功、沈艺峰，2010；徐巍、陈冬华，2016；Enikolopov et al.，2018）。媒体本身便具有生产和传播信息的功能，因此媒体可以通过发布信息引起资本市场参与者的反应、影响公司与管理者的声誉和资本市场价值（王欣、郑若娟、马丹丹，2015），当媒体受众认为报道的内容可信时，媒体便会开始发挥其在公司治理中的作用。总体来说，目前关于媒体治理的研究已经点明媒体的“双刃剑”作用，既有肯定其正面效果的相关文章，也有对中性和负面效果的讨论。

一方面，媒体的舆论监督职能通过缓解投资者交易的信息风险（Chiang & Knight，2011）、遏制财务重述行为（戴亦一、潘越、刘思超，2011）、质疑企业公司治理问题（醋卫华、李培功，2012）、降低企业代理成本（梁红玉、姚益龙、宁吉安，2012）、影响经理人和董事会成员（Dyck & Zingales，2004）、揭露公司渎职行为（Miller，2006；Bushee et al.，2010；Dyck et al.，2010），并迫使管理层采取纠正措施（Dyck et al.，2008；Joe et al.，2009；Liu & McConnell，2013）等机制带来了对公司治理的良好的正向效果。

严晓宁（2008）指出媒体介入在资本市场发展中的重要程度逐年加深，具有降低信息不对称和监管、协调等治理功能，在一定程度上可以作为投资者保护的补充机制。在信息传播和声誉机制的协同作用下，媒体治理将使投资者、管理者以及监管者等主体无法“独善其身”（李常青、熊艳，2012）。作为展现外部治理功能的主体之一，媒体与内部治理相结合会显著提升企业内部控制的有效性（许瑜、冯均科、李若昕，2017）。作为主动治理机制的补充，媒体关注能够起到公司治理水平之于企业税收激进影响的替代作用，丰富了税收监管机制的内涵（严若森、钱晶、祁浩，2018）。媒体的负面报道促使上市公司更换更高质量的审计师（戴亦一、潘越、陈芬，2013），还能识别出单纯为了上市而进行盈余管理的公司，进而较早预测上市公司业绩的不利变化趋势（李明、郑艳秋，2018）。吴芃、卢珊和杨楠（2019）表明具备高媒体关注度的公司，其财务舞弊现象也得到抑制。对越是频繁违规的现象，媒体的治理效果越发明显（周开国、应千伟、钟畅，2016）。

另一方面，不同于欧美成熟市场以机构投资者为主，在我国市场主要投资者为散户，具有非理性的投机特征，并且大多依赖于媒介，缺乏独立思考的能力。因此，媒体治理的负面效果在这种背景下得以显现（杨道广、陈汉文、刘启亮，2017）。刘萌、史晋川和罗德明（2019）认为媒体的监督会削弱企业和经理人的冒险精神，带来高层的短视问题，使其远离收益高但风险也高的创新活动。

同时，媒体的报道也不全是客观翔实的，会因为外部因素的影响而被扭曲（Ahern & Sosyura，2014；汪昌云、武佳薇、孙艳梅等，2015）。邵志浩和才国伟（2019）的研究表明了媒体报道的产权偏好倾向，指出对国有企业的报道更加正面。鲍罗辛和丘（Borochin & Cu，2018）研究发现，发展中国家的媒体容易受到压力的影响，对于符合政府目标并涉及强大的本地公司的交易，报道更为有利。西方媒体存在政治领域被政治集团利用（Besley & Prat，2006）、左右选举结果（Chiang & Knight，2011）的现象。为赚取利润，媒体也倾向于满足广告商等利益相关者的诉求来进行选择性报道（Gurun & Butler，

2012)，严重影响了其作用的正常发挥，最终造成公司声誉的损失（Gentzkow & Shapiro，2006)。因此，各国都面临着对媒体空间进行有效治理的课题。孙鲲鹏、王丹和肖星（2020）基于 2013 年我国互联网信息环境政治举措之一“转发 500 条可判刑”对互联网社交媒体之于公司治理的作用进行探究，结果表明信息环境的整治与监管加强了“用嘴投票”的公司治理作用，使治理在互联网时代的内涵得以丰富。

研究者还关注了媒体如何通过影响 CEO 及高管团队的人力资本价值，从而在公司治理中发挥作用。戴克等（Dyck et al.，2008）提出，媒体可以通过传播有关管理者行为的信息、塑造对这些行为的看法，影响管理者的人力资本。在对一些公司决策的实证分析中，作者认为这些决策不利于外部股东的利益，因为对高管的新闻报道越多，他们越有可能改变自己的决策。媒体除了对管理者就职期间的决策产生直接影响外，还可能对其未来的就业产生影响。研究发现，媒体对 CEO 就职期间的报道与其退休后担任外部董事的席位数量之间存在直接的经济联系（Liu et al.，2017)。

简单总结就是，对企业媒体报道的研究具有显著的跨学科特征，包括了管理（例如：Bundy & Pfarrer，2015；Graffin et al.，2013；König et al.，2018；Pollock & Rindova，2003；Westphal et al.，2012)，金融（例如：Dyck et al.，2008，2010；Engelberg & Parsons，2011)，会计（例如：Kothari et al.，2009；Robinson et al.，2011)，以及市场营销（例如：Chen et al.，2011；Rinallo & Basuroy，2009)。多元视角有利于从不同学科来检验媒体在公司治理中的影响，但这种碎片化也导致了理论框架、研究背景和研究方法的差异化，研究之间相对孤立和松散。在管理领域，关于媒体研究的最新文献综述可参考格拉夫-弗拉希等（Graf-Vlachy et al.，2020)，研究者对过去 20 年中来自管理和相关商业学科的 21 种同行评议期刊的 99 篇文章进行回顾，并总结了媒体对企业报道的前因、属性和后果。

二、利益相关者和企业社会责任

此外，利益相关者和企业社会责任研究一直是公司治理领域学者关注的重点。

已有研究关注利益相关者如何参与公司治理，主要从正式制度的角度出发。赵晶和王明（2016）突破了既有的利益相关者与公司治理研究的正式制度分析框架，创造性地从非正式制度视角出发，分析利益相关者非正式参与公司治理的范式。他们采用案例研究的方法，通过对典型案例雷士照明的研究，发现利益相关者可以通过非正式方式参与公司治理，主要是通过游说策略、隐形代理人策略、动员集体行动策略、路径策略四种非正式方式；同时，利益相关者会根据焦点企业特征和自身群体特征对参与策略进行权变决策。这一研究提供了利益相关者参与公司治理的不同视角，进一步指明了利益相关者参与公司治理的重要意义。

国外学者对利益相关者采取了更为细致的划分方式。琼斯等（Jones et al.，2007）探讨了五种与利益相关者参与公司治理相关的文化：代理人、企业利己主义者、工具主义者、道德主义者和利他主义者，并解释了这些文化是如何处于一个从个人利己主义（代理文化）到完全关心他人（利他主义文化）的连续统一体中的。贝蒂纳齐和佐洛

（Bettinazzi & Zollo，2017）使用了2002—2010年间美国大型上市公司在多个行业进行的1 827起收购的数据进行研究，研究显示，对不同类别的利益相关者的定位会对收购的绩效产生不同的影响，具体取决于收购的特征，即业务相似性和结构整合。

利益相关者治理也存在缺陷，并不是所有的公司都需要面向它们的所有利益相关者（或者甚至是他们中的一些人）才能成功。工具性利益相关者理论的最新发展表明，面向利益相关者并不是解决所有问题的灵丹妙药（Bridoux & Stoelhorst，2014），同时也会增加公司的成本。这些成本包括经济资源的直接分配（Coff，1999）以及与利益相关者互动、理解和进行优先排序所需的管理时间（Reynolds et al.，2006）。这可能代表价值的过度分配，会阻碍公司绩效的提高（Harrison et al.，2010）。

社会责任报告的发布是企业获得合法性的重要手段。基于中国公司的研究发现，发布高质量企业社会责任报告的公司被政府和媒体认为具有更大的合法性。发布高质量企业社会责任报告的中国公司获得了较高水平的政府和媒体认可，从而提高了财务绩效。对于不发达地区的公司，政府认可的调节作用更强（Dai et al.，2018）。环境保护是企业所承担社会责任中的重要责任之一。彭雪蓉和魏江（2015）采用实证方法，以江苏、浙江、上海144家制造和有形服务企业为样本，从制度理论和高阶理论的整合视角考察了利益相关者环保导向对生态创新的影响以及高管环保意识的权变效应。他们研究发现，政府环保导向、客户环保导向和竞争者环保导向都对生态创新具有显著正向影响。并且，高管环保意识对不同利益相关者环保导向与不同生态创新之间关系存在着调节效应。

在探索企业社会责任的价值创造机理方面，王清刚和徐欣宇（2016）采用大样本研究，以2010—2014年沪深主板上市公司为样本，检验了企业在不同发展阶段履行对各利益相关者的社会责任对企业价值的影响，从横向和纵向两个维度探讨了企业社会责任价值创造的机理：首先基于利益相关者理论，横向分析对各个利益相关者的责任履行如何创造价值；再从企业生命周期理论出发，纵向分析不同阶段如何分配资源，使承担对各个利益相关者责任的价值最大化。研究表明，在创新驱动的新常态下，社会责任已成为与资本、技术和人才同样重要的竞争要素。企业是创造价值和履行社会责任的统一体，企业履行社会责任能够促进价值创造目标的实现。

企业社会责任和利益相关者理论可以用于解释并购中及并购后的收益差异。邓辛等（Deng et al.，2013）使用美国的大量并购样本，研究了企业社会责任（CSR）是否为收购公司股东创造了价值。研究发现，与低CSR收购者相比，高CSR收购者实现了更高的合并公告收益、合并后长期经营业绩的较大增长，以及长期的股票收益，这表明市场并未立即充分评估CSR的收益。此外还发现，与CSR较低的收购方相比，CSR较高的收购方完成合并所需的时间更少，失败的可能性也较小。结果表明，收购方的社会绩效是收购绩效及其完成可能性的重要决定因素。除了企业社会责任的绝对排名地位，社会责任排名的变动也会对公司的利益相关者产生影响。科代罗和蒂瓦里（Cordeiro & Tewari，2015）以《新闻周刊》排名前500的美国公司为样本，通过实证研究，发现股票市场投资者在短期和中期对企业环境社会责任的原始排名和重要的行业调整排名都有积极的反应，同时，投资者的反应还受到信息不对称水平、企业规模和企业合法性等背景变量的显著影响。

在企业社会责任报告领域，学者关注了CSR报告的脱耦问题，即将CSR报告视为对中央政府和地方政府相互冲突的要求所产生的制度复杂性的一种组织回应，研究发现地方政府对短期GDP的追求与中央政府对CSR报告的预期产生矛盾，经历这种矛盾的公司发布CSR报告的时间早但质量低（Luo et al.，2017）。马奎斯和钱（Marquis & Qian，2014）发现对政府不同类型的依赖会影响企业CSR报告的发布，政府监督的风险会影响CSR报告是象征性的还是实质性的。

研究者还探索了利益相关者理论和社会网络理论用于解释企业社会责任的边界条件。大公司和中小公司需要不同的理论来解释它们的社会责任行为。中小企业基本上是独立的、从内部融资和现金有限的、多任务和灵活的，主要是地方性的，以公司内外的非正式关系为基础；而大公司是从外部融资、多样化的，有一个由公司内部和外部的正式流程和交易组成的刚性组织结构，通常面向国际。拉索和佩林尼（Russo & Perrini，2010）认为大公司和中小企业的特质解释了履行企业社会责任的不同方法，社会资本理论是理解中小企业社会责任履行的更有用工具，而利益相关者理论更适用于理解大公司的企业社会责任履行。

本章小结

利益相关者理论是对传统的“股东至上主义”治理模式的挑战。利益相关者理论认为企业的成长与发展离不开各种利益相关者的参与，企业的经营管理者应该追求的是利益相关者的整体利益最大化，而非某个主体的利益最大化。一般认为，利益相关者包括企业的股东、债权人、员工、消费者、供应商等具体个体，还包括政府及其部门、社会公众、媒体、自然环境、人类后代等直接或间接受到企业经营活动影响的客体。

利益相关者治理是通过一系列包括正式和非正式的内部与外部制度或机制来协调公司与所有利益相关者之间的利益关系以保证公司决策的科学性，从而最终维护公司各方面的利益。

债权人是与公司产生债权债务关系的自然人或法人，是请求公司为或者不为特定行为的主体。公司债权人一般分为两类：自愿债权人和非自愿债权人。

债权治理指的是债权人作为利益相关者取得并行使公司的控制权。与股权治理不同，债权人的控制权属于相机控制权，通常是在非常态的情况下发生作用。债权治理可以防止内部人控制问题，降低代理成本，平衡相关公司利益的需要，对公司治理的长期发展发挥着重要作用。

媒体治理是指媒体通过信息采集、传播、影响、协调来影响公司治理中各个利益相关者及其相互关系的作用，是公司重要的外部治理机制之一。总体来说，目前关于媒体治理的研究已经点明媒体的“双刃剑”作用，既有肯定其正面效果的相关文章，也有对中性和负面效果的讨论。

企业外部治理机制指的是除企业内部的各种监督机制外的各种市场机制，如产品市场、资本市场、经理人市场、法制环境、法律外制度、社会文化规范等。其中，最重要的是产品市场竞争。在市场这只“看不见的手”的作用下，价格可反映供求关系的变化，引导市场参与者做出科学决策、实现资源的合理配置。

复习思考题

1. 债权人对公司治理的影响与股东对公司治理的影响有哪些异同点？
2. 媒体监督对公司治理存在哪些积极和消极的影响？
3. 产品市场竞争对公司治理发挥作用的主要途径是什么？

案例分析与讨论

三鹿奶粉事件

2008年，石家庄三鹿集团股份有限公司（简称“三鹿集团”）因生产含三聚氰胺的毒奶粉被媒体曝光引发舆论关注并最终破产。

三鹿集团位于河北省石家庄市，是一家中外合资企业，控股方是石家庄乳业有限公司，持股56%；合资方新西兰恒天然集团持股43%。毒奶粉事件曝光前，三鹿集团是我国最大的奶粉制造商，其产品包括9大系列278个品种，产销量连续15年居全国第一，市场份额达18%。2007年，三鹿集团实现销售收入100.16亿元，同年9月2日中央电视台《每周质量报告》播出了特别节目《中国制造》首集《1 100道检测关的背后》，报道了三鹿奶粉出厂前要经过1 100道检测检验工序。在2008年1月8日举行的国家科学技术奖励大会上，三鹿集团“新一代婴幼儿配方奶粉研究及其配套技术的创新与集成项目”一举夺得2007年度国家科学技术进步奖二等奖，打破了我国乳业界20年来空缺国家科技大奖的局面。

2007年12月开始，三鹿集团就已陆续收到消费者投诉，反映有一部分婴幼儿食用该集团生产的婴幼儿系列奶粉后尿液中出现红色沉淀物等症状，但没有引起重视。2008年5月，病例逐渐增多，三鹿集团高层虽然明白是质量出了问题，但是为了减少不利影响，没有及时停产并召回相关产品。2008年8月1日，三鹿集团拿到外部检疫机构的报告，确认产品中含有三聚氰胺，但是三鹿集团高层决定隐瞒真相，以换货形式用不含三聚氰胺的产品召回问题产品。之后由于市场需求较大，三鹿集团十几名高层决定用三聚氰胺含量较低的产品换三聚氰胺含量较高的产品，知毒卖毒。据事后调查，全国大约有30万名婴幼儿深受其害。

2008年9月毒奶粉事件曝光，国务院责成河北省对三鹿集团做出停产的命令，国家全面调查三鹿奶粉污染事件。2009年2月12日，石家庄市中级人民法院发出民事裁定书正式宣布三鹿集团破产。

从公司治理的角度来看，三鹿奶粉事件发生的原因主要是企业的社会责任感缺失，单纯逐利，在经营中缺乏诚信。利益相关者理论认为，企业不仅仅是股东的企业，不能只考虑股东利益，还应该考虑债权人、员工、消费者、供货商等各个利益群体的利益。据报道，汶川地震发生后，三鹿集团和各地的代理商、加工厂向灾区捐款500多万元，捐赠乳制品价值980万元。然而，三鹿集团高层在发现产品有质量问题后，为了企业的名誉和收入，掩盖事实真相，知毒卖毒，严重损害了消费者利益，曾经的乳业巨头走向了灭亡。

三鹿奶粉事件表明，企业不能以单纯追求利润为目标，还要主动承担起社会责任，诚信经营才是正道。

资料来源：李静．我国食品安全监管的制度困境：以三鹿奶粉事件为例 [J]. 中国行政管理，2009(10)：30－33；张朝华．市场失灵、政府失灵下的食品质量安全监管体系重构：以“三鹿奶粉事件”为例 [J]. 甘肃社会科学，2009(2)：242－245；张煜，汪寿阳．食品供应链质量安全管理模式研究：三鹿奶粉事件案例分析 [J]. 管理评论，2010，22(10)：67－74.

思考与讨论：

1. 探讨以上案例中三鹿集团违背了利益相关者治理的哪些方面。
2. 根据以上案例，总结企业承担社会责任的重要意义。
3. 讨论实践中有哪些利益相关者治理的正面典型例子。

10 CHAPTER 10

第 10 章 公司治理模式的比较

| 学习目标 |

1. 了解外部控制主导型公司治理模式的主要特征及优缺点。
2. 了解内部控制主导型公司治理模式的主要特征及优缺点。
3. 了解家族控制主导型公司治理模式的主要特征及优缺点。
4. 了解公司治理模式的演化趋势及内在原因。

| 关键词 |

公司治理模式（corporate governance pattern）：主要有三种，分别是以英国、美国等国家为代表的外部控制主导型公司治理模式，以日本、德国等国家为代表的内部控制主导型公司治理模式和以韩国、东南亚等国与中国香港地区为代表的家族控制主导型公司治理模式。

外部控制主导（external control oriented）：外部市场在公司治理中发挥主要作用。公司表现出股权分散、个别股东发挥作用有限、公司控制权掌握在管理者手中、外部监控机制发挥主要监控作用等特征。

内部控制主导（internal control oriented）：股东、银行和内部经理人的流动在公司治理中发挥主要作用，控制权市场发挥的作用不强。

家族控制主导（family control oriented）：某一或若干家族占有公司的相当一部分股份并控制公司董事会，家族成为公司决策系统中的主要影响力量或实际控制人。

治理模式的趋同（the convergence of governance patterns）：以某种监控为主的公司治理模式并不是十全十美的，随着时代发展，公司治理模式之间相互借鉴、取长补短，正在向趋同方向演变。

引导案例

不受限的索尼

索尼是日本一家全球知名的大型综合性跨国企业集团，是世界视听、电子游戏、通信产品和信息技术等领域的先导者，同时也是世界最早便携式数码产品的开创者。索尼公司于 1979 年推出的“walkman”创造了随身听文化，引领了便携式音乐的潮流。索尼之所以能够迅速发展壮大，离不开自身对公司治理变革的主动探索和对国际化征程的不懈努力。

索尼官网在介绍索尼的故事时向我们展示了“Sony”这一单词的由来。“Sony”由表示声音的拉丁文词根“sonus”和含义为“聪明可爱”的“sonny”两个词组成。在索尼公司创立之初，“日本制造”几乎已经成了低质量、粗制滥造的代名词，工业市场被欧美的各类大型企业所占据。心怀梦想的索尼公司将原有的带有日本风格的公司名称改成了西化的英文名称，象征着索尼公司如同“Sony”这个名字一样，是一个胸怀到海外发展大志的“聪明可爱、朝气蓬勃的少年”。然而，索尼在公司运营和治理上的变革绝不仅仅是改名这么简单。

20 世纪的日本本土企业，其公司治理呈现出了典型的内部治理特征，如在公司治理中，法人股东、银行等大股东扮演着重要角色，公司对外的信息披露程度非常低，这与当时受资本市场、外部控制权市场制约的英美企业是截然不同的。而索尼为了成为国际知名的品牌，不断对公司治理做出改变。比如在信息披露方面，索尼勇敢地成为日本第一家对外发布季报的企业。在股票市场上，索尼也是颇具创新性地在日本企业中引入了股票期权制度。除此之外，作为一家具有公司治理变革精神的日本企业，索尼一直在不断探索新的董事会治理手段。

早在 1970 年索尼就建立了外部董事制度，并在公司内设立了首席执行官一职，引进了带有英美色彩的公司治理手段。1991 年，索尼引进外籍专家作为外部独立董事；1997 年，创立公司执行官制度；1998 年建立董事会薪酬委员会和董事会提名委员会；2000 年将董事长和首席执行官两个职位区分开来；又于 2002 年建立了顾问委员会。索尼的这一系列公司治理举措，不断地将原本由内部人拥有的较为集中的公司控制权分散化，逐渐向英美的公司治理模式发展。

2003 年是索尼公司治理变革的关键一年。这一年，索尼全面实行了董事会委员会制度。这一举措不仅将公司内执行与监督这两个职能相分离，同时利用执行官和董事会成员两个职位的兼任来促进执行层面与监督层面的合作，提升决策效率。

2005 年，索尼宣布美籍英国人斯特林格（Stringer）担任索尼公司董事长及首席执行官，同时对董事会人员进行变更。2005 年 6 月，由 12 人组成的新董事会中，仅外部董事就有 8 名，占 2/3 的席位。

与其他内部人控制特征明显的日本企业相比，索尼像是一个特例。索尼大力引进外部董事、强化信息披露等举措都在表明，索尼逐渐向英美式的公司治理靠拢。这既是 20 世纪 90 年代日本泡沫经济崩溃后日本市场发展的需要，同时也是索尼公司追求国际化发展所做出的努力。

在不同的公司治理模式下，股权分散程度的不同，股东（大）会、董事会及监事会设置的不同等造就了东西方企业的公司治理差异，这既为公司带来了优势，也为公司带来了弊端。如何不断根据环境调整自己的治理模式，正是索尼公司所不断追求的。在大多数股权集中并由内部人控制的日本企业中，索尼的公司治理变革继续向前推进。

资料来源：王志平．索尼公司的公司治理变革与启示［J］．外国经济与管理，2006(8)：1-6.

思考：

1. 索尼公司较日本其他本土企业做出了什么样的公司治理变革？为什么要进行变革？
2. 英美企业与日本企业的公司治理有什么不同？

放眼全球，不同地区的土壤孕育出了不同的文化、政治、经济和制度背景，各个国家和地区的公司在融资以及控制权等问题上的治理机制也存在很大差异。总体而言，公司治理领域中公认的公司治理模式主要有三种，分别是以英国、美国等国家为代表的外部控制主导型公司治理模式，以日本、德国等国家为代表的内部控制主导型公司治理模式和以韩国、东南亚等国与中国香港地区为代表的家族控制主导型公司治理模式。在外部控制主导型公司治理模式下，公司主要是通过股票市场进行融资，资产负债率较低，且股权结构中所有权的分散化使得个别股东无心且无力监督公司，公司的管理者成为实际掌握公司控制权的人。而管理者受到来自外部市场如“公司控制权市场”强大的监控作用，因此，公司控制权主要受外部市场影响。在内部控制主导型公司治理模式下，公司的主要融资机制是负债，往往通过银行获取大量的资金，公司的股权结构相对集中，主要体现为法人之间的相互持股。在这种情况中，公司控制权处在企业内部各大利益主体的监控之下，控制权主要受到内部利益相关者的影响。在家族控制主导型公司治理模式下，公司的股权集中地掌握在家族手中，公司受家族控制。三种公司治理模式各自存在着优缺点，随着社会的发展，植根于新的情境，公司治理模式也在不断地演变，主要体现为三种治理模式之间的相互融合。

第 1 节　外部控制主导型公司治理模式

外部控制主导型公司治理模式亦称“英美治理模式”“市场导向型公司治理模式”。在英美等坐拥相当发达的资本市场和经理人市场的国家，公司表现出股权分散、个别股东发挥作用有限、公司控制权掌握在管理者手中、外部监控机制发挥主要监控作用等特征，因此形成了外部控制主导型公司治理模式。在这种市场环境下，具有高流通性的资本市场对上市企业有着直接的影响。虽然经理层具备较大的自由和独立性，但来自股票市场的压力很大，因此股东的意志能得到较多体现，也就是说外部市场在公司治理中起着重要的作用。

一、外部控制主导型公司治理模式的起源

公司治理开始走向成熟的一个原因是股份有限公司的形成及股份有限公司所带来的所有权与控制权分离导致的代理问题，随之产生了诸多公司治理结构和治理机制。因此，融资机制是公司治理模式形成的基础。

以英美等国家为主的外部控制主导型公司治理模式的产生具有其独特的文化、政治、

经济和制度背景。如具有高度发达的市场经济的美国，从历史进程角度来看，其虽然建国较晚，但在 17—19 世纪的殖民浪潮中完成了原始积累。同时由于身处北美洲，在战争时期远离其他大陆，美国经济的发展进程并没有受到太大的影响。美国是一个移民国家，美国民众普遍具有较强的自由精神，奉行个人主义文化。美国的法律体系同样是滋生自由主义的土壤。英美法系国家坚持行业领导监管型管理，出现了以资本市场为主导的金融中心如伦敦、纽约等。结合种种因素，美国最终形成了分散化的股权融资体制。在这种分散化的股权融资体制中，股权资本在资本结构中占据主要地位，同时有着股权高度分散的特点。

（一）股权比重大

与日德相比，在英美企业的资本结构中，股权比重较大，企业的资产负债率较低。美国企业的资本大部分来源于股权融资的一个原因是美国对商业银行采取了较为严格的限制措施。

现代商业银行业在美国的开始可以追溯到 1782 年。当时的银行业和证券业并未完全分离，且由于监管不力，欺诈行为时有发生。银行恐慌也时有发生（银行体系中众多银行倒闭）。据统计，从 1837 年到 1930 年，大约每隔 20 年就会发生一次大的银行恐慌。这种情况一直持续到了 1929—1933 年的大萧条时期。在大萧条期间，有 9 000 多家银行倒闭，平均每年就有 2000 多家银行倒闭。商业银行无数储户的储蓄化为乌有。金融体系的崩溃进一步加剧了萧条的程度，并延长了之后恢复所需的时间。银行的特殊性和金融体系的重要性使得对银行的监管尤其重要。由于银行恐慌具有感染效应，在发生银行恐慌的初期，存款者的挤兑会迅速从坏的银行扩散到好的银行，一家银行的倒闭会迅速加快其他银行的倒闭。遭受了大萧条的惨痛教训，美国采取了重要措施来加强银行监管。同时，由于人们谴责商业银行从事投资银行业务是当时很多银行倒闭的原因，《格拉斯-斯蒂格尔法案》于 1933 年获得通过。该法案明确规定禁止商业银行承销或经营公司债券，并限制银行从事由银行监管机构批准的债券业务。同时，该法案也禁止投资银行从事商业银行业务。显然，《格拉斯-斯蒂格尔法案》将商业银行和证券业完全隔离，极大地限制了商业银行的经营范围。1863 年的《国民银行法》和 1977 年的《麦克逊登法案》规定美国银行不得跨越州的地理限制设立分行，这也使得美国的银行体系较为分散，不太可能形成大的银行集团。美国的银行很少能在实质上拥有公司的股权，银行在公司治理中也较少发挥作用。

（二）股权分散化

美国企业除了资产负债率较低、股权比重大之外，还具备股权分散化的特征。首先，从文化和政治根基来看，美国人厌倦集中主义和垄断主义，热爱竞争。美国政府针对垄断行为也出台了一系列政策，对美国企业施加了巨大的政治压力。1957 年，根据联邦最高法院做出的判决，杜邦公司作为通用汽车公司的大股东，需要出售其所持有的通用汽车公司股份。这一反垄断政策使得通用汽车公司股份由集中持股变成了分散化的投资。其次，从经济环境来看，美国具备高度发达的资本市场，这方便了大量的中小投资者以较为满意的价格收购股份，进行投资。美国政府也出台了很多政策鼓励养老基金、互助基金、保险公司、信托公司等机构投资者在证券市场上进行投资。证券市场的风险较高，机构投资者往往在市场中投入庞大的资金，为了尽可能降低风险，机构投资者在投资过程中会建立合理的投资组合。同时，机构投资者往往具备专业化的管理能力，可以对证券市场进行深入的市场调查和分析，这也为机构投资者建立合理的投资组合提供了可能。

针对这种高度分散化的股权融资市场，代理问题无法通过众多的小股东或者机构投资者的监督来解决，这是因为：

首先，小股东中普遍存在着“搭便车”的行为。在公司治理中，小股东的“搭便车”行为是指部分大股东承担了对公司管理层的监督职能以及费用，但由此产生的效益是由全体股东共享的。小股东在公司中所占据的股份较少，当公司因代理问题产生损失时，小股东面临的风险较小，损失也较少。对于小股东而言，其进行监督工作的投入产出比比较低，因此对监督职能的需求也不甚强烈，这就滋生了“搭便车”的行为。除此之外，由于监督本身就是一种集体行动，只要有股东履行了对管理层的监督职能，这种监督所带来的公司经营业绩改善是由所有股东共享的，这就使小股东监督的动力缺失。另外，小股东由于所持股份比例较低，其行为也较难对公司产生重大影响。

其次，机构投资者常常表现为消极的投资者，具有短视的倾向。这是因为机构投资者是用自有资金或者从分散的公众手中筹集的资金专门进行有价证券投资活动的法人机构，主要为自身的投资者服务，而不是为目标公司的投资者服务。相较于目标公司的长远经营及发展，机构投资者更关注的是目标公司所能支付的股息及红利。这就产生了机构投资者的短期性倾向，它们也丧失了对目标公司进行监督的动力。机构投资者投资的分散化也提高了履行监督职能的难度。如果想要对某家目标公司管理层施加压力，需要数家机构投资者联合开展行动，这就产生了高昂的人力、物力及财力成本。因此依靠机构投资者的监督职能也很难解决所有者和经营者分离而产生的代理问题。

由于无法依赖公司的股东对公司进行有效监督，英美等国家的公司治理机制也因此侧重于外部市场，主要是通过公开的流动性很强的股票市场、健全的经理人市场等市场体系以及相关的法律政策对所持股企业产生直接影响，并通过隐性激励和以高收入为特征的显性激励对管理层进行一定程度的激励约束。总体来看，对所持股企业管理层的监督主要是外部市场在发挥作用，英美公司治理模式故也称为外部控制主导型公司治理。

二、外部控制主导型公司治理模式的特征

（一）董事会

在英美等国的外部控制主导型公司治理模式下，股东大会、董事会和经理层组成了单层式的内部治理结构，且独立董事在董事会中的占比较大，形成了成熟的独立董事制度。

英美公司治理模式下的内部治理结构是单层式的，即董事会集执行职能和监督职能于一身，业务执行机构和监督机构并不分离。但这种制度的设计有着明显的弊端，在美国历史上，也出现过众多关于董事会贿赂的丑闻。为了解决这一弊端，1977 年，美国证

券交易委员会批准纽约证券交易所引入一项关于独立董事的新条例，要求上市公司设立审计委员会，且委员会成员应为独立董事，独立董事需要独立于管理层做出判断（彭真明、江华，2003）。据经合组织（OECD）关于 1999 年世界主要企业统计指标的国际比较报告，各国独立董事占董事会成员的比例为：英国 34%，美国 62%，法国 29%。在英美等国家中，董事会的监督职能主要由独立于管理层的独立董事承担。董事会由审计委员会、提名委员会和薪酬委员会等不同的委员会组成，在这三个主要的委员会中，审计委员会的成员全部为独立董事，提名委员会和薪酬委员会的成员必须大部分为独立董事，且只有独立董事能担任这三个委员会的主席职位。

独立董事可以通过诸多方式参与公司治理，如在董事会中的专门委员会行使其职能和权力；重大关联交易需独立董事认可后方能提交董事会讨论；独立董事可以向董事会提请召开临时股东（大）会会议或者提议召开董事会会议；独立董事对公司董事的提名、任免及高级管理人员的聘任情况出具独立意见。独立董事因其独立性可以做出更为科学、客观的决策，这大大提高了公司的监督效率。

美国独立董事制度作用的有效发挥也是建立在一个明显的群体优势之上的。在美国公司的外部，有一个发展成熟的经理人市场，经理人市场能够保障公司自由选定优秀者成为独立董事。除此之外，市场选择和市场竞争使声誉机制得以形成和发挥作用，促使独立董事在声誉机制的约束下忠实地、谨慎地履行其职能，勤勉地为公司服务。

（二）经理层

外部控制主导型公司治理模式往往根植于发达的职业经理人市场，英美等国主要利用发达的经理人市场以及股票期权等激励机制对经理层进行激励约束。

经理层是董事会选出的对公司经营有管理权力的代理人。经理层在公司的日常管理中具有决策权和执行权，而董事会只负责重大事项的决策及对经理层发挥监督作用。这就导致了经理层和董事会之间所掌握的公司信息不对称，引发代理问题。而英美模式下发达的经理人市场则成为一种有效的外部约束力量，对经理层进行约束和监督。

一方面，职业经理人市场是一个具备价格机制的市场，经理人的价值标准取决于其以往的经营绩效。职业经理人如果能灵活地运用自己的经营管理知识和技能，提升其所在公司的经营业绩，引领公司发展，就能得到丰厚的公司奖励并在经理人市场中获得价值的提升。反之，经理人在任职期间玩忽职守，以公司利益为代价牟取个人利益，造成公司股价下跌等利益损失，则自身在市场上的价值及信誉会遭受质疑，甚至会被市场无情淘汰。因此，成熟的经理人市场作为一种有效的激励约束机制可以敦促经理人尽职尽责地为公司服务，减少代理问题的发生。除此之外，作为经理人这种特殊资源的交易场所，职业经理人市场中企业与职业经理人之间的选择过程是双向的。不仅企业会根据经理人以往的经营业绩筛选所需的经理人，经理人也会根据公司的薪酬激励等策略选择心仪的就职场所。这就保证了拥有过人能力的经理人可以得到与其能力相匹配的优渥待遇。

英美等国除了拥有成熟的经理人市场，还通过股票期权等薪酬机制对职业经理人进行激励约束。股票期权作为企业管理中的一种激励手段起源于 20 世纪 50 年代的美国，在 20 世纪 70—80 年代走向成熟并为西方大多数公众企业所采用。股票期权是上市公司给予企业高级管理人员和技术骨干在一定期限内以一种事先约定的价格购买公司普通股的权利。对于持有一定数量股票期权的经理层而言，所任职的公司的股价越高，其所拥有的股票期权能够带来的收益也越多。因此，股票期权作为一种长期的激励机制，将经理人的个人利益与企业的长期业绩紧紧地绑在一起，促使经理层将眼光放得更加长远，向着提高公司股价的目标努力。

（三）公司控制权市场

英美等国家拥有发达的公司控制权市场，公司控制权市场是外部控制主导型公司治理模式下发挥强大作用的外部约束力量。

公司控制权市场亦称“接管市场”，是指各管理团队通过收集股权或投票代理权取得对企业的控制，达到接管和更换不良管理层的目的。公司控制权市场可以根据公司资源管理权的争夺方式分为公司外部控制权市场和公司内部控制权市场两种。其中，公司内部控制权市场则主要指管理者内部的竞争机制。公司外部控制权市场则是依托证券市场的控制权争夺，即指兼并、收购等机制。公司通过兼并或者收购能够实现资源的有效配置并且降低代理成本。这是因为当目标公司被收购或者接管之后，目标公司内的控制主体发生变化，股东、董事及高级管理人员的地位一般也会随控制权的更换而降低，尤其是管理层，可能会被新的有能力的管理团队替换，因而产生失业的风险。公司的管理层为了降低失业的风险和避免自身在经理人市场中声誉的损失，会努力减小因经营不善而造成股价下跌及被恶意收购的可能性，尽心尽力地投身于公司的日常经营。

对于英美等国家公司大量且分散的小股东而言，公司控制权市场也在一定程度上保护了小股东的利益。虽然小股东由于持股比例较低而无法对公司的日常经营管理产生实质性影响，但当公司经营不善股价下跌时，小股东可以选择抛售所持有的公司股票。一旦大量小股东将所持有的公司股票抛售，就可能招来其他公司的注意，引发并购行为。为了防止并购，管理层也需要尽可能地保护小股东的利益。

（四）信息披露制度

关于信息披露制度，英美等国具备完善且成熟的信息披露法律法规。1929 年华尔街证券市场的大阵痛，以及阵痛前的非法投机、欺诈与操纵行为，使得美国联邦政府于 1933 年和 1934 年分别颁布《证券法》和《证券交易法》，以防止企业的投机与欺诈行为。其中 1933 年的《证券法》首次规定实行财务公开制度，这被认为是世界上最早的信息披露制度。

信息披露制度，也称公示制度、公开披露制度、信息公开制度，是上市公司为保障投资者利益、接受社会公众的监督而依照法律规定将自身的财务变化、经营状况等信息和资料向监管部门和证券交易所报告，并向社会公开或公告，以便投资者充分了解情况的制度。它既包括发行前的披露，也包括上市后的持续信息公开，它主要由招股说明书制度、定期报告制度和临时报告制度组成。真实、准确且及时的信息披露行为可以帮助投资者充分了解公司经营管理情况，减少投资者面临的信息不对称性，极大地降低投资的风险。

三、外部控制主导型公司治理模式的优势及问题

外部控制主导型公司治理模式依靠外部市场对公司进行治理，且外部控制权市场有着高度分散和流通的特点，这就使得美英等国家的企业具备强大的创新能力及竞争力。

首先，企业的经营决策权主要集中在经理层手中，股东通过市场来监督、约束及激励经理层人员，这在很大程度上保证了经理层的想法不受干扰，得以顺畅实施。公司控制权市场中的价格机制也使得经理人需要尽力适应市场优胜劣汰的规则。经理人的创造力及能力由此得以体现。

其次，公司控制权市场的高流动性使得投资者手中的股票可便利地实现交易，投资者在对公司经营情况不满时可以采用"用脚投票"的方式保护自身利益，降低投资风险。股权的高流动性还使得资金更易于筹措，整个市场的资源配置效率得到了提升。同时，高度分散的股权有助于避免某家公司经营不善或者环境的急剧变化而导致的连锁反应。

最后，英美等股票市场中收购、兼并现象频繁出现，一大批企业通过收购、兼并等快速扩张，迅速增强了企业的实力。20 世纪 90 年代，美国进入兼并的高潮期，也由此产生了一批实力强劲的大企业。

但这种股权高度分散的外部控制主导型公司治理模式同样存在一些问题：

（1）"强管理者"现象。由于股权的高度分散以及监督职能本身所具有的高额成本，美国公司的股东（大）会存在着"空壳化"的现象，即股东的许多权力都只停留在名义层面，公司的实际权力几乎完全被经理人所掌握。这种"强管理者，弱所有者"的现象会加剧公司中的代理问题。

（2）短视行为。股权的高度分散使得公司的股东无法将目光聚焦于公司的长远发展，而主要通过股票价格和盈利率等指标来衡量公司价值。这就导致当公司进行市场扩张或战略投资等时，由于战略投资行为占用了大量的资金，所以公司需要延期向股东支付收益，而股东们常常倾向于出售其所持的股份。在这种来自金融市场的短视压力之下，经理层就不得不采取一些短期主义行为，但这无疑会给公司的长远发展埋下隐患，降低公司所能创造的潜在财富水平。

延伸阅读

安然事件

安然公司，是一家位于美国得克萨斯州休斯敦市的能源类公司。在 2001 年宣告破产之前，安然拥有约 21 000 名雇员，是世界上最大的电力、天然气以及电信公司之一，2000 年披露的营业额高达 1 010 亿美元且公司连续六年被《财富》杂志评选为"美国最具创新精神公司"。

1985 年，两家天然气管道公司：休斯敦天然气公司（Houston Natural Gas）和英特北（Internorth）合并，创立了安然公司。安然公司最初的业务是通过其拥有的州内和州际天然气管道来输送天然气。为了实现进一步增长，安然采取了多元化战略。它开始超越管道业务，涉足天然气交易。安然公司不断扩张天然气业务，成为电力、煤炭、钢铁、

造纸和纸浆、水和宽带光缆等方面的金融交易商并承担了涉及能源设施建设和管理的国际项目。截至 2001 年，安然已经成为一家拥有和经营天然气管道、发电厂、制浆造纸厂、宽带资产和水厂的国际集团。

然而，安然在快速扩张的同时，其会计处理也产生了重大缺陷。一是安然在按市值计价时对合同市场价值的估算产生了严重问题，合同的期限过长，甚至长达 20 年，但安然仅仅将收入估计为未来现金流的现值却忽略合同的可行性及相关的坏账成本。二是安然利用特殊目的实体为特定资产提供资金或管理相关风险，但这一做法部分绕开了会计准则，造成了违规。三是除了会计失误，安然公司对其与特殊目的实体的关系只做了极少的披露。公司向投资者表示，它通过与特殊目的实体进行交易，对冲了自身非流动性投资的下行风险。然而投资者不知道的是，特殊目的实体实际上是使用安然的股票和财务担保这些对冲，所以安然并没有免受自身非流动性投资的下行风险。

安然的问题为何能这么长时间不被发现？除了安然公司的风险管理部门、安达信会计师事务所之外，安然公司的管理层、董事会下属的审计委员会等，都存在严重的问题。

和大多数其他美国公司一样，安然的管理层也通过股票期权获得了丰厚的报酬。大量使用与短期股价挂钩的股票期权奖励使得安然公司的管理层将经营重点放在创造业绩、快速增长上，且为了满足华尔街的预期，安然的报告夸大了实际收益。2000 年 12 月 31 日，安然在股票期权计划下的流通股为 9 600 万股，占流通普通股的 13%。根据安然的委托书，这些奖励很可能在三年内行使，而且没有提到对随后出售所购股票的任何限制。股票期权的目的是使管理层的利益与股东的利益相一致。但安然公司大多数股票期权的授予标准都是短期的会计业绩，这就使得公司设计的股票薪酬计划仅仅激励管理者提高公司的短期股票表现，却不注重公司的长期价值。

安然公司的 17 名董事会成员中，有 15 名为独立董事，但其中 10 名独立董事都与安然公司有着咨询合同、公司向董事任职的非营利机构捐款等千丝万缕的联系，这就导致了安然公司的董事会缺乏独立性，受到公司管理层的控制，因而未能对安然公司的投资者尽到应尽的监督义务。

安然审计委员会的委员们实际上具备了超出行业标准的专业知识。安然的审计委员会成员包括斯坦福大学的罗伯特·杰迪克博士，他是一位广受尊敬的会计教授，是斯坦福商学院的前院长；得克萨斯大学安德森癌症中心的校长约翰·门德尔松；巴西里约热内卢州银行的前总裁兼首席执行官保罗·佩雷拉；英国前能源部长约翰·韦克姆等业界精英。但安然审计委员会的会议总是十分简短。例如，2001 年 2 月 12 日，安然审计委员会会议的议程仅持续了 85 分钟，却在这短短的时间里讨论了许多重要事项，包括：(1) 安达信审查安然是否遵守公认会计准则及内部控制的报告；(2) 准备金和关联方交易充足性报告；(3) 诉讼风险和或有事项；(4) 关于 2000 年财务报表的报告；(5) 审查审计和合规委员会的报告；(6) 讨论对审计和合规委员会章程的修订；(7) 审查 2001 年内部控制审计计划等重要事项。对于上述大多数会议事项，安然的审计委员会其实是无法就技术性会计问题对审计人员进行检验的，同时也无法对最高管理层陈述的有效性进行检验。

安然公司突然申请破产保护以及此后美国公司连续不断的丑闻，如 2002 年 6 月的世界通信公司会计丑闻事件，彻底打击了美国投资者对美国资本市场的信心。为了改变这一局面，美国国会和政府加速通过了《萨班斯-奥克斯利法案》，该法案也被称为“上市公司会计改革与投资者保护法案”。法案的第一句话就是“遵守证券法律以提高公司披露的准确性和可靠性，从而保护投资者及实现其他目的”。

资料来源：HEALY P M，PALEPU K G. The fall of Enron [J]. Journal of Economic Perspectives，2003，17(2)：3－26.

思考：安然事件仅仅是一起财务造假丑闻吗？公司的董事会及高级管理人员在事件过程中扮演了什么样的角色？如何避免这种情况再次发生？信息披露是公司治理中的一个核心问题，请思考信息披露制度在公司治理中所发挥的作用。

第 2 节　内部控制主导型公司治理模式

内部控制主导型公司治理模式亦称为“关系控制主导型公司治理”、“网络导向型公司治理”及“德日治理模式”。内部控制主导型公司治理模式是根植于德日等国家的法律、文化、政治、经济等环境中的。日本、德国及其他一些欧洲大陆国家虽然也拥有较为发达的股票市场，但企业从股票市场中筹到的资金数量相对较少，主要通过法人及银行进行债务融资，资产负债率较高。在德日企业中，银行、供应商、客户及公司员工都积极地通过公司的董事会及监事会行使监督职能、参与公司治理。在公司治理中起到显著作用的是法人股东、银行以及内部经理人的流动，且控制权市场发挥的作用不强，故称为内部控制主导型公司治理模式。

一、内部控制主导型公司治理模式的起源

本节以德国、日本两国为例介绍内部控制主导型公司治理模式的起源。在德国的公司治理模式中，银行及职工持有公司的大部分股份，日本的公司治理则是法人交叉持股和“债权人相机治理”，两者的公司治理模式都是以内部公司治理模式为主导。

二战之后，德国的经济遭受巨大损失，为了尽快恢复国内经济并赶超欧洲邻国，德国选择银行作为这一任务的执行者。作为融资主体的各大银行并非简单地向企业提供债务支持，而是同时承担了发行股票、认购债券等职能，成为真正意义上的“全能银行”，即不仅具备商业银行的功能，而且同时可以向企业投资，也具备投资银行的功能。作为德国金融体系中心的银行因此成为众多公司的大股东，参与所投资企业的公司治理。

日本的公司治理模式同样有着深刻的历史渊源。二战前，日本企业与财阀的关系就十分紧密。20 世纪初，日本就形成了以家族为中心的三井、三菱、住友、安田四大财阀。四大财阀以家族资本控制的总公司为核心，控制着各经济部门的直系企业和旁系企业，组成庞大的康采恩。二战期间，日本又增加了鲇川、浅野、古河、大仓、中岛、野村等六家新财阀，与四大财阀一起统称为日本十大财阀。二战以后，由于财阀在二战中

担任了日本帝国主义后援的角色，被美军强行解散，财阀所持有的企业股票被出售，流向了日本的银行等金融机构，出现了财阀系的大银行。而在1964年日本为了加入经合组织而开放本国市场时，为了保护本国企业，日本政府又开展了“稳定股东活动”，鼓励大企业之间交叉持股，以便形成一个稳定的整体来应对外国企业的兼并行为。自此，日本出现了法人相互持股的企业集团，法人股份制也成为日本占据主导地位的企业制度，法人股在公司治理中发挥着重要作用。

从文化及价值体系角度来说，德国及日本的文化传统中都带有共同主义的色彩，强调民族的群体意识。以日本为例，日本独特的地理位置特征使得日本民众普遍带有强烈的危机意识，在这种危机感下，日本人产生了对群体的信任与依赖。此外，日本历史上固有的家族制度与儒家思想的结合也共同孕育出了日本民族的归属感及群体意识。

政策环境对公司治理的影响同样是不可忽略的。德日在法律政策上普遍给予金融机构尤其是银行很大的自由度。如德国实行的综合银行或全能银行制度，规定银行可以从事银行与投资两种业务，这与美国、英国等国家将银行与证券市场相分离的做法是截然不同的。全能银行不仅经营银行业务，还经营证券、保险、金融衍生业务以及其他新兴金融业务，有些还能持有非金融企业的股权。全能银行在许多企业中的股权往往超过25%，通过持有股票成为企业的大股东，直接干预企业的经营决策。1948年，日本政府出台《证券交易法》，虽然对银行承销有价证券做出了限制，但不限制银行投资有价证券，这就使得日本的银行可以掌握企业的所有权。在此基础上，日本逐渐形成了主银行制度，即银行不是单纯作为提供资金的金融机构，而是与以其为主银行的企业结成很深的、几乎一体的关系。除此之外，日德两国缺少严格的信息披露制度，这在一定程度上影响了外部投资者的投资积极性。由于无法深入了解公司经营信息，为了避免风险，投资者不会轻易进行投资，公司的直接融资行为也受到影响。

结合德日在二战后急需发展的历史、国家和民族的共同主义思想以及德日在法律政策上对银行等金融机构的支持，德日的企业主要通过法人股东、银行等发挥内部治理作用，产生了内部控制主导型公司治理模式。

二、内部控制主导型公司治理模式的特征

（一）股东大会、董事会和监事会

与英美治理模式下不设监事会而依托独立董事完成监督职能不同，德国及其他一些欧洲大陆国家采取了双层制的董事会制度（彭真明、江华，2003）。双层董事会制度是指在公司内部设立两个董事会，分别是执行董事会（董事会）和监督董事会（监事会）。股东大会直接选举产生监事会，监事会决定执行董事会的人选，同时决定政策目标并行使其监督职能。德国企业的监事会成员由股东代表和员工代表共同组成，其中股东代表包括银行代表及具备专业技能和知识的专家等。这样一套股东大会、董事会及监事会分设的机制能够在一定程度上保证决策者和执行者的相互独立，便于监事会更有效地发挥其监督职能。

日本企业中的董事会和监事会则都通过股东大会选举产生，董事会和监事会两者分

离，彼此没有隶属关系。从某种角度上来说，这也是一种双层制度。日本企业内部治理的独特性主要还是体现在内部治理的商业网络模式上。日本企业的商业网络模式是指多家公司以构成企业集团的方式产生联系，集团内的公司通过交叉持股、互相兼任董事等方式相互联结，形成一个公司网络。这种公司网络的产生反映了日本社会所固有的集体价值观，强调网络内的团结、非对抗关系、终身雇佣及企业联盟（高闯，2019）。在日本公司的董事会中，独立董事的比例往往很低，这与英美治理模式是截然不同的。

（二）交叉持股

正如前文所述，德日公司治理模式下的公司容易形成企业集团，集团中公司之间交叉持股的现象十分普遍，这种交叉持股的现象在日本企业中尤甚。相互持股最早开始于日本的阳和房地产公司事件。1952 年该公司被恶意收购，从而引发了三菱集团内部结构的调整。1953 年，日本《反垄断法》修改后，出于防止公司被从二级市场收购的需要，三菱集团下属子公司开始交叉持股。从此以后，交叉持股在日本作为一种防止被收购的策略而大行其道。20 世纪 50 年代，日本企业还把相互持股作为跟银行保持密切关系以获取资本的一种策略。

相互持股虽然在一定程度上为企业集团化、建立稳定的经营环境做出了贡献，但也带来了一定的弊端：（1）可能会形成表决卡特尔，即形成表决上的串谋行为。当其中一方在另一方的股东大会上采取不合作态度，另一方也会在这一方的股东大会上采取不合作的态度，这就对双方的相互信任造成了损害。为了避免对相互之间长期合作关系的损害，大企业的股东就会谨慎地考虑是否干预所持股公司的经营决策，为了自己的利益不受侵害，股东可能不会严格地行使自己的监督权，这就造成了串谋的现象。（2）当形成集团关系之后，企业之间就形成了一荣俱荣、一损俱损的命运共同体，一家企业的经营决策失误就会影响整个企业集团，增大了企业的经营风险。（3）建立法人相互持股的关系能有效地发挥其虚增资本的作用，但资产的价格膨胀最终会传导至资本市场，形成大量的泡沫。如 20 世纪 80 年代后期，日本多方面的因素导致了货币过量供应，伴随着当时日元升值，流动性泛滥促使日本国内资产价格迅速膨胀。流动性催生了日本股市泡沫，而交叉持股又助推了股市走向泡沫性牛市的巅峰。

（三）银行治理

在德日企业中，银行作为企业的重要融资机制、主要债权人及股东，在公司内部治理机制中扮演重要角色（瞿强、普瑞格，2002）。德国企业倾向于内部主导型公司治理，股东、银行及员工代表都可以对管理层进行监督。日本企业则在战后，以间接金融制度为基础，以集团企业为范围，在银行和企业之间形成了一种长期稳定的交易关系——主银行关系。主银行制度是指公司以一家银行作为自己的主要贷款行并接受其金融信托及财务监控的一种银企结合制度。在主银行制度下，一家企业的全部或大多数金融服务固定地由一家银行提供。与此同时，主银行对企业拥有相机介入治理的权力，甚至可以持有企业的股份，包括有投票权的股份。主银行不仅可以通过向融资公司派遣董事直接参与公司的经营管理，还可以通过各种形式的监督对融资公司进行治理（于潇，2003）。

但这种银行与企业相互持股的主银行制度也在一定程度上排斥了除银行之外的股东

及控制权市场、资本市场、经理人市场等对企业的治理作用。

（四）员工参与治理

德国的公司治理机制还有一个显著的特点，即特别注重员工在公司治理中的参与度。德国曾经发生过多次轰轰烈烈的工人运动，如 1844 年西里西亚纺织工人起义，这场工人运动是德国无产阶级最突出的一次革命斗争。根植于这种社会主义及工人运动遗留精神，德国的员工参与意识不断增强。管理参与作为德国公司法中所规定的一项重要制度，强调公司尤其是大公司的职工可以通过一定的形式参与公司的管理机构，对公司日常经营管理提出意见。实施员工参与的初期，主要是德国煤钢行业中的一些大企业，一般是通过在监事会中给予工人席位来实施员工参与，这一做法后续逐渐普及至德国的其他行业。1951 年，《矿冶共决法》颁布施行，规定职工 1 000 人以上的煤钢工业公司的被雇用人员代表在监事会中有参与决定的权利。1952 年，《企业法》通过，规定拥有职工 500～2 000 人的非煤、钢铁工业公司的被雇用人员代表在企业监事会中有参与决定权。1972 年，该法案经联邦议会重新修订并通过，其适用范围再次得以扩大，公司的职工代表参与决定的权利适用于雇用 5 人以上的所有工业部门公司。

日本企业同样注重员工在公司治理中的参与程度。在日本企业中，经营者的选拔、连任等重要决策都会参考员工的意见。日本企业所倡导的终身雇佣制这种管理实践也反映出了日本企业对员工的重视。终身雇佣制最初是由创立于 1918 年的松下公司提出的。被称作经营之神的松下幸之助认为，“松下员工在达到预定的退休年龄之前，不用担心失业。企业也绝对不会解雇任何一个松下人”。松下开创的终身雇佣这种经营模式被无数企业仿效，终身雇佣制度也为战后的日本经济腾飞做出了巨大贡献。

德日的员工参与治理模式提高了企业决策的民主性，强调股东与员工共同参与、实施对经理层的监督，同时在一定程度上调动了员工的积极性。

三、内部控制主导型公司治理模式的优势及问题

德日公司治理模式主要有如下特点：首先，银行作为企业的债权人兼股东，在公司治理中发挥重要作用。其次，信息披露制度不够成熟，导致信息不对称，减少了企业之间的兼并收购行为。再次，相较于证券市场，企业更倾向于向银行进行融资，企业的资产负债率较高。最后，利益相关者在公司治理中发挥重要作用，因此企业更倾向于满足利益相关者的利益而非仅仅满足股东的利益。依据以上内部控制主导型公司治理模式的特点，可以看出德日公司治理模式的优势。

（一）用手投票

用手投票是指通过公司股东大会、董事会，参与公司的重要决策，对经营者提出的投资、融资、人事、分配等议案进行表决或否决。在德国及日本企业中，最大的股东常常是银行或者企业法人。银行具备企业的债权人及所有者的双重身份。一方面，作为企业的债权人，银行有义务保证其债权的安全性和有效性，因而有动力对融资企业进行监督。另一方面，银行作为企业的大股东，也有着监督公司管理层的责任。而且德日等国

家的银行往往具备悠久的历史、强劲的实力和政府的支持，有能力执行对所持股企业的监督工作。因此，德日等国家的股东大会采取“用手投票”的方式参与企业的决策，而非直接放弃股权，“用脚投票”。

（二）可避免短视行为

在德日公司治理模式下，银行较英美证券市场上分散的投资者而言，更加注重投资的长期收益，很少对其所持有的公司股票进行交易。经理层在接受股东的监督时，需要考虑银行这位大股东的利益，因而会更加注重公司的长远发展。除此之外，日本企业集团这种网络模式在一定程度上决定了企业之间需要相互扶持，共同成长。因此，当某一企业遭遇经营困难时，可以获得来自企业集团中其他企业的帮助，这给企业长远发展创造了有利的商业环境。德国企业中高度的员工参与以及日本文化中所奉行的终身雇佣等制度也使员工与企业得以共同成长，这也有利于企业的长期发展。

（三）交易效率高

在内部控制主导型公司治理模式下，一方面，银行既是企业的债权人又是企业的所有者。作为所有者，银行可以获得大量的关于企业经营的内部信息，这就大大减少了债务融资下的代理成本。另一方面，相互持股造就的企业集团也保证了整个集团内部的团结，企业作为集团的一部分，能与集团的其他企业建立长期稳固的交易关系，这也大大减少了交易成本。同时，银行雄厚的实力及丰富的经验也能帮助所投资企业实现经营效率的改善以及交易效率的提升。

但是日德这种过于强调主银行作用的治理机制也存在一定的问题：

首先，银行深度参与公司治理，可能会抑制其他治理机制尤其是外部治理机制的发展。如公司外部控制权市场几乎不怎么发挥作用，德日公司很少发生被接管的现象。但在成熟的控制权市场中，接管行为可以非常有效地对公司的管理层施压，遏制管理层的腐败现象。同时，由于信息披露制度较弱，外界无法详细了解公司经营决策的制定过程，也无法实施监督，给管理层的违规行为留出了可操作的空间。

其次，法人间的相互持股在一定程度上导致了资本的虚增，违反了资本充实的原则。公司间的相互持股很容易造成资本在形式上的不断增长，实际上却没有任何进账资金，成了一种账面上的游戏，这就造成了股权增值的泡沫。

最后，表决卡特尔造成了股东大会的空壳化，导致股东大会无法发挥其实质职能。公司间的相互持股造成了公司间的相互依赖关系，为了保证自己的利益不受侵害，经营者不再相互监督，而是相互放任，这就导致了股东大会的监督职能仅仅流于表面。

延伸阅读

德意志银行的合并为何流产

德意志银行是德国最大的银行和世界上最主要的金融机构之一，总部设在法兰克福。其股份在德国所有交易所进行买卖，并在巴黎、维也纳、日内瓦、巴斯莱、阿姆斯特丹、伦敦、卢森堡、安特卫普和布鲁塞尔等地挂牌上市。1995 年底，拥有德意志银行股权的股东为 28.6 万名，来自社会各个阶层。截止到 2017 年，德意志银行集团总人数 97 535

人，为约 800 万名顾客提供服务，客户包括世界各国的个人、企业、政府机构、银行和公共机构等。德意志银行拥有资产超过9 960 亿德国马克。

德意志银行的内部治理结构主要由股东大会、监事会、董事会三部分构成。作为一家股份公司，德意志银行设有监事会和股东代表大会来履行监督职能并提出建议。监事会成员包含股东选举产生的代表以及银行内的员工代表。德意志银行的股东代表大会每年度在德国不同城市举行，主要是听取董事会的业务报告，决定利润的分配、资本的变更和董事会的组成。德意志银行由其董事会领导，董事会由 12 个成员组成，12 个成员共同对银行的战略制定及战略实施负责。董事会有责任直接向监事会报告，尤其是需要报告关于已制定战略方针的实施情况及集团的重要业务活动。此外，董事会还需要执行股东代表大会的决议。长久以来，有一点已形成一个传统，就是德意志银行没有董事长或行长，有一个发言人，负责解释董事会的决议。

然而，这样一个久经风雨的世界级金融巨头却在 21 世纪频发亏损、丑闻，极速陨落。德意志银行 2018 年的财报显示，该年德意志银行的净利润为 3.41 亿欧元，这也是该银行在连续四年的净亏损之后首次盈利。但是这个数字却仅仅是德意志银行曾经的老对手摩根大通五个工作日就能赚得的利润。同时，德意志银行能够逃离赤字区，其根本原因是实施的成本缩减计划，而非来自营收的增长。2018 年，德意志银行营收为 253 亿欧元，相比 2017 年的 264 亿欧元缩水了 4.2%。由于担忧德意志银行的健康状况，德国政府向德意志银行施加压力，要求德意志银行与国家支持的德国商业银行进行合并谈判。

2019 年 4 月 25 日，据德国电视一台网站报道，两家银行自 2019 年 3 月中旬就已经宣布就合并问题展开试探性对话，但最终德意志银行与德国商业银行董事会均表示，双方关于合并的谈判已经结束，意味着合并失败，原因是合并“并未提供足够的增加值”。“两个病人合体变不成健康的人，两只野鸡的结合也生不出普鲁士鹰。”这两家德国最大的上市银行之间的合并计划总是会受到一些投资者和利益相关者的反对，两家银行也迟迟无法走出难以恢复营收的困境。

德意志银行与德国商业银行的合并为何流产？是谁在背后阻挠合并进程？

外界舆论一致认为，两家银行的合并并不能从根本上解决问题。因为两家银行的合并并不能带来多少协同效应。德国商业银行本就薄弱的投资业务根本无法扭转或重振德意志银行在美国和亚洲的投资银行业务，唯一能给德意志银行带来优势的，只有德国本土的个人银行业务和企业银行业务。

信奉自由市场经济的德国舆论界和学术界同样不看好德国政府的介入行为。由于德国政府此前在金融危机时曾经出手拯救过德国商业银行，并作为最大股东一直持有德国商业银行 15%的股份，倘若合并最终成功，德国财政部也将以约 5%的股份摇身一变成为新德意志银行的大股东之一。这无疑是个危险的信号：一方面，政府以行政力量介入了金融市场，人为地压低了新德意志银行的融资成本；另一方面，政府既扮演了市场管理者，又以大股东的身份扮演了市场参与者。

据德媒报道，从 2019 年年初就开始盛传的合并计划之所以直到 3 月 17 日才有实质进展，也有泽温（德意志银行 CEO）一直以来都顾忌工会以及监事会中职工监事的缘故。德意志银行监事会成员斯祖卡斯基认为：“德意志银行和德国商业银行现在谈合并是个重大错误，两家银行都有足够多的麻烦需要先解决。只有在确保工作岗位不变的情况下，工会才会支持合并。”工会组织的代表杜斯克与斯祖卡斯基均在合并动议提交监事会审批时投出反对票，在两者的表率下，27 人的德意志银行监事会中占据 13 席的职工监事纷纷表态反对合并。4 月 9 日起的每个周二，工人们也开始进行罢工，从多特蒙德到汉堡的德国各大城市的德国商业银行门店轮流以关门来表达自己的态度。

德意志银行的大股东们对德国商业银行的合并也持反对意见，包括以卡塔尔王室和博龙资本为代表的大股东强烈反对合并。德意志银行的卡塔尔股东们担心，如果德意志银行为完成交易被迫通过发行股票募集资金，他们的持股比例将会被摊薄。因此，在支持德意志银行完成交易之前，卡塔尔方面希望通过谈判让德意志银行做出一些让步。

2018—2019 年一年之内，德意志银行在法兰克福证交所的股价已经从每股 11.5 欧元跌至每股 7.5 欧元。而在金融危机之前，德意志银行的股价为 112 欧元/股。金融危机已经过去十多年，华尔街银行如摩根大通早已恢复昔日繁荣，而德意志银行却依旧停滞不前。

资料来源：欧洲超级银行胎死腹中：德意志银行与德国商业银行合并流产［OL］. https://www.sohu.com/a/310486821_313745.

思考：德意志银行为何不能与德国商业银行进行合并？这其中来自公司治理的阻力是什么？工人阶层一直是德国公司治理中的重要角色，员工参与公司治理是否合理？

第 3 节　家族控制主导型公司治理模式

家族控制主导型公司治理模式又称“东亚及东南亚家族治理模式”“股东决定直接主导型模式”。东亚的韩国、中国香港地区及东南亚的新加坡、泰国、马来西亚、印度尼西亚等地，在 20 世纪末实现了从农业到工业的巨大转变，这些东方经济体不同寻常的增长速度也被称为亚洲奇迹。而这种经济的高速发展多半是家族企业所贡献的。家族控制主导型公司治理是指某一或若干家族占有公司的相当一部分股份并控制公司董事会，家族成为公司决策系统中的主要影响力量或实际控制人。在家族控制主导型公司治理模式下，公司的所有权和经营权并没有分离，这在一定程度上避免了代理问题。但家族控制主导型公司治理模式同样有着自己的弊端，在这种模式下存在着因亲缘而生的不确定性。

一、家族控制主导型公司治理模式的起源

家族控制主导型公司治理模式同样是一种内部治理模式，但不同于德日的银行、企业法人参与治理，在家族治理模式下，发挥治理作用的主要是家族成员们。家族企业和家族治理模式产生的背后同样有着深刻的历史背景。如韩国在朝鲜战争后接手了来自日本的许多企业，而东南亚等国的家族企业则很多是移居东南亚各国的华人创办的。接下来分别对韩国及东南亚的家族企业发展历程进行介绍。

在韩国，有许多由家族控制的大型财阀，即大型企业集团，如三星、乐天、现代等。韩国的大型财阀其实是背靠着韩国政府的力量才得以快速发展起来的。在朝鲜战争之后，许多被没收的日本统治时期的公营企业以及日本人的私人企业被政府出售，韩国的许多私人企业家接手了这些被出售的企业，这也是许多韩国家族企业的雏形。20 世纪六七十年代，韩国政府为了振兴国家经济，对家族企业提供了大量的政府补贴以及财政政策的支持。虽然在 80 年代后期，韩国政府为了保证经济的稳定运行，防止家族财阀权势过大而出台了一系列管制措施，但总体而言，许多韩国家族企业还是在这一时期取得了长足的发展、积累了较大的体量。

东南亚各国的家族企业大部分是华人家族企业，这些家族企业基本诞生于西方列强对东南亚的殖民时期。在这一殖民时期中，许多中国南方地区的华人闯南洋，进入东南亚邻国。作为外来民族，华人在东南亚处在一种长期受到歧视与排斥的特殊社会环境中。在这种险恶的社会环境及极大的生存压力之下，许多华人白手起家，希望通过金钱来提升自己的社会地位与生活质量，因此产生了大量的家族企业。在二战结束，东南亚各国纷纷独立之后，许多华人家族企业通过收购兼并、参股等形式接手了殖民地时期遗留的西方资本所控制的行业与企业，华人家族企业因此得以迅速发展。同时，许多华人家族企业赶上了国家独立后复苏经济的浪潮，成为富甲一方的大企业。东南亚家族企业的成员控制了家族企业的多数股权，家族企业的经营控制权也掌握在家族成员手中。

抛开历史背景，儒家文化在东亚及东南亚地区的传播也为家族企业治理模式的形成营造了文化环境。自秦汉以来，中国传统文化就被引入朝鲜、日本、越南等邻国，形成以中国文化为中心的文化圈。朝鲜和越南都尊奉孔子，建有文庙，并定期举办大典进行祭祀。儒家的整体主义以家族为依托，重视家族亲缘、人情关系，推崇“家和”“和为贵”等思想观念，这种儒家思想在潜移默化中对企业的治理模式产生影响，使得企业带有浓重的家族色彩，具备家长型领导、大家长制等治理特点。

20 世纪八九十年代之后，韩国以及东南亚的家族企业纷纷走上多元化的道路，企业进入了成熟的发展阶段，家族为了企业的发展也在不断地从家族外部引进具备丰富知识与技能的优秀管理人才，但总体而言，家族企业的所有权及管理权仍牢牢掌握在家族手中。

二、家族控制主导型公司治理模式的特征

（一）所有权与控制权

对东亚及东南亚的家族企业而言，所有权并非掌握在分散的投资者手中，也不掌握在银行、法人手中，而是掌握在家族手中，同时，家族也对企业进行日常的经营管理，拥有企业的控制权。

东亚及东南亚的家族企业主要通过以下几种方式来掌握企业的所有权或者股权：（1）企业创始人单独或者共同拥有公司的所有权，创始人退出公司后，公司继续由创始人的子女、第三代或者其他家族成员共同拥有。（2）企业是由家族成员与家族外创业者共同创立的，但由家族成员或者家族企业控股，当企业股权传至第二代或者第三代时，就形成

了家族成员联合控股的情况。(3) 企业由于社会化或者公开化等原因公开上市，其股份或者产权是多元化的，但所有权仍掌握在家族成员手中（李维安、武立冬，2002)。

交叉持股机制使得韩国的家族能以不到 10%的股份控制整个大规模的企业集团。韩国企业的所有权集中度相对于东南亚等国的华人企业并不高，前 30 大财阀的所有权集中度平均只有 10%左右，其中，通过至少 40%的股份控制一家财阀的占比不到 4%，通过至少 30%的股份控制一家财阀的占比不到 30%；相反，有 67%的大财阀被所持有股份不超过 10%的家族控制（刘洪钟、曲文轶，2003)。韩国家族企业的控股家族虽然个人持股量很小，但通过股权金字塔和横向持股等方式，能够掌握 30%～40%的公司股份，从而完全控制企业。东南亚等国的家族企业控制者主要通过金字塔式的企业集团组织结构来实现对集团中众多企业的控制。金字塔式的企业集团组织结构是指位居顶层的控制者通过层层持股的方式，以较小比例的股权投资获得对底层公司的控制权，这种金字塔式结构大大提高了家族对企业的控制力。

在家族企业中，家族不仅拥有企业的所有权，同时拥有企业的经营管理权，形成了“两权合一”，在一定程度上了减少了所有者和经营者之间的代理问题以及监督成本。在东亚及东南亚的家族企业中，企业的经营管理权一般由有血缘关系的家族成员共同拥有或者由有血缘关系和有亲缘、姻缘关系的家族成员共同拥有。

（二）家长决策制

由家族控制的企业中通常会有一位德高望重的大家长，大家长可以是家族企业的创始人或者拥有家族企业最高经营权的家族成员。在韩国企业中，涉及公司经营管理的重大决策主要依赖家族企业或者家族财团的董事长一人做出决定，或者与家族成员、公司负责人、财团企划部等交流后做出决策。在东南亚家族企业中，企业的重大决策如创办新企业、开拓新业务、人事任免、决定企业的接班人等都是由家族中的家长一人做出。无论家族家长是否还担任公司经营管理第一线的职务，家族其他成员做出的决策都必须先向家族家长汇报并请求家族家长的肯定与支持。东南亚的家族企业初创之时，创始人就天然成为家族企业的第一任大家长，随着企业的不断发展，家族企业的大家长位置也不断地向家族中的下一代传承。当家族企业的领导权传递给第二代或第三代后，前一代家长的决策权威也会同时赋予第二代或第三代接班人。对第二代或者第三代家族大家长做出的决策，前一辈或者同一辈的其他家族成员一般也必须服从或遵从。但与前一辈的家族家长相比，第二代或第三代家族家长的绝对决策权威已有所降低，这也是家族企业在第二代或第三代出现矛盾和冲突的根源所在。

（三）双重激励与约束

作为家族的一分子，家族企业的经营者的行为受到了来自家族利益和亲情的双重激励与约束。一方面，对于家族企业的创始人而言，改善家族的生存环境和社会地位，为家族积累原始资本是其辛勤创业的原始动力。对于家族企业的继承者而言，将父辈留下来的家族产业发扬光大，维护家族的利益是他们奋斗的目标。同时，保证家族产业的稳定也是家族成员之间的润滑剂。在这种家族利益与亲情的双重激励与约束下，担任公司管理者的家族成员会较少做出个人主义倾向行为，较少产生破坏家族利益的行为。另一方面，这种双重的激励与约束机制也使得担任公司管理者的家族成员面临更大的经营压力与风险，这种压力和风险可能会给企业带来致命的影响。

（四）政府关系及外部监督

东亚及东南亚的家族企业常常与政府保持着良好的关系，这是因为家族企业的发展在很大程度上受到来自政府政策的约束。当家族企业的经营活动符合国家政治、经济、法律等方面的现实形势并积极响应政府号召，政府往往会在税收、融资等方面给予一定的优惠和扶持。许多家族企业通过家族成员在政府中任职、安排退休官员在企业任职等方式来维持与当地政府的关系并获得政府的帮助。

东亚及东南亚的家族企业受到的来自外部如银行的监督也是非常弱的。这是因为，韩国的银行是受政府管控的，对于银行而言，银行只是国家用来为企业发放贷款的一种服务性工具，对于那些符合国家的经济政策和法律法规的家族企业，国家会通过银行为企业提供大量的优惠贷款，银行对企业的约束作用非常小。在东南亚，许多家族企业也涉足金融业、银行业，银行作为家族的产业之一服从家族的整体利益，因而银行对家族其他企业的监督作用可以忽略不计。对于未涉足银行业的家族企业来说，家族企业可以利用其下属的系列企业，以相互担保的方式向银行取得融资，这也在一定程度上减小了银行这一外部约束的力度。

三、家族控制主导型公司治理模式的优势及问题

韩国及东南亚各国的家族控制主导型公司治理模式具有其独特的特点，即所有权与控制权“合二为一”，这大大提高了企业内部治理的效率：

首先是家族与企业相结合的特性使得家族的特点体现在企业各方面，家族成员将家族企业视为家族的共有财产，家族企业因而具备强大的凝聚力和影响力。同时，家族企业深深地受到家族内因亲缘而产生的情感、伦理道德等的影响，促使家族企业同家族一起不断延续，保持着较高的稳定性。

其次是所有权和控制权“两权合一”使得家族企业中因所有权和经营权分离而产生的代理问题在一定程度上减少，节约了大量的监督成本。同为经营管理人员的家族成员作为家族的一分子，彼此之间相互了解，在进行管理时能够节约因无效沟通等问题而产生的时间、资源等成本。泛家族化的信任也使得家族成员相互之间是值得信任与托付的对象，降低了管理中可能出现的道德风险与机会主义行为。同时，家长决策制中大家长的存在在很大程度上提高了决策的效率，避免了决策时因人员沟通、协调等而产生的效率低下问题，决策过程变得迅速且有效。

然而，这种强烈的家族观念也带来了一定的隐患。

（一）任人唯亲

家族企业可能会为了保证公司的控制权不落于旁人之手而任人唯亲，这会导致家族企业的经营管理人员不具备与企业实力相匹配的管理知识及技能，从而造成企业业绩的下滑。任人唯亲造成了企业人力资本上的不足，使得家族企业的技术及管理水平较外部

经理人市场发达的英美等国的企业相对落后。

（二）继承的风险

继承是家族企业的一个关键节点，为了平稳度过换代阶段，将控制权顺利地交至下一代的手中，家族企业的传承人和继承人都需要进行大量的准备工作。很多传承人在自己年龄和职业生涯的黄金时期就开始为家族企业领导权的交接进行筹划。新加坡的百年家族企业杨协成控股公司，就因传承失败而解体。20 世纪 50 年代，家族的第二任家长杨天恩将杨协成酱油厂的资产平均分成七份，五兄弟和孙子杨至明、杨至杰各得一份，但这次分家却为家族企业的解体埋下伏笔。在杨天恩离世之后，其子杨至耀担任了董事会主席，但家族内部开始出现诸多分歧，杨氏其他家族成员尤其是杨至耀叔叔辈的成员，干涉家族企业的管理，大大增加了决策执行的难度，最终，杨至耀向法庭申请解散杨协成控股公司。

（三）融资困难

家族企业社会化程度较低，融资渠道较少。在家族企业创业的初期，很多家族企业的原始资金来自家族财富的积累。但当公司迅猛发展之后，公司所需的大量资金只能通过银行借款等方式获得，使得家族企业背负较高的资产负债率，这无疑是非常危险的。

延伸阅读

当当网的未来

当当网是知名的综合性网上购物商城。从 1999 年 11 月正式开通至今，当当网已从早期的网上卖书拓展到线上售卖各品类百货，包括图书音像、美妆、家居、母婴、服装和 3C 数码等几十个大类，数百万种商品。

1996 年，李国庆和俞渝邂逅，在纽约结婚，这也是当当网的起点。李国庆和俞渝说服了 IDG（美国国际数据集团）、LCHG（卢森堡剑桥集团）共同投资，凭借发达国家现代图书市场的运作模式和成熟的管理经验，结合世界最先进的计算机技术和网络技术，推动了中国图书市场的“可供书目”信息事业和“网上书店”的门户建设。当当网由此诞生，成为中国最大的图书资讯集成商和供应商。

当当网在 2003 年就已经实现盈利，年销售额达到 8 000 万元，俞渝又主导了当当网 2003 年、2006 年先后两轮大规模的融资。2010 年底，当当网创业十年之后，在俞渝的奔走下，当当网成功在纳斯达克上市，占据了中国网购市场 40%的份额。

但好景不长，2011 年，李国庆与俞渝在微博对骂，导致当当网的股价暴跌近九成。加上多家电商都在野蛮生长，对当当网发动了疯狂阻击，加入价格战的当当网开始亏损，股价跌破发行价，之后再也没能恢复盛况。

从 2004 年到 2014 年这 10 年间，当当网不仅发展不尽如人意，还错过了很多次“上岸”的机会，亚马逊、百度、腾讯都曾对当当网抛出橄榄枝，准备收购或入股当当网。而当每次俞渝准备拥抱变化、愉快接受合作时，都因持股比例、交易价格或理念问题遭到李国庆的否决。

为了挽回资本败局，2016 年当当网从美国退市，完成私有化，此时当当网的市场份额已经跌到了1.3%。李国庆和俞渝的持股比例变成了五五开。后来双方根据俞渝的建议，各自将自己的一半股权交给儿子，并由俞渝代持儿子手上的所有股权，最后俞渝持股64.2%，李国庆持股27.51%。

在《进击的梦想家》节目中，已经从当当网高层隐退近4年的李国庆摔杯一怒为俞渝，声称俞渝使用阴谋把他赶出了当当网。

2020年4月26日，当当网创始人李国庆带领数人闯入公司，抢夺公司公章、财务章等47枚，并在公司张贴《告当当网全体员工书》。告员工书指出，李国庆全面接管公司，负责公司的经营管理。俞渝不再担任公司执行董事、法定代表人及总经理。俞渝无权在公司行使任何职权，无权向员工发出任何指示，无权代表公司对外做出任何意思表示或者行为。

随后，当当网发布声明称，4月26日早间，李国庆伙同5人，闯入当当网办公区，抢走几十枚公章、财务章，公司已经报警。当当网以及关联公司公章、财务章失控期间，任何人使用该公章、财务章签订的任何合同、协议以及具有合同性质的文件或其他任何书面文件，公司将不予承认。公章、财务章即日作废。

26日18时左右，当当网召开电话会议，向媒体通报有关情况。当当网副总裁阚敏表示，公司目前掌握在俞渝手中。李国庆称接管当当网是私自越权，是违法的。李国庆的临时股东会会议是单方面的，告全体员工书的内容亦不属实。

抢公章这一事件将李国庆和俞渝夫妻双方的矛盾与冲突再度推向高潮。对比正在快速发展的京东及淘宝，当当网似乎已经深陷泥潭。

资料来源：当当上演夺权大戏：创始人李国庆“抢公章”要全面接管公司 当当回应“已报警”[OL]. https://baijiahao. baidu. com/s?id=1665022566303714106&wfr=spider&for=pc.

思考： 内部治理是公司治理的重要机制，当当网的内部治理出现了什么问题？在家族企业治理中，家族利益及亲缘关系是一把双刃剑，家族企业应当如何实现长远发展？

第4节 前沿研究——公司治理模式的趋同

20世纪80年代以前，美国经济实现了高度现代化。现代企业组织和跨国公司在美国迅速崛起，成为引领经济增长的重要组成部分。英美公司的外部控制主导型公司治理模式则作为引导英美公司快速发展的机制在世界范围内得到认可。20世纪80年代，日本及德国企业迅速崛起并日趋强大，企业的国际竞争力极速增强，日本及德国所取得的经济成就使得内部控制主导型公司治理模式引起了世界各国企业的关注和借鉴。但在20世纪90年代之后，德日内部控制主导型公司治理模式下的公司相继曝出了关联交易、内幕交易等一些侵害公司所有者利益的事件，尤其是1997—1998年席卷亚洲的金融危机，充分地将德日公司治理模式下信息披露不充分、控股股东侵犯中小投资者利益、董事会缺乏诚信和问责机制等治理模式的内在缺陷展露于世人眼前，德日的内部控制主导型治理模式也因此被英美治理模式所赶超。自步入 21 世纪以来，英美的外部治理模式也频频遭遇挑战，如安然与安达信的财务丑闻、世界通信的造假案等。在家族治理模式下，所有权过度集中于家族内，导致了信息披露的不充分、决策机制不完善及较低的融资能力等问题。随着产品市场、金融市场的全球化，上述所探讨的治理模式都面临着继续完善和发展的必要，正如经合组织（OECD）报告所述，以某种方式为主的公司治理模式并不是十全十美的，想要有效保护股东的权益，实现公司价值的最大化，需要综合各治理模式的优点，取长补短。目前的公司治理模式正逐渐趋同。

一、治理模式趋同的表现

（一）相对控股模式的出现

在英美等国的外部控制主导型公司治理模式下，企业股权较为分散，许多传统的机构投资者在公司经营不善等情况下，常常“用脚投票”，通过抛售公司股票来表达对代理人的不满。但随着投资基金、养老基金和保险基金等机构投资者持有的公司股份增多，机构投资者在拥有大量股票的情况下一时难以找到买进大额股份的买主，同时，抛售股票会引起股价的下跌，这也会使机构投资者蒙受损失。在这种情况下，机构投资者不得不参与公司治理，对管理层进行监督以保护自己的权益。

除此之外，“关系投资”有利于提高投资组合的价值这一发现也促使机构投资者更积极地参与公司治理。“关系投资”是指以信任为基础建立起来的外部治理机制。由于外部市场并不完善，交易双方所拥有的信息不对称致使市场交易被机会主义等问题所阻碍，为了降低交易成本，企业倾向于选择已经建立起信任关系的伙伴进行交易。因此，机构投资者为了保证自身利益不受侵害，会积极地监督公司管理层，从“用脚投票”发展为“用手投票”。另外，企业也通过努力建设并维护与大股东如机构投资者的关系来维护公司在资本市场上的声誉。所有者和经营者双方的合作治理不仅有利于公司的长远发展，同时也增强了机构投资者的信心，促进了长期投资。

与英美相反，德日的机构投资者的持股比例普遍较高，且大部分机构投资者为银行。机构投资者的交叉持股由于可能的串谋行为、资本虚增的风险等受到了诸多的批评。因此，德日公司的银行持股比例正不断下降，交叉持股在不断被稀释。

基于英美机构投资者加强投资及德日机构投资者交叉持股被稀释的现象，高度分散与高度集中的股权模式纷纷向中间靠拢，逐渐形成了相对控股模式。相对控股是指那些出资额或者持有的股份比例虽然不足 50%，但依其出资额或者持有的股份所享有的表决权已足以对股东会或股东大会的决议产生重大影响的股东对公司所实施的控制力。相对控股模式下股东的监督行为是较为有效的，这是因为：（1）第一大控股股东的股权比重大，控制权明确，因此有动力关注公司所面临的问题并及时做出反应。（2）由于几大股东的持股比例较为接近，均承担了巨大的投资风险，所以会为了保护自身权益而积极参与公司治理，这样就避免了“搭便车”的现象。（3）多位大股东的存在不仅缓解了一股独大下的过度监督现象，也抑制了内部人控制现象的出现。总的来说，相对控股模式可以有效地监督代理人，使其为所有者的利益工作，实现股东利益的最大化。

（二）利益相关者受到重视

利益相关者理论在 20 世纪 80 年代迅速壮大，影响了公司的治理模式，促使权力向职工、债权人、供应商、顾客和社区等关键的利益相关者转移。英美等国主要通过立法的形式来保护利益相关者，如通过了一些环境保护法令来保护社区的生态环境，出台了《反海外腐败法》来管制国外的非法交易及犯罪活动。德日等国则一直有维护利益相关者如职工的传统，德国的职工参与制度就是关注利益相关者的一大体现。

二、治理模式趋同的推动力

（一）市场全球化

20 世纪 90 年代之后，经济全球化的步伐大大加快，资本和商品在全球范围内流动，这对企业来说，既是一个机遇，也是一个挑战。市场全球化所带来的丰厚收益与强大的竞争压力促使企业深刻反思公司治理的不足，促进公司治理模式在竞争中与企业共同发展。

一方面，产品市场的全球化使得企业面临着更为严峻的竞争环境，在较大的创造利润的压力之下，企业必须从方方面面审查改进，包括公司治理。企业需要通过改进与职工等利益相关者的合作方式等来获得更高的生产和经营效率。另一方面，金融市场的全球化为许多养老基金和专业共同基金提供了更为广阔的投资空间。国际权益资本市场扩大了投资者的投资范围，在降低资本成本的同时减少了股价波动的风险。为了满足投资者和金融工具发行者在国际权益资本市场运作的需求，需要有一套国际通用的价值标准和规范来约束市场上的行为，这就催生了不同公司治理模式的趋同。

（二）公司相关法律法规的趋同

市场的全球化使得大公司可以在世界范围内配置资源，越来越多的大公司对制度环境的选择则造就了各国制度与规则的趋同。英美等国已经开始重视银行作为股东持股的作用，美国商业银行体系的主要变化趋势就是允许商业银行通过银行所持股公司去收购其他企业的股票，参与公司治理，以银行的资源和能力对参股公司发挥监督作用。德日则在不断地提高公司信息的透明度，努力实现股票交易的自由化。日本于 20 世纪 80 年代进行了轰轰烈烈的金融体制改革，被称为“金融体制的大爆炸”。这次改革的主要目的之一就是实现从金融行政保护到市场机制的转变。通过金融大爆炸改革，日本废除了金融行政和金融行政对金融机构的过度保护，解除了各种管制，降低了金融交易中的交易成本，提高了金融市场的活力。

（三）公司治理理念的发展

经合组织（OECD）是由市场经济国家组成的政府间国际经济组织，旨在共同应对全球化带来的经济、社会和政府治理等方面的挑战。在应对全球化的过程中，经合组织也不仅仅聚焦于成员国范围内的经济问题，而是寻求跨越国界的经济、社会和环境问题的解决方案。为了改善各国的公司治理结构，经合组织于 1999 年发布了《公司治理准则》，准则自发布以来就致力于为各国的政策制定者、投资者、企业等提供一个国际性的公司治理基准。自 2002 年起，《公司治理准则》进一步修订，经合组织的公司治理指导团队广泛地采纳了不同利益团体如商业部门、投资者、市民联合体、社会组织、政策制定者等的意见，同时吸收了许多非 OECD 国家的公司治理经验，这使得准则在不同的经济、法律及文化环境中具有普适性。《公司治理准则》在国际社会上的广泛适用为全球化中的国际交往提供了一套行之有效的标准，也在一定程度上推动了不同类型公司治理模式的趋同化发展。

公司治理理念正不断趋同，但其演变过程并不是一帆风顺的。田冠军（2009）认为公司治理国际趋同的趋势是长期的、缓慢的、渐进的，呈“波浪式前进”，甚至可能出现反复。这主要是由于客观存在着很多阻碍趋同的因素，包括不同的民族和文化背景、不同法系在公司法理念上的分野、政府对经济的法律管制、制度演进的情景依赖和路径依赖、新制度的适应性等。

延伸阅读

《反海外腐败法》也叫《反海外贿赂法》，简称 FCPA（Foreign Corrupt Practices Act），该法于 1977 年制定，其间经过 1988 年、1994 年、1998 年三次修改。该法旨在限制美国公司利用个人贿赂国外政府官员的行为，并对在美国上市公司的财会制度做出了相关规定。

美国司法部网站披露的资料显示，1977 年，证券交易委员会在一份报告中披露，400 多家公司在海外存在非法的或有问题的交易。这些公司承认曾经向外国政府官员、政客和政治团体支付了高达 30 亿美元的巨款。款项用途从行贿高官以达成非法目的到支付以保证基本办公的所谓“方便费用”不一。这种严重情况引起美国民众的担心。同年，美国国会以绝对优势通过 FCPA，旨在遏止对外国官僚行贿，重建公众对美国商业系统的信心。

世界各国之所以形成了不同的治理模式，和不同地区的经济发展历史有着密切的联系。为了更加深入地了解不同治理模式的产生背景，可以翻阅相关书籍，以下为读者推荐几本相关书目：

- 高德步，王钰．世界经济史 [M]．北京：中国人民大学出版社，2011.
- 萧国亮，隋福民．世界经济史 [M]．北京：北京大学出版社，2007.
- 王斯德，李宏图．世界通史 [M]．2 版．上海：华东师范大学出版社，2009.
- 国家体改委经济体制与管理研究．中日企业比较：环境・制度・经营 [M]．北京：中国社会科学出版社，1995.

本章小结

各国不同的历史、文化、社会环境孕育出了不同的公司治理模式。目前较为典型的公司治理模式分别是以英美等国为代表，在发达的资本市场中所形成的外部控制主导型公司治理模式；以日德等国为代表，在以法人、银行为核心的融资体制中所形成的内部控制主导型公司治理模式；以韩国和东南亚等国及中国香港地区为代表，家族在公司中起到主导作用的家族控制主导型公司治理模式。

在外部控制主导型公司治理模式下，外部市场在公司治理中扮演重要角色。英美企业的资本较多地来源于股权融资市场，呈现出了股权比重大且股权分散化的特点。由于分散的股东无法对公司进行有效监督，环境中成熟的经理人市场、公司控制权市场等外部市场便发挥了治理的作用。这种治理模式下的企业往往具有强大的创新能力和竞争力，这是因为股票高度的流动性提升了整个市场的资源配置效率，成熟的公司控制权市场为企业的快速扩张提供了资源。但“强管理者，弱所有者”的现象以及金融市场的短视行为也给公司的可持续发展造成了阻碍。

在内部控制主导型公司治理模式下，公司治理中起到显著作用的是法人股东、银行以及内部经理人员的流动。在日德企业中，企业的融资来源多是银行或者交叉持股的企业集团，银行及法人大股东往往能介入公司治理并参与公司的经营管理。除此之外，内部控制主导型公司治理模式还很强调员工参与治理，提高了企业决策的民主性。在这种内部控制的情况下，股东对参与企业决策有着很强的动机，更加注重公司的长远发展。企业集团的组织形式也大大减少了交易费用，提高了经营效率。然而，缺少外部市场的监督、相互持股下的资本虚增以及股东大会的空壳化等问题为公司发展埋下了隐患。

在家族控制主导型公司治理模式下，家族掌握了企业决策中的实际控制权，公司的所有权和经营权并没有分离，产生了“两权合一”的现象。由家族控制的企业中，最重要的角色便是身为创始人或拥有企业最高经营权的大家长。对于家族企业的经营者来说，来自企业发展与家族利益的双重激励与约束为他们带来了较职业经理人更大的经营压力和风险。为了企业的发展，家族企业往往与政府保持着良好的交互关系。家族企业的两权合一特征有效地缓解了因所有权和经营权分离而产生的代理问题，但同时也存在因亲缘关系不确定性而产生的治理风险。

这三种治理模式各有自己的特点及优缺点，但随着经济的全球化，不同的治理模式之间开始趋同。英美高度分散的股权和日德高度集中的股权纷纷向中间靠拢，形成了相对控股模式。

复习思考题

1. 外部控制主导型公司治理模式的产生背景、特点及优缺点。
2. 内部控制主导型公司治理模式的产生背景、特点及优缺点。
3. 家族控制主导型公司治理模式的产生背景、特点及优缺点。
4. 三种主要公司治理模式的异同与相互完善。
5. 公司治理模式演变的背景及演变的趋势。

案例分析与讨论

东芝财务造假案

东芝（TOSHIBA）是日本最大的半导体制造商，亦是第二大综合电机制造商，隶属于三井集团。东芝原名东京芝浦电气株式会社，1939 年由株式会社芝浦制作所和东京电气株式会社合并而成；从 1875 年开创至今，已经走过了 140 多年的漫长历程。20 世纪 80 年代以来，东芝从一个以家用电器、重型电机为主体的企业，转变为包括通信、电子在内的综合电子电器企业。进入 90 年代，东芝在数字技术、移动通信技术和网络技术等领域取得了飞速发展，成功从家电行业的巨人转变为 IT 行业的先锋。

东芝作为日本最为知名的电子品牌之一，一直是日本努力推崇的规范公司行为的典范，同时也是公司治理的经典案例。但 2015 年 4 月，东芝因被曝财务造假在日本社会引起了不小的震动，多名高管辞职并遭投资人追责，还有可能接受司法调查。作为拥有百年历史的老牌企业，东芝所暴露出来的问题，揭露了日本企业界公司治理的弊端，在世界范围内引起了广泛的讨论。

2015 年 4 月，东芝被日本媒体曝出为夸大业绩发生财务报表造假事件。随后，以东京高等检察院前检察长及律师、会计师组成的第三方调查小组成立。该小组查阅了东芝 2008—2014 年间的财务平衡报表，发现公司通过虚报企业利润、延迟记载营业损失等手法，大量掩盖企业损失。东芝从 2008 年到 2014 年底，虚报了 2 248 亿日元（约 120 亿元人民币）的税前利润。

7 年财务造假

据东芝 2008 财年报告，当年金融危机席卷全球，市场对东芝自动化应用和半导体产品的需求降低，东芝的业绩急剧下滑。也正是这一年，东芝开始了财务造假。

当时的东芝社长是 2005 年上任的西田厚聪。据东芝 2005 财年报告，仅仅在一年的时间里，西田厚聪便交出了十分漂亮的成绩：营业收入增长 9%，净利润增长 70%。

其上任后的前三个财年，公司业绩保持增长。在第三个财年（2007 财年），东芝的业绩达到了近十年来最好的成绩，实现营业收入 7.2 兆日元，净利润 1 270 亿日元。

2008 年的金融危机打破了东芝的增长势头。当年，日本的电子公司几乎全军覆没，大量国际化的日本电子企业如索尼、松下和夏普等纷纷出现亏损。西田厚聪上任后的第四个财年，东芝的利润已经走向下降，并在金融危机爆发的 2008 财年出现业绩亏损。

正是在这样的背景下，西田厚聪开始进行财务造假。据对东芝财务造假进行调查的第三方委员会报告，2008 年 7 月的季度报告会及 8 月的社长每月例会中，针对 PC 的 2008 年上半年的营业利润预测，西田厚聪以“Challenge”（挑战）为名，要求另加 50 亿日元，并通过会计处理手段增加表面上的利润。

2009 年 5 月，即东芝 2008 财年报告发布后不久，西田厚聪便将社长之职转交给了技术出身的佐佐木则夫，而当时佐佐木则夫是临危受命，最大的任务便是将东芝扭亏为盈，修复东芝的资产负债表，并提出了 2012 年全球销售额达到 8 兆日元的目标。

佐佐木则夫是技术人员出身，在东芝有着数十年的电力业务方面经验。上任后，东芝的财务逐渐得到改善，并在 2010 年实现了盈利。财报称，东芝业绩逐渐恢复是通过降低固定成本和采购成本，以及受益于各国市场经济的逐渐恢复实现的。

不过，第三方委员会调查报告显示，佐佐木则夫并没有终止前任社长西田厚聪所开始的财务造假的不当行为。在 2009—2013 年佐佐木则夫担任社长期间，正是东芝财务造假金额最大的几年，其中在 2011 年、2012 年虚报的税前利润分别达到 312 亿日元、858

亿日元。

2013年5月佐佐木则夫卸任，副社长田中久雄接任。当时，东芝的生活方式业务只有百万余日元的营业利润，重振家电业务成为田中久雄的重任。然而，中韩家电企业更精确的成本控制和创新的营销手段、日元升值导致出口优势下降等因素，使得日本电子企业在市场上逐渐失去了竞争力。2012财年东芝生活方式业务（含电视、PC与白色家电等业务）亏损1 300亿日元。2013年3月，东芝将其旗下家电业务主体，东芝生活电器株式会社（TLSC）80.1%的股份转让给了美的集团。

田中久雄在任期内并未能如外界所期待的那样重振家电、PC业务，而在业绩压力下做出了与前两任社长同样的选择：财务造假。据第三方委员会调查，在田中久雄涉及的多个订单中，没有批准工程损失准备金或只批准部分金额，以此推迟计入损失。

直到2015年，长达7年之久的造假在东芝内部人员的举报下东窗事发。7月，西田厚聪（时任顾问）、佐佐木则夫（时任副会长）、田中久雄（时任社长）集体辞职。

利润至上主义

2015年对东芝财务造假进行调查的第三方委员会认为，东芝之所以发生如此严重的财务造假，存在包括当期利润至上主义及目标必达的压力、无法违抗上司要求的企业氛围、经营高层干预在内的有组织性干预等诸多因素。

根据第三方委员会调查，为了改善业绩，在社长每月例会等会议中，社长对各事业部负责人提出称为“Challenge”的收益改善目标，并强烈要求各事业部负责人达成目标，各事业部负责人承受着必达目标的巨大压力。

而社长所提出的“Challenge”，大多不是基于长期利润目标等情况设定的，只是站在将当期或当季度利润最大化的角度（当期利润至上主义）设定的目标值。

在这样的经营方针下，各事业部为了达成“Challenge”，无法根据当期期末的经营业绩进行会计处理，便只好通过预先计入实际上属于下一期的利润，或将当期的损失和费用推迟到下一期及以后等违规的会计处理方式，以此增加表面上的当期利润。

结果导致违规处理的情况如同滚雪球一般越来越大。由于某一期的利润被预先计入，或损失和费用延迟计入，导致下一期及之后的利润计入更加严峻，又不得不故技重施进行操作。

同时，东芝存在无法违抗上司要求的企业氛围。在经营高层设定“Challenge”之后，接到经营高层要求的各事业部负责人、下属员工，为了按照上司要求完成目标，只好持续地采用不适当的会计处理。

为了平稳度过任期，高层可能会选择将下一年的利润计入当年的财报，而逐年累计的漏洞难以弥补，便可能选择财务造假。甚至在部分财务造假的具体案件中，还存在公司内部事业部负责人“亲自、积极”指示实施不适当会计处理的情形。事实上，针对这种基于公司内部事业部经营高层的干预，而有组织地被实施或持续实施的不适当会计处理，公司内部事业部是不会对其进行纠正的。

无效的监管

东芝是日本较早实施治理改革的公司之一。该公司于2001年引入三位外部董事，当时日本公司董事会仍由长期任职的公司内部人士主宰。从字面上来看，东芝的治理结构赋予了外部董事任命顶层高管的权力，并设立监察委员会监督公司高管的行为。调查委员会的调查却表明，东芝的监督机制十分低效。调查委员会指出，东芝的三名外部监察委员包括两名前外交官和一位前银行家，但是这些外部监察委员都不具备会计专业技能。监察委员会的内部控制没有发挥作用。

治理改革

日本首相安倍晋三将公司治理改革作为其重振日本经济的一项关键举措，希望这一变革将吸引更多的外来投资者。2015 年 6 月，日本出台了一项新规定，要求日本上市公司的董事会中至少有两位来自外部的独立董事。很多日本企业都遵循了 6 月颁布的公司治理法规，增加了外部董事，取消了大规模交叉持股，并向投资者承诺更高的股本回报率。

但东芝的财务造假事件为日本企业界敲响了警钟。东芝表面良好的治理结构掩盖了内部机制的脆弱和乏力，虽然东芝一直在公司治理层面被赞誉为走在变革的前沿，但苦心经营的良好形象却在此次的污点中全盘崩塌。

资料来源：东芝再曝财务造假丑闻　日本百年企业 13 年间发生了什么？[OL]. http://www.eeo.com.cn/2016/1119/294229.shtml.

思考与讨论：

1. 东芝的财务造假丑闻揭露了日本公司治理模式的弊端，请展开谈谈对日本公司治理模式的认识。

2. 可以看到，日本企业曾为改善公司治理进行大量的努力，请问日本企业做出了什么样的转变？这些转变的效果如何？

3. 在外部控制主导型公司治理模式下，我们对安然公司的财务造假案进行了回顾。两种不同治理模式下的财务丑闻有何相似之处？反映了公司治理中的什么问题？

4. 结合案例，讨论公司治理模式的演变趋势并分析不同的公司治理模式应如何进一步完善。

11 CHAPTER 11

第 11 章
新型组织治理模式

| 学习目标 |

1. 了解网络组织治理的概念、特征、模式及机制。
2. 了解企业集团治理的基本概念。
3. 了解企业集团中母公司对子公司的剥夺行为。
4. 了解跨国企业治理的特点。
5. 了解产业链治理的概念。
6. 了解新型组织治理如中小企业治理、IT 治理、非营利组织治理的特征。

| 关键词 |

网络组织治理（governance of network organization）：正式或非正式的组织和个体以隐含式或者开放式契约为基础达成的企业间的协调。

企业集团治理（corporate groups governance）：围绕着企业集团这种特殊的组织形态进行的一种制度上的安排与设计，用来协调和控制企业集团内各利益相关者之间的关系与行为。

跨国公司治理（transnational corporation governance）：实质是在单一企业及集团治理的基础上，对跨越了国家边界、进行国际经营的跨国公司的治理，包含了一般企业的治理特征与企业集团的分层治理特征。

产业链治理（governance of industrial chain）：产业链是一个链条式的具有某种内在联系的企业群。产业链治理就是对这种企业链条进行制度设计与安排，主要有资源驱动型、市场主导型和技术主导型三种产业链治理模式。

中小企业治理（small and medium-sized enterprise governance）：对大部分还未实现所有权和控制权完全分离的中小企业的产权问题进行的制度设计与安排。

IT 治理（IT governance）：一种利用信息技术来引导和控制企业各种关系和流程的结构安排，在利用 IT 技术进行治理的同时，需要把控好 IT 技术可能引致的风险。

非营利组织治理（governance of non-profit organization）：非营利组织是指在政府部门和以营利为目的的企业之外的一切志愿团体、社会组织或民间协会。非营利组织治理是对非营利组织的代理人进行的有效激励与监督。

行业协会治理（industry associations governance）：为实现行业协会与会员，会员与会员，行业协会与政府、非会员、消费者等主体的持续互动及整体协调而做的一系列制度安排。

大学治理（university governance）：满足具备独立法人地位的大学在面向社会和市场自主办学的过程中应对“冲突和多元利益”的需要进行的治理。

平台型企业（platform corporate）：提供联系双边市场中的不同用户群的产品和服务的企业。

引导案例

华为：从跨国公司到世界品牌

华为技术有限公司成立于 1987 年，总部位于深圳，是全球领先的信息与通信技术（ICT）解决方案供应商。2013 年，华为首超全球第一大电信设备商爱立信，排名《财富》世界 500 强第 315 位。实际上，华为的国际化之路早就已经开始。华为 1996 年进入中国香港；1997 年进入俄罗斯；1998 年进入印度；2000 年进入中东和非洲；2001 年迅速扩张到东南亚和欧洲等 40 多个国家和地区；2002 年进入美国。截至 2016 年底，华为在全球 168 个国家和地区有分公司或代表处；同时，依据不同国家或地区的能力与优势，华为在美国、欧洲、日本、印度、新加坡等地区建立了 16 个研究所，28 个创新中心，45 个产品服务中心。

在 2018 年 9 月举办的 CBD 跨国公司论坛上，中国人民大学国际货币研究所理事兼副所长向松祚评价道：“中国的跨国公司非常少，现在我们中国的制造业产品中，有 200 多种产品的产量高居世界第一，比如汽车、电子、船舶、光伏、钢铁，都是世界第一，但是我们国家真正的世界品牌，能够让全世界非常尊重的世界品牌，就只有华为一家。”同时，向松祚总结了跨国公司的四个特点：“第一，绝大多数的跨国公司，或者说所有的跨国公司都是具有原创领先的科学技术的。原创性科技是中国最缺乏的，从 19 世纪出现跨国公司以来，所有跨国公司都在世界产业科技最前沿。第二，全世界范围内著名的跨国公司都拥有高精尖的制造技术。我们缺少高精尖，任正非先生讲过一句话，我认为非常好，他说中国和美国的差距就是两个字，‘软件’，包括我们的操作系统，包括我们的工业软件，包括算法。我们和日本和欧洲的差距就是三个字，‘高精尖’。第三，有一类跨国公司可能也有非常先进的技术，也有非常精深的工艺，但是没有品牌。中国是文化大国、文化古国，历史悠久，为什么我们搞不出一个真正的著名品牌，这是我们重大的问题。除了我们体制机制的问题以外，更重要的是中国人对产品的质量，对假冒伪劣的打击，实在太心慈手软了。第四，跨国公司有一个重要特点就是治理体制。所有跨国公司必须是按照市场机制，完全市场化的治理体制，但是中国今天做不到。”

从 1996 年开始，华为先后聘请 IBM 等美国、英国的十多家咨询公司对华为进行研发、供应链、人力资源、财务以及市场体系等方面的管理变革，17 年间用于管理变革的成本总计达到 50 多亿美元，以西方的公司治理经验为鉴对公司的治理结构进行了改造，实现了跨国文化的相互适应，这也为华为成功开拓海外市场，成为著名的跨国公司夯实了基础。

保建云（2019）谈到华为模式这种具有中国特色的跨国公司治理模式，总结了华为模式的五个特点：第一，共享共治的创新型现代企业治理模式。在华为模式中，企业内的多个主体参与了公司治理，如所有权主体、使用权主体、中间管理层主体、研究开发主体和基层产品线操作主体，多主体的共同参与形成了利益共享、风险共担、权责共治的企业治理新模式。第二，创业领袖群合作型企业管理模式。以任正非先生为核心的创业领袖群是推动华为发展壮大的核心元素。第三，科技精英分工合作型团队化企业研发模式。第四，全球化市场拓展模式。第五，理想型企业顶层目标管理模式。

随着经济的全球化，不仅原有的公司治理模式需要不断完善，还涌现出了许多新型公司治理模式。企业集团、跨国企业的出现使得公司治理的边界从单一的企业边界不断向外扩展。大学、医院等非营利组织的发展也推动了非营利组织治理模式不断改进。华为正是注意到了公司治理改革的重要性，才能在日趋激烈的跨国市场中占据一席之地。

资料来源：向松祚：中国能够称得上跨国公司的，也就一个华为［OL］. https://baijiahao.baidu.com/s?id=1613484116800306219&wfr=spider&for=pc.

在股份制公司中，公司治理的核心是针对一般企业设计出一套行之有效的决策、监督以及激励机制。随着经济社会的不断发展，企业集团、跨国公司、产业链等网络组织，平台型组织，非营利组织等新型组织形式应运而生，在固有的公司治理问题之外，在新型组织形式下产生了新的治理问题，需要提供新的解决方案。与此同时，中小企业不断对公司进行变革，引入西方先进制度安排，同样将公司治理理念引入其中。科学技术如IT 技术的发展也给公司治理带来了许多机遇和问题。本章将一一探讨在这些新情境中公司治理的机制与模式。

第 1 节　网络组织治理

一、网络组织治理概述

（一）网络组织

伴随着世界范围内经济的快速增长以及蓄势待发的新一轮科技与产业革命，传统的生产组织形式已经无法适应社会、经济环境的重大变革，新型组织形式应运而生。一方面，企业外部环境的巨大变化促使企业突破自身原有边界的限制。全球化的发展使得企业开始在世界范围内寻求并配置资源，促进了企业寻求与更大范围内的合作者建立长期稳定且可信赖的合作关系，这为网络组织的形成埋下了伏笔。另一方面，随着技术的不断发展，企业逐渐培育出了自己的核心能力，形成了企业独特的竞争优势。在这种企业具有较强异质性的市场中，具备不同竞争优势的企业无法依靠自身单独的竞争优势实现整个价值链上的全部活动，而是需要与其他企业合作来寻求共赢，这也促进了网络组织的形成。

网络组织指的是以独立的个体或群体为节点，以彼此之间复杂多样的经济联结为线路形成的介于企业与市场之间的一种动态的、能够帮助企业获得长期竞争优势的制度安排（高闯，2019）。虚拟企业、战略联盟、企业集团、企业联合体等都属于网络组织的范畴。

（二）网络组织治理

如何对网络组织这样一个区别于旧有市场及层级的新型组织进行治理？网络组织治理给出了详细的答案。关于网络组织治理的定义，不同学者做出了诸多解释。西方学者认为网络组织治理是在单个组织无法单独完成各自使命的情况下设立的一套有效的治理制度（Bryson，1992）。彭正银（2002）认为网络组织治理是正式或者非正式的组织和个体通过经济合约的联结与社会关系的嵌入所构成的以企业间的制度安排为核心的参与者间的关系安排。本书借鉴了高闯（2019）对网络组织治理的定义：网络组织治理是正式或非正式的组织和个体以隐含式或者开放式契约为基础达成的企业间的协调。

根据企业边界理论，企业与市场是主要的资源配置形式，因而产生了市场治理与层级治理两种基本的治理形式。但网络组织在一定程度上模糊了市场和层级之间的界限，产生了介于市场治理与层级治理之间的中间形式，即网络组织治理。网络组织治理结合了市场治理与层级治理两者的优点，是企业与市场的有机结合。

1. 正式与非正式相结合

层级治理主要通过书面合约的形式制定规则，规定职位的权利与义务。而在市场治理中，企业之间的协调主要借助市场中的价格机制和竞争机制，利用信任关系与契约形式相结合进行交易。网络组织则是层级与市场的相互结合，在组织网络中，由于各个节点上的组织是独立的个体，无法像在同一组织内利用书面合约等形式商定所有规则，需要有大量的隐性契约与显性契约互相配合，共同约束网络中的组织。这就使得网络组织治理是一种正式治理与非正式治理相结合的治理模式。

2. 自发的合作关系

层级治理十分强调权力的运用，强调下级对上级的服从等具有权威色彩的观念，同时，由于处在同一组织中，在层级治理中相互沟通较为方便，决策的效率比较高。市场治理则十分强调买卖双方的公平交易。在市场治理中，为了保证双方互利互惠，在不完备的契约之外，交易双方还需要大量的协调与沟通。网络组织淡化了层级组织所具有的等级、权威等观念，运用正式和非正式的治理机制进行治理。为了企业之间的合作关系更为顺畅有效地进行，除了制定契约之外，还鼓励组织与组织建立长期的相互信任的合作关系，提倡企业主动自发地进行合作。

3. 共同治理

网络组织治理强调网络的整体性，呼吁网络中每一节点上的组织都参与网络治理，形成双向或者多向的互动治理模式，这种治理模式追求的是整个网络组织的集体利益，讲究企业之间的共赢。

二、网络组织治理模式

网络组织治理模式可以按照联系紧密度及网络中心度两个维度划分为价值网络关系、外部顾客网络关系、内部顾客网络关系及社会网络关系四种模式。其中，联系紧密度是指网络中各节点上的组织之间的紧密程度。网络中心度是指整个网络的群体集权程度，即网络成员间的互动集中在少数核心企业中的程度。

（一）基于价值网络关系的网络组织治理模式

价值网络指的是公司为创造资源、扩展和交付货物而建立的合伙人和联盟合作系统。价值系统不仅包括公司的供应商、供应商的供应商以及它的下游客户和最终顾客，还包括其他有价值的关系，如大学里的研究人员和政府机构。价值网络作为一种动态的网络，并不存在固定的网络边界，处在价值网络中的企业可以根据客户的需要自行在网络中组织配置资源。

基于价值网络关系的网络组织治理模式是指联系紧密度与网络的群体集权程度都较高的网络组织治理模式。在这种治理模式下，价值网络结构主要有两个网络：一个是股权网络，即公司与其通过股权关系拥有或者控制的子公司、孙公司所组成的控制性股权网络。另一个是契约网络，即公司和其通过股权网络成员与供应商、合作伙伴等利益方签订长期契约而形成的非控制性契约网络。这两个网络交错构成的价值网络是一个具有明确的结构和相对明显的强弱关系的结构。这样的一个价值网络结构所能提供给顾客的不仅仅是某个节点上企业的产品或者服务，更是整个网络相配合而产生的一个整体性解决方案。可以设想，不同公司的价值链在这个网络中构成了一个大的价值网络，所有的公司都是价值网络中的一环。

传统的价值链关系强调企业与企业之间前向或者后向的相互联结，而在价值网络中，每个企业都是价值网络的一部分，企业之间的联结体现为多维度、网络状。在这个价值网络中，每家企业的价值得以更充分地分解并在网络范围内重新组合，这也使得每家企业的价值得以最大限度地发挥。

（二）基于顾客网络关系的网络组织治理模式

在传统经济时代，市场主要以企业为中心，形成了卖方市场。在卖方市场上，价格及其他交易条件主要由企业决定，顾客存在于企业外围，对企业的作用并不明显。企业的治理模式相对较为简单，仅需要监督企业内的相关决策过程而不用考虑企业与顾客间的相互交易。随着市场的不断完善和发展，卖方市场逐渐向买方市场转变，市场竞争逐渐激烈，企业无法仅依靠自己的资源取得良好的经营绩效，重视企业内外部顾客的需求才是企业成功的关键。

在网络治理中，较低的联系紧密度与较高的网络中心度构成了面向内部顾客的顾客网络关系治理模式。而较高的联系紧密度与较低的网络中心度则构成了面向外部顾客的顾客网络关系治理模式。

企业的内部顾客是指企业边界内的，与企业有着紧密联系且直接对企业发展造成影响的群体，如企业内部的员工。当网络组织具备面对内部顾客的网络特征，在进行网络组织治理时就更应该侧重于内部员工的发展，以稳定员工关系、建立健全员工网络为治理的首要任务。在组织层次的治理中，则要偏向于协调内部顾客各方的利益关系，把顾客的知识与需求体现到项目网络中。

企业的外部顾客是指企业边界外的，与企业有着直接或者间接联系的外部利益相关者且间接对企业发展造成影响的群体，如企业的最终消费者、资金供应方、政府、供应商、销售商、竞争者等。当网络组织具备面对外部顾客的网络特征，则更应该在设计治理模式时思考如何均衡所有外部顾客的需求，吸纳具备卓越实力的外部顾客参与网络组织的治理实践。

基于顾客网络关系的网络组织治理模式通过与内外部顾客不断交流相互学习，不断地改进企业的生产和服务流程，不断地提高所提供产品及服务的质量，最终形成忠实的顾客网络群。

（三）基于社会网络关系的网络组织治理模式

基于社会网络关系的网络组织治理模式是指联系紧密度与网络中心度都较低的网络组织治理模式。

企业实际上是嵌在社会网络中的。在传统的公司治理中，公司主要考虑的是一些显性的社会关系，如股东、董事会、管理层和债权人等之间的关系，没有考虑更大范围内的关系网络也会对公司治理造成影响。在传统的公司治理中，只考虑显性关系时企业与其他企业之间的价值交换会造成企业对其他企业的资源依赖。但如果将范围扩至更大的网络，企业与更多的组织和个人进行联结，就会帮助企业获得更多的资源，这些资源可以帮助企业提升公司治理的效率。

在基于社会网络关系的网络组织治理模式中存在着较其他模式更多的非契约关系。如何利用这些非契约关系降低网络成员之间的交易成本是改进网络组织治理需要考虑的问题。培育信任等软机制则为这一问题做出了示范。网络组织需要不断建立健全完善的激励机制、培育信任等软机制来抑制机会主义。同时，网络组织还要培育良好的声誉，依靠良好的社会形象来维持与其他组织之间的关系。

三、网络组织治理机制

网络组织的治理机制依据网络的发展阶段可以分为两大类：一类是宏观层面的社会机制，如信任、声誉、联合制裁、宏观文化等；另一类是微观层面的运作机制，如学习和协同创新等机制（孙国强，2003）。

（一）信任机制

在网络组织中，不同节点上组织之间的相互信任是构成网络组织的一个重要原则。各节点之间的相互信任能大大提高网络组织内的运作效率，促进网络内组织的相互合作。

首先，信任机制能够节省网络组织中各节点之间的交易成本。在交易过程中，交易双方为了维护自身的利益，不仅花费高昂的成本寻找可靠的交易伙伴，还常常需要订立严密且详细的事前契约，并付出很大的监督成本。但基于信任的双方可以减少交易过程的签约成本、监督成本以及激励成本。

其次，信任机制能够降低网络组织的经营风险。在网络组织中，不同节点上的企业均存在一定的道德风险，而某个节点的机会主义行为会给整个网络带来巨大的经营风险。信任机制在降低各个节点上的道德风险的同时，降低了整个网络组织的经营风险。

最后，信任机制能提升整个网络组织的运作效率。各个节点可以在相互信任的基础上共享信息，相互配合，从而使整体的运作效率得以提升。

（二）声誉机制

声誉是指外界公众对组织的一个整体性评价。对于网络组织中每个节点上的组织而言，企业网络化可以为其带来巨大的协作效应等价值增值，节点上的组织作为追求自身利益最大化的网络组织成员，会考虑自身的长远利益，而这种长远利益只有在企业维持良好的声誉时才能得到保障。这是因为网络组织成员的合作是不稳定的，由于合作双方信息不对称，机会主义行为就不能完全杜绝。当合作的某一方大谋私利时，根据声誉机制，它也会面临声誉损失带来的成本，因而声誉机制在很大程度上保证了网络结构的稳定性（卢福财、胡平波，2005）。

（三）联合制裁机制

联合制裁是对那些违背共同规范的成员予以集体处罚，包括私下议论、公开传言、短期驱除、有意破坏等。它通过呈现违规的后果来定义可接受的行为，加大了组织实施机会主义所产生的成本，进而对交易起到保证作用（孙国强，2003）。

联合制裁通过以下两种方式对机会主义产生威慑力：（1）提高机会主义的成本。一旦交易中的某方做出了机会主义行为，将会受到网络组织的制裁。（2）鼓励相互监督。机会主义行为导致的联合制裁使得网络组织中的节点组织开始审查自己及合作者，为了避免受到制裁，不仅要保证自身不违规，还要监督合作者以减少不确定性。

（四）宏观文化机制

宏观文化是指由行业、职业与专业等方面的知识所构成的共同的价值观念、行为规范与期望的系统。宏观文化植根于某个国家或民族特定的制度及文化资源，起到了对观念、思想方式、解决问题的方式等的塑造作用。宏观文化可以通过社会化以形成期望聚合、用特质性语言来组合复杂的信息、为一些特殊情况制定共同的规则三种方式简化合作双方的沟通过程，降低合作中可能出现的成本，提高双方合作的效率（孙国强，2003）。

（五）学习机制

身处同一网络组织不同节点上的企业具有不同的管理及技术背景，这些企业共同嵌入的网络组织则是一个为不同节点提供交流及学习机会的平台。网络组织的学习是一个动态的过程，不同节点上的企业不断地收集、吸收来自整个网络的知识与资源，以此获得企业能力上的突破。作为知识交流的窗口，网络组织可以依据其结构优势为节点上的企业提供更加丰富的信息及学习机会，在帮助节点企业学习的同时维持整个网络结构的稳定及发展。

（六）协同创新机制

协同创新机制和学习机制一脉相承，协同创新的本质其实是学习过程中知识的增值过程。协同创新扎根于网络组织，以网络为交流工具，实现不同节点上企业的相互合作。协同创新根据所嵌入网络的不同可以划分为如下几种类型：（1）价值创造型协同创新。这是指网络中的节点企业拥有异质、互补的资源，因而产生了价值创造型创新。（2）产业集群型协同创新。这种协同创新的出发点是依据地理位置，利用劳动力市场、知识外溢和上下游产业的投入产出关系等优势形成空间协同，并由此构建紧密的创新协同网络。（3）政产学研型协同创新。此类协同创新基于政府、大学、企业等多方主体，通过不同主体之间的资源及能力的互补实现协同创新（李亚光、卢彬彬，2017）。

延伸阅读

小米式模式

“让每个人都能享受科技的乐趣”是小米公司的愿景。小米公司应用互联网开发模式进行产品的开发，用极客精神做产品，用互联网模式砍掉中间环节，致力于让全世界的每个人，都能享用来自中国的优质科技产品。

国际研究暨顾问机构 Gartner 的数据显示，2019 年第四季度，前五大手机厂商中只有苹果和小米销量在增长。小米公司 2019 年年报显示，全年总收入突破 2 000 亿元人民币，达到 2 058 亿元，同比增长 17.7%；经调整后净利润为 115 亿元，同比增长 34.8%。小米包括手机业务在内的全线业务保持增长。

2010 年成立的小米，成立时即以手机打天下，以“感动人心、价格厚道”俘获了一批“米粉”。通过技术研发、双品牌策略、库存优化以及为 5G 储备“粮草”，2019 年小米智能手机销量 1.25 亿部，第四季度销量 3 260 万部，同比增长 30.5%。

但小米公司想成为的，不仅仅是一家手机厂商。

2015 年 4 月，小米一口气发布了多款新品，包括低价小米手机红米 2A、女神版小米 Note、55 英寸的小米电视、智能体重秤和一款非智能的小米插线板。连同销量一直很好的小米移动电源在内，这些产品都是小米生态链的产物。

“在小米的生态链中，未来将有 100 家关联公司。而这些公司，将生产与我们小米自身的产品相关联的产品。”雷军说道，“小米智能硬件生态链的模式本身也是从效率出发，我们用实业＋金融双轮驱动方式，避免小米成为一家大公司。如果我们自己搞 77 个部门去生产不同的产品，会累死人，效率也会低下。我们把创业者变成老板，小米是一支舰队，生态链上每一家公司都是高效运转的。”

而小米之家的存在则帮助解决了小米生态链产品怎么卖的问题，顶层就是小米大脑，小米大脑不断对生态链企业输出标准和产品需求，生态链企业按照标准生产，出货供应到小米商城、小米之家、小米有品、小米线上旗舰店等渠道供消费者购买。

小米公司并未止步于此。

小米创始人雷军表示，“5G＋AIoT 是贯穿小米公司全产品、全平台、全场景的服务能力，是小米互联网基因在新时代全面爆发的题眼”。2019 年初小米公司提出投入 100

亿元布局 All in IoT，2020 年初则宣布继续加码，投入 500 亿元布局“5G＋AIoT”。年报显示，IoT 与生活消费产品在 2019 年的收入为 621 亿元，同比大增 41.7%。

其中的拳头产品小米电视 2019 年全球出货量 1 280 万台，同比增长 51.9%，在中国境内的出货量突破 1 000 万台，创造了中国电视行业的纪录。第三方数据显示，2019 年小米电视出货量中国第一，全球第五。在印度市场，小米电视已经连续 7 个季度位居出货量第一位。

而在全球智能可穿戴设备领域，小米全球排名第一；智能音箱在中国市场排名前三。

通过优质的 IoT 设备，小米围绕智能生活织了一张大网，不包括智能手机和笔记本电脑，小米的 IoT 平台已经连接的 IoT 设备数达到 2.35 亿台，同比大增 55.6%；拥有 5 件及以上连接 IoT 平台设备数的用户达到 410 万，同比增长 77.3%。

IoT 与手机业务一起成为小米出海的利器，年报显示，小米境外市场收入突破百亿美元，达 912 亿元人民币，进入全球 90 多个国家和市场。第四季度境外收入占总营收的 46.8%。

如今，小米的 IoT 设备和手机已经渗透到用户的各个方面。所有人都知道，5G 提供了基础设施，但真正产生价值的是小米的生态链。小米生态链将用户及用户使用的产品搬到平台上去，真正实现万物互联。时至今日，小米的业务特性正趋近于雷军所说的 5G＋AIoT 的超级互联网平台。

资料来源：雷军“小米系”最全生态链版图！[OL]. https://www.sohu.com/a/230061204_463967.

思考：小米除了作为一家手机厂商之外，其战略版图中还包含了什么业务？面对小米所构造的生态链，小米应如何治理？

第 2 节　企业集团治理

一、企业集团治理概述

企业集团是现代企业的高级组织形式，是以一个或多个实力强大、具有投资中心功能的大型企业为核心，以若干个在资产、资本、技术上有密切联系的企业、单位为外层，通过产权安排、人事控制、商务协作等纽带所形成的一个稳定的多层次经济组织。企业集团治理即是围绕着企业集团这种特殊的组织形态而进行的一种制度上的安排与设计，用来协调和控制企业集团内各利益相关者之间的关系与行为。

企业集团是一种复杂的组织结构，是多个具有独立法人资格的企业构成的联合体，因此具备了许多企业所不具备的特征。首先，企业集团是一种多法人的结构。企业集团本身并不具备法人资格，因此不具备法律意义上的民事行为能力，同样也不承担民事责任。企业集团中的相关成员分别以其所拥有的资产进行经营活动，但企业集团在集团利益最大化的目标下又需要对所有成员企业的经营活动进行协调安排。其次，企业集团内的成员企业以多种纽带互相联结。其中最为突出的是以资产为纽带进行联结，主要是实现相互之间的控股或者参股。同时，技术、信息、人事等纽带也发挥着联结成员企业的作用。最后，企业集团往往是具备层次的。在一个企业集团中，通常会存在一个核心企业，由核心企业协调控制其他成员企业，实现整个集团范围内的最优配置，提高整个集团的效率。根据持股关系及持股比例，企业集团的层次由内至外可以划分成核心层、紧密层、半紧密层及松散层等层次。

(一) 企业集团的内部治理

企业集团由于其独特的多层次法人制度，不仅要解决成员企业自身的代理问题，还需要实现母公司或核心企业对成员企业的控制及协调，所以具备了如下治理特点：

1. 企业集团治理的客体更为广泛

对于单一企业来说，其内部治理局限于公司的边界之内，但对于企业集团治理而言，不仅成员企业需要分别对公司内部进行治理，母公司或者集团内的核心企业还需要统筹企业集团内的所有成员企业，这使得母、子公司之间或者说核心企业与成员企业之间出现了介于内外部之间的中间治理。

2. 企业集团治理的手段更多样

单一企业的内部治理主要是通过监督及激励机制约束管理层，解决代理问题。在企业集团中，除了成员企业需要利用监督及激励约束企业经营管理团队，母公司或者核心企业还需要利用控制、协调等机制实现对其他成员企业的战略控制，达到整个企业集团目标和利益的统一。

3. 企业集团内部的代理链条较长

母公司或者核心企业的股东委托母公司或核心企业管理层进行经营管理，母公司或核心企业管理层再委托子公司的经营者对子公司进行经营管理，在这样被拉长的代理链条中，由于所有者和代理人之间的距离变长，相互之间的沟通交流就更少了，信息不对称的鸿沟也越来越深。成员企业管理层发生机会主义行为的可能性增加，企业集团内部治理的难度也较大。

4. 企业集团对管理层的激励手段更为丰富

单一公司治理中主要利用薪酬、股权以及晋升等激励方式来激励管理层。但企业集团因其集团的特点，可以赋予管理层进行独立经营的权力，这种激励机制相较于晋升、提拔等机制强度更大。

(二) 企业集团的外部治理

企业集团的外部治理同样具备与单一企业不同的治理特点。从产品市场来看，企业集团内的企业不仅会遭遇外部产品市场的竞争，同时，集团内部的不同企业之间也会产生竞争。但总体而言，相对于单一企业，企业集团在外部产品市场上的竞争力是相对较弱的。在这种情况下，外部产品市场竞争及企业集团内竞争这一双重竞争给集团内的企业造成了较大的经营压力。在这种压力之下，集团内的企业会积极寻求与集团内其他企业的相互合作。

从经理人市场来看，企业集团中母公司的经理层均是投资者从经理人市场中选择产生的，但与单一企业不同的是，企业集团中子公司的经理层是由母公司而非子公司自己来选任的。因此，企业集团的经理层选任过程会更加复杂。

从控制权市场来看，由于代理链条较长，信息不对称程度更大，外部的控制权市场很难对企业集团产生巨大的影响。相较于容易受到接管威胁的单一企业，企业集团的成员企业之间相互持股，股票流动率很低，面临着较低的恶意收购风险。

企业集团内的企业首先是一个独立的法人实体，然后才是企业集团的一员。在对企业集团的治理模式进行设计时，不仅要运用股东（大）会、董事会、监事会和经理层等机构以及其他的约束与激励手段来解决单一企业内部的代理问题，同时也要运用资本、契约等纽带，创新治理机制，促进集团内企业之间的相互合作，发挥企业集团的整体作用。

二、企业集团治理机制

企业集团作为若干独立企业的集合体，保证所有成员企业实施统一的战略，最大化整个集团的利益，主要是靠母公司或者核心企业对其他成员企业的有效控制与协调。

一方面，由于每个成员企业都是独立的法人，子公司与母公司之间存在着信息不对称，子公司的战略目标可能会偏离企业集团的整体目标，因此，母公司需要对子公司实施监督及控制。另一方面，母公司作为企业集团中的核心企业，具备子公司所不具备的权力及地位，这就为母公司侵害子公司利益提供了可能。因此，企业集团还需要设计相应的治理模式来维护子公司利益不受侵害。

（一）母公司对子公司的治理

母公司在对子公司进行监督及控制时，可以将正式机制与非正式机制相结合。正式机制主要包含正式结构、决策权配置、规范标准的政策规定、计划过程、对结果及行为的监督等机制。不同部门之间横向或者跨部门的联系、非正式沟通以及利用组织文化进行同化则是非正式的治理机制。

在现实中，母公司主要通过以下三种控制模式实现对子公司的治理：

1. 直接控制模式

直接控制模式即母公司拥有子公司的绝对控制权，可以对子公司的管理层进行任命，对子公司的一切经营管理活动进行决策。这种直接控制模式节约了交流协调的成本，能够使母公司的决策快速得到执行与贯彻。同时，母公司还能及时得到来自子公司的反馈，并根据反馈对决策做出调整。直接控制模式多用于规模较大的经营集中化的产业集团。

2. 间接控制模式

间接控制模式是指母公司通过投资入股子公司的方式取得子公司的控制权，但并不直接控制子公司，而是通过取得在子公司股东（大）会、董事会中的席位或者表决优势，以此获得在子公司日常经营活动中的控制权。相较于直接控制模式，间接控制模式下的母公司与子公司之间的关系更为灵活，母公司可以通过上市重组等方式向发展前景较好的子公司追加投资，也能出售不良的子公司以及时止损。同时，这种间接控制模式还能降低母公司对子公司的监督管理成本。间接控制模式多见于规模较大的经营多元化的产业集团。

3. 混合控制模式

混合控制模式是介于直接控制与间接控制之间的一种折中型模式，是一种母公司让子公司的管理者参股子公司并进入子公司股东（大）会、董事会等机构，母公司与子公司的管理者共同对子公司进行管理的控制方式。子公司的管理人员既是子公司资产的所有者，又是决策者，在一定程度上达到了所有权和控制权的统一，解决了代理问题。同时，由于子公司管理人员与本公司利益紧紧相连，有效防止了管理者的短视行为，有利于企业的长远发展。

（二）双向治理机制

在母公司与子公司的相互交往中，不仅母公司通过股权控制影响了子公司的决策及运营，子公司自身的主动性也在发挥作用，制衡着母公司的治理实践。对于子公司来说，子公司作为独立的法人，除了与母公司之间的联结之外，还要对自己的中小股东等利益相关者负责，要兼顾母公司及利益相关者双方的利益。这就要求子公司在与母公司的互动中，拥有一定程度的制衡母公司的能力。同时，母公司虽然在子公司的股权结构中占据主导地位，但子公司同样接受了许多中小股东的投资，中小股东同样有监督子公司经营管理的权利，这就为子公司赢得了一定的自主性。

三、母公司的控制方式及剥夺行为

（一）控制方式

在企业集团中，母公司主要通过产权控制、行政控制、战略控制以及财务控制等方式对子公司进行控制与协调。

1. 产权控制及行政控制

产权控制是指母公司通过投资或者参股等方式获得子公司的股份，并根据所持股份对子公司的经营管理施加控制。行政控制则是产权控制的进一步体现，如向子公司派驻董事长或者总经理，控制公司的日常经营管理等。母公司所任命的董事长或者总经理通过参与公司的董事会来强化母公司对子公司经营管理决策权的控制，保证子公司的经营活动不与企业集团的整体利益相违背，保证子公司的战略目标处于企业集团的战略目标体系之内。

2. 战略控制

战略控制是指母公司为了保证企业集团的整体战略方向统一，防止子公司为了追求自身利益而偏离企业集团整体战略目标的行为。子公司在保证其战略目标与企业集团整体战略目标相一致的情况下，可以发挥自主性，根据子公司所在行业及自身实力对战略进行适当的调整。

3. 财务控制

母公司还可以实现对子公司的财务控制。例如，通过董事会向子公司派遣财务主管；母公司的董事会及相关委员会对子公司财务报告进行审核及评估；企业集团的结算中心和财务公司也可以从整体上配置集团内的资源，协调母公司与子公司之间的资产配置。

（二）剥夺行为

1. 商品往来交易的非法占款

母公司利用其地位及权力，向子公司高价出售原材料或者相关产品，或者以低于市场水平的价格采购子公司产品，将子公司的利润转移至母公司，同时，很多母公司可能会对子公司有巨额的借款及应付账款，这也占用了子公司的资金，侵害了子公司权益。

2. 无形资产的高溢价转让以及恶意经营子公司的无形资产

子公司可能会以高出市场水平许多的价格被迫购入母公司的商标、专有技术、专利权等无形资产，由于无形资产公允价值难以准确衡量，子公司会在资金上受到重大的伤害。

在一些通过合并、收购等方式组建成的企业集团中，母公司与子公司的业务出现了一定程度的重叠。为了获得有利的竞争地位，母公司可能会恶意封存子公司的品牌，致使子公司的品牌失去市场影响力。

3. 滥用信用担保

在资本市场中，母公司可能会滥用上市公司的信用，逼迫子公司提供巨额的信用担保，这种行为帮助母公司实现资金的套现，却让子公司背上高额债务。

4. 转移高风险业务

许多子公司实质上是母公司在进入风险较高的新版图时的试验品，母公司通过设立、分离或兼并一个公司来运作新的业务，这样就可以借助有限责任的法律规定，以出资额为限保护自己的财产安全。

5. 资产租赁、置换

子公司与母公司之间存在许多资产的租赁与置换活动，母公司可能会通过高昂的租金实现对子公司的利润转移，或者通过显著低于市场价格的租金租入子公司的优质资产，获取非正常收益。

四、子公司及利益相关者的权益保护机制

（一）中小股东权益保护机制

企业集团中的母公司常常通过金字塔式的结构对子公司实施控制，这很容易导致第二类代理问题，即大股东侵害中小股东权益。在企业集团治理中可以通过如下制度实现对中小股东权益的保护。

1. 股东投票制度

股东表决权是在有限责任公司或股份有限公司中，股东按其持有的股权或股份对公司事务进行表决的权利。对于大多数中小股东而言，其无法行使股东投票权的原因包括因股东居住地的分散而产生的交通、住宿等费用以及时间成本，这使得中小股东无法实地参加股东（大）会进行表决。因此，西方采取了如代理行使表决权、电子投票、书面投票、累积投票等制度鼓励中小股东执行表决权。其中，累积投票是指股东在决定董事人选时所具备的投票数等于他的股份数与当选者人数之积的投票方法，即股东投票数＝股东拥有的股份数×当选董事的人数。例如，某一股东拥有 100 股股票，当选的董事总数为 5 人，则这个股东的投票数为 500。每个股东都可以把自己拥有的股票数分别投给一个或几个候选人。这样就消除了“一股一票”所带来的弊端。

2. 子公司董事的勤勉诚信义务

子公司董事的勤勉诚信义务是指子公司的董事应为本公司的整体利益而不是某部分

股东的利益工作。但在企业集团中，子公司在很大程度上受到母公司支配，为了消除这种母公司可能产生的机会主义风险，子公司董事可以通过提出抗辩或者要求母公司进行赔偿的方式维护子公司的利益。

3. 股东诉讼制度

股东可以通过诉讼的方式监督公司的管理层履行其义务。股东的诉讼可以分为直接诉讼和代表诉讼。其中，股东直接诉讼是指股东为了自己的利益对公司或其他侵权人包括公司的大股东、董事、监事和职员提起的诉讼。股东代表诉讼是指当公司权益被他人侵害，公司怠于或不能行使权利时，具备法定资格的股东以自己的名义，为了公司的利益代公司对侵害人提起的诉讼。股东代表诉讼制度始于英国，在美国得到全面发展。至今，许多国家包括法国、德国、西班牙、菲律宾、日本的法律中都规定了股东代表诉讼制度。

4. 异议股东股份价值评估权制度

异议股东股份价值评估权亦称“公司异议者权利”“异议股东司法估价权”，其实质是中小股东在特定条件下的解约退出权。对提交股东大会表决的公司重大交易事项持有异议的股东，在该事项经股东大会多数股份表决通过时，有权按照法定程序要求对其所持有的公司股份的“公平价值”进行评估并由公司以此回购股票，从而实现退出公司投资的权利。

（二）债权人权益保护机制

所谓公司面纱，即公司作为法人必须以其全部资产独立地对其行为和债务承担责任，公司的股东以其出资额为限对公司承担有限责任。公司及其股东具有相互独立的人格，当公司资产不足偿付其债务时，法律不能透过公司这层面纱要求股东承担责任。

由于公司仅以其资产额为限承担有限责任，当公司破产时，母公司可能会利用其权力使自己在破产清算中作为享有特权的债权人优先得到赔偿，因而损害其他债权人的利益。此时可以否认公司的法人人格，采用揭开公司面纱的形式对母公司进行追责、保护其他债权人的利益。

五、跨国公司治理

跨国公司治理实质上是在单一企业及集团治理的基础上，对跨越国家边界、进行国际经营的跨国公司的一种治理。跨国公司治理既具有一般企业的诸多公司治理特征，又具有集团企业的分层治理特征，因此结合企业集团的治理进行介绍。

首先需要明确的是：什么是跨国公司？根据《联合国跨国公司行为准则》，跨国公司是指组成这个企业的实体设在两个或两个以上的国家，而不论这些实体的法律形式和活动范围如何；这种企业的业务是通过一个或多个决策中心，根据一定的决策体制经营的，因而具有一贯的政策和共同的战略；企业的各个实体由于所有权或别的因素有联系，其中一个或一个以上的实体能对其他实体的活动施加重要影响，尤其是可以同其他实体分享知识、资源并分担责任。

跨国公司治理是跨国企业在母国、东道国不同的法律和规制体系下，不同的文化、市场环境中，在更多的国际和区域利益相关者的参与下，在实现全球资源配置、全球组织设计、全球运营和全球风险管理过程中，涉及母国、东道国外部治理主体、母公司、东道国子公司、各国关联公司科学决策、整体协同以及控制权和剩余索取权分配的制度设计和机制安排（李维安，2015）。

跨国公司因其跨越国家边界的国际经营而面临更多的治理风险。一方面，在跨越国家和地域的情况下，由于不同国家的经济、法律、资本市场等发展程度并不相同，企业在面临多种市场环境时，不同市场规则的差异和矛盾使得机会主义行为有机可乘，公司的治理风险也会相应增加。另一方面，不同的国家具有不同的法律体系、资本市场制度等，东道国对企业的外部监督更加难以执行，这也使跨国公司治理的难度上升。

因此，相较于单一企业以及集团的治理，跨国公司的治理更加复杂，具备以下特点：（1）多数跨国公司作为大型跨国企业集团，其治理问题跨越了法人的边界且具备分层治理的属性。（2）跨国公司的治理问题跨越了制度的边界。在对跨国公司治理模式进行分析时，不得不考虑母国与东道国之间的制度差异，考虑不同国家之间的语言、文化、习俗、宗教、民族、具体法律规范等环境差异。（3）跨国公司的治理问题具备网络组织治理的属性。国内的母公司与国外的子公司、分公司以及股东等利益相关者所构成的网络是需要着重关注的。

六、产业链治理

随着经济的发展，公司治理所研究的内容也在逐渐丰富。从单一企业治理到网络组织治理，治理的范围在不断扩大，除了前文所提到的企业集团治理、跨国公司治理之外，产业链治理也是网络组织治理中一种独特的治理类型。

产业链是各个产业部门之间基于一定的技术经济关联，并依据特定的逻辑关系和时空布局关系客观形成的链条式关系形态。产业链的本质是一个具有某种内在联系的企业群结构，它是一个相对宏观的概念，存在结构属性和价值属性两维属性。产业链中大量存在着上下游关系和价值的相互交换，上游环节向下游环节输送产品或服务，下游环节向上游环节反馈信息。资源、市场、技术和协调是产业链中的四个关键要素，其中，协调起到了维护整个产业链正常运行的基础作用，市场、技术和协调则可以成为驱动整个产业链的主导要素。资源要素占据主导地位的产业链可以称为资源驱动型产业链，如能源、矿产等产业链就是以资源为基础的。市场要素占据主导地位的产业链则称为市场主导型产业链，一些大型零售商、品牌制造商如家乐福等属于此类。技术要素占据主导地位的技术主导型产业链主要依靠核心企业的技术优势协调整合整个产业链，如一些汽车产业链、电子产业链等。需要注意的是，资源驱动型产业链、市场主导型产业链和技术主导型产业链仅仅是产业链最基本的类型，实践中的产业链很可能是某两种或多种要素共同发挥作用，共同主导整个链条（杜龙政、汪延明、李石，2010）。

立足于三种基本的产业链类型，杜龙政等（2010）构建了与之相匹配的三种产业链治理模式，分别是资源驱动型产业链治理模式、市场主导型产业链治理模式和技术主导型产业链治理模式。三种不同的产业链治理模式最大的区别体现在董事会结构的设置上。

董事会的架构需要与产业链的类型相互匹配，按照不同的产业链主导要素配置不同的董事会结构，在董事会中将核心要素董事置于核心地位。其他要素董事围绕核心要素董事参与决策，同时也要不断关注产业链的发展，发挥作为要素董事的作用。同时，协调董事则在公司的产权关系、利益共享等方面发挥协调作用，凝聚整个产业链。具体而言，当产业链为资源驱动型时，产业链治理下的董事会就要以资源董事为中心，技术董事、市场董事和协调董事配合资源董事开展工作并对产业链的发展负责，其他董事会成员围绕资源董事参与决策。在产业链的经营层级，也要以资源经理为中心进行经营管理。

延伸阅读

在韩国，许多公司通过高于或低于市场价格的定价买进关联公司的股票或商品，以支持状况不佳的关联公司，保持公司的业务规模不受影响。为了避免企业间的违规行为，韩国政府一直在不断对企业进行监察。

自 1997—1998 年亚洲金融危机以来，韩国政府一直在向家族财团施压，要求它们解除其关联公司之间的相互债务担保和其他财务关系，以便加强管理，提高股东回报。2000 年左右，韩国的监管机构就已经颁布措施限制内部关联交易，其中包括限制在家族财团和关联公司之间以优惠条款进行贷款和购买股票。

2002 年，韩国政府监管机构对三星、现代、LG、鲜京等家族财团进行了一项关于关联交易的调查。此项调查集中于大型家族财团之间的关联交易，韩国公平交易委员会要求六大家族财团递交有关过去两年内的所有内部交易报告，以调查家族财团的子公司之间是否有任何形式的非法交易。

金字塔控股结构

金字塔控股结构是指公司实际控制人通过间接持股形成一条金字塔式的控制链来实现对该公司的控制。金字塔结构是一种多层级、多链条的集团控制结构，在这种结构下，公司控制人控制第一层公司，第一层公司再控制第二层公司，依此类推，通过多个层级的公司控制链条取得对目标公司的最终控制权。在金字塔控股结构下，实际控制人可以通过多条链条来控制企业，也就是用少量的资金来控制巨额的财富，这就形成了一种小股东控制的结构，造成了现金流权与控制权的分离。因此，金字塔控股结构使得控股股东掏空上市公司变得更为简单，同时也掩盖了掏空上市公司的现象。

相对于纵向的金字塔控股结构，交叉持股是一种横向放大的控股结构。交叉持股是指不同的企业互相参股，其同样会造成小股东控制的结构。其在一定程度上“纵容”了实际控制人掏空公司的行为。当金字塔型纵向控股结构与交叉持股型横向控股结构结合在一起时，则会为实际控制人的掏空行为创造更加有利的实施条件。

揭开公司面纱

揭开公司面纱制度又称“公司人格否认”“公司法人资格否认”，是指控制性股东为逃避法律义务或责任而违反诚实信用原则，滥用法人资格或股东有限责任待遇、致使债权人利益严重受损时，法院或仲裁机构有权责令控制性股东直接向公司债权人履行法律义务、承担法律责任（刘俊海，2006）。

1993 年出台的《公司法》并未对公司人格否认做出法律上的规定，2005 年修订的《公司法》第一次对揭开公司面纱进行了补充。现行《公司法》第二十条规定：

公司股东应当遵守法律、行政法规和公司章程，依法行使股东权利，不得滥用股东权利损害公司或者其他股东的利益；不得滥用公司法人独立地位和股东有限责任损害公司债权人的利益。

公司股东滥用股东权利给公司或者其他股东造成损失的，应当依法承担赔偿责任。

公司股东滥用公司法人独立地位和股东有限责任，逃避债务，严重损害公司债权人利益的，应当对公司债务承担连带责任。

中粮集团是中央直接管理的国有重要骨干企业。在全世界范围的跨国粮商纷纷形成了“种植—加工—物流—贸易”的全产业链模式，并且在不同程度上切入了中国粮油市场的背景下，自 2009 年起，中粮集团也以全产业链的食品企业为目标，以消费者和客户需求为导向，抓住原料获取、生产加工和市场营销等关键环节，对粮油食品从田间到餐桌的全过程进行控制和管理，力图为消费者提供安全放心、健康营养的高品质产品。

作为高度关联一体化的产业，中粮集团所处的粮油食品行业涉及农业、加工业、制造业、流通、金融等不同领域。为了协调整合不同的产业领域，中粮集团通过全产业链这个开放的动态系统，以参股、控股、联盟、上下游整合、合作等诸多方式，通过控制或可影响的资产，实现链条的整体可控，最终把整个行业组织起来。

达娃之争

达能是世界著名的食品集团，是全球排名第一的瓶装水生产商，世界最大的鲜乳制品生产商，也是最成功的健康食品公司之一，于 1966 年创立，拥有十万多名员工，业务范围十分之广。它的主要产品有鲜乳制品、婴儿营养品、临床营养品、饮用水和饮料，其中比较出名的品牌有达能、脉动、益力、碧悠等。这些产品售往 100 多个国家和地区，全球销量排名前列。

杭州娃哈哈集团有限公司创建于 1987 年，为中国最大、全球第五的食品饮料生产企业。销售收入、利润、利税等指标已连续 11 年位居中国饮料行业首位，成为目前中国最大、效益最好、最具发展潜力的食品饮料企业；2010 年，全国民企 500 强排名第 8 位。

达能强购娃哈哈事件是指达能集团欲强行以 40 亿元人民币的低价并购杭州娃哈哈集团有限公司（简称“娃哈哈集团”）总资产达 56 亿元、2006 年利润达 10.4 亿元的其他非合资公司 51%的股权。这次并购引发了娃哈哈集团员工的强烈反对，并引起社会广泛的关注。在双方政府协调下，双方达成友好和解。

1996 年，弗兰克·里布接替父亲成为达能集团 CEO。同年，达能投资 4 300 万美元与娃哈哈集团建立 5 家合资公司，达能获得 51%的股权。

2007 年 4 月，达能集团欲强行以 40 亿元人民币的低价并购娃哈哈集团总资产达 56 亿元、2006 年利润达 10.4 亿元的其他非合资公司 51%的股权。

2007 年 4 月 5 日，娃哈哈集团召开董事会，认为合资合同条款不平等。宗庆后回击称，“双方的合作必须是平等互利的合作，你再用这种态度跟我们说话，我就跟你终止合作”。“当时对商标、品牌的意义认识不清，使得娃哈哈的发展陷入了达能精心设下的圈套。”宗庆后提及当年签署的一份合同追悔莫及，“由于本人的无知与失职，给娃哈哈的品牌发展带来了麻烦与障碍，现在再不亡羊补牢进行补救，将会有罪于企业和国家！”

2007 年 5 月 9 日，达能亚洲及其全资子公司正式向瑞典斯德哥尔摩商会仲裁院提出 8 项仲裁申请。为了这一程序，达能聘请了擅长仲裁业务的英国富而德律师事务所具体负责该次仲裁事务。上述仲裁由达能亚洲作为外方股东的直接持股人提起，在 8 项仲裁申请中，7 项仲裁申请都是合资企业的外方股东针对中方股东提出的仲裁。

针对达能的仲裁要求与起诉行为，娃哈哈集团表示：“我们将拿起法律的武器为自己讨个公道，除了积极应对斯德哥尔摩、美国的诉讼，同时我们要提出反诉请求……我们掌握了达能确凿的违法证据。”娃哈哈集团于 1996 年 4 月和 1997 年 9 月先后向国家商标局提交了《关于请求转让娃哈哈商标的报告》和《关于转让娃哈哈注册商标的报告》，要求将公司名下的 200 多件注册商标转让给合资公司——杭州娃哈哈食品有限公司，但国家商标局根据有关规定，均未同意转让。

2006 年争议开始后，达能认为双方 1996 年签署的《商标转让协议》依然有效，要求娃哈哈集团履行该协议，将商标转让给合资公司。而娃哈哈集团则认为由于国家商标局不批准，双方已通过签订《商标使用许可合同》终止了《商标转让协议》，娃哈哈集团无义务转让商标。为此，娃哈哈集团向杭州仲裁委员会提出仲裁申请，请求确认《商标转让协议》已终止。2007 年 12 月，杭州仲裁委员会做出裁决，认定《商标转让协议》已于 1999 年 12 月 6 日终止。

在娃哈哈集团提起上述仲裁案后不久，达能提出，即使由于国家商标局不批准，导致《商标转让协议》终止，但该《商标转让协议》不仅仅约定了娃哈哈集团应当将在境内注册的“娃哈哈”商标转让给合资公司，同时对于在境外注册的“娃哈哈”商标也有转让义务，而境外转让无须国家商标局审批，因此娃哈哈集团仍有义务转让在境外注册的商标。据此，达能另行向杭州仲裁委员会提起仲裁请求，要求娃哈哈集团转让境外注册商标。对于达能提起的仲裁，杭州仲裁委员会于 2008 年 9 月做出裁决，驳回了达能的请求。理由是，《商标转让协议》所涉及的商标转让权利义务为同一合同约定，而仲裁庭在 2007 年 12 月 6 日已裁决确认该协议自 1999 年 12 月 6 日终止。达能不满仲裁结果，向杭州市中级人民法院申请撤销该裁决，杭州市中级人民法院于 2009 年 4 月 7 日立案受理。经审查后，杭州市中级人民法院 2009 年 5 月 21 日做出终审裁定，驳回达能关于撤销杭州仲裁委员会裁决书的申请。至此，“达娃之争”中关于“娃哈哈”商标所有权的问题尘埃落定，“娃哈哈”商标归娃哈哈集团所有。

达能和娃哈哈集团于 2009 年 9 月 30 日宣布，双方已达成友好和解，达能同意将其在各家达能-娃哈哈合资公司中 51%的股权出售给中方合资伙伴。和解协议执行完毕后，双方将终止与双方之间纠纷有关的所有法律程序。

资料来源：解密达娃之争完全真相：谁在嘲弄契约精神［OL］. http://finance.sina.com.cn/chanjing/sdbd/20090410/12046088616.shtml.

思考： 娃哈哈集团与达能组成的企业集团在集团治理中发生了什么样的治理问题？

这些治理问题能通过什么样的治理机制解决？娃哈哈非合资公司作为子公司，成功地在控制权之争中维护了自己的利益，企业集团中的子公司应当如何在治理中发挥自己的能动性？

第3节 其他治理形式

除了网络组织治理之外，还涌现出了许多新型组织治理，如中小企业的治理、以信息技术治理为核心的IT治理以及行业协会治理、大学治理等非营利组织的治理形式。这里主要对中小企业治理、IT治理以及非营利组织治理中的行业协会治理、大学治理展开介绍。

一、中小企业治理

中小企业治理将公司治理聚焦于中小企业这一特殊的组织形态。相较于所有权和经营权实现分离的上市公司，大多数中小企业的所有权和经营权并没有分离或者仅仅在一定程度上实现了分离，这也使得传统的委托代理理论基础下的公司治理研究并未对中小企业过多涉及。但在现实市场中，中小企业的企业规模、企业实力等都远远落后于上市公司，同时也遭受着更多的市场风险，中小企业的决策安全对企业生存与成长都至关重要，因此，关注中小企业的公司治理是十分有意义的。

契约理论将公司看作一系列契约的有机结合，由于契约天生的不完备性，企业所有权格外受到关注。中小企业同样是不完备契约的结合体，其产权问题同样值得重视。从利益相关者理论的视角来看，股东、管理层、员工、顾客、债权人、供应商、经销商、社区和政府等利益相关者都受到了企业经营活动的影响，企业应对所有的利益相关者负责，中小企业虽然能力有限，但也需要在能力范围之内保护利益相关者的利益。所以，中小企业的公司治理不仅是有意义的，而且是十分必要的。

二、IT治理

随着信息技术的高速发展以及信息技术在企业中的深度嵌入，如何将IT与企业战略目标相结合，使得企业从对IT的运用中获取更大的价值是目前企业应深度思考的一大问题。关于IT治理的定义，美国IT治理协会认为："IT治理是一种引导和控制企业各种关系和流程的结构安排，这种结构安排旨在通过平衡信息技术及其流程中的风险和收益，增加价值，以实现企业目标。"

IT治理实质上是一种企业为了追求自己的战略目标而采取的有效机制安排，在利用信息技术来进行公司治理的同时，有效把控信息技术可能产生的风险。在运用IT治理的过程中，企业需要合理地配置信息技术资源，保持信息技术与企业业务的一致性，以信息技术促进企业业务发展。

虽然 IT 治理与公司治理在研究中的侧重点不同，但其治理目的都是实现企业的战略目标。公司治理与 IT 治理之间是一种相互交叉、相互融合并且相互促进的关系。一方面，信息技术既是公司治理的对象也是进行公司治理时可以运用的工具。这就使得公司治理的主客体之间的界限变得更加模糊，公司治理的边界更加宽泛。另一方面，随着信息技术的不断发展，公司的结构已经逐渐从等级分明的垂直结构不断趋向扁平化的网络结构，IT 治理和公司治理也都逐渐具备网络组织治理的特征（李维安、王德禄，2005）。

三、非营利组织治理

非营利组织是指在政府部门和以营利为目的的企业之外的一切志愿团体、社会组织或民间协会，是介于政府与营利性企业之间的“第三部门”。

二战后，战争给社会造成了空前的灾难和巨大浪费，社会中的政府及企业两大部门已不能满足社会经济活动与公共需求的平衡需要。于是，社会组织形态蛹化出现了第三部门——非营利组织，也就是社会公益部门。例如，出现了联合国以协调国家之间的关系；建立起了世界银行，对不发达国家和地区做扶贫性质的援助性贷款工作；成立了世界卫生组织，关注不发达国家和地区的卫生与健康问题。这些组织的出现和发展有利于世界的发展和社会的和谐，这些公益组织的力量也越来越强，影响越来越大。

非营利组织的治理涉及广泛的利益相关者，如出资人、债权人、理事会、管理层、员工、供应商、行业协会、政府等。非营利组织的治理就是通过一套正式以及非正式制度，协调控制非营利组织与其所有利益相关者之间的利益关系，确保非营利组织做出科学的决策，实现非营利组织的宗旨。

非营利组织的外部资本环境较为稳定，资金主要是通过政府、企业捐赠、个人和团体捐赠以及基金会捐赠等方式获得的，捐赠者因其捐赠行为而拥有一定的监督权，但并没有索取权。为了实现对社会公众的服务行为，非营利组织会设立一个虚拟的主体。根据国家的规定，非营利组织可以分为四种类型法人：基金会法人，社会团体法人，民办非营利法人，事业组织法人。

由于非营利组织的特殊性，对非营利组织的代理人进行有效的激励是至关重要的。针对非营利组织的监督，有四种常见的监督主体：行政机构、董事会、社会公众和新闻媒体。

行政监督是指当地政府以及非营利组织的活动所涉及的有关部门，对基金会的业务、财务等实行监督，有时还包括法院监督。董事会是基金会治理结构中的重要组成部分，董事会的组成通常包括委托人、相关人员和公众。因此，董事会不仅是基金会的决策机构，也是受益人的剩余索取权的代言人，对防止组织欺诈和滥用优惠政策负有第一道责任。除了组织的相关人员，社会公众也可以对非营利组织进行监督。由于受益权主体的虚拟性，仅凭行政监督、董事会监督和监察人代理实现监督可能并不全面。每一个关心该组织或者有疑问的人都可以对它进行检查、监督，组织一旦被发现有问题，则会受到严格的处罚，这相当于给了非营利组织一个强烈的自律约束。社会公众监督的操作成本低，实行有效，社会效益好，往往能起到正式监督机制所不能代替的作用。例如基金会有责任通过年报向社会公众说明其宗旨、项目、董事会成员和主要工作人员、主要财务信息等，另外对它们每年向政府机构申报的报表，对财务情况、高级管理人员薪资情况的说明，公众均可索要，并要求非营利组织予以说明。新闻媒体也在不断地对非营利组织进行监督。媒体可以利用自己的独立性和舆论帮助社会公众对非营利组织进行监督（钱颜文、姚芳、孙林岩，2006）。

（一）行业协会治理

行业协会是指介于政府与企业之间，商品生产者与经营者之间，并起到服务、咨询、沟通、监督、维护公正、自律、协调作用的社会中介组织。行业协会是一种民间性组织，它不属于政府的管理机构系列，而是政府与企业之间的桥梁和纽带。

行业协会治理强调通过治理实现行业协会与会员、会员与会员及行业协会与政府、非会员、消费者等主体的持续的互动及整体的协调。其包含了组织治理和行业治理两个部分：组织治理是指针对行业协会这一组织，对协会与会员之间关系的协调安排；行业治理则是行业协会通过协调控制，实现对行业中的市场秩序的维持以及建立良好的行业行为规范。

在行业协会中，实际上存在两条委托代理链条，也就是两种控制权主体。第一条委托代理链存在于所有的行业协会中，委托代理主体是行业协会的会员，也就是行业中的企业。行业协会实质上是同行企业相互合作，协商赋权的一种中心组织。行业协会规范行业行为，维持行业秩序，保护行业中企业的共同利益。从这种会员委托代理的角度来说，会员间权力的让渡和行业协会的执行力成为行业协会治理的关键。第二个委托代理主体是政府。这条政府委托代理链视社会、经济等情况而确定存在与否。一些行业协会受到了政府的直接或者间接控制，而一些行业协会则是脱离政府的独立主体。行业协会通过对会员的管理提升整个行业的绩效，这可能与政府的目标相一致，因此，在很多情况下，政府倾向于通过对行业协会的授权来使行业协会承担某些行政管理功能。相较于规模庞大的政府机构而言，行业协会更为灵活且具备较强的专业性，会有更高的组织效率（谭燕、王胥覃、谭劲松，2006）。

根植于我国的社会环境和历史背景，中国的行业协会大部分是由政府直接控制和干预的。实际上，中国的许多行业协会直接脱胎于政府机构的改组，许多行业协会的职能设置、工作方式都与政府机构相近。同时，由于我国大量的关键资源掌握在政府手中，行业协会所需的许多资源也不例外，这就使得政府拥有了较大的间接控制行业协会的能力（谭燕、王胥覃、谭劲松，2006）。

（二）大学治理

大学是一个创造并传播知识的网络化组织平台，有着众多的利益相关者。利益相关者或拥有市场力量或拥有社会力量，并通过缔约将两种力量内化到大学中，形成了维护大学运作的行政权力以及学术权力。对于两种不同的权力以及权力拥有者来说，其对大学的要求也不尽相同。一方面，当行政权力过于强大时，大学的学术专业性无法得到体现，这使得大学可能会出现外行领导内行的现象。另一方面，若大学过度拔高学术权力而忽视行政权力，就会造成大学的运行效率下降，学术作用也无法发挥。因此，如何将两种权力结合并找到均衡的配置方案则成为大学治理的重点。

大学治理结构在本质上是指体现大学"非单一化组织"属性和委托代理关系特点的决策权结构，旨在满足具备独立法人地位的大学在面向社会和市场自主办学的过程中应对"冲突和多元利益"的治理需要。该决策权结构一般具有以下特征：首先，能够有效体现大学的独立法人地位和利益相关者组织属性。其次，能够包容大学依法与产权主体通过委托代理关系形成的契约管理模式。再次，以大学法人财产的合法、有效、有利使用为契约内容，以所有的利益相关者为契约关系范畴下的治理主体。最后，有能力使冲突和多元利益"得以妥协并采取合作行为"（龚怡祖，2009）。

第 4 节　前沿研究——平台型企业

在移动互联快速普及与发展的情况下，许多企业正在朝平台型企业的方向发展。平台是指联系双边市场中不同用户群的产品和服务，比如以京东、淘宝为代表的互联网企业，通过平台的形式将消费者与供应商双方联结起来，形成一个促进双方交易的平台（张小宁，2014）。相较于传统的组织形式，平台型组织模糊了传统组织的组织边界，将许多外部利益相关者纳入组织边界，平台型企业治理既具有传统一般公司治理的特征，又有将双边市场纳入、考虑多个利益相关者之间的平衡的多主体治理特征。本节就平台型企业中的一般治理特征、多主体间的治理特征以及平台型企业参与市场治理三个方面进行介绍。

一、一般治理特征的扩展

平台型企业往往涉及双边市场，这就导致了平台型企业形成了较传统企业更为广泛的社会网络，平台型企业中的治理问题常常涉及多个主体，治理的复杂程度也随着主体的数量增多显著上升。目前学界对平台型企业的治理问题进行了较为广泛的探讨，其中最受关注的是对平台型企业所涉及的多主体的社会责任问题的研究。

其中，肖红军和李平（2019）系统地梳理了平台型企业社会责任的内涵与概念边界，对平台型企业社会责任的内涵进行了扩展，基于平台型企业涉及的利益相关者众多的现实，分别从"作为独立运营主体的社会责任"、"作为商业运作平台的社会责任"和"作为社会资源配置平台的社会责任"三个层次对平台型企业进行描述，又结合承担社会责任的"底线要求"、"合理期望"和"贡献优势"三个层级，对平台型企业的社会责任进行了系统的总结与概括，并在此基础上提出了平台型企业的生态化治理，包括处于主要生态位的六项社会责任自组织机制以及处于扩展生态位与主要生态位之间的两项责任共演机制，形成了一套系统的平台型企业社会责任承担机制，扩充了社会责任治理的边界。

平台型企业作为新时代背景下的产物，受现实背景的影响较大。阳镇等（2020）则从新冠肺炎疫情的现实背景出发，讨论了平台型企业如何凭借其双元属性在新冠肺炎疫情中承担社会责任，参与社会治理体系的创新，并为实践中公共社会问题解决的企业参与提供了启示。同时，电子商务企业作为典型的互联网平台型企业，对电子商务企业的探讨有助于加深我们对平台型企业的了解。纪春礼和杨萍（2016）则以电子商务企业为例，讨论了平台型企业社会责任与企业价值之间的关系，认为平台型企业承担社会责任能有效促进企业价值的提升。

除社会责任之外，还有学者从知识治理的角度出发，研究平台型企业知识治理的过程。一般企业的知识治理主要集中在组织内部或者组织之间的知识共享，而平台型企业的知识治理进一步扩展了知识的获取边界，将知识获取的范围扩展至企业、供应商、消费者等知识拥有者，进一步丰富了知识共享的含义。白景坤等（2020）从知识治理的角度入手，认为平台型企业不同的知识治理方式会不同程度地影响企业价值共创行为。具体而言，市场型知识治理和层级型知识治理对企业的价值共创行为有着正向作用，而社会型知识治理对价值共创行为的作用并不显著。

二、平台中多主体间的治理

平台型企业涉及需求方、供给方以及服务方多方主体，而将各方主体紧密联结，使之相互配合，维持平台系统的高效运行，则需要一套行之有效的制度安排。有学者从企业价值、企业创新等方面入手，讨论不同的治理模式如何影响企业价值以及企业创新。彭本红和仲钊强（2021）认为平台型企业契约机制与其开放式服务创新绩效之间呈现出倒 U 形的关系，不同类型的网络嵌入模式（结构型嵌入和关系型嵌入）与治理机制（契约机制、信任机制和协调机制）对平台型企业的开放式服务创新绩效有着不同的交互作用。彭本红和武柏宇（2016）采用多种计量方法，对平台型企业价值共创中关系治理和合同治理两种不同的治理方式与企业开放式服务创新绩效之间的关系进行了测量。研究表明，关系和合同双强型治理模式较其他治理模式能更大程度地提升开放式服务创新绩效。

电子商务企业是平台型企业的代表性企业，消费者这一主体也是平台型企业系统中独特的主体。电子商务企业凭借对互联网技术的充分挖掘与运用以及天然的双边市场关系成了平台型企业中的佼佼者。而消费者作为服务的最终使用者，对平台型企业的战略具有至关重要的作用。讨论平台型企业中与消费者主体相关的治理问题，无疑是至关重要的。汪旭晖和王东明（2020）从消费者角度出发，研究了电子商务平台治理策略对消费者信任的影响，发现市场服务策略更能提升消费者的能力信任，而企业规制策略则更能提升消费者的善意信任。陈莹（2019）则从卖方市场视角出发，探讨平台型企业治理机制对卖方市场的作用，指出：控制机制通过提高卖方用户绩效满意提高其对平台的忠诚度，公平机制通过提高卖方用户关系满意来提高其对平台的忠诚度，定制化机制则是通过提高卖方用户自我概念联结来提高其对平台的忠诚度。

三、平台型企业参与市场治理

平台型企业跨越了单一企业的组织边界，凭借其庞大的社会网络和繁多的利益相关主体对市场产生了不可忽视的影响。讨论平台型企业的治理问题时，不仅需要对平台型企业内部、平台系统的企业之间的治理问题进行分析，还需要从市场等宏观角度探讨市场治理的发展。汪旭晖和张其林（2017）则是以阿里巴巴为例，针对平台型网络市场中“柠檬问题”的治理进行讨论。柠檬问题是指基于信息不对称理论，市场上的交易双方对信息的获得不对称，从而导致卖方利用信息的不对称性对买方进行欺骗，产生逆向选择，使得买方利益受损，严重情况下产生劣币驱逐良币的现象，进而使得整个市场逐渐萎缩。平台型企业可以通过直接或者间接参与网络市场治理，成为规制市场的第三方力量，缓解柠檬问题。

延伸阅读

随着新型公司治理模式的出现，公司治理中的股东剥夺等现象也层出不穷，如企业集团中母公司对子公司的剥夺行为。现行《公司法》第二十条及第二十一条关于股东禁止行为和禁止关联交易的条款为防范股东剥夺行为提供了法律依据。以下是相关法律条款：

第二十条（股东禁止行为）

公司股东应当遵守法律、行政法规和公司章程，依法行使股东权利，不得滥用股东权利损害公司或者其他股东的利益；不得滥用公司法人独立地位和股东有限责任损害公司债权人的利益。

公司股东滥用股东权利给公司或者其他股东造成损失的，应当依法承担赔偿责任。

公司股东滥用公司法人独立地位和股东有限责任，逃避债务，严重损害公司债权人利益的，应当对公司债务承担连带责任。

第二十一条（禁止关联交易）

公司的控股股东、实际控制人、董事、监事、高级管理人员不得利用其关联关系损害公司利益。

违反前款规定，给公司造成损失的，应当承担赔偿责任。

资料来源：改编自：中华人民共和国公司法．http://www.npc.gov.cn/npc/c12435/201811/68a85058b4c843d1a938420a77da14b4.shtml.

本章小结

随着经济、社会的发展，公司治理的形式逐渐丰富、多样化，出现了许多新型组织治理，如网络组织治理、中小企业治理、IT 治理和非营利组织治理。

网络组织治理是伴随着经济、社会的重大变革而产生的。网络组织治理强调网络中各节点企业的充分合作，认为独立的个体之间复杂多样的经济联结能为公司带来长期的竞争优势。网络组织治理模式可以按照联系紧密度及网络中心度划分为价值网络关系、内部顾客网络关系、外部顾客网络关系及社会网络关系四种模式。在网络治理模式中，存在许多发挥重要作用的治理机制如信任、声誉、联合制裁、宏观文化、学习和协同创新等机制。

企业集团治理、跨国公司治理及产业链治理都是网络组织治理的独特类型。在企业集团治理中，企业集团由于其多法人的结构而具有更复杂的治理特征，不仅要解决成员企业自身的代理问题，还需要实现母公司对成员企业的控制及协调。其中，母公司和子公司之间的单向控制和双向控制尤其是母公司对子公司的剥夺行为是企业集团治理需要着重关注的部分。跨国公司治理最大的特点就是跨越了单一的国家边界，需要更多地思考国家之间的制度与文化差异。随着全球化的发展，单一企业治理以及企业集团治理已经逐渐朝着产业链治理的方向迈进。

中小企业治理将公司治理的概念引入中小企业，关注在所有权和经营权不分离或一定程度上分离情况下的治理问题。IT 治理则是在公司治理中注重信息技术的作用，强调信息技术对公司业务的帮助作用以及信息技术风险是如何规避的。

非营利组织治理主要关注各种非营利组织，如行业协会、大学等。由于非营利组织的特殊性，对非营利组织的代理人进行有效的激励是十分重要的。行业协会治理的关键是处理好企业委托代理链以及政府委托代理链两条链条的关系，在行业协会中合理配置权力。大学是一种非常独特的组织形态，由于其利益相关者众多，大学治理需要在行政权力和学术权力之间寻求平衡。

平台型企业是在互联网迅速发展的背景下产生的具有巨大潜力的企业形式。平台型企业涉及双边市场，在与众多市场主体的交互中形成了更大的社会网络，因此治理难度更大。目前，学界也从社会责任、企业价值、企业创新、电子商务企业等角度对平台型企业进行了广泛的探究。

复习思考题

1. 网络组织治理的特点、形成和运作机制。
2. 企业集团治理的机制，母公司在企业集团内的剥夺行为。
3. 跨国企业治理的概念及特点。
4. 产业链治理的概念及特点。
5. 中小企业治理的概念及特点。
6. IT 治理的概念及特点。
7. 非营利组织治理的概念及大学、行业协会等一些独特的非营利组织机构的概念。
8. 平台型企业的概念及治理特点。

案例分析与讨论

中航油巨亏案始末

自 20 世纪 70 年代以来，国际石油市场风云变幻。为了规避石油现货风险，20 世纪 80 年代国际原油期货这一金融衍生品应运而生。

公开资料显示，自 20 世纪 90 年代我国成为石油净进口国以来，原油进口量逐年攀升，到 2003 年我国的原油净进口量已达 9 100 余万吨，而 2004 年这种趋势仍未改变，全年净进口量超过亿吨。然而拥有如此大进口量的中国却在国际石油定价上没有发言权，国际炒家认为油价该在什么价位，中国就得按这个价位出钱。原因是中国的原油进口大多通过现货交易或远期合约交易，而国际原油价格却是由期货市场决定。因此，国家批准一些大型国有石油企业对石油进行套期保值。

2003 年 4 月，中国航空油料总公司（2002 年改名为中国航空油料集团有限公司，以下简称中航油集团）获批进行境外期货交易。

1997 年，在亚洲金融危机中，陈久霖被派接手管理中航油（新加坡）。陈久霖刚到新加坡的时候，母公司中航油集团提供给他 16.8 万美元、一名助理和一家基本处于休眠状态的船务经纪公司。在陈久霖的管理之下，短短几年时间，中航油（新加坡）的净资产由 1997 年的 16.8 万美元猛增至 2003 年的 1.28 亿美元，增幅高达 761 倍，总资产达到近 30 亿美元。陈久霖更将公司在新加坡包装上市，成为当地的明星企业，可谓“买来一个石油帝国”，一时成为资本市场的明星。陈久霖被“世界经济论坛”评选为“亚洲经济新领袖”，并入选“北大杰出校友”名录。

中航油在新加坡一度被当作一家“业绩出众且具高透明度的企业”。时任新加坡总理吴作栋在 2003 年 11 月访问中国时，特邀陈久霖跟随新加坡企业代表团，向中国企业家介绍他在新加坡的成功经验。然而好景不长，2004 年 12 月 1 日，在亏损 5.5 亿美元后，中航油（新加坡）宣布向法庭申请破产保护令。

一个因成功进行海外收购曾被称为“买来一个石油帝国”的企业，却因从事投机交易而造成 5.5 亿美元的巨额亏损并倒闭；一个被评为 2004 年新加坡最具透明度的上市公司，其总裁却被新加坡警方拘捕，接受监管部门的调查；中国苦心打造的海外石油旗舰遭遇重创……造成这一切美梦破灭的根源到底是什么？

据《财经》杂志 2004 年的报道，在新加坡法国巴黎银行（BNP Paribas）一位从事衍生品交易的资深人士指出，50 万美元就是一条停止线，亏损超过 50 万美元就必须自动斩仓。中航油（新加坡）的最后损失已超过 5.5 亿美元，这意味着“要撞到这条停止线 110 次”。他的结论是要么风险控制体系没有启动，要么就是有人在说谎。“如果你有一个防火探测器，但你从来不用，它就不会带来任何好处。”

当时众多财经媒体调查称，风险管理体系必须由具备高度风险意识的总裁来执行。而陈久霖本人不具备这种风险意识。

《财经》杂志采访的北京一位资深专家则指出，陈久霖对期货交易风险的理解可能并不深刻，而是通过展期和无限开放头寸来掩盖当期账面亏损。而据当时的知情人回忆，陈久霖本人仍然认为自己并没有违背风险管理的基本规定。“50 万美元亏损应当指实际亏损，不是账面亏损。我们当时只是账面亏损。”

而在一些商学院的案例讨论会上，在讨论中航油巨亏案时，讨论者都会提到，企业内部治理结构存在不合理现象。作为中航油（新加坡）总裁的陈久霖，手中权力过大，绕过交易员私自操盘，发生损失也不向上级报告，长期投机违规操作酿成苦果。这反映了公司内部监管存在重大缺陷。中航油（新加坡）的风险管理体系从表面上看确实非常科学，可事实并非如此，公司风险管理体系的虚设导致对陈久霖的权力缺乏有效的制约机制。

《财经》杂志报道称，当年 10 月 20 日，中航油集团提前实施了本准备在年底进行的股份减持，将所持 75%股份中的 15%折价配售给部分机构投资者。中航油集团总经理、中航油（新加坡）董事长荚长斌特地为此专程赴新加坡。然而，无论是他还是陈久霖本人，都没有向买家披露公司已因卖空期权将面临上亿美元的亏损。中航油（新加坡）此次配售以购买新加坡石油公司股份的名义进行，而事实上，中航油集团管理层已经决定放弃此次收购。此次配售筹得 1.08 亿美元，悉数贷给上市公司用于补仓。

面对越来越难以把控的局面，中航油集团管理层着手向主管机关请示。而国资委最终认为不应对单个企业违规操作招致的风险进行无原则救助，而应该由企业对自己的行为负责。国资委还阻止了国内另一家国有企业试图先出资后入股以“救助中航油（新加坡）挺过难关”的非常规做法。中航油（新加坡）的资金链最后终于断裂。

“上市公司的信息披露义务已然成为可有可无的粉饰手段，使得外部监管层面的风险控制体系也成为一种摆设。中国证监会作为金融期货业的业务监管部门对国企的境外期货交易负有监管责任，那么，在内控制度缺失的情况下，作为最后一道防线，外部监管的重要性是不言而喻的，但中航油（新加坡）连续数月进行的投机业务竟然没有任何监管和警示，也暴露出当时国内金融衍生工具交易监管的空白。”在商学院的案例讨论会上，有讨论者如此说道。

资料来源：中航油巨亏案始末：外部监管失灵 国际财团“狩猎”［OL］. https://baijiahao.baidu.com/s?id=162276890 7558910542&wfr=spider&for=pc.

思考与讨论：

1. 陈久霖的一系列违规操作导致了中航油（新加坡）的陨落，其中出现了哪些公司内部及外部治理问题？

2. 中航油（新加坡）作为一家跨国公司，在跨国情境下的治理中产生了什么样的问题？

参考文献

[1] ADAMS R B, FERREIRA D, 2007. A theory of friendly boards [J]. The Journal of Finance, 62(1): 217-250.

[2] AGHION P, BOLTON P, 1992. An incomplete contracts approach to financial contracting [J]. The Review of Economic Studies, 59(3): 473-494.

[3] AGRAWAL A, KNOEBER C R, 1996. Firm performance and mechanisms to control agency problems between managers and shareholders [J]. Journal of Financial and Quantitative Analysis, 31(3): 377-397.

[4] AGUILERA R V, JACKSON G, 2010. Comparative and international corporate governance [J]. Academy of Management Annals, 4(1): 485-556.

[5] AHERN K R, SOSYURA D, 2014. Who writes the news?: Corporate press releases during merger negotiations [J]. The Journal of Finance, 69(1): 241-291.

[6] AKERLOF G A, 1970. The market for lemons: quality uncertainty and the market mechanism [J]. Quarterly Journal of Economics, 84(3): 488-500.

[7] AMIHUD Y, LEV B, 1981. Risk reduction as a managerial motive for conglomerate mergers [J]. The Bell Journal of Economics, 12(2): 605-617.

[8] ARROW K J, 1985. Informational structure of the firm [J]. The American Economic Review, 75(2): 303-307.

[9] ASEFF J G, 2001. Essays on managerial compensation [D]. Arizona State University.

[10] BAE J, JOO J H, PARK C W, 2020. Differential performance impacts of outsider and insider interim CEO successions [J]. Asia-Pacific Journal of Accounting & Economics (4): 1-30.

[11] BAER L, 2019. Are all interim CEOs created equal?: Evidence from investor perceptions and CEO behavior [C]. AAA 2019 Management Accounting Section (MAS) Meeting.

[12] BAI C E, LIU Q, SONG F M, 2002. The value of corporate control: evidence from China's distressed firms [J]. SSRN Electronic Journal.

[13] BALLINGER G A, MARCEL J J, 2010. The use of an interim CEO during succession episodes and firm performance [J]. Strategic Management Journal, 31(3): 262-283.

[14] BARBER B M, ODEAN T, 2008. All that glitters: the effect of attention and news on the buying behavior of individual and institutional investors [J]. Review of Financial Studies (2): 785-818.

[15] BARCLAY M J, HOLDERNESS C G, 1989. Private benefits from control of public corporations [J]. Journal of Financial Economics, 25(2): 371-395.

[16] BARNETT M L, 2007. Stakeholder influence capacity and the variability of financial returns to corporate social responsibility [J]. Academy of Management Review, 32(3): 794-816.

[17] BEASLEY M S, 1996. An empirical analysis of the relation between the board of director composition and financial statement fraud [J]. The Accounting Review, 71(4): 443-465.

[18] BEBCHUK L A, KRAAKMAN R, TRIANTIS G, 2000. Stock pyramids, cross-ownership, and dual class equity: the mechanisms and agency costs of separating control from cash-flow rights [J]. NBER Chapters.

[19] BEDNAR M K, 2012. Watchdog or lapdog? A behavioral view of the media as a corporate governance mechanism [J]. Academy of Management Journal, 55(1): 131-150.

[20] BERLE A A, MEANS G C, 1932. The modern corporation and private property [M]. New York: Macmillan Publishers.

[21] BERNILE G, BHAGWAT V, RAU P R, 2017. What doesn't kill you will only make you more risk-loving: early-life disasters and CEO behavior [J]. The Journal of Finance, 72(1): 167-206.

[22] BERTRAND M, MEHTA P, MULLAINATHAN S, 2002. Ferreting out tunneling: an application to Indian business groups [J]. The Quarterly Journal of Economics, 117(1): 121-148.

[23] BESLEY T, PRAT A, 2006. Handcuffs for the grabbing hand?: Media capture and government accountability [J]. American Economic Review, 96(3): 720-736.

[24] BETTINAZZI E L M, ZOLLO M, 2017. Stakeholder orientation and acquisition performance [J]. Strategic Management Journal, 38(12): 2465-2485.

[25] BLAU P M, SCOTT W R, 1962. Formal organizations: a comparative approach [M]. Palo Alto: Stanford University Press.

[26] BLOCH F, HEGE U, 2003. Multiple shareholders and control contests [J]. MPRA Paper.

[27] BOROCHIN P, CU W H, 2018. Alternative corporate governance: domestic media coverage of mergers and acquisitions in China [J]. Journal of Banking & Finance, 87: 1-25.

[28] BOYER M M, STERN L H, 2014. D&O insurance and IPO performance: What can we learn from insurers? [J]. Journal of Financial Intermediation, 23(4): 504-540.

[29] BRIDOUX F, STOELHORST J W, 2014. Microfoundations for stakeholder theory: managing stakeholders with heterogeneous motives [J]. Strategic Management

Journal，35(1)：107－125.

[30] BRYSON J M，1992. Leadership for the common good：tackling public problems in a shared-power world [M]. San Francisco：Jossey-Bass Publishers.

[31] BUNDY J，PFARRER M D，2015. A burden of responsibility：the role of social approval at the onset of a crisis [J]. Academy of Management Review，40(3)：345－369.

[32] BURT R S，1992. Structural holes：the structure of competition [M]. Cambridge：Harvard University Press.

[33] BUSHEE B J，CORE J E，GUAY W，et al.，2010. The role of the business press as an information intermediary [J]. Journal of Accounting Research，48(1)：1－19.

[34] BUSHMAN R，ENGEL E，SMITH A，2006. An analysis of the relation between the stewardship and valuation roles of earnings [J]. Social Science Electronic Publishing，44(1)：53－83.

[35] CAIN M D，MCKEON S B，2016. CEO personal risk-taking and corporate policies [J]. Journal of Financial and Quantitative Analysis，51(1)：139－164.

[36] CHANDLER A D，HIKINO T，1994. Scale and scope：the dynamics of industrial capitalism [M]. Cambridge：Harvard University Press.

[37] CHANDLER A D，1977. The visible hand [M]. Cambridge：Harvard University Press.

[38] CHEN G，LUO S，TANG Y，et al.，2015. Passing probation：earnings management by interim CEOs and its effect on their promotion prospects [J]. Academy of Management Journal，58(5)：1389－1418.

[39] CHEN Y，LIU Y，ZHANG J，2012. When do third-party product reviews affect firm value and what can firms do?：The case of media critics and professional movie reviews [J]. Journal of Marketing，76(2)：116－134.

[40] CHEN C Y，2016. D & O insurance，corporate governance and mandatory disclosure：an empirical legal study of Taiwan [J]. Asian Journal of Law & Economics，7(1)：19－62.

[41] CHIANG C F，KNIGHT B，2011. Media bias and influence：evidence from newspaper endorsements [J]. Review of Economic Studies，78(3)：795－820.

[42] CIANCANELLI P，REYES-GONZALEZ J A，2000. Corporate governance in banking：a conceptual framework [J]. Social Science Electronic Publishing.

[43] CLAESSENS S，DJANKOV S，LANG L H P，2000. The separation of ownership and control in East Asian corporations [J]. Journal of Financial Economics，58(1/2)：81－112.

[44] CLAESSENS S，FAN J P H，DJANKOV S，LANG L H P，1999. On expropriation of minority shareholders：evidence from East Asia [J]. Policy Research Working Paper Series 2088.

[45] COASE R H, 1937. The nature of the firm [J]. Economica, 4(16): 386-405.

[46] COASE R H, 1993. Law and economics at Chicago [J]. The Journal of Law and Economics, 36(1): 239-254.

[47] COFF R W, 1999. When competitive advantage doesn't lead to performance: the resource-based view and stakeholder bargaining power [J]. Organization Science, 10(2): 119-133.

[48] CORDEIRO J J, TEWARI M, 2015. Firm characteristics, industry context, and investor reactions to environmental CSR: a stakeholder theory approach [J]. Journal of Business Ethics, 130(4): 833-849.

[49] CUMMINGS T, KNOTT A M, 2018. Outside CEOs and innovation [J]. Strategic Management Journal, 39(8): 2095-2119.

[50] DAI J, LU C, YANG Y, ZHENG Y, 2018. Is the social responsibility information disclosed by the companies really valuable?: Evidence from Chinese stock price synchronicity [J]. Sustainability, 10(10): 35-78.

[51] DAILY C M, DALTON D R, 1997. CEO and board chair roles held jointly or separately: much ado about nothing? [J]. Academy of Management Perspectives, 11(3): 11-20.

[52] DAILY C M, DALTON D R, 2003. Dollars and sense: the path to board independence [J]. Journal of Business Strategy, 24(3): 41-43.

[53] DAVIDSON R, DEY A, SMITH A, 2015. Executives' "off-the-job" behavior, corporate culture, and financial reporting risk [J]. Journal of Financial Economics, 117(1): 5-28.

[54] DAVIS G F, KIM S, 2015. Financialization of the economy [J]. Annual Review of Sociology, 41(1): 203-221.

[55] DEANGELO L E, 1988. Managerial competition, information costs, and corporate governance: the use of accounting performance measures in proxy contests [J]. Journal of Accounting and Economics, 10(1): 3-36.

[56] DEFOND M L, PARK C W, 1999. The effect of competition on CEO turnover [J]. Journal of Accounting and Economics, 27(1): 1-56.

[57] DEFOND M L, SUBRAMANYAM K R, 1998. Auditor changes and discretionary accruals [J]. Journal of Accounting and Economics, 25 (1): 35-67.

[58] DENG X, KANG J, LOW B S, 2013. Corporate social responsibility and stakeholder value maximization: evidence from mergers [J]. Journal of Financial Economics, 110(1): 87-109.

[59] DENIS D K, MCCONNELL J J, 2003. International corporate governance [J]. Journal of Financial and Quantitative Analysis, 38(1): 1-36.

[60] DIAMOND D W, 1984. Financial intermediation and delegated monitoring [J]. The Review of Economic Studies, 51(3): 393-414.

[61] DIAMOND D W, 1991. Monitoring and reputation: the choice between bank loans and directly placed debt [J]. Journal of Political Economy, 99(4): 689 - 721.

[62] DIMAGGIO P J, POWELL W W, 1983. The iron cage revisited: institutional isomorphism and collective rationality in organizational fields [J]. American Sociological Review, 48: 147 - 160.

[63] DJANKOV S, PORTA L R, LOPEZ-DE-SILANES F, SHLEIFER A, 2008. The law and economics of self-dealing [J]. Journal of Financial Economics, 88(3): 430 - 465.

[64] DONALDSON L, DAVIS J H, 1991. Stewardship theory or agency theory: CEO governance and shareholder returns [J]. Australian Journal of Management, 16 (1): 49 - 64.

[65] DONALDSON L, 1990. The ethereal hand: organizational economics and management theory [J]. Academy of Management Review, 15(3): 369 - 381.

[66] DOUKAS J A, KIM C, PANTZALIS C, 2000. Security analysis, agency costs, and company characteristics [J]. Financial Analysts Journal, 56(6): 54.

[67] DYCK A, MORSE A, ZINGALES L, 2010. Who blows the whistle on corporate fraud? [J]. The Journal of Finance, 65(6): 2213 - 2253.

[68] DYCK A, VOLCHKOVA N, ZINGALES L, 2008. The corporate governance role of the media: evidence from Russia [J]. The Journal of Finance, 63(3): 1093 - 1135.

[69] DYCK A, ZINGALES L, 2004. Private benefits of control: an international comparison [J]. The Journal of Finance, 59(2): 537 - 600.

[70] EDDLESTON K A, KELLERMANNS F W, SARATHY R, 2008. Resource configuration in family firms: linking resources, strategic planning and technological opportunities to performance [J]. Journal of Management Studies, 45(1): 26 - 50.

[71] ENGELBERG J E, PARSONS C A, 2011. The causal impact of media in financial markets [J]. The Journal of Finance, 66(1): 67 - 97.

[72] ENIKOLOPOV R, PETROVA M, SONIN K, 2018. Social media and corruption [J]. American Economic Journal: Applied Economics, 10(1): 150 - 174.

[73] FACCIO M, LANG L H, 2002. The ultimate ownership of Western European corporations [J]. Journal of Financial Economics, 65(3): 365 - 395.

[74] FAMA E F, JENSEN M C, 1983a. Agency problems and residual claims [J]. Journal of Law and Economics, 26(2): 327 - 349.

[75] FAMA E F, JENSEN M C, 1983b. Separation of ownership and control [J]. The Journal of Law and Economics, 26(2): 301 - 325.

[76] FAMA E F, 1980. Agency problems and the theory of the firm [J]. Journal of Political Economy, 88(2): 288 - 307.

[77] FAMA E F, 1985. Corporate control in commercial banks [J]. Journal of Financial Research, 20: 45 - 56.

［78］ FARQUHAR K W，1995. Not just understudies：the dynamics of short-term leadership ［J］. Human Resource Management，34：51－70.

［79］ FOSS N J，1996. Knowledge-based approaches to the theory of the firm：some critical comments ［J］. Organization Science，7(5)：470－476.

［80］ FRANKS J，MAYER C，1997. Corporate ownership and control in the UK，Germany，and France ［J］. Journal of Applied Corporate Finance，9(4)：30－45.

［81］ FREEMAN R E，REED D L，1983. Stockholders and stakeholders：a new perspective on corporate governance ［J］. California Management Review，25(3)：88－106.

［82］ FREEMAN R E，1984. Strategic management：a stakeholder approach ［J］. Journal of Management Studies，29(2)：131－154.

［83］ GALBRAITH J，1973. Designing complex organizations ［M］. Boston：Addison-Wesley.

［84］ GANGLOFF K A，CONNELLY B L，SHOOK C L，2016. Of scapegoats and signals：investor reactions to CEO succession in the aftermath of wrongdoing ［J］. Journal of Management，42(6)：1614－1634.

［85］ GENTZKOW M，SHAPIRO J M，2006. Media bias and reputation ［J］. Journal of Political Economy，114(2)：280－316.

［86］ GILSON R J，ROE M J，1993. Understanding the Japanese keiretsu：overlaps between corporate governance and industrial organization ［J］. Yale Law Journal，102(4)：871－906.

［87］ GILSON S C，1990. Management turnover and financial distress ［J］. Journal of Financial Economics，25(2)：241－262.

［88］ GRAFFIN S D，BUNDY J，PORAC J F，et al.，2013. Falls from grace and the hazards of high status：the 2009 British MP expense scandal and its impact on parliamentary elites ［J］. Administrative Science Quarterly，58(3)：313－345.

［89］ GRANOVETTER M，1985. Economic action and social structure：the problem of embeddedness ［J］. American Journal of Sociology，91(3)：481－510.

［90］ GROSSMAN S J，HART O D，1982. Corporate financial structure and managerial incentives//MCCALL. The economics of information and uncertainty ［C］. Chicago：University of Chicago Press.

［91］ GROSSMAN S J，HART O D，1988. One share-one vote and the market for corporate control ［J］. Journal of Financial Economics，20(1/2)：175－202.

［92］ GROSSMAN S J，HART O D，1980. Takeover bids，the free-rider problem，and the theory of the corporation ［J］. The Bell Journal of Economics，11(1)：42－64.

［93］ GROSSMAN S J，HART O D，1986. The costs and benefits of ownership：a theory of vertical and lateral integration ［J］. Journal of Political Economy，94(4)：691－719.

［94］ GURUN U G，BUTLER A W，2012. Don't believe the hype：local media slant, local advertising, and firm value [J]. The Journal of Finance, 67(2): 561-598.

[95] HAINES F, REICHMAN N, SCOTT C, 2008. Problematizing legitimacy and authority in law & policy [J]. Law & Policy, 30(1): 1-11.

[96] HARRIS M, RAVIV A, 1988. Corporate control contests and capital structure [J]. Journal of Financial Economics, 20(1/2): 55-86.

[97] HARRISON J S, BOSSE D A, PHILLIPS R A, 2010. Managing for stakeholders, stakeholder utility functions, and competitive advantage [J]. Strategic Management Journal, 31(1): 58-74.

[98] HART O, 2001. Financial contracting [J]. Journal of Economic Literature, 39 (4) : 1079-1101.

[99] HART O, 1995. Firms, contracts, and financial structure [M]. Oxford: Clarendon Press.

[100] HERMALIN B E, WEISBACH M S, 2001. Boards of directors as an endogenously determined institution: a survey of the economic literature [J]. Federal Reserve Bank of New York Economic Policy Review, 9(Apr): 7-26.

[101] HILLMAN A J, DALZIEL T, 2003. Boards of directors and firm performance: integrating agency and resource dependence perspectives [J]. Academy of Management Review, 28(3): 383-396.

[102] HILLMAN A J, KEIM G D, 2001. Shareholder value, stakeholder management, and social issues: what's the bottom line? [J]. Strategic Management Journal, 22 (2): 125-139.

[103] HITT M, FREEMAN R E, HARRISON J S, 2005. The Blackwell handbook of strategic management [M]. Oxford: Blackwell Publishing Ltd.

[104] HOFFMAN A J, 1997. From heresy to dogma: an institutional history of corporate environmentalism [M]. Palo Alto: Stanford University Press.

[105] HOGAN C E, LEWIS C M, 2000. The long-run performance of firms adopting compensation plans based on economic profits [J]. SSRN Electronic Journal.

[106] HOLDERNESS C G, SHEEHAN D P, 1988. The role of majority shareholders in publicly held corporations: an exploratory analysis [J]. Journal of Financial Economics, 20: 317-346.

[107] HURWICZ L, 1973. The design of mechanisms for resource allocation [J]. The American Economic Review, 63(2): 1-30.

[108] HUY Q, ZOTT C, 2007. How entrepreneurs regulate stakeholders' emotions to build new organizations [J]. INSEAD Working Papers Collection (59): 1-42.

[109] INTINTOLI V J, ZHANG A, DAVIDSON W N, 2014. The impact of CEO turnover on firm performance around interim successions [J]. Journal of Management & Governance, 18(2): 541-587.

[110] JENSEN M C, MECKLING W H, 1976. Theory of the firm: managerial

behavior, agency costs and ownership structure [J]. Journal of Financial Economics, 3 (4): 305－360.

[111] JENSEN M C, MURPHY K J, 1990. Performance pay and top-manager incentives [J]. Journal of Political Economy, 98(2): 225－264.

[112] JENSEN M C, 1986. Agency costs of free cash flow, corporate finance, and takeovers [J]. American Economic Review, 76: 329－350.

[113] JEPPERSON R L, 1991. Institutions, institutional effects, and institutionalism [A] //POWELL W W, DIMAGGIO P J. The new institutionalism in organizational analysis [M]. Chicago: University of Chicago Press: 143－163.

[114] JIANG F, KIM K A, 2020. Corporate governance in China: a survey [J]. Review of Finance, 24(4): 733－772.

[115] JIANG G, LEE C M C, YUE H, 2010. Tunneling through intercorporate loans: the China experience [J]. Journal of Financial Economics, 98(1): 1－20.

[116] JIANG G, RAO P, YUE H, 2015. Tunneling through non-operational fund occupancy: an investigation based on officially identified activities [J]. Journal of Corporate Finance, 32: 295－311.

[117] JOE J R, LOUIS H, ROBINSON D, 2009. Managers' and investors' responses to media exposure of board ineffectiveness [J]. Journal of Financial and Quantitative Analysis, 44(3): 579－605.

[118] JOHNSON S, PORTA L R, LOPEZ-DE-SILANES F, SHLEIFER A, 2000. Tunneling [J]. American Economic Review, 90(2): 22－27.

[119] JONES T M, FELPS W, BIGLEY G A, 2007. Ethical theory and stakeholder-related decisions: the role of stakeholder culture [J]. Academy of Management Review, 32(1): 137－155.

[120] JUNG J, SHIN T, 2019. Learning not to diversify: the transformation of graduate business education and the decline of diversifying acquisitions [J]. Administrative Science Quarterly, 64(2): 337－369.

[121] KAHNEMAN D, TVERSKY A, 1979. On the interpretation of intuitive probability: a reply to Jonathan Cohen [J]. Cognition, 7(4): 409－411.

[122] KAPLAN S E, SAMUELS J A, COHEN J, 2015. An examination of the effect of CEO social ties and CEO reputation on nonprofessional investors' say-on-pay judgments [J]. Journal of Business Ethics, 126(1): 103－117.

[123] KAPLAN S N, MINTON B A, 1994. Appointments of outsiders to Japanese boards: determinants and implications for managers [J]. Journal of Financial Economics, 36(2): 225－258.

[124] KIM K A, CHATJUTHAMARD P, NOFSINGER J R, 2007. Large shareholders, board independence, and minority shareholder rights: evidence from Europe [J]. Journal of Corporate Finance, 13(5): 859－880.

[125] KLEIN D E, 1997. Reputation: studies in the voluntary elicitation of good conduct [M]. Ann Arbor: University of Michigan Press.

[126] KOCHAN T A, RUBINSTEIN S A, 2000. Toward a stakeholder theory of the firm: the saturn partnership [J]. Organization Science, 11(4): 367 - 386.

[127] KOGUT B, ZANDER U, 1996. What firms do?: Coordination, identity, and learning [J]. Organization Science, 7(5): 502 - 518.

[128] KÖNIG A, MAMMEN J, LUGER J, et al., 2018. Silver bullet or ricochet?: CEOs' use of metaphorical communication and infomediaries' evaluations [J]. Academy of Management Journal, 61(4): 1196 - 1230.

[129] KOTHARI S P, LI X, SHORT J E, 2009. The effect of disclosures by management, analysts, and business press on cost of capital, return volatility, and analyst forecasts: a study using content analysis [J]. The Accounting Review, 84(5): 1639 - 1670.

[130] KOTHARI S P, WATTS R L, ZIMMERMAN J L, et al., 2000. Editorial data [J]. Journal of Accounting and Economics, 29(3): 1.

[131] KRAUSE R, SEMADENI M, CANNELLA A A, 2015. CEO duality: a review and research agenda [J]. Journal of Management, 40(1): 252 - 282.

[132] KRAUSE R, WHITLER K A, SEMADENI M, 2014. Power to the principals! An experimental look at shareholder say-on-pay voting [J]. Academy of Management Journal, 57(1): 94 - 115.

[133] LAMOREAUX P T, LITOV L P, MAULER L M, 2019. Lead independent directors: good governance or window dressing? [J]. Journal of Accounting Literature, 43: 47 - 69.

[134] LEUZ C, NANDA D, WYSOCKI P D, 2004. Earnings management and investor protection: an international comparison [J]. Journal of Financial Economics, 69 (3): 505 - 527.

[135] LI J, LI P, WANG B, 2019. The liability of opaqueness: state ownership and the likelihood of deal completion in international acquisitions by Chinese firms [J]. Strategic Management Journal, 40(2): 303 - 327.

[136] LI J, XIA J, LIN Z, 2017. Cross-border acquisitions by state-owned firms: how do legitimacy concerns affect the completion and duration of their acquisitions? [J]. Strategic Management Journal, 38(9): 20.

[137] LI Z, SUN Z, WANG Z, 2004. Tunneling and ownership structure of a firm: evidence from controlling shareholder's embezzlement of listed company's funds in China [J]. Accounting Research (12): 3 - 13.

[138] LIN N, 2001. Social capital: a theory of social structure and action [M]. Cambridge: Cambridge University Press.

[139] LINS K V, SERVAES H, 2002. Is corporate diversification beneficial in

emerging markets? [J]. Financial Management, 31(2): 5 - 31.

[140] LIPTON M, LORSCH J W, 1992. A modest proposal for improved corporate governance [J]. The Business Lawyer, 48(1): 59 - 77.

[141] LIU B, MCCONNELL J J, XU W, 2017. The power of the pen reconsidered: the media, CEO human capital, and corporate governance [J]. Journal of Banking & Finance, 76: 175 - 188.

[142] LIU B, MCCONNELL J J, 2013. The role of the media in corporate governance: do the media influence managers' capital allocation decisions? [J]. Journal of Financial Economics, 110(1): 1 - 17.

[143] LIU Q, TIAN G, 2012. Controlling shareholders expropriation and firms leverage decision: evidence from Chinese non-tradable share reform [J]. Journal of Corporate Finance, 18(4): 782 - 803.

[144] LONGENECKER J G, SCHOEN J E, 1978. Management succession in the family business [J]. Journal of Small Business Management, 16(3): 1.

[145] LORSCH J W, LIPTON M, 1993. On the leading edge: the lead director (cover story). [J]. Harvard Business Review, 71: 79 - 80.

[146] LUO X R, WANG D, ZHANG J, 2017. Whose call to answer: institutional complexity and firms' CSR reporting [J]. Academy of Management Journal, 60(1): 321 - 344.

[147] MACEY J R, O'HARA M, 2003. The corporate governance of banks [J]. Economic Policy Review, 9(1): 91.

[148] MAK Y T, LI Y, 2001. Determinants of corporate ownership and board structure: evidence from Singapore [J]. Journal of Corporate Finance, 7(3): 235 - 256.

[149] MARCH J, SIMON H, 1958. Organizations [M]. New York: John Wiley and Sons.

[150] MARQUIS C, QIAN C, 2014. Corporate social responsibility reporting in China: symbol or substance? [J]. Organization Science, 25(1): 127 - 148.

[151] MAURY B, PAJUSTE A, 2005. Multiple large shareholders and firm value [J]. Journal of Banking & Finance, 29(7): 1813 - 1834.

[152] MEYER J W, ROWAN B, 1977. Institutionalized organizations: formal structure as myth and ceremony [J]. American Journal of Sociology, 83(2): 340 - 363.

[153] MILLER G S, 2006. The press as a watchdog for accounting fraud [J]. Journal of Accounting Research, 44(5): 1001 - 1033.

[154] MODIGLIANI F, MILLER M H, 1958. The cost of capital, corporation finance and the theory of investment [J]. The American Economic Review, 48(3): 261 - 297.

[155] MORCK R, NAKAMURA M, 1999. Banks and corporate control in Japan [J]. The Journal of Finance, 54(1): 319 - 339.

[156] MORCK R, SHLEIFER A, VISHNY R W, 1989. Alternative mechanisms for corporate control [J]. The American Economic Review, 79(4): 842-852.

[157] MORCK R, SHLEIFER A, VISHNY R W, 1990. Do managerial objectives drive bad acquisitions? [J]. The Journal of Finance, 45(1): 31-48.

[158] MURPHY R, 1999. A study of CEO compensation and firm performance across companies with high, medium and low managerial discretion [D]. Lauderdale: Nova Southeastern University.

[159] MYERS S C, 1977. Determinants of corporate borrowing [J]. Journal of Financial Economics, 5(2): 147-175.

[160] NORTH D C, 1994. Institutional change: a framework of analysis [Z]. Economic History: 189-201.

[161] O'SULLIVAN N, 1997. Insuring the agents: the role of directors' and officers' insurance in corporate governance [J]. Journal of Risk and Insurance, 64(3): 545-556.

[162] PFEFFER J, SALANCIK G R, 1978. The external control of organizations: a resource dependence perspective [M]. New York: Harper & Row.

[163] PISTOR K, 2002. The demand for constitutional law [J]. Constitutional Political Economy, 13(1): 73-87.

[164] POLLOCK T G, RINDOVA V P, 2003. Media legitimation effects in the market for initial public offerings [J]. Academy of Management Journal, 46(5): 631-642.

[165] PORTA R L, LOPEZ-DE-SILANES F, SHLEIFER A, VISHNY R, 2000. Investor protection and corporate governance [J]. Journal of Financial Economics, 58(1/2): 3-27.

[166] PORTA R L, LOPEZ-DE-SILANES F, SHLEIFER A, 1999. Corporate ownership around the world [J]. Journal of Finance, 54(2): 471-517.

[167] PORTA R L, LOPEZ-DE-SILANES F, SHLEIFER A, VISHNY R W, 2002. Investor protection and corporate valuation [J]. The Journal of Finance, 57(3): 1147-1170.

[168] POWELL W W, DIMAGGIO P J, 1991. The new institutionalism in organizational analysis [M]. Chicago: University of Chicago press.

[169] PRATT M G, 1998. Central questions in organizational identification [J]. Identity in Organizations, 24(3): 171-207.

[170] QIAN M, PAN H, YEUNG B Y, 2011. Expropriation of minority shareholders in politically connected firms [J]. Social Science Electronic Publishing.

[171] RAJKOVIC T, 2020. Lead independent directors and investment efficiency [J]. Journal of Corporate Finance, 64: 101690.

[172] REYNOLDS S J, SCHULTZ F C, HEKMAN D R, 2006. Stakeholder theory and managerial decision-making: constraints and implications of balancing stakeholder

interests [J]. Journal of Business Ethics，64(3)：285－301.

[173] RINALLO D，BASUROY S，2009. Does advertising spending influence media coverage of the advertiser? [J]. Journal of Marketing，73(6)：33－46.

[174] ROBINSON J R，XUE Y，YU Y，2011. Determinants of disclosure noncompliance and the effect of the SEC review：evidence from the 2006 mandated compensation disclosure regulations [J]. The Accounting Review，86(4)：1415－1444.

[175] ROE E，1994. Narrative policy analysis：theory and practice [M]. Durham：Duke University Press.

[176] ROSENSTEIN S，WYATT J G，1990. Outside directors，board independence，and shareholder wealth [J]. Journal of Financial Economics，26(2)：175－191.

[177] ROSS L，1979. The operating and financial review：the mandatory OFR creates a number of new responsibilities—and conundrums—for directors. Louise Ross considers whether it's revolutionary or evolutionary [J]. Journal of the Acoustical Society of America，65(6)：S64.

[178] RUEF M，SCOTT W R，1998. A multidimensional model of organizational legitimacy：hospital survival in changing institutional environments [J]. Administrative Science Quarterly，43：877－904.

[179] RUMELT R P，2012. Good strategy/bad strategy：the difference and why it matters [J]. Strategic Direction，28(8)：464－467.

[180] RUSSO A，PERRINI F，2010. Investigating stakeholder theory and social capital：CSR in large firms and SMEs [J]. Journal of Business Ethics，91(2)：207－221.

[181] SCHONLAU R J，SINGH P V，2009. Board networks and merger performance [J]. SSRN Electronic Journal.

[182] SCOTT W R，DAVIS G F，2006. Organizations and organizing：rational，natural and open systems perspectives [M]. London：Routledge.

[183] SCOTT W R，MARTIN R，PETER J M，et al.，2000. Institutional change and healthcare organizations：from professional dominance to managed care [M]. Chicago：University of Chicago Press.

[184] SCOTT W R，2013. Institutions and organizations：ideas，interests，and identities [M]. Sage Publications.

[185] SHI W，CONNELLY B L，2018. Is regulatory adoption ceremonial? Evidence from lead director appointments [J]. Strategic Management Journal，39(8)：2386－2413.

[186] SHLEIFER A，VISHNY R W，1986. Large shareholders and corporate control [J]. Journal of Political Economy，94(3，Part 1)：461－488.

[187] SHLEIFER A，VISHNY R W，1997. The limits of arbitrage [J]. Journal of Finance，52(1)：35－55.

[188] SIMON H A，1947. Administrative behavior [M]. New York：Macmillan.

[189] SIMON H A，1956. Rational choice and the structure of the environment

[J]. Psychological Review, 63(2): 129.

[190] SMITH A, 1776. The wealth of nations: an inquiry into the nature and causes [M]. New Delhi: Global Vision Publishing House.

[191] SMITH C W, WARNER J B, 1979. On financial contracting: an analysis of bond covenants-science direct [J]. Journal of Financial Economics, 7(2): 117 - 161.

[192] SOLOMON B S, DUCE D, HARRISON R, et al., 2012. Modeling social media collaborative work [C]. 2012 4th International Workshop on Modeling in Software Engineering (MISE): 43 - 49.

[193] SOULE S A, SWAMINATHAN A, TIHANYI L, 2014. The diffusion of foreign divestment from Burma [J]. Strategic Management Journal, 35(7): 1032 - 1052.

[194] STANFORD RESEARCH INSTITUTE MEMORANDUM, 1963 [ER/OL]. [2008-09-09]. http://www. ruf. rice. edu/~odw/.

[195] STIGLER G J, 1964. A theory of oligopoly [J]. Journal of Political Economy, 72(1): 44 - 61.

[196] SUCHMAN M C, 1995. Managing legitimacy: strategic and institutional approaches [J]. Academy of Management Review, 20(3): 571 - 610.

[197] SUNDER J, SUNDER S V, ZHANG J, 2017. Pilot CEOs and corporate innovation [J]. Journal of Financial Economics, 123(1): 209 - 224.

[198] TADELIS S, 1999. What's in a name?: Reputation as a tradeable asset [J]. American Economic Review, 89(3): 548 - 563.

[199] TANG X, DU J, HOU Q, 2013. The effectiveness of the mandatory disclosure of independent directors' opinions: empirical evidence from China [J]. Journal of Accounting & Public Policy, 32(3): 89 - 125.

[200] TETLOCK P C, 2011. All the news that's fit to reprint: do investors react to stale information? [J]. Review of Financial Studies, 24(5): 1481 - 1512.

[201] TETLOCK P C, 2007. Giving content to investor sentiment: the role of media in the stock market [J]. The Journal of Finance, 62(3): 1139 - 1168.

[202] TOLBERT P S, ZUCKER L G, 1983. Institutional sources of change in the formal structure of organizations: the diffusion of civil service reform, 1880—1935 [J]. Administrative Science Quarterly, 28: 22 - 39.

[203] TVERSKY A, KAHNEMAN D, 1992. Advances in prospect theory: cumulative representation of uncertainty [J]. Journal of Risk and Uncertainty, 5(4): 297 - 323.

[204] TVERSKY A, KAHNEMAN D, 1981. Evidential impact of base rates [R]. Dept of Psychology, Stanford University (Ca).

[205] UZZI B, 1997. Social structure and competition in interfirm networks: the paradox of embeddedness [J]. Administrative Science Quarterly, 42(1): 35 - 67.

[206] VANCIL R F, 1987. Passing the baton: managing the process of CEO

succession [M]. Cambridge: Harvard Business Review Press.

[207] VLACHY L G, BANFIELD R, KÖNIG A, et al., 2020. Media coverage of firms: background, integration, and directions for future research [J]. Journal of Management, 46(1): 36 - 69.

[208] WALLACE J S, 1997. Adopting residual income-based compensation plans: do you get what you pay for? [J]. Journal of Accounting and Economics, 24(3): 275 - 300.

[209] WALLS J L, BERRONE P, PHAN P H, 2012. Corporate governance and environmental performance: is there really a link? [J]. Strategic Management Journal, 33(8): 885 - 913.

[210] WARTICK L S, 1992. The relationship between intense media exposure and change in corporate reputation [J]. Business & Society, 31(1): 33 - 49.

[211] WEBER M, 1978. Economy and society: an outline of interpretive sociology [M]. Berkeley: University of California Press.

[212] WEBER M, 1947. The theory of social and economic organizations [J]. Journal of Political Economy, 11(7): 475 - 478.

[213] WESTPHAL J D, PARK S H, MCDONALD M L, et al., 2012. Helping other CEOs avoid bad press: social exchange and impression management support among CEOs in communications with journalists [J]. Administrative Science Quarterly, 57(2): 217 - 268.

[214] WHITE H C, 1981. Where do markets come from? [J]. American Journal of Sociology, 87(3): 517 - 547.

[215] WIESENFELD B M, WURTHMANN K A, HAMBRICK D C, 2008. The stigmatization and devaluation of elites associated with corporate failures: a process model [J]. Academy of Management Review, 33(1): 231 - 251.

[216] WILLIAMSON O E, 1985. The economic institutions of capitalism [M]. New York: Free Press.

[217] WILLIAMSON O E, 1988. The logic of economic organization [J]. Journal of Law, Economics and Organization, 4(1): 65 - 93.

[218] WISEMAN R M, GOMEZ-MEJIA L R, 1998. A behavioral agency model of managerial risk taking [J]. Academy of Management Review, 23(1): 133 - 153.

[219] WU F, YU J, ZHAO Y, et al., 2018. Interim CEO, state ownership and corporate long-term investment in China [C]. Asian Finance Association (AsianFA) 2018 Conference.

[220] YEH Y H, WOIDTKE T, 2005. Commitment or entrenchment: controlling shareholders and board composition [J]. Journal of Banking & Finance, 29(7): 1857 - 1885.

[221] YERMACK D, 2004. Remuneration, retention, and reputation incentives for outside directors. Journal of Finance, 59(5): 2281 - 2308.

[222] ZAJAC E J, WESTPHAL J D, 1996. Who shall succeed? How CEO/board preferences and power affect the choice of new CEOs [J]. Academy of Management Journal, 39(1): 64-90.

[223] ZENGER T R, FELIN T, BIGELOW L, 2011. Theories of the firm-market boundary [J]. Academy of Management Annals, 5(1): 89-133.

[224] ZHANG M, GAO S, GUAN X, et al., 2014. Controlling shareholder-manager collusion and tunneling: evidence from China [J]. Corporate Governance: an International Review, 22(6): 440-459.

[225] ZHANG Y, RAJAGOPALAN N, 2004. When the known devil is better than an unknown god: an empirical study of the antecedents and consequences of relay CEO successions [J]. Academy of Management Journal, 47(4): 483-500.

[226] ZHOU N, WANG H, 2020. Foreign subsidiary CSR as a buffer again parent firm reputation risk [J]. Journal of International Business Studies, 51(8): 1256-1282.

[227] ZHU Q, HU S, SHEN W, 2020. Why do some insider CEOs make more strategic changes than others? The impact of prior board experience on new CEO insiderness [J]. Strategic Management Journal, 41(10): 1933-1951.

[228] ZINGALES L, 1995. Insider ownership and the decision to go public [J]. The Review of Economic Studies, 62(3): 425-448.

[229] ZINGALES L, 1994. The value of the voting right: a study of the Milan stock exchange experience [J]. The Review of Financial Studies, 7(1): 125-148.

[230] ZUCKER L G, 1977. The role of institutionalization in cultural persistence [J]. American Sociological Review: 726-743.

[231] 白景坤，张雅，李思晗，2020. 平台型企业知识治理与价值共创关系研究 [J]. 科学学研究，38(12)：2193-2201.

[232] 保建云，2019. 中国跨国公司崛起、华为模式与世界格局演化 [J]. 人民论坛 (34)：12-15.

[233] 曹春方，林雁，2017. 异地独董、履职职能与公司过度投资 [J]. 南开管理评论，20(01)：16-29+131.

[234] 曾志远，蔡东玲，武小凯，2018. "监督管理层"还是"约束大股东"?：基金持股对中国上市公司价值的影响 [J]. 金融研究，462(12)：157-173.

[235] 陈德球，杨佳欣，董志勇，2013. 家族控制、职业化经营与公司治理效率：来自 CEO 变更的经验证据 [J]. 南开管理评论，16(04)：55-67.

[236] 陈冬华，相加凤，2017. 独立董事只能连任 6 年合理吗?：基于我国 A 股上市公司的实证研究 [J]. 管理世界 (05)：144-157.

[237] 陈宏辉，贾生华，2005. 企业利益相关者的利益协调与公司治理的平衡原理 [J]. 中国工业经济 (08)：114-121.

[238] 陈凌，应丽芬，2003. 代际传承：家族企业继任管理和创新 [J]. 管理世界 (06)：89-97+155-156.

[239] 陈仕华，姜广省，李维安，等，2014. 国有企业纪委的治理参与能否抑制高管私有收益？[J]. 经济研究，49(10)：139－151.

[240] 陈仕华，卢昌崇，2014. 国有企业党组织的治理参与能够有效抑制并购中的“国有资产流失”吗？[J]. 管理世界（05）：106－120.

[241] 陈炜，孔翔，许年行，2008. 我国中小投资者法律保护与控制权私利关系实证检验 [J]. 中国工业经济（01）：24－31.

[242] 陈霞，马连福，贾西猛，2018. 独立董事与CEO私人关系对公司绩效的影响 [J]. 管理科学，31(02)：131－146.

[243] 陈小悦，徐晓东，2001. 股权结构、企业绩效与投资者利益保护 [J]. 经济研究（11）：3－11＋94.

[244] 陈晓红，王小丁，曾江洪，2008. 中小企业债权治理评价与成长性研究：来自中国中小上市公司的经验证据 [J]. 中国管理科学（01）：163－171.

[245] 陈莹，2019. 电商平台对卖方用户企业的治理机制研究——以品牌依恋理论为视角 [J]. 上海财经大学学报，21(02)：106－123.

[246] 陈运森，谢德仁，2011. 网络位置、独立董事治理与投资效率 [J]. 管理世界（07）：113－127.

[247] 陈运森，郑登津，2017. 董事网络关系、信息桥与投资趋同 [J]. 南开管理评论，20(03)：159－171.

[248] 醋卫华，李培功，2012. 媒体监督公司治理的实证研究 [J]. 南开管理评论，15(01)：33－42.

[249] 戴亦一，潘越，陈芬，2013. 媒体监督、政府质量与审计师变更 [J]. 会计研究（10）：89－95.

[250] 戴亦一，潘越，刘思超，2011. 媒体监督、政府干预与公司治理：来自中国上市公司财务重述视角的证据 [J]. 世界经济（11）：121－144.

[251] 邓莉，张宗益，2004. 公司治理复杂性分析 [J]. 重庆工商大学学报：西部经济论坛（01）：82－84.

[252] 丁保利，王胜海，刘西友，2012. 股票期权激励机制在我国的发展方向探析 [J]. 会计研究（06）：76－80＋93.

[253] 豆中强，刘星，刘理，2010. 控制权私利下的企业资本配置决策研究 [J]. 中国管理科学，18(05)：152－158.

[254] 杜龙政，汪延明，李石，2010. 产业链治理架构及其基本模式研究 [J]. 中国工业经济（03）：108－117.

[255] 杜兴强，殷敬伟，赖少娟，2017. 论资排辈、CEO任期与独立董事的异议行为 [J]. 中国工业经济（12）：151－169.

[256] 杜莹，刘立国，2002. 股权结构与公司治理效率：中国上市公司的实证分析 [J]. 管理世界（11）：124－133.

[257] 费显政，2005. 资源依赖学派之组织与环境关系理论评介 [J]. 武汉大学学报（哲学社会科学版）（04）：451－455.

[258] 冯根福，韩冰，闫冰，2002. 中国上市公司股权集中度变动的实证分析 [J]. 经济研究 (08)：12－18＋93.

[259] 冯根福，2001. 关于健全和完善我国上市公司治理结构几个关键问题的思考 [J]. 当代经济科学 (06)：23－28.

[260] 冯根福，2004. 双重委托代理理论：上市公司治理的另一种分析框架：兼论进一步完善中国上市公司治理的新思路 [J]. 经济研究 (12)：16－25.

[261] 冯来强，孔祥婷，曹慧娟，2017. 董事高管责任保险与权益资本成本：来自信息质量渠道的实证研究证据 [J]. 会计研究 (11)：65－71＋97.

[262] 冯怡恬，杨柳勇，2018. 股权激励能阻止创业板高管辞职与套现吗？[J]. 商业经济与管理 (03)：36－46.

[263] 高闯，2009. 比较管理 [M]. 北京：经济管理出版社.

[264] 高闯，2019. 公司治理教程 [M]. 北京：高等教育出版社.

[265] 高雷，宋顺林，2007. 治理环境、治理结构与代理成本：来自国有上市公司面板数据的经验证据 [J]. 经济评论 (03)：35－40.

[266] 龚怡祖，2009. 大学治理结构：现代大学制度的基石 [J]. 教育研究，30 (06)：22－26.

[267] 顾露露，蔡良，雷悦，2017. 家族治理、所有权变更与企业创新：基于中国家族企业的实证研究 [J]. 管理科学，30(02)：39－53.

[268] 郭超，2013. 子承父业还是开拓新机：二代接班者价值观偏离与家族企业转型创业 [J]. 中山大学学报（社会科学版），53(02)：189－198.

[269] 郭雳，2016. 中国式监事会：安于何处，去向何方?：国际比较视野下的再审思 [J]. 比较法研究 (02)：74－87.

[270] 韩晴，王华，2014. 独立董事责任险、机构投资者与公司治理 [J]. 南开管理评论，17(05)：54－62.

[271] 郝臣，李维安，王旭，2015. 中国上市金融机构是否有效治理：风险承担视角 [J]. 现代财经（天津财经大学学报），35(11)：12－21＋45.

[272] 郝阳，龚六堂，2017. 国有、民营混合参股与公司绩效改进 [J]. 经济研究，52(03)：122－135.

[273] 郝颖，刘星，2009. 资本投向、利益攫取与挤占效应 [J]. 管理世界 (05)：128－144.

[274] 郝云宏，汪茜，2015. 混合所有制企业股权制衡机制研究：基于"鄂武商控制权之争"的案例解析 [J]. 中国工业经济 (03)：148－160.

[275] 何浚，1998. 上市公司治理结构的实证分析 [J]. 经济研究 (05)：51－58.

[276] 何威风，刘巍，2017. 公司为什么选择法律背景的独立董事？[J]. 会计研究 (04)：45－51.

[277] 何轩，宋丽红，朱沆，等，2014. 家族为何意欲放手?：制度环境感知、政治地位与中国家族企业主的传承意愿 [J]. 管理世界 (02)：90－101＋110＋188.

[278] 贺小刚，李新春，连燕玲，等，2010. 家族内部的权力偏离及其对治理效率

的影响：对家族上市公司的研究 [J]. 中国工业经济 (10)：96－106.

[279] 贺小刚，李新春，连燕玲，2011. 家族成员的权力集中度与企业绩效——对家族上市公司的研究 [J]. 管理科学学报，14(05)：86－96.

[280] 贺小刚，连燕玲，余冬兰，2010. 家族和谐与企业可持续成长——基于家族权力配置的视角 [J]. 经济管理，32(01)：50－60.

[281] 胡国柳，李少华，2014. 董事责任保险能否改善企业投资效率?：基于中国A股上市公司的经验证据 [J]. 湖南大学学报（社会科学版)，28(02)：41－46.

[282] 胡国柳，赵阳，胡珺，2019. D&O保险、风险容忍与企业自主创新 [J]. 管理世界，35(08)：121－135.

[283] 胡勤勤，沈艺峰，2002. 独立外部董事能否提高上市公司的经营业绩 [J]. 世界经济 (07)：55－62＋80.

[284] 胡旭阳，吴一平，2017. 创始人政治身份与家族企业控制权的代际锁定 [J]. 中国工业经济 (05)：152－171.

[285] 胡奕明，唐松莲，2008. 独立董事与上市公司盈余信息质量 [J]. 管理世界 (09)：149－160.

[286] 黄海杰，吕长江，朱晓文，2018. 二代介入与企业创新：来自中国家族上市公司的证据 [J]. 南开管理评论，21(01)：6－16.

[287] 黄群慧，崔建民，2018. 国有企业党建发展报告（2018）[M]. 北京：社会科学文献出版社.

[288] 黄速建，2014. 中国国有企业混合所有制改革研究 [J]. 经济管理，36(07)：1－10.

[289] 纪春礼，杨萍，2016. 电商平台企业的社会责任与企业价值相关性研究：基于阿里巴巴、京东和聚美优品的实证分析 [J]. 经济与管理，30(04)：89－96.

[290] 贾生华，陈宏辉，2003. 全球化背景下公司治理模式的演进趋势分析 [J]. 中国工业经济 (01)：78－86.

[291] 姜付秀，黄磊，张敏，2009. 产品市场竞争、公司治理与代理成本 [J]. 世界经济，32(10)：46－59.

[292] 姜付秀，郑晓佳，蔡文婧，2017. 控股家族的“垂帘听政”与公司财务决策 [J]. 管理世界 (03)：125－145.

[293] 姜付秀，朱冰，王运通，2014. 国有企业的经理激励契约更不看重绩效吗? [J]. 管理世界 (09)：143－159.

[294] 孔东民，刘莎莎，应千伟，2013. 公司行为中的媒体角色：激浊扬清还是推波助澜? [J]. 管理世界 (07)：145－162.

[295] 孔东民，刘莎莎，2017. 中小股东投票权、公司决策与公司治理——来自一项自然试验的证据 [J]. 管理世界 (09)：101－115＋188.

[296] 赖黎，唐芸茜，夏晓兰，等，2019. 董事高管责任保险降低了企业风险吗?：基于短贷长投和信贷获取的视角 [J]. 管理世界，35(10)：160－171.

[297] 郎咸平，2004. 公司治理 [M]. 北京：社会科学文献出版社.

[298] 雷海民，梁巧转，李家军，2012. 公司政治治理影响企业的运营效率吗：基于中国上市公司的非参数检验 [J]. 中国工业经济 (09)：109-121.

[299] 黎来芳，2005. 商业伦理 诚信义务与不道德控制：鸿仪系“掏空”上市公司的案例研究 [J]. 会计研究 (11)：8-14.

[300] 黎文靖，岑永嗣，胡玉明，2014. 外部薪酬差距激励了高管吗：基于中国上市公司经理人市场与产权性质的经验研究 [J]. 南开管理评论，17(04)：24-35.

[301] 黎文靖，胡玉明，2012. 国企内部薪酬差距激励了谁？[J]. 经济研究，47(12)：125-136.

[302] 李常青，熊艳，2012. 媒体治理：角色、作用机理及效果：基于投资者保护框架的文献述评 [J]. 厦门大学学报（哲学社会科学版）(02)：9-16.

[303] 李海英，李双海，毕晓方，2017. 双重股权结构下的中小投资者利益保护：基于 Facebook 收购 WhatsApp 的案例研究 [J]. 中国工业经济 (01)：174-192.

[304] 李欢，郑杲娉，徐永新，2014. 家族企业“去家族化”与公司价值：来自我国上市公司的经验证据 [J]. 金融研究 (11)：127-141.

[305] 李科，徐龙炳，2011. 融资约束、债务能力与公司业绩 [J]. 经济研究，46(05)：61-73.

[306] 李莉，吕晨，于嘉懿，2018. 高校独董与民营上市公司绩效：“行监坐守”与“将伯之助” [J]. 管理评论，30(01)：98-117.

[307] 李明，郑艳秋，2018. 盈余管理、媒体负面报道与公司上市后业绩变脸：基于我国创业板上市公司的经验证据 [J]. 管理评论，30(12)：212-225.

[308] 李培功，沈艺峰，2010. 媒体的公司治理作用：中国的经验证据 [J]. 经济研究，45(04)：14-27.

[309] 李维安，郝臣，崔光耀，等，2019. 公司治理研究 40 年：脉络与展望 [J]. 外国经济与管理，41(12)：161-185.

[310] 李维安，唐跃军，2005. 上市公司利益相关者治理机制、治理指数与企业业绩 [J]. 管理世界 (09)：127-136.

[311] 李维安，王德禄，2005. 融合互动殊途同归：谈 IT 治理与公司治理 [J]. 中国计算机用户 (06)：36.

[312] 李维安，武立东，2002. 公司治理教程 [M]. 上海：上海人民出版社.

[313] 李维安，徐建，2014. 董事会独立性、总经理继任与战略变化幅度：独立董事有效性的实证研究 [J]. 南开管理评论，17(01)：4-13.

[314] 李维安，2001. 公司治理 [M]. 天津：南开大学出版社.

[315] 李维安，2015. 公司治理手册 [M]. 北京：清华大学出版社.

[316] 李维安，2014. 深化国企改革与发展混合所有制 [J]. 南开管理评论，17(03)：1.

[317] 李新春，韩剑，李炜文，2015. 传承还是另创领地?：家族企业二代继承的权威合法性建构 [J]. 管理世界 (06)：110-124+187-188.

[318] 李新春，贺小刚，邹立凯，2020. 家族企业研究：理论进展与未来展望 [J].

管理世界，36(11)：207－229.

［319］李新春，檀宏斌，2010. 家族企业内部两权分离：路径与治理：基于百年家族企业香港利丰的案例研究［J］. 中山大学学报（社会科学版），50(04)：178－188.

［320］李亚光，卢彬彬，2017. 基于网络组织的研发协同创新机制研究［J］. 科技管理研究，37(03)：1－8.

［321］李增泉，2002. 国家控股与公司治理的有效性［D］. 上海：上海财经大学.

［322］连燕玲，刘依琳，高皓，2020. 代理CEO继任与媒体报道倾向：基于中国上市公司的经验分析［J］. 中国工业经济（08)：175－192.

［323］梁红玉，姚益龙，宁吉安，2012. 媒体监督、公司治理与代理成本［J］. 财经研究，38(07)：90－100.

［324］梁上坤，陈冬华，2015. 大股东会侵犯管理层利益吗?：来自资金占用与管理层人员变更的经验证据［J］. 金融研究，417(03)：192－206.

［325］梁上坤，陈冬，付彬，等，2018. 独立董事网络中心度与会计稳健性［J］. 会计研究（09)：39－46.

［326］林朝南，刘星，郝颖，2007. 所有权安排对大股东控制权私利的影响研究［J］. 中国管理科学（06)：132－139.

［327］林雁，谢抒桑，刘宝华，2019. 异地独董与公司创新投入：基于董事会文化多样性视角的考察［J］. 管理科学，32(04)：76－89.

［328］林志帆，龙晓旋，2019. 卖空威胁能否激励中国企业创新［J］. 世界经济，42(09)：126－150.

［329］凌士显，白锐锋，2017. 董事高管责任保险的公司治理作用：基于双重代理成本的视角［J］. 财贸经济，38(12)：95－110.

［330］刘诚，杨继东，周斯洁，2012. 社会关系、独立董事任命与董事会独立性［J］. 世界经济，35(12)：83－101.

［331］刘诚，杨继东，2013. 独立董事的社会关系与监督功能：基于CEO被迫离职的证据［J］. 财经研究，39(07)：16－26.

［332］刘诚，2017. 独立董事社会关系增进还是削弱了董事会的功能：基于灰色董事行为的博弈分析［J］. 经济理论与经济管理（08)：91－99.

［333］刘峰，贺建刚，魏明海，2004. 控制权、业绩与利益输送：基于五粮液的案例研究［J］. 管理世界（08)：102－110＋118.

［334］刘浩，唐松，楼俊，2012. 独立董事：监督还是咨询?：银行背景独立董事对企业信贷融资影响研究［J］. 管理世界（01)：141－156＋169.

［335］刘洪钟，曲文轶，2003. 公司治理、代理问题与东亚家族企业：以韩国财阀为例［J］. 世界经济，26(02)：40－50.

［336］刘俊海，2011. 现代公司法［M］. 北京：法律出版社.

［337］刘俊海，2006. 新公司法中揭开公司面纱制度的解释难点探析［J］. 同济大学学报（社会科学版）(06)：111－118.

［338］刘萌，史晋川，罗德明，2019. 媒体关注与公司研发投入：基于中国上市公

司的实证分析 [J]. 经济理论与经济管理 (03): 18-32.

[339] 刘启亮，李增泉，姚易伟，2008. 投资者保护、控制权私利与金字塔结构：以格林柯尔为例 [J]. 管理世界 (12): 139-148+188.

[340] 刘少波，2007. 控制权收益悖论与超控制权收益：对大股东侵害小股东利益的一个新的理论解释 [J]. 经济研究，42(02): 85-96.

[341] 刘绍娓，万大艳，2013. 高管薪酬与公司绩效：国有与非国有上市公司的实证比较研究 [J]. 中国软科学 (02): 90-101.

[342] 刘星，徐光伟，2012. 政府管制、管理层权力与国企高管薪酬刚性 [J]. 经济科学 (01): 86-102.

[343] 刘运国，岑晓君，曾昭坤，2017. 家族企业传承背景下职业经理人激励机制研究：以美的集团为例 [J]. 财会通讯 (23): 63-71.

[344] 柳学信，孔晓旭，王凯，2020. 国有企业党组织治理与董事会异议：基于上市公司董事会决议投票的证据 [J]. 管理世界，36(05): 116-133+13.

[345] 龙超，2003. 证券市场监管的经济学分析 [M]. 北京：经济科学出版社.

[346] 卢福财，胡平波，2005. 网络组织成员合作的声誉模型分析 [J]. 中国工业经济 (02): 73-79.

[347] 陆正飞，张会丽，2010. 所有权安排、寻租空间与现金分布：来自中国 A 股市场的经验证据 [J]. 管理世界 (05): 150-158+171+188.

[348] 逯东，谢璇，杨丹，2017. 独立董事官员背景类型与上市公司违规研究 [J]. 会计研究 (08): 55-61.

[349] 罗党论，唐清泉，2007. 市场环境与控股股东"掏空"行为研究：来自中国上市公司的经验证据 [J]. 会计研究 (04): 69-74+96.

[350] 罗进辉，黄泽悦，朱军，2017. 独立董事地理距离对公司代理成本的影响 [J]. 中国工业经济 (08): 100-119.

[351] 罗进辉，谢达熙，陈华阳，2017. 官员独董："掠夺之手"抑或"扶持之手" [J]. 管理科学，30(04): 83-96.

[352] 吕长江，肖成民，2006. 民营上市公司所有权安排与掏空行为：基于阳光集团的案例研究 [J]. 管理世界 (10): 128-138.

[353] 马才华，何云佳，2016. 员工持股计划研究：基于华为与中兴通讯股权激励模式的比较 [J]. 财会通讯 (26): 88-90+129.

[354] 马连福，王元芳，沈小秀，2013. 国有企业党组织治理、冗余雇员与高管薪酬契约 [J]. 管理世界 (05): 100-115+130.

[355] 马连福，王元芳，沈小秀，2012. 中国国有企业党组织治理效应研究：基于"内部人控制"的视角 [J]. 中国工业经济 (08): 82-95.

[356] 马连福，张燕，高塬，2017. 混合所有制改革的转变新趋势 [J]. 现代管理科学 (10): 15-17.

[357] 玛丽·奥沙利文，2007. 公司治理百年：美国和德国公司治理演变 [M]. 黄一义，谭晓青，冀书鹏，译. 北京：人民邮电出版社.

［358］聂辉华，2011. 对中国深层次改革的思考：不完全契约的视角［J］. 国际经济评论（01）：129－140＋6.

［359］宁向东，崔弼洙，张颖，2012. 基于声誉的独立董事行为研究［J］. 清华大学学报（哲学社会科学版），27(01)：129－136＋161.

［360］宁向东，2006. 揭开面纱制度［J］. IT 经理世界（10）：111.

［361］彭本红，武柏宇，2016. 平台企业的合同治理、关系治理与开放式服务创新绩效：基于商业生态系统视角［J］. 软科学，30(05)：78－81＋118.

［362］彭本红，仲钊强，2021. 治理机制、网络嵌入对平台企业开放式服务创新绩效的影响［J］. 科技进步与对策，38(03)：96－105.

［363］彭小平，2011. 公司治理中的两类代理问题研究［J］. 中国市场（33）：88－95.

［364］彭雪蓉，魏江，2015. 利益相关者环保导向与企业生态创新：高管环保意识的调节作用［J］. 科学学研究，33(07)：1109－1120.

［365］彭真明，江华，2003. 美国独立董事制度与德国监事会制度之比较：也论中国公司治理结构模式的选择［J］. 法学评论，21(01)：36－42.

［366］彭正银，2002. 网络治理理论探析［J］. 中国软科学（03）：51－55.

［367］蒲自立，刘芍佳，2004. 公司控制中的董事会领导结构和公司绩效［J］. 管理世界（09）：117－122＋130.

［368］钱颜文，姚芳，孙林岩，2006. 非营利组织治理及其治理结构研究：一个对比的视角［J］. 科研管理（02）：114－121.

［369］钱颖一，2000. 市场与法治［J］. 经济社会体制比较（03）：1－11.

［370］青木昌彦，钱颖一，1995. 转轨经济中的公司治理结构［M］. 北京：中国经济出版社.

［371］瞿强，普瑞格，2002. 德国的公司治理结构［J］. 财贸经济（04）：70－75.

［372］全怡，郭卿，2017.“追名”还是“逐利”：独立董事履职动机之探究［J］. 管理科学，30(04)：3－16.

［373］冉光圭，方巧玲，罗帅，2015. 中国公司的监事会真的无效吗［J］. 经济学家（01）：73－82.

［374］冉戎，刘星，陈其安，2009. 潜在风险对大股东获取控制权私利行为的影响研究：兼析部分控制权私利的合理性［J］. 中国管理科学，17(03)：173－182.

［375］邵东亚，2003. 公司治理的机制与绩效：案例分析与制度反思［J］. 管理世界（12）：115－127.

［376］邵剑兵，陈永恒，2018. 高管股权激励、盈余管理与审计定价：基于盈余管理异质性的视角［J］. 审计与经济研究，33(01)：44－55.

［377］邵志浩，才国伟，2019. 媒体报道存在产权偏好吗？［J］. 南开经济研究（03）：160－180.

［378］申明浩，2008. 民营上市公司隧道行为的发生机理［J］. 经济问题探索（03）：155－160.

［379］沈昊，杨梅英，2019. 国有企业混合所有制改革模式和公司治理：基于招商

局集团的案例分析 [J]. 管理世界，35(04)：171－182.

[380] 沈红波，华凌昊，许基集，2018. 国有企业实施员工持股计划的经营绩效：激励相容还是激励不足 [J]. 管理世界，34(11)：121－133.

[381] 沈红波，张金清，张广婷，2019. 国有企业混合所有制改革中的控制权安排：基于云南白药混改的案例研究 [J]. 管理世界，35(10)：206－217.

[382] 施东晖，2003. 上市公司控制权价值的实证研究 [J]. 经济科学 (06)：83－89.

[383] 宋建波，文雯，张海晴，2016. 科技创新型企业的双层股权结构研究：基于京东和阿里巴巴的案例分析 [J]. 管理案例研究与评论，9(04)：339－350.

[384] 苏启林，朱文，2003. 上市公司家族控制与企业价值 [J]. 经济研究 (08)：36－45＋91.

[385] 孙国强，2003. 网络组织的治理机制 [J]. 经济管理 (04)：39－43.

[386] 孙鲲鹏，王丹，肖星，2020. 互联网信息环境整治与社交媒体的公司治理作用 [J]. 管理世界，36(07)：106－132.

[387] 孙亮，刘春，2014. 公司为什么聘请异地独立董事? [J]. 管理世界 (09)：131－142＋188.

[388] 孙永祥，章融，2000. 董事会规模、公司治理与绩效 [J]. 企业经济 (10)：13－15.

[389] 孙永祥，2001. 所有权、融资结构与公司治理机制 [J]. 经济研究 (01)：45－53.

[390] 谭燕，王胥覃，谭劲松，2006. 行业协会治理：组织目标、组织效率与控制权博弈：以中足协和中超杯"资本革命"为例 [J]. 管理世界 (10)：27－38.

[391] 唐可欣，2019. 新体制下国企改革与公司治理探究 [J]. 商讯 (35)：144－145.

[392] 唐松莲，袁春生，2010. 监督或攫取：机构投资者治理角色的识别研究：来自中国资本市场的经验证据 [J]. 管理评论，22(08)：19－29.

[393] 田冠军，2009. 公司治理国际化趋同、模式缺陷与纠偏机制：美国金融危机引发的思考 [J]. 经济管理，31(04)：21－28.

[394] 田轩，孟清扬，2018. 股权激励计划能促进企业创新吗 [J]. 南开管理评论，21(03)：176－190.

[395] 汪昌云，武佳薇，孙艳梅，等，2015. 公司的媒体信息管理行为与IPO定价效率 [J]. 管理世界 (01)：118－128.

[396] 汪旭晖，王东明，2020. 市场服务还是企业规制：电商平台治理策略对消费者信任影响的跨文化研究 [J]. 南开管理评论，23(04)：60－72.

[397] 汪旭晖，张其林，2017. 平台型网络市场中的"柠檬问题"形成机理与治理机制——基于阿里巴巴的案例研究 [J]. 中国软科学 (10)：31－52.

[398] 王化成，曹丰，叶康涛，2015. 监督还是掏空：大股东持股比例与股价崩盘风险 [J]. 管理世界 (02)：45－57.

[399] 王克敏，陈井勇，2004. 股权结构、投资者保护与公司绩效 [J]. 管理世界

(07)：127－133+148.

[400] 王利明，2010. 民法 [M]. 北京：中国人民大学出版社.

[401] 王清刚，徐欣宇，2016. 企业社会责任的价值创造机理及实证检验：基于利益相关者理论和生命周期理论 [J]. 中国软科学 (02)：179－192.

[402] 王曙光，冯璐，徐余江，2019. 混合所有制改革视野的国有股权、党组织与公司治理 [J]. 改革 (07)：27－39.

[403] 王欣，郑若娟，马丹丹，2015. 企业漂绿行为曝光的资本市场惩戒效应研究 [J]. 经济管理，37(11)：176－187.

[404] 翁洪波，吴世农，2007. 机构投资者、公司治理与上市公司股利政策 [J]. 中国会计评论 (03)：367－380.

[405] 吴迪，张玉昌，2019. 企业创新过程中独立董事真的是“签字工具”吗?：基于中国企业数据的效应与机制分析 [J]. 产业经济研究 (05)：89－102.

[406] 吴敬琏，1993. 自主企业制度：我国市场经济体制的基础 [J]. 中国工业经济 (01)：4－10.

[407] 吴炯，2016. 家族企业剩余控制权传承的地位、时机与路径：基于海鑫、谢瑞麟和方太的多案例研究 [J]. 中国工业经济 (04)：110－126.

[408] 吴芃，卢珊，杨楠，2019. 财务舞弊视角下媒体关注的公司治理角色研究 [J]. 中央财经大学学报 (03)：51－69.

[409] 吴晓晖，姜彦福，2006. 机构投资者影响下独立董事治理效率变化研究 [J]. 中国工业经济 (05)：105－111.

[410] 吴勇，李倩，朱卫东，2018. 董事责任保险能否提升公司价值?：基于公司治理视角的研究 [J]. 中国管理科学，26(04)：188－196.

[411] 武立东，丁昊杰，王凯，2016. 民营企业创始人特质与公司治理机制完善程度对职业经理人引入影响研究 [J]. 管理学报，13(04)：505－515.

[412] 武立东，王振宇，薛坤坤，等，2019. 独立董事的执业身份与关联交易中的私有信息 [J]. 南开管理评论，22(04)：148－160+186.

[413] 席酉民，2006. 中小企业：公司治理研究的新领域：读《中国—欧盟中小企业公司治理丛书》[J]. 管理世界 (08)：168－169.

[414] 肖红军，李平，2019. 平台型企业社会责任的生态化治理 [J]. 管理世界，35(04)：120－144+196.

[415] 谢获宝，惠丽丽，2014. 代理问题、公司治理与企业成本黏性：来自我国制造业企业的经验证据 [J]. 管理评论，26(12)：142－159.

[416] 徐二明，张晗，2006. 上市公司董事会监督机制替代效应对绩效影响的实证研究 [J]. 经济理论与经济管理 (10)：62－67.

[417] 徐巍，陈冬华，2016. 自媒体披露的信息作用：来自新浪微博的实证证据 [J]. 金融研究 (03)：157－173.

[418] 徐细雄，刘星，2012. 创始人权威、控制权配置与家族企业治理转型：基于国美电器“控制权之争”的案例研究 [J]. 中国工业经济 (02)：139－148.

[419] 徐向艺，徐宁，2010. 金字塔结构下股权激励的双重效应研究：来自我国上市公司的经验证据 [J]. 经济管理，32(09)：59-65.

[420] 徐晓东，陈小悦，2003. 第一大股东对公司治理、企业业绩的影响分析 [J]. 经济研究（02)：64-74+93.

[421] 许成钢，2001. 法律、执法与金融监管：介绍“法律的不完备性”理论 [J]. 经济社会体制比较（05)：2-13.

[422] 许楠，刘浩，蔡伟成，2018. 独立董事人选、履职效率与津贴决定：资产专用性的视角 [J]. 管理世界，34(03)：109-123+184.

[423] 许年行，于上尧，伊志宏，2013. 机构投资者羊群行为与股价崩盘风险 [J]. 管理世界（07)：31-43.

[424] 许荣，李从刚，2019. 院士（候选人）独董能促进企业创新吗：来自中国上市公司的经验证据 [J]. 经济理论与经济管理（07)：29-48.

[425] 许文彬，2009. 我国上市公司控制权私利的实证研究 [J]. 中国工业经济(02)：120-130.

[426] 许瑜，冯均科，李若昕，2017. CEO激励、媒体关注与内部控制有效性的关系研究 [J]. 审计与经济研究，32(02)：35-45.

[427] 薛健，汝毅，2020. 信息披露业务关系与新闻报道质量 [J]. 管理世界，36(10)：139-156.

[428] 严若森，钱晶晶，祁浩，2018. 公司治理水平、媒体关注与企业税收激进 [J]. 经济管理，40(07)：20-38.

[429] 严晓宁，2008. 媒体在上市公司治理中的角色和功能 [J]. 经济管理（09)：72-76.

[430] 阳镇，尹西明，陈劲，2020. 新冠肺炎疫情背景下平台企业社会责任治理创新 [J]. 管理学报，17(10)：1423-1432.

[431] 杨道广，陈汉文，刘启亮，2017. 媒体压力与企业创新 [J]. 经济研究，52(08)：125-139.

[432] 杨瑞龙，1997. 论国有经济中的多级委托代理关系 [J]. 管理世界（01)：107-116.

[433] 杨瑞龙，2005. 企业理论：现代观点 [M]. 北京：中国人民大学出版社.

[434] 杨瑞龙，2004. 市场秩序的产权制度基础 [J]. 江苏行政学院学报（02)：36-42.

[435] 叶康涛，陆正飞，张志华，2007. 独立董事能否抑制大股东的“掏空”? [J]. 经济研究（04)：101-111.

[436] 叶勇，李明，王雨潇，2017. 媒体监督、经理人特征与掏空：基于我国家族上市公司的经验证据 [J]. 管理评论，29(02)：155-167.

[437] 于潇，2003. 美日公司治理结构比较研究 [M]. 北京：中国社会科学出版社.

[438] 余向前，张正堂，张一力，2013. 企业家隐性知识、交接班意愿与家族企业代际传承 [J]. 管理世界（11)：77-88+188.

[439] 余瀛波，2016. 全国工商部门首个法治宣传周启动 [J]. 政府法制 (01)：23.

[440] 袁春生，吴永明，韩洪灵，2008. 职业经理人会关注他们的市场声誉吗——来自中国资本市场舞弊行为的经验透视 [J]. 中国工业经济 (07)：151-160.

[441] 袁蓉丽，文雯，谢志华，2018. 董事高管责任保险和财务报表重述 [J]. 会计研究 (05)：21-27.

[442] 约瑟夫·E. 斯蒂格利茨，等，1998. 政府为什么干预经济 [M]. 北京：中国物资出版社.

[443] 张功富，2009. 产品市场竞争、大股东持股与企业过度投资：来自沪深工业类上市公司的经验证据 [J]. 华东经济管理，23(07)：68-75.

[444] 张天舒，陈信元，黄俊，2018. 独立董事薪酬与公司治理效率 [J]. 金融研究 (06)：155-170.

[445] 张维迎，1996. 所有制、治理结构及委托—代理关系：兼评崔之元和周其仁的一些观点 [J]. 经济研究 (09)：3-15+53.

[446] 张衔，胡茂，2015. 我国企业员工持股的发展困境与现实选择：员工持股的再思考 [J]. 社会科学研究 (01)：67-73.

[447] 张小宁，2014. 平台战略研究评述及展望 [J]. 经济管理，36(03)：190-199.

[448] 张亦春，李晚春，彭江，2015. 债权治理对企业投资效率的作用研究：来自中国上市公司的经验证据 [J]. 金融研究 (07)：190-203.

[449] 赵大伟，2017. 监事会监督方式变革论 [J]. 当代法学 (02)：62-69.

[450] 赵晶，关鑫，高闯，2010. 社会资本控制链替代了股权控制链吗?：上市公司终极股东双重隐形控制链的构建与动用 [J]. 管理世界 (03)：134-146+174.

[451] 赵晶，郭海，2014. 公司实际控制权、社会资本控制链与制度环境 [J]. 管理世界 (09)：160-171.

[452] 赵晶，孟维烜，2016. 继承人社会资本对代际传承中企业创新的影响 [J]. 中国人民大学学报，30(03)：91-105.

[453] 赵晶，王明，2016. 利益相关者、非正式参与和公司治理：基于雷士照明的案例研究 [J]. 管理世界 (04)：138-149+167.

[454] 赵晶，张书博，祝丽敏，2015. 传承人合法性对家族企业战略变革的影响 [J]. 中国工业经济 (08)：130-144.

[455] 赵青华，黄登仕，2011. 高管权力、股票期权激励与公司业绩：基于中国上市公司的实证分析 [J]. 经济体制改革 (05)：125-129.

[456] 赵杨，Hu J，2014. 董事及高管责任保险：激励还是自利?：基于中国上市公司的实证检验 [J]. 中国软科学 (09)：147-164.

[457] 郑红亮，刘汉民，唐牡丹，等，2011. 中国公司治理问题研究综述：2000～2010 年 [J]. 经济研究参考 (42)：32-50.

[458] 郑红亮，王凤彬，2000. 中国公司治理结构改革研究：一个理论综述 [J]. 管理世界 (03)：119-125.

[459] 郑志刚，梁昕雯，黄继承，2017. 中国上市公司应如何为独立董事制定薪酬

激励合约 [J]. 中国工业经济 (02): 174 - 192.

[460] 郑志刚, 邹宇, 崔丽, 2016. 合伙人制度与创业团队控制权安排模式选择: 基于阿里巴巴的案例研究 [J]. 中国工业经济 (10): 126 - 143.

[461] 中国民营经济研究会家族企业委员会, 2019. 中国家族企业生态 40 年 [M]. 北京: 中华工商联合出版社.

[462] 周建, 王顺昊, 张双鹏, 2018. 董秘信息提供、独立董事履职有效性与公司绩效 [J]. 管理科学, 31(05): 97 - 116.

[463] 周开国, 应千伟, 钟畅, 2016. 媒体监督能够起到外部治理的作用吗?: 来自中国上市公司违规的证据 [J]. 金融研究 (06): 193 - 206.

[464] 周路路, 李婷婷, 李健, 2017. 高管过度自信与创新可持续性的曲线关系研究 [J]. 科学学与科学技术管理, 38(07): 105 - 118.

[465] 周雪光, 2003. 组织社会学十讲 [M]. 北京: 社会科学文献出版社.

[466] 周泽将, 马静, 耿玥, 2017. 任职地点影响了独立董事治理功能的发挥吗?: 基于盈余管理视角的经验证据 [J]. 会计与经济研究, 31(05): 38 - 51.

[467] 周泽将, 马静, 胡刘芬, 2019. 经济独立性能否促进监事会治理功能发挥: 基于企业违规视角的经验证据 [J]. 南开管理评论 (06): 62 - 76.

[468] 周泽将, 汪帅, 2019. 董事会权威性、内部控制和审计质量: 新时代背景下国有企业的经验证据 [J]. 审计研究 (05): 95 - 102.

[469] 朱荣, 李霞, 2020. 家族企业职业经理人与审计费用: 代理成本效应与声誉效应的双重检验 [J]. 审计与经济研究, 35(04): 38 - 46.

[470] 朱振鑫, 栾稀, 2018. 国企员工持股发展方向 [J]. 中国金融 (05): 57 - 58.

[471] 祝继高, 王春飞, 2012. 大股东能有效控制管理层吗?: 基于国美电器控制权争夺的案例研究 [J]. 管理世界 (04): 138 - 152.

教师教学服务说明

中国人民大学出版社管理分社以出版经典、高品质的工商管理、统计、市场营销、人力资源管理、运营管理、物流管理、旅游管理等领域的各层次教材为宗旨。

为了更好地为一线教师服务，近年来管理分社着力建设了一批数字化、立体化的网络教学资源。教师可以通过以下方式获得免费下载教学资源的权限：

在中国人民大学出版社网站 www. crup. com. cn 进行注册，注册后进入"会员中心"，在左侧点击"我的教师认证"，填写相关信息，提交后等待审核。我们将在一个工作日内为您开通相关资源的下载权限。

如您急需教学资源或需要其他帮助，请在工作时间与我们联络：

中国人民大学出版社　管理分社

联系电话：010－82501048，62515782，62515735

电子邮箱：glcbfs@crup. com. cn

通讯地址：北京市海淀区中关村大街甲 59 号文化大厦 1501 室（100872）